1914-1918

Journal des Français

L'Histoire racontée au jour le jour

Du même auteur

Journal des Français dans la guerre 1939-1945, Acropole, 2013
La Seconde Guerre mondiale au cœur des batailles, Acropole, 2011
La Seconde Guerre mondiale, (collaboration) 30 volumes, Le Figaro, 2009
Les Mensonges de la Seconde Guerre mondiale, Perrin, 2002
.*Histoire de l'Europe de 1815 à nos jours* (avec Serge Cosseron), La Manufacture, 1992

Réalisation : CIDE, Paris, sous la direction de Serge Cosseron

ISBN : 978-2-7357-0370-8
Numéro d'éditeur : 125
Dépôt légal : septembre 2013

Achevé d'imprimer en France chez IME

Retrouvez-nous sur : www.editions-acropole.com

Acropole | un département **place des éditeurs**

place
des
éditeurs

Philippe Faverjon

1914-1918
Journal des Français

L'Histoire racontée au jour le jour

ACROPOLE

ABRÉVIATIONS

Pour faciliter la lecture, les abréviations suivantes ont été utilisées tout au long de l'ouvrage :

BEF : British Expeditionary Force
CA : Corps d'armée
DI : Division d'infanterie
GA : Groupe d'armées
GAC : Groupe d'armées du centre
GQG : Grand quartier général
GCA : Groupe de combat aérien
GAF : Groupe des armées alliées des Flandres

CRÉDITS PHOTOGRAPHIQUES

Le présent ouvrage a sollicité de nombreuses sources, textuelles et iconographiques. La « qualité » de certains documents iconographiques tient du fait que les originaux sont très souvent dégradés. Mais, restitués en l'état, ils participent au « parfum » d'époque que nous avons souhaité rendre.

Avant-propos

La nuit des hommes

Près d'un million quatre cent mille morts et trois millions de blessés. Comment la France et les Français ont-ils pu supporter une guerre si longue, si dure, si coûteuse? Pourquoi une crise aussi brève, celle qui débute avec l'assassinat de l'archiduc François-Ferdinand le 28 juin 1914, débouche-t-elle sur plus de quatre années d'un affrontement sans précédent? Pourquoi aussi peu d'insoumis et de réfractaires? Aucune puissance n'aura eu proportionnellement plus de tués, à souffrir plus de destructions. On comprend, dans le miroir de ces questions que cette guerre a bien été pour les Français, comme le dit Jean-Baptiste Duroselle, « leur guerre ».

Cent ans après son déclenchement, ce conflit paraît incompréhensible. Voilà toute une nation, éprise de paix, où les pacifistes restent marginaux, qui s'est lancée dans la bataille avec enthousiasme – aux premiers jours – avec résignation ensuite, mais pour laquelle la victoire finale ne faisait pas de doute. La Grande Guerre reste comme l'un des rares conflits de l'histoire de France qui ait serré le peuple autour de ses dirigeants. Alors qu'il a existé lors de la Seconde Guerre mondiale un « parti de l'étranger », cela n'a pas été le cas entre 1914 et 1918.

En retraçant les moments forts de la Grande Guerre, ce livre tente de répondre à ces questions. Le récit des batailles y tient le premier rôle, car on serait bien en peine de trouver dans ces années sanglantes un seul jour où, quelque part, les armes se sont tues. Des batailles qui ont « irrigué » l'arrière sous des formes multiples – bulletins des armées, censure de la presse, correspondance des soldats avec leurs familles, restrictions en tout genre, organisation de l'économie de guerre, décisions politiques, limogeage des cadres. Une porosité bien souvent dramatique que cet ouvrage a voulu restituer par le texte, par l'image, et par les témoignages.

« Nuit violente et violette et sombre et pleine d'or par moments
Nuit des hommes seulement
Nuit du 24 septembre
Demain l'assaut
Nuit violente ô nuit dont l'épouvantable cri profond devenait
plus intense de minute en minute
Nuit qui criait comme une femme qui accouche
Nuit des hommes seulement »

« Désir », Guillaume Apollinaire, 1915

La guerre en chiffres

Les pertes matérielles de la France

Durant les **52 mois** qu'ont duré les hostilités, la France et les Français ont connu à l'instar de la majorité des Européens une **transformation profonde** de leur existence. À la grande ampleur de la mobilisation des hommes a correspondu une accumulation incroyable de la **production d'armements** dont les deux exemples suivants illustrent l'accélération au cours des années. Cet effort de guerre n'a pu être mené qu'en recourant à la généralisation du **travail des femmes** et à la **mobilisation de toutes les énergies**.

Production quotidienne d'obus en France

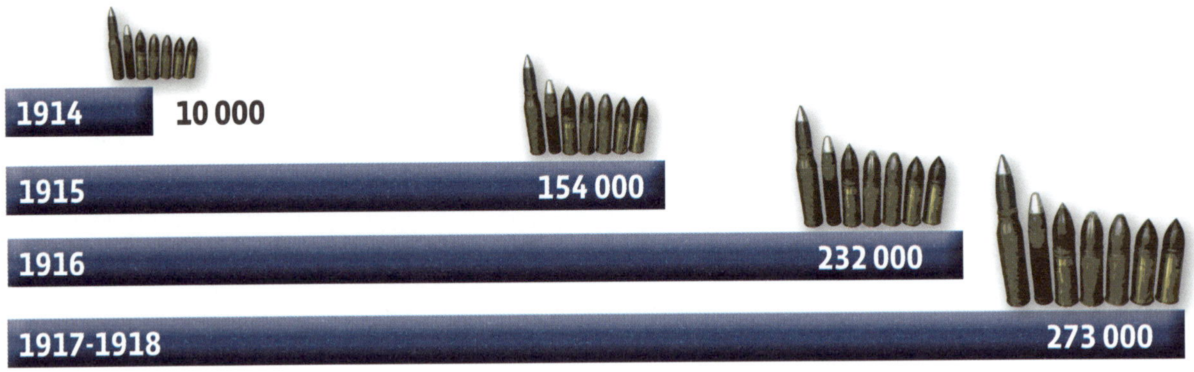

Production aéronautique française annuelle

Pays **pionnier dans la conquête des airs** par les engins plus lourds que l'air, la France se lance dans la **production aéronautique** avec frénésie grâce aux entreprises Voisin, Morane-Saulnier, Spad, Breguet et autres.

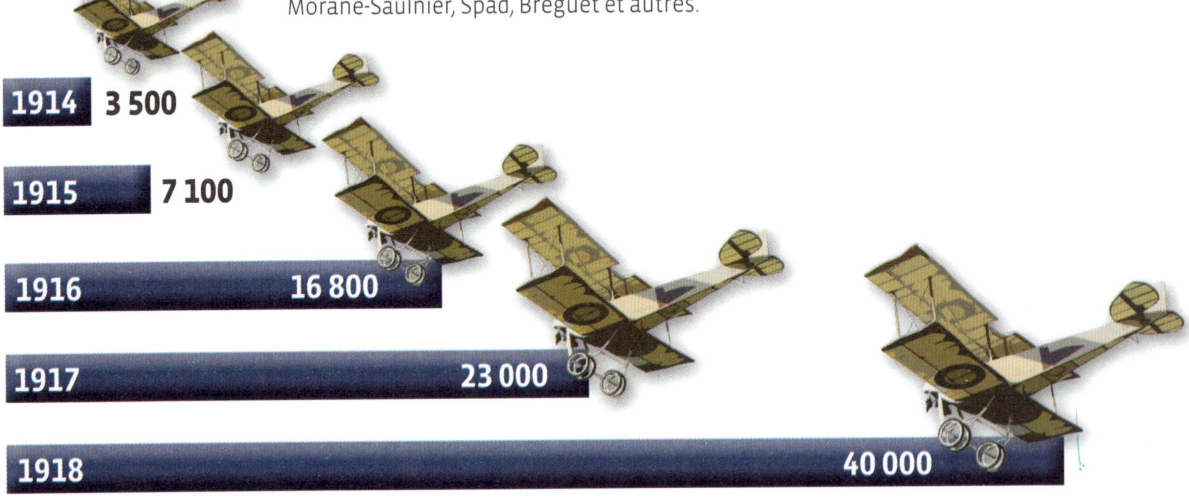

Nombre de soldats français mobilisés par année de conflit

En **quinze jours**, en août 1914, l'état-major de l'armée réussit la **mobilisation de près de 4 millions** de soldats sous l'uniforme. Au cours des **quatre années du conflit**, le nombre de **mobilisés diminue**, signe de la **saignée tragique** subie par la population, même si l'apport des soldats **issus des colonies** extra-européennes n'a pas été négligeable.

Nombre de morts par pays belligérant

2 400 000	Allemagne
1 800 000	Russie
1 375 800	France
1 100 000	Autriche-Hongrie
908 000	Grande-Bretagne
804 000	Turquie
578 000	Italie
278 000	Serbie
250 000	Roumanie
114 000	États-Unis
87 500	Bulgarie
38 716	Belgique
26 000	Grèce
7 222	Portugal
3 000	Monténégro

Avec **1 375 800 morts**, dont 27 % d'hommes de moins de 28 ans, la France paie un lourd tribut. Il faut y ajouter **3 millions de blessés** – dont **700 000 mutilés** – et **490 000 prisonniers**. Cette hécatombe s'alourdit d'un déficit des naissances, celui des années « creuses » de 1915 à 1919, encore visible cinquante ans plus tard. Bien que la France ait recouvré **1,8 million de Français d'Alsace et de Lorraine**, elle accuse lors du recensement de 1921 quelque **600 000 habitants** de moins qu'en 1914.

Plus de 10 millions

Estimation des pertes totales

1914

Vers l'enlisement

Dès août, les offensives françaises en Alsace et en Lorraine se soldent par un échec. Les troupes de Joffre doivent abandonner l'Alsace et se retirer près de Nancy. De son côté, le plan allemand semble mieux réussir. Du moins dans un premier temps : les troupes impériales, après avoir envahi la Belgique, investissent le nord de la France, remportent la «bataille des frontières» et se dirigent sur Paris. À défaut d'avoir pu enfoncer le front – la bataille de la Marne contraint les Allemands à reculer jusqu'à l'Aisne –, les adversaires tentent de se déborder par l'ouest, lors de la «course à la mer». À la fin de l'année, le front se stabilise de la mer

DES OFFENSIVES AUX TRANCHÉES

du Nord à la frontière suisse. Au même moment à l'Est, de l'autre côté de l'Europe, l'armée russe affronte une bonne partie des armées allemandes, sur un immense front, du Niémen aux Carpates. Le plan Schlieffen – envahir la Belgique pour écraser la France en six semaines et se tourner ensuite contre la Russie – a été mis en échec. La guerre, que chacun imaginait brève, s'annonce longue.

Vers la guerre

En 1914, le continent européen exerce sa suprématie sur le monde entier. Certes, de nouvelles puissances font leur apparition, à l'ouest les États-Unis et en Extrême-Orient, le Japon. Mais il domine le monde par ses armées et sa puissance économique. Alors que le XXe siècle commence dans l'insouciance de la Belle Époque, rien ne laisse penser qu'il vit aussi ses derniers feux.

Pourtant, à considérer l'état des relations internationales depuis 1900, les motifs d'inquiétude ne manquent pas. Du début du siècle à 1914, à quatre reprises, la menace d'une guerre générale a plané sur l'Europe : en 1905-1906, lorsque l'Allemagne s'est opposée à l'expansion française au Maroc ; en février-mars 1909, à la suite de l'annexion de la Bosnie-Herzégovine par l'Autriche-Hongrie ; en juillet-août 1911, de nouveau au sujet du contentieux franco-allemand au Maroc ; en 1912-1913, lors des deux guerres balkaniques qui ont mis en lumière les intérêts divergents de la Russie et de l'Autriche-Hongrie dans la région.

Ces crises sont le fruit des manifestations du sentiment national, qu'il s'agisse des mouvements protestataires des « minorités nationales » ou des nationalismes expansionnistes des grands États. Elles résultent, aussi, des rivalités économique et financière. Tout cela contribue à former les mentalités. D'abord, celles des responsables politiques, qui en sont venus à penser que la guerre, quatre fois évitée, finirait par éclater. Ensuite, celle des états-majors, qui estiment de leur devoir de mettre leurs moyens militaires en état d'affronter cette guerre. La course aux armements apparaît bien comme la conséquence de la tension diplomatique, exacerbée depuis 1907 par la bipolarisation de l'Europe entre les deux systèmes d'alliances continentales, la Triple-Alliance, regroupant les empires allemands et austro-hongrois et l'Italie, et la Triple-Entente, constituée par les accords de défense unissant la France à la Grande-Bretagne et à la Russie. Enfin, celle des peuples, plus sensibles à la propagande nationaliste qu'aux appels pacifistes du mouvement socialiste. L'idée qu'il vaudrait mieux « en finir » s'impose dans les esprits.

LA TRIPLE-ENTENTE. Elle est symbolisée sur cette affiche russe de 1914 par les symboles féminins des trois puissances qui la composent. De gauche à droite, Marianne pour la France, la Mère Russie pour la grande puissance de l'Est, et Britannia pour la Grande-Bretagne.

C'est donc dans une atmosphère favorable à l'émergence d'un conflit qu'intervient l'affaire de Sarajevo.

La crise de l'été 1914

Le 28 juin 1914, l'archiduc héritier d'Autriche, François-Ferdinand, en visite à Sarajevo, en Bosnie, tombe sous les balles de Gavrilo Princip, un étudiant bosniaque. Il s'agit donc d'un sujet austro-hongrois, membre d'une organisation secrète nationaliste serbe. Bien que le gouvernement de Belgrade n'ait aucune responsabilité dans l'attentat, Vienne veut infliger une leçon à la Serbie. Cependant, l'Autriche-Hongrie ne peut se lancer dans l'élimination de la Serbie sans l'accord de Berlin. Tablant sur l'impréparation militaire de la France et de la Russie, l'empereur allemand Guillaume II accueille avec bienveillance les propositions bellicistes de Vienne. Le 23 juillet, le gouvernement austro-hongrois, après avoir obtenu le soutien de Guillaume II – qui espère s'en tenir à une guerre austro-serbe localisée –, remet un ultimatum dont les termes, volontairement inacceptables pour la Serbie, valent déclaration de guerre. Le 25 juillet, la Serbie accepte l'ultimatum, sauf le dernier point qui l'oblige à recevoir sur son territoire des policiers austro-hongrois chargés d'enquêter sur l'attentat. L'Autriche considère alors que l'ultimatum est rejeté et mobilise huit corps d'armée. Trois jours plus tard, elle fait bombarder la capitale serbe.

Désormais, le jeu des alliances supposées maintenir le statu quo en Europe entraîne celle-ci dans la guerre. La Russie, qui ne peut se résoudre à perdre toute influence dans les Balkans, procède le 30 juillet à la mobilisation générale. Berlin craint que la soudaineté des préparatifs russes ne bouleverse ses propres plans. Aussi, l'Allemagne, où la pression des militaires l'emporte peu à peu sur les politiques, déclare-t-elle, le 1er août, la guerre à la Russie. Les efforts répétés de la Grande-Bretagne pour trouver une sortie diplomatique au drame qui se dessine échouent.

La faillite de la diplomatie

Pourquoi la diplomatie n'a-t-elle pas réglé l'affaire de Sarajevo comme les précédentes? Vienne a saisi l'occasion de l'attentat pour briser, par les armes, le mouvement national serbe. De son côté, la Russie n'a pas voulu abandonner la Serbie, car l'Autriche-Hongrie aurait acquis une position prépondérante dans les Balkans, théâtre depuis près d'un siècle d'une lutte d'influence entre les deux Empires. Pour leur part, l'Allemagne et la France ont voulu respecter leurs alliances respectives.

Enfin, la Grande-Bretagne, au nom de ses intérêts généraux, n'entendait pas s'accommoder d'une hégémonie allemande sur le continent. Au mois de juillet 1914, ce sont les préoccupations de sécurité, de puissance ou de prestige qui ont déterminé les choix décisifs. Bien que personne n'ait vraiment voulu cette guerre, il reste que les gouvernements austro-hongrois et allemand avaient établi un plan d'action de force, qui, dans une Europe inquiète, comportait l'éventualité d'une déflagration armée généralisée. ●

LA TRIPLE-ALLIANCE. De gauche à droite : l'empereur allemand Guillaume II, le président du Conseil italien, Francesco Crispi et l'empereur d'Autriche-Hongrie, François-Joseph Ier.

ARRESTATION DU MEURTRIER. L'arrestation de Gavrilo Princip, à droite, après son attentat contre l'archiduc François-Ferdinand.

Mobilisation générale !

Bouleversant familles, entreprises et administrations, faisant entendre son appel jusque dans le plus petit village, la mobilisation constitue une opération d'une ampleur sans précédent et d'une complexité jusqu'alors inconnue. Devant la montée des périls, le président de la République, Raymond Poincaré, décrète la mobilisation générale.

Le 1er août 1914, le gouvernement français répond à son homologue allemand que la France agira « selon ses intérêts ». Le pays se couvre des affiches blanches de la mobilisation générale, même si certains espèrent encore que la paix finisse par triompher – « la mobilisation n'est pas la guerre », selon la formule de Poincaré. Mais aux yeux du plus grand nombre, la parole est désormais aux militaires. Quelque chose s'est produit depuis Sarajevo, qui, pour être passée inaperçue alors, trouve plus d'un mois plus tard un terrible écho. On pressent que l'assassinat de l'archiduc autrichien François-Ferdinand va déclencher un orage de nature à bouleverser le quotidien de tous, qu'ils soient puissants ou humbles. Avec la mobilisation, c'est l'Histoire qui, à pas précipités, rattrape la nation. Les contemporains ne s'y trompent pas. Dans la presse, dans les rapports de police, il est fait état de cette funeste journée où les tambours battent, les clairons

3 877 000
Nombre de soldats français mobilisés en août 1914 sur 33 millions d'habitants.

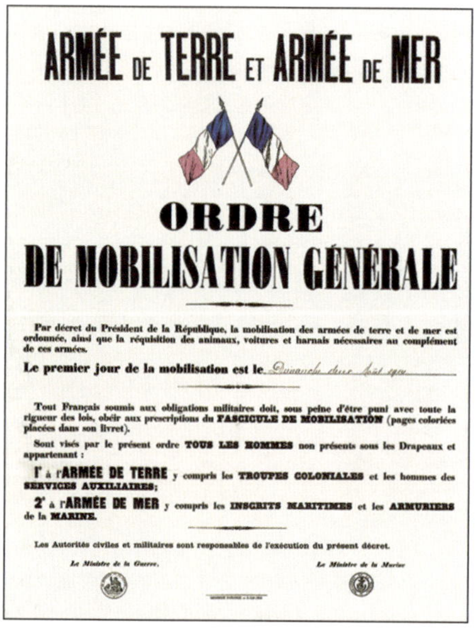

L'AFFICHE PLACARDÉE DANS TOUTE LA FRANCE.
Affichée le 1er août, elle stipule que la mobilisation est effective le 2 août.

TÉMOIGNAGE

« Mobilisation dans un village

Voilà les gendarmes qui arrivent à grand trot. Ils vont droit à la mairie. Là ils trouvent le maître d'école, le maître ressort avec une affiche dans les mains, l'affiche est blanche avec deux drapeaux en croix : MOBILISATION GÉNÉRALE. Le maître nous crie : Vous, les gars, sonnez le tocsin. Alors, moi et Albert, on a sonné le tocsin. Ils ont laissé leurs faucheuses ; les charretiers ont ramené leurs chevaux. Tout le monde arrivait devant la mairie. Ils avaient tout laissé. On voyait que les hommes étaient prêts. C'était quasiment une fête. C'était la Revanche. On avait la haine des Allemands. Dans l'ensemble, le monde a pris la guerre comme un plaisir.

À Saint-Loup, dans la Beauce »

sonnent, le tocsin retentit dans le village le plus reculé, dissipant sans aucune ambiguïté les dernières illusions. De la mobilisation à la guerre, il n'y a qu'un pas, une simple et inéluctable question de temps.

Une réussite technique

Là où l'état-major s'attendait à 13 % de réfractaires, une perte sèche de 300 000 hommes pour l'armée, on en comptera à peine 1,5 %. On part donc sur-le-champ, pressé de servir, craignant d'arriver trop tard pour la moisson de lauriers. Jusqu'à ces ouvriers syndiqués, qui promettaient hier « nos balles à nos propres généraux » et qui ne sont pas les derniers à rejoindre les casernes au chant de *La Marseillaise*. Non seulement les conscrits répondent à l'appel, mais encore les bureaux d'engagement sont débordés. ●

EN ROUTE POUR LA CASERNE. L'enthousiasme des mobilisés est plus marqué à Paris qu'en province. À la lumière des rapports des préfets, on s'y inquiète plus de l'interruption des moissons.

LE LIVRET MILITAIRE

Le modèle du livret ci-contre adopté en 1913 et utilisé pendant la guerre compte 32 pages auxquelles s'ajoutent un formulaire servant de feuille de route et un billet médical comportant une partie à détacher et une partie administrative. Le livret est tout à la fois un document contenant les informations de base relatives à l'état civil de son propriétaire et un vademecum du soldat : les marques de respect extérieur à manifester, les extraits du code militaire, le rappel des obligations des réservistes. Il contient par ailleurs des informations sur le service accompli, le grade, le mariage, les dates de passage sous les drapeaux – et de libération –, les sursis, ajournements, engagements, soldes ainsi que les campagnes menées, les blessures et décorations, et des instructions diverses en matière de tir et d'escrime... sans oublier la liste des effets emportés au moment du retour dans ses foyers. Ce document retrace donc le parcours militaire d'un soldat et le suit durant toute sa carrière. Il lui est remis le jour de son incorporation. Par ailleurs, le service de recrutement dispose d'un autre document, moins volumineux, le livret matricule de chaque homme de troupe. Tenu à jour par les commandants d'unité, il mentionne notamment l'état civil, le signalement, le titre militaire, les dates de passage dans les diverses catégories de l'armée ainsi que les punitions infligées et leurs motifs. ■

L'Allemagne menace d'envahir la Belgique

L'Allemagne lance un ultimatum à la Belgique : celle-ci doit laisser passer les armées allemandes. Berlin prétexte, malgré sa promesse de respecter la neutralité belge, que la France s'apprête à marcher vers la Meuse.

À 19 heures, l'ambassadeur allemand à Bruxelles remet une note au ministère des Affaires étrangères belge. On comprend immédiatement à Bruxelles que la neutralité de la Belgique, proclamée et conservée avec une dignité jalouse depuis le début de la crise diplomatique, a vécu. L'ultimatum ne laisse aucun doute à ce sujet : « Le gouvernement allemand a reçu des nouvelles sûres, d'après lesquelles les forces françaises auraient l'intention de marcher sur la Meuse par Givet et Namur; ces nouvelles ne laissent aucun doute sur l'intention de la France de marcher sur l'Allemagne par le territoire belge. Le gouvernement impérial allemand ne peut s'empêcher de craindre que la Belgique, malgré sa meilleure volonté, ne soit pas en mesure de repousser avec succès une marche française comportant un plan aussi étendu, de façon à assurer à l'Allemagne une sécurité suffisante contre cette menace; c'est un devoir impérieux de conservation pour l'Allemagne de prévenir cette attaque de l'ennemi. » Au moment où Bruxelles prend connaissance des exigences de Berlin, les troupes allemandes ont déjà pénétré au Luxembourg. Aucun avis préalable, aucun ultimatum n'ont été adressés au gouvernement grand-ducal, aucun prétexte n'ayant même été allégué pour justifier cette agression.

LA JOURNÉE DES ADIEUX

Le départ des mobilisés s'opère dans la majorité des cas avec une réelle détermination, non dénuée d'un certain esprit bravache – comme l'atteste, entre autres, l'inscription « Train de plaisir pour Berlin » relevée sur certains wagons. Toutefois, l'annonce de la mobilisation suscite des sentiments moins résolus, beaucoup plus nuancés, tout simplement humains. Souvent, les gares sont le théâtre de scènes de libation destinées à se « donner du cœur au ventre ». L'instituteur d'Aubeterre-sur-Dronne, en Charente, en témoigne : « Il m'a semblé que les chants de ceux qui voulaient crâner sonnaient faux et que, pour cacher leurs émotions, ceux-là s'étaient donné du cœur en buvant. » Toutefois, quand les régiments quittent leurs centres d'affectation pour rejoindre la gare où les attendent les trains qui les emporteront vers le front, ils sont plus d'une fois acclamés et couverts de fleurs. ■

DES SOLDATS ALLEMANDS EN MANŒUVRE.
Le 2 août, les troupes allemandes ont déjà pénétré au Luxembourg.

Le gouvernement belge rejette l'ultimatum allemand

La réponse de la Belgique ne fait pas de doute. Sous la direction du roi Albert Ier, elle a décidé de résister par les armes. Selon Bruxelles, aucun intérêt stratégique ne justifie la violation du droit. Le gouvernement belge, en acceptant les propositions qui lui sont notifiées, «sacrifierait l'honneur de la nation, en même temps qu'il trahirait ses devoirs vis-à-vis de l'Europe». Conscient du rôle que la Belgique joue depuis plus de quatre-vingts ans, il «se refuse à croire que l'indépendance de la Belgique ne puisse être conservée qu'au prix de la violation de sa neutralité». Si cet espoir venait à être déçu, «le gouvernement belge est fermement décidé à repousser par tous les moyens en son pouvoir, toute atteinte à son droit». Pour ce faire, l'état-major, placé sous les ordres directs du roi, dispose en août 1914 de six «grosses» divisions à trois ou quatre brigades, équivalant chacune à deux divisions françaises. ●

La mort du premier soldat français

À l'été 1914, Jules-André Peugeot effectue son service militaire et est caporal (depuis le mois d'avril). Il prépare le concours des officiers de réserve. Son régiment faisant partie des troupes de couverture, il a pour mission de surveiller la frontière franco-allemande, en cas de tension entre les deux pays. Commandant une escouade de la 6e compagnie du 2e bataillon du 44e régiment d'infanterie de Lons-le-Saunier, il fait barrage le 2 août 1914 à un détachement de reconnaissance allemand de huit hommes du 5e chasseurs à cheval de Mulhouse, qui progresse vers Joncherey en venant de Faverois après avoir violé la frontière française. Un Alsacien, le sous-lieutenant Camille Mayer, commande le détachement. Après avoir sabré sans la tuer la sentinelle française postée en avant de l'escouade, il tire trois fois en direction de Jules-André Peugeot. Ce dernier réplique et abat le cavalier allemand d'une balle dans le ventre. La deuxième balle allemande a mortellement blessé Jules-André Peugeot. Retournant sur ses pas, celui-ci s'affaisse devant la maison des Docourt, et meurt. Il est 10h07. C'est le premier mort militaire français d'une guerre qui ne commencera que le lendemain, le 3 août 1914. ■

LA PREMIÈRE VICTIME DE LA GRANDE GUERRE.
Né à Étupes, dans le Doubs, au sein d'une famille modeste, Jules-André Peugeot se destinait à la carrière d'instituteur après son service militaire.

La guerre est déclarée !

C'est arrivé ! L'Allemagne, en guerre avec la Russie depuis le 1er août, a déclaré la guerre à la France et à la Serbie. Elle a pris la responsabilité de la guerre, car la France a également repoussé l'ultimatum de Berlin adressé à la Belgique pour que celle-ci laisse passer ses troupes sur son sol. Le sort en est jeté.

DOCUMENT

« L'appel du président du Conseil René Viviani aux Françaises

La guerre a été déchaînée par l'Allemagne malgré les efforts de la France, de la Russie et de l'Angleterre pour maintenir la paix. À l'appel de la Patrie, vos frères, vos fils et vos maris se sont levés et demain ils auront relevé le défi. Le départ pour l'armée de tous ceux qui peuvent porter des armes laisse les travaux des champs interrompus. La moisson est inachevée, le temps des vendanges est proche.
Au nom du gouvernement de la République, au nom de la Nation tout entière groupée derrière lui, je fais appel à vos vaillances, à celles des enfants que leur âge seul et non leur courage dérobe au combat. Je vous demande de maintenir l'activité des campagnes et de terminer les récoltes de l'année. Vous ne pouvez pas rendre à la Patrie un plus grand service. Ce n'est pas pour vous, c'est pour Elle que je m'adresse à votre cœur. Il faut sauvegarder votre subsistance, l'approvisionnement des populations urbaines et surtout l'approvisionnement de ceux qui défendent la Civilisation et le Droit. »

DÈS L'ÉTÉ 1914, LES FEMMES PARTICIPENT À L'EFFORT NATIONAL.
Elles cousent les sacs qui seront remplis de sable pour protéger les batteries de défense autour de Paris.

À 18 h 15, l'ambassadeur d'Allemagne à Paris, Wilhelm von Schoen, apporte au président du Conseil René Viviani la déclaration de guerre de l'Empire allemand à la France. Un document qui prétexte des actions militaires françaises aux dépens des Allemands effectuées dans les airs : « Les autorités administratives et militaires allemandes ont constaté un certain nombre d'actes d'hostilité commis sur le territoire allemand par des aviateurs militaires français. J'ai l'honneur de faire connaître à Votre Excellence qu'en

Vague d'espionnite à Paris

Depuis la mobilisation, les Parisiens, et aussi les provinciaux, voient des espions partout. Il suffit d'un nom à la consonance allemande pour devenir suspect. La société Maggi, largement représentée sur le territoire, fut visée à plusieurs reprises. Un des premiers saccages eut lieu l'après-midi du 3 août. Vers 15 heures, une vieille dame s'approcha du laboratoire de la société Maggi, rue Rochechouart, dans le IXe arrondissement de la capitale. De son parapluie, elle frappa la vitrine qui s'écroula. Le fracas des vitres brisées accrut sa surexcitation, et elle se mit à crier : « À bas les Allemands ! » Selon cette dame, les « directeurs de la société Maggi sont des espions allemands ! Hier, la police a surpris l'un d'eux à la gare du Nord, au moment où il allait prendre le train pour Berlin en emportant une caisse contenant 8 millions en or ». ■

SCÈNE DE PILLAGE À PARIS. Il ne fait pas bon être Allemand ou représenter des intérêts allemands à Paris. L'enseigne Maggi en paye le prix le 3 août.

présence de ces agressions, l'Empire allemand se considère en état de guerre avec la France. » L'annonce de la guerre ne surprend personne à Paris. La tension accumulée depuis les derniers jours de juillet, culminant avec la mobilisation du 1er août, laisse la place à une espèce de soulagement : « On va en finir. » Cet enthousiasme est lié au sentiment que la guerre sera courte et que la raison est du côté de la France. Injustement attaquée, elle doit être défendue. Depuis l'assassinat de Jean Jaurès, le 31 juillet, qui seul représentait des espoirs de paix, les Français paraissent emportés par un mouvement collectif que le président de la République Raymond Poincaré résume dans une expression heureuse qui deviendra réelle à la fin du mois : « l'union sacrée ». ●

LA REMISE DES EFFETS

Dès qu'ils ont rejoint leur zone d'affectation, les soldats sont dotés d'un képi et d'un pantalon rouge garance qui fera d'eux des cibles faciles pour la mitraille allemande. Le reste de l'équipement – havresac, ceinturon, cartouchière – est inadapté. Tout cela, il est vrai, date quelque peu. Le képi est le modèle 1884, la capote bleue et le pantalon garance ont été adoptés en 1877. La baïonnette remonte à 1886, de même que le fusil Lebel, modifié toutefois en 1893. Seuls les brodequins et les jambières, modèle 1913, sont récents. Très vite donc, l'uniforme français apparaît dépassé pour la guerre qui s'annonce. Dès les premiers engagements, les hommes sont invités à porter les pans de la capote relâchés afin de cacher le plus possible le pantalon rouge garance. La cinquantaine d'ustensiles et de vêtements portés sur le corps, aux hanches et dans un havresac avoisine 22 kg, à quoi il faut ajouter le fusil, qui avec sa bretelle idoine pèse en tout 4 kg. ■

4 AOÛT 1914

L'Allemagne lance l'offensive à l'Ouest

Berlin donne l'ordre à ses troupes de contourner la France en envahissant la Belgique en application du plan Schlieffen adopté en 1898. La route de Bruxelles est vite ouverte, en dépit de la résistance acharnée de l'armée belge.

Considérant la France comme une immense forteresse qu'il faut encercler, le général von Moltke, chef d'état-major allemand, ne fait qu'appliquer le plan conçu en 1898 par le général Schlieffen : on passera par les Ardennes belges, la voie la plus courte qui aboutit à Paris. L'exécution de cette manœuvre implique d'abord la prise de Liège. Dès le 5 août, au lendemain du début de l'offensive allemande, un groupement de choc composé de six brigades d'active aux ordres de von Emmich aborde Liège et s'introduit dans la ville. En dépit de la résistance des Belges, les forces allemandes poussent leur avantage. En France, on peine à croire que les Allemands aient pu si rapidement progresser en Belgique. D'ailleurs la presse française qui relate ces événements tragiques pense qu'il s'agit de désinformation.

L'optimisme règne à Paris

La prise de Liège, le 13 août, fera l'effet d'un coup de tonnerre. Une intervention française aurait-elle pu modifier le cours des événements en Belgique? À cette date, le dispositif français ne se prêtait guère à une action rapide, qui aurait exigé, pour être efficace, un accord préalable avec le roi des Belges, impossible en temps de paix en raison de la neutralité du pays. Il faudra attendre que le roi Albert Ier fasse appel, le 4 août, à la garantie des Franco-Britanniques pour que trois divisions françaises du corps de cavalerie Sordet s'engagent dans les Ardennes. Celles-ci se heurtent le 8 août aux avant-gardes du corps d'armée von Richthofen et doivent se replier sur la Lesse, dans les Ardennes belges. Les instructions du quartier général sont confuses, peu cohérentes. Aussi Sordet s'épuise-t-il dans les Ardennes avant de repasser la Meuse à Dinant. L'effet des hésitations françaises est désastreux, non seulement sur l'armée belge, qui a le sentiment d'avoir été

À la Chambre, l'éloge de Jaurès

Lors de la séance à la Chambre des députés, Raymond Poincaré a tenu à saluer la mémoire de Jean Jaurès, assassiné le 31 juillet par Raoul Villin. « Dans les graves événements que la France traverse, un affreux malheur est venu nous frapper. Jaurès a été assassiné par un dément, à l'heure même où il venait de tenter un suprême effort en faveur de la paix et de l'union nationale. [...] Ses adversaires sont atteints comme ses amis et s'inclinent avec tristesse [...]. Mais, y a-t-il encore des adversaires? Non, il n'y a plus que des Français qui, depuis quarante-quatre ans, ont fait à la cause de la paix tous les sacrifices et qui, aujourd'hui, sont prêts à tous les sacrifices pour la plus sainte des causes : le salut de la civilisation, la liberté de la France et de l'Europe. » ■

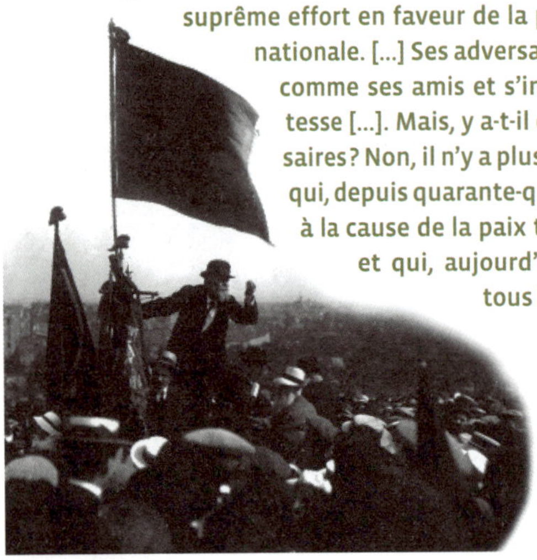

LES SOLDATS ALLEMANDS OCCUPENT LIÈGE.
Après avoir envahi le Luxembourg, les troupes allemandes foncent sur Liège, le cœur industriel de la Belgique. En dépit d'une résistance acharnée, l'armée belge perd le contrôle de l'est du pays.

abandonnée, mais aussi sur les populations ardennaises, stupéfaites de voir les troupes passer et repasser sans avoir l'air de s'être battues. La manœuvre imaginée par Schlieffen est couronnée de succès et, le 20 août, les Allemands seront à Bruxelles. À Paris, on se félicite d'avoir retardé la progression de l'ennemi, lui interdisant l'emploi de l'importante ligne de chemin de fer Paris-Liège-Cologne et de la batellerie de la Meuse. La presse se fait l'écho de l'optimisme affiché par l'état-major. On pourra ainsi lire dans *Le Temps* du 21 août : « Les Allemands poursuivent l'exécution de leur plan d'invasion de la Belgique, plan bien connu de notre commandement et auquel il avait adapté ses prévisions. » Dès les premiers jours de la guerre, la presse française se fait l'écho du discours officiel ; elle y est d'ailleurs « encouragée » par la loi censurant les informations militaires adoptées le jour de l'entrée des Allemands en Belgique. Les lecteurs sont invités à applaudir les quelques faits d'armes, très localisés, et, surtout, à s'indigner des nouvelles des atrocités commises par les soldats allemands. ●

SUCCÈS DE LA LOGISTIQUE : DES MILLIERS DE TRAINS POUR GARNIR LE FRONT DE TROUPES

Le plan de guerre français est avant tout un plan de concentration de troupes. Les zones de concentration se trouvent presque toutes à l'est de la Sambre, car Joffre est convaincu que les Allemands vont rester à l'est de l'affluent de la Meuse. La bonne marche des transports – donc des trains – est cruciale. La réussite sera exceptionnelle. Tout le réseau de l'Est, une partie de ceux du Nord, du PLM et de la Grande Ceinture ont été réquisitionnés. Du 5 au 12 août, 2 534 trains fonctionneront. Du 12 au 18 août, 1 744 trains circuleront, à peu près sans retard. Soit le total impressionnant de 4 278 trains. ■

Les Anglais s'engagent !

La Grande-Bretagne rejoint la France dans la guerre. Contrairement à la France, la Grande-Bretagne ne connaît pas la conscription. Le gouvernement doit faire appel au volontariat pour renforcer les rangs de l'armée régulière. L'armée britannique commandée par le maréchal Kitchener se constitue lentement.

Conformément aux accords qui la lient à la France, la Grande-Bretagne déclare la guerre à l'Allemagne le 4 août. Afin de renforcer l'armée régulière, les citoyens britanniques sont invités à s'engager. Le ministre de la Guerre, lord Kitchener, les y invite fermement : « Votre pays a besoin de vous. » Son appel est entendu puisque, pour le seul mois d'août, quelque 300 000 volontaires répondent présent. C'était plus que le total de l'armée d'avant la guerre. Mais tout le monde ne se précipite pas sous les drapeaux. En effet, le recrutement se fait sur des bases territoriales. Ce n'est pas l'État qui lève les bataillons, mais les autorités locales. On voit rivaliser les municipalités pour payer les uniformes des nouvelles recrues. À Manchester, la donation la plus importante est celle de la compagnie municipale du gaz qui offre 7 000 livres sterling pour l'achat de l'équipement et des uniformes. Cela explique pourquoi l'armée de lord Kitchener est composée d'unités locales aux noms très provinciaux : les « copains de Grimsby », les « pionniers du chemin de fer du Nord-Est », les « copains de Liverpool ». Au total, près d'un million de Britanniques s'engageront pendant la seule année 1914. ●

L'APPEL AU VOLONTARIAT.
Lord Kitchener, ministre de la Guerre, encourage ses compatriotes à s'engager dans la guerre : « Rejoignez l'armée de votre pays. »

Marches et contre-marches

Pendant toute la bataille dite des frontières qui se déroule durant le mois d'août 1914, il faut s'imaginer les soldats emprunter depuis la frontière franco-belge les routes des vallées ardennaises pour s'approcher de Liège et Namur et, après un engagement plus ou moins violent avec les troupes allemandes, faire retraite vers la frontière, retraversant, fourbus et découragés, les villages ardennais qui les avaient accueillis avec enthousiasme quelques jours plus tôt. Combien de kilomètres par jour peut-on marcher avec plus de 20 kg de matériel et le fusil à l'épaule ? Selon des expériences réalisées en Allemagne en temps de paix, une journée de marche normale qui n'altérerait pas la santé des soldats ne devrait pas dépasser, dans des conditions climatiques favorables, 28 kilomètres. ■

Les Français à la reconquête de l'Alsace

Sans se préoccuper des mouvements de l'ennemi, le général Joffre lance une offensive en Alsace pour inciter les Allemands à dégarnir de troupes la Lorraine, où le plan français prévoit une action décisive.

Selon les plans de Joffre, un détachement de Haute-Alsace, vite baptisé «armée d'Alsace» et placé sous le commandement du général Pau, doit marcher sur Mulhouse. Parallèlement à la très symbolique libération des provinces perdues en 1870, le général en chef lance une attaque dans les Ardennes. Le seul succès intervient au début des hostilités lorsque, le 7 août, les hommes du général Pau entrent dans Mulhouse. Succès éphémère puisque, deux jours plus tard, la ville est reprise par les Allemands. Entre-temps, le généralissime s'est adressé aux Alsaciens : « Enfants d'Alsace, après 44 années d'une douloureuse attente, des soldats français foulent à nouveau le sol de votre noble pays.» Joffre fait écho à la presse, qui, dans toute la France, célèbre l'événement, parle de «l'aurore de la délivrance». Les Français reprendront la ville le 19 août, pour la perdre de nouveau quelques jours plus tard, et ce, pour longtemps. L'apparition des pantalons rouges en Haute-Alsace a donc été éphémère. Dès que Joffre prend la mesure de l'insuccès du général Dubail en Lorraine, il ordonne à l'armée d'Alsace – devenue la VIIe armée – de se retirer sur les contreforts des Vosges. ●

L'Alsace, but de guerre

Les territoires annexés par le tout jeune empire d'Allemagne à l'occasion du traité de Francfort – signé le 18 mai 1871 – qui a mis fin à la guerre franco-prussienne de 1870-1871 sont l'Alsace et une partie de la Lorraine, Metz et l'équivalent du département de la Moselle. Pendant plus de 40 ans, de manière inégale selon les époques, le retour des départements alsaciens et lorrains a été en tête des souhaits des élites françaises. À partir de 1890, l'idée d'une revanche commençait à s'estomper. Elle fut toutefois réanimée lorsque les tentations impérialistes allemandes se heurtèrent aux intérêts français au Maroc en 1905, puis en 1911 avec l'adoption par l'empereur Guillaume II de la politique dite de la canonnière, lors du «coup d'Agadir», en l'occurrence la canonnière *Panther*. ■

REPRÉSENTATION DE L'ALSACE-LORRAINE, PRISONNIÈRE DE L'EMPIRE ALLEMAND. Cette affiche de 1914 est accompagnée du texte lu à l'Assemblée nationale de Bordeaux, le 1er mars 1871, par les députés alsaciens et lorrains s'insurgeant contre les exigences allemandes. La libération de l'Alsace sera au cœur des buts de guerre de la France.

La bataille des frontières commence

Parallèlement aux opérations en Alsace, qui se soldent rapidement par un échec, les troupes françaises prennent l'offensive en Lorraine et dans les Ardennes. Ce sera la « bataille des frontières ».

À partir du 15 août, les offensives concernent trois secteurs frontaliers. L'un, à l'est, en Lorraine, où doit s'appliquer le plan de guerre français. Les deux autres en Belgique, dans les Ardennes et à Charleroi. Bien que les combats s'annoncent divers par le terrain et l'ampleur des objectifs, ils sont marqués par une caractéristique commune : des actions aveugles dues à l'absence de renseignements précis, ce qui conduit le commandement à accumuler les erreurs dans l'appréciation de l'adversaire. Le 8 août, Joffre a fixé les axes majeurs : Sarrebourg pour la Ire armée, la côte de Delme, entre Metz et Nancy, pour la IIe armée, qui doit faire sa jonction avec la Ire armée au sud du plateau lorrain. Depuis une semaine, la VIIe armée du général Pau est entrée en Alsace, avant d'en être chassée. En Lorraine, la progression est rapide car l'ennemi laisse les Français s'avancer pour les envelopper dans une tenaille dont Metz et Sarrebourg doivent constituer les mâchoires destinées à broyer les troupes françaises maladroitement lancées. ●

FANTASSINS FRANÇAIS EN LORRAINE. La ligne des Vosges est brillamment conquise par les hommes du général Dubail. La suite sera moins glorieuse.

TÉMOIGNAGE

« La Terre sacrée

Le 7 août, nous entrons en Alsace. Près du poteau frontière, les compagnies s'arrêtent, présentent les armes et saluent la Terre sacrée. Le moral est au plus beau. Devant nous, le vide, mais les habitants nous mettent en garde, tout en nous faisant la fête : "Méfiez-vous, ils ne sont pas loin et ils sont forts !" Le deuxième bataillon cantonne à Bitschwiller. À la fin du repas, un officier joue *La Marseillaise* au piano. Et dans ma chambre, je trouve, sur la cheminée, un petit buste en plâtre de Napoléon. Vers 14 heures, les avant-postes signalent que l'ennemi se renforce sans cesse. "Peuh, dit le colonel, ils sont quatre, ils nous amusent." Au même moment s'abat sur le cimetière une grêle de balles et d'obus.

Carnet de route d'un lieutenant du 23e RI »

La mobilisation française est finie

Commencée le 2 août, la mobilisation française se termine deux semaines plus tard. Dans l'intervalle, on s'est battu en Belgique, en Alsace et des opérations, que l'état-major veut décisives, sont engagées en Lorraine et dans les Ardennes.

DES FANTASSINS EN POSITION DE TIR. La mobilisation aura transformé ces hommes en véritables soldats, dont les premiers ont connu le baptême du feu dès le 7 août.

Le 3 août, 882 000 hommes sont sous les drapeaux. Il s'agit ensuite de transformer en soldats 2 200 000 hommes de la « réserve », soit les classes 1900 à 1910, et 1 540 000 hommes de la « territoriale », correspondant aux classes 1886 à 1899. La mobilisation évoque un mouvement de minuterie que rien, une fois mis en branle, ne peut arrêter ni accélérer. Au cours des opérations de mobilisation, un plan de couverture a été mis en place, assuré par des unités d'active. Leur mission est de faire échec à d'éventuelles incursions ennemies et tenir les débouchés de la future offensive française. Ce sont les unités de couverture qui connaissent les premiers contacts avec l'ennemi. Le 16 août, la mobilisation concerne 3 600 000 hommes « endivisionnés », soit 93 divisions d'infanterie et de cavalerie, auxquelles s'ajoutent un million d'hommes dans les dépôts. De son côté, l'Allemagne a mobilisé 3 800 000 hommes, mais elle doit combattre sur deux fronts. Quant à la Grande-Bretagne, outre son armée des Indes, elle possède sur son territoire une petite armée de métier, la British Expeditionary Force (BEF). Parallèlement aux opérations de mobilisation, la concentration, qui consiste à transporter les mobilisés sur les lieux prévus pour leurs unités, se déroule parfaitement. ●

UNE NOUVELLE ARME : L'AVIATION

Au moment où les belligérants commencent à s'affronter, l'aviation française est la plus importante. Créée en 1909 par le général Brun, ministre de la Guerre, elle se développe sous l'impulsion éclairée du commandant Estienne. À partir de 1910, un établissement est chargé d'étudier les possibilités d'emploi militaire de l'avion. Deux ans plus tard est mise sur pied la première escadrille. En août 1914, l'avion est muni d'un habitacle avec plancher où deux hommes peuvent prendre place. Sa vitesse ne dépasse pas une centaine de kilomètres à l'heure et le plafond 1 000 à 3 000 mètres. En général, l'équipage, n'ayant que ses yeux pour se diriger et privé de communications avec la terre, préfère « coller » au sol, c'est-à-dire suivre à vue les routes, les cours d'eau ou les voies ferrées. Pour l'heure, les avions sont confinés à la reconnaissance et au renseignement. ■

Gumbinnen : une victoire russe mal exploitée

SOLDATS RUSSES SUR LE FRONT ORIENTAL.
La rapidité de la mobilisation opérée dès le début du mois d'août permet aux Russes de se porter sans tarder au-devant des troupes allemandes.

En Europe orientale, la stratégie offensive du grand-duc Nicolas, commandant suprême de l'armée russe, dépend de l'évolution à l'ouest. Les Russes, en guerre depuis le 1er août, acceptent de passer très vite à l'offensive pour soulager les armées françaises.

Au moment où le général russe Rennenkampf franchit la frontière de la Prusse-Orientale, le 17 août, les Français sont en passe de perdre la bataille des frontières. Sans attendre d'avoir fini de mobiliser, les Russes se sont lancés à l'attaque, privant les Allemands du répit escompté par la supposée « lente mobilisation russe ». Le premier choc a lieu à Gumbinnen, dans la région des lacs Mazures. Sur un front de près de 80 km, les Allemands alignent 8 divisions et 95 batteries. La supériorité numérique des Russes – 22 divisions – leur permet d'enfoncer les forces du général Prittwitz et de provoquer un repli général. Le chef du 17e corps d'armée, August von Mackensen, âgé de 65 ans, perd 9000 hommes en deux heures de combat ! Mais le succès russe, difficilement acquis, pousse le général russe Rennenkampf à donner à ses troupes un jour de repos. Les Allemands en profitent pour rompre le contact. La progression russe reprend le 22 août, mais la cavalerie, mal employée, ne sait ni reconnaître ni poursuivre. ●

L'ARME ALLEMANDE, LA MITRAILLEUSE MAXIM

L'armée allemande a été une des premières à reconnaître l'importance de la mitrailleuse sur le champ de bataille. La mitrailleuse Maxim MG 08, adoptée par l'armée impériale, est la plus célèbre des mitrailleuses. Dès l'entrée en guerre, la tactique allemande d'utilisation des armes automatiques est particulièrement développée et les servants sont très bien entraînés. Les mitrailleuses, regroupées en une compagnie par régiment, sont intégrées dans les manœuvres de l'infanterie, tant dans l'offensive que dans la défensive. Les résultats de cette utilisation bien maîtrisée seront très meurtriers dans les rangs des Alliés. ■

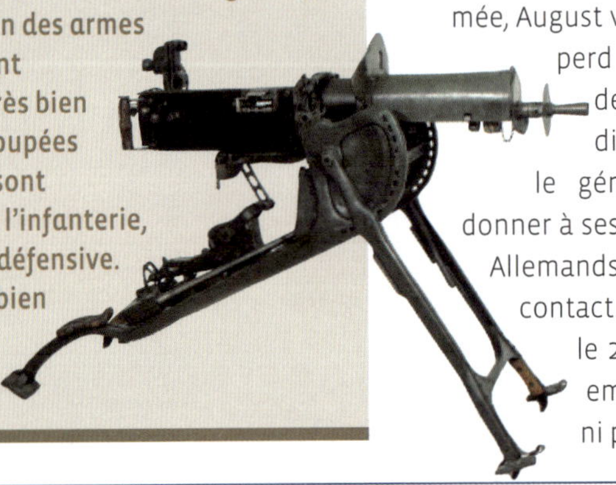

LE GÉNÉRAL AUGUST VON MACKENSEN.
À la tête du 17e corps d'armée lors de la bataille de Gumbinnen, il porte la coiffe à tête de mort des hussards qu'il conserva pendant toute sa carrière militaire.

Les Français retraitent

La bataille des frontières s'achève sur une victoire allemande. La population française, bercée par les nouvelles de victoires éphémères en Alsace, apprend avec stupeur, en même temps que le gouvernement, l'ampleur de la retraite opérée en Lorraine et dans les Ardennes par les divisions de Joffre.

L'instruction générale n° 2 rédigée au soir du 25 août (voir ci-contre) révèle à l'opinion et au gouvernement que l'armée française prépare sa retraite. Engagées en Lorraine depuis dix jours, les forces françaises, pourtant supérieures en nombre, ne parviennent pas à s'imposer. Les soldats en pantalon rouge sont fauchés par l'artillerie lourde et les mitrailleuses de l'adversaire. Dans ces conditions, le général Dubail ne parvient pas à se maintenir à Sarrebourg au soir du 20 août. De son côté, Foch, à la tête du 20e corps dans l'armée de Castelnau, s'est porté en direction de Morhange. Mais le 20 août, la VIe armée allemande contre-attaque et refoule les unités de Foch. Castelnau n'a d'autre recours que de donner l'ordre de retraite. Ce repli va s'étendre jusqu'au Grand-Couronné de Nancy. Pendant quelques heures, on redoute même de perdre la grande cité lorraine.

313 000
Pertes françaises (tués, blessés et disparus) du 6 août au 14 septembre 1914.

Déroute dans les Ardennes

Sur l'autre secteur de l'offensive française, les Ardennes, le cours des événements n'est pas plus favorable aux armées de Joffre. Ici, les opérations se déroulent conformément aux prévisions de l'état-major de Moltke. Joffre, dont les renseignements sur l'adversaire sont loin des réalités, commet une lourde erreur. En effet, il est persuadé que son aile gauche – trois corps d'armée belges, deux anglais et cinq français – est nettement supérieure à la droite allemande. Il estime celle-ci à six corps, sans compter les fameux corps de réserve que l'état-major ne

DOCUMENT

« Instruction générale n° 2

1° La manœuvre offensive projetée n'ayant pu être exécutée, les opérations ultérieures seront réglées de manière à reconstituer à notre gauche, par la jonction des IVe et Ve armées, de l'armée anglaise et de forces nouvelles prélevées dans la région de l'Est, une masse capable de reprendre l'offensive pendant que les autres armées contiendront, le temps nécessaire, les efforts de l'ennemi.

2° Dans le mouvement de repli, chacune des IIIe, IVe, Ve armées tiendra compte des mouvements des armées voisines avec lesquelles elle devra rester en liaison. Le mouvement sera couvert par des arrière-gardes laissées sur les coupures favorables du terrain, de façon à utiliser tous les obstacles pour arrêter par des contre-attaques, courtes et violentes, dont l'élément principal sera l'artillerie, la marche de l'ennemi ou tout au moins la retarder.

Au Grand Quartier Général le 25 août 1914, 22 h »

s'attend pas à voir apparaître en première ligne. De plus, Joffre pense que les ponts sur la Meuse ont été détruits par les Belges au lendemain de la chute d'Anvers, le 19 août. En réalité, il n'en est rien. Le choc a lieu sur un terrain particulièrement difficile : la forêt ardennaise interdit l'emploi de l'artillerie de même que toute idée de manœuvre. Les communications entre les commandants de divisions et les unités se révèlent compliquées, voire impossibles.

La défaite alliée consommée

La plupart des engagements, livrés dans le brouillard, tournent à l'avantage des Allemands. La bataille de la Sambre, déclenchée le 20 août par l'adversaire, prend à partie les seules armées alliées de la rive gauche, c'est-à-dire la Ve armée du général Lanrezac – il est battu à Charleroi le 21 août – et la BEF, défaite à Mons par des forces supérieures. La garde prussienne parvient à franchir la Sambre et s'empare d'Auvelais et de Tamines où elle se livre à un massacre de civils (383 fusillés). Partout, les Français sont obligés de reculer. Ainsi, Franchet d'Espèrey, qui s'apprête à attaquer la garde prussienne, apprend que l'armée saxonne du général von Hausen a franchi la Meuse. Il échappe à l'encerclement car von Hausen a renoncé à poursuivre. Le 23 août, la bataille des frontières est perdue pour les soldats de Joffre. Le GQG français doit constater la faillite de son plan de manœuvre et l'étendue de son erreur concernant l'appréciation du plan allemand. Les combats en Alsace, en Lorraine, dans les Ardennes ont mis en évidence de graves lacunes dans l'emploi de l'artillerie. Toutefois, les divisions françaises vaincues, mais non détruites, se replient en bon ordre. Le 24 août, Joffre prend la décision de reconstituer une armée, la VIe. Mais une partie du territoire est aux mains de l'ennemi. Le public, qui croit encore à l'entrée triomphale en Alsace, prend connaissance de l'ampleur du repli. ●

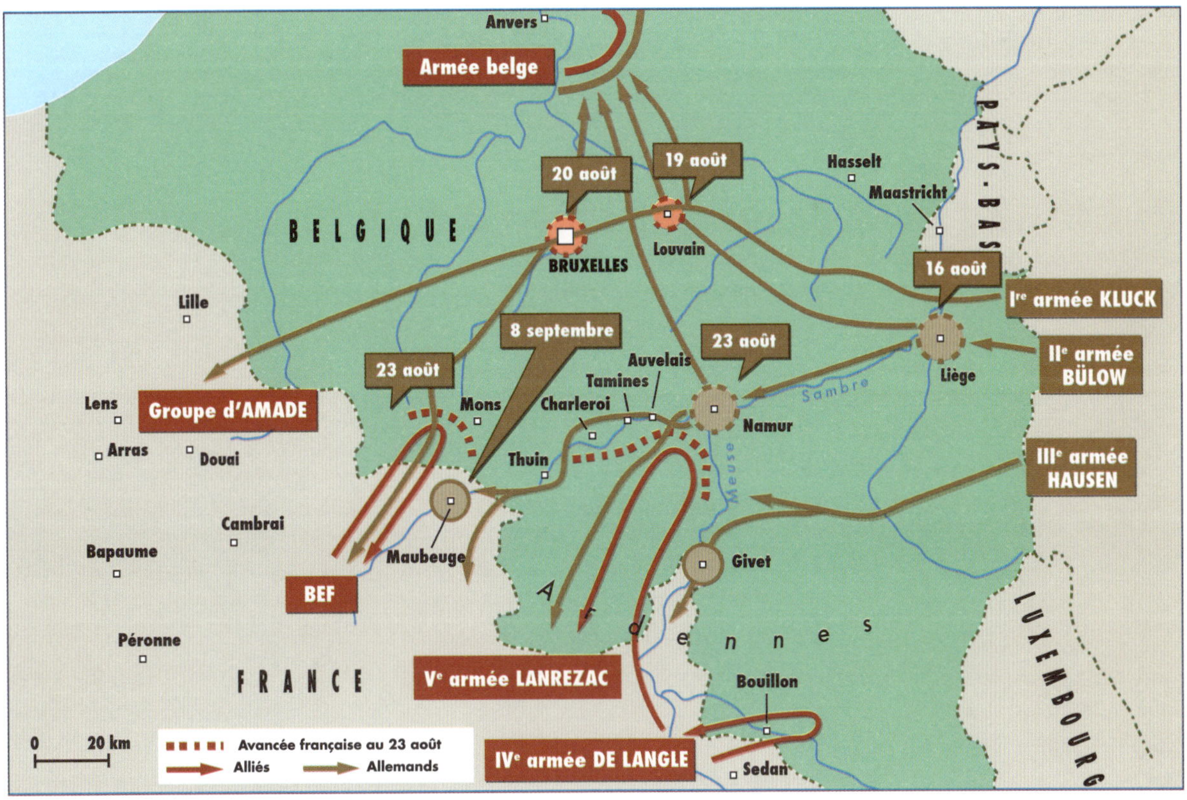

LA BATAILLE DES FRONTIÈRES. En vingt jours, trois armées allemandes conquièrent la majeure partie de la Belgique et pénètrent en France, rejetant les forces franco-anglaises hors du massif ardennais pour s'ouvrir la voie de Paris par la Meuse et la Sambre.

L'Union sacrée en acte

Le président du Conseil René Viviani élargit son cabinet. À Paris, l'échec de la bataille des frontières sonne l'heure de l'union nationale. Poincaré proclame la nécessité de resserrer les rangs. Les socialistes entrent pour la première fois au gouvernement.

UN BULLETIN DES ARMÉES.
Le bulletin des armées de la République est l'organe officiel des armées françaises en campagne. Il voit le jour dès le début de la guerre à la manière des « Bulletins de la Grande Armée » de l'épopée napoléonienne.

Le président du Conseil, René Viviani, se montre d'abord réticent. Il estime que Briand, compromis avec les modérés, sera rejeté par la Chambre. Poincaré convoque à l'Élysée Briand, Millerand et Delcassé. Bien que le nom de Clemenceau circule, le président n'en veut en aucun cas. En revanche, le socialiste Marcel Sembat lui donne des assurances. Au bout du compte, le grand sacrifié sera Messimy, le ministre de la Guerre. Fait exemplaire, celui-ci rejoint le front après avoir cédé son portefeuille à Millerand. Finalement, le cabinet d'Union sacrée est constitué. Viviani reste président du Conseil, tandis que Briand est promu vice-président. Ribot et Delcassé rejoignent le gouvernement. Le premier est nommé ministre des Finances, tandis que le second remplace Doumergue aux Affaires étrangères. Au général Gallieni revient le poste de gouverneur militaire de Paris. Avec l'arrivée de Sembat et de Jules Guesde, les socialistes participent au gouvernement pour la première fois. Poincaré aurait souhaité aller plus loin dans l'union : « J'aurais voulu que la droite, elle aussi, fût représentée. J'avais prononcé les noms de MM. Albert de Mun et Denys Cochin, mais MM. Viviani et Louis Malvy ont objecté que le Parlement ne comprendrait pas qu'on allât jusque-là. »

Des écrivains s'engagent

L'Union sacrée n'est pas que l'affaire des hommes politiques. Partout, elle est à

LE BULLETIN DES ARMÉES DE LA RÉPUBLIQUE

Son premier numéro est paru le samedi 15 août 1914. La rédaction est confiée aux soins de vieux routiers du journalisme, de vétérans de la presse, rompus à toutes les finesses du métier, et trop heureux d'apporter, sous cette forme, leur concours à la patrie. Il est d'abord quotidien. Les plus illustres des écrivains, l'Académie entière notamment, lui apportèrent leur collaboration précieuse. Il adopte un rythme de parution plus espacé lors de la bataille de la Marne sur seize pages, avec des récits de guerre, un exposé de la situation diplomatique, des cartes et plans, un feuilleton – le premier sera de Tristan Bernard –, une revue des journaux, notamment des journaux de tranchées, des articles de vulgarisation et des jeux et concours qui occuperont utilement les heures de repos des soldats. Enfin, un supplément contiendra, au fur et à mesure de leur apparition, les citations à l'ordre du jour, les archives inestimables de la vaillance et de l'héroïsme des soldats français. ■

l'œuvre, à l'arrière comme à l'avant, parmi les jeunes de la classe 14, incorporés dans la seconde quinzaine d'août. Elle concerne, aussi, le monde des lettres, quels que soient leurs horizons spirituels. Ceux qui ne sont pas aux armées, comme Péguy, Apollinaire, Dorgelès, Alain, Henri Bordeaux, Alain-Fournier, Marc Sangnier, Pierre Mac Orlan, entre autres, rivalisent de zèle pour «servir». On voit la gloire nationale, l'académicien Edmond Rostand prêt à accepter «une modeste place de secrétaire» et le symbole intellectuel de la IIIe République, Anatole France, demander à redevenir «simple soldat». Le poète Pierre Loti désire seconder Gallieni à Paris. Quant aux universitaires, comme les historiens Gabriel Hanotaux ou Ernest Lavisse, l'essayiste Maurice Barrès et le philosophe et anthropologue Lucien Lévy-Bruhl, ils se mobilisent pour répondre aux calomnies déversées contre la France par les universitaires allemands. Plus largement, le gouvernement invite hommes et femmes de lettres à mobiliser l'opinion publique pour soutenir l'effort de guerre. Ils seront nombreux à répondre à l'appel officiel, livrant quantité d'essais, de récits personnels, d'études d'économie, tout autant que de poésies, de nouvelles, de pièces de théâtre et de romans.

LES HOMMES AU POUVOIR. En haut à gauche : Marcel Sembat et René Viviani ; en bas à gauche : Aristide Briand. En haut à droite : Alexandre Millerand ; en bas à droite : le président de la République Raymond Poincaré.

DOCUMENT

« Hommage de Millerand à Joffre

Au moment où je reprends la direction du ministère de la Guerre, je veux que mon premier acte soit pour envoyer aux troupes qui combattent sous vos ordres et à leurs chefs le témoignage de l'admiration et de la confiance du Gouvernement de la République et du pays.
La France est assurée de la victoire parce qu'elle est résolue à l'obtenir. Soumise à la discipline de fer qui est la loi et la force des armées, la Nation tout entière levée pour la défense de son sol et de ses libertés, a accepté d'avance, d'un cœur ferme, toutes les épreuves, même les plus cruelles. Patiente et tenace, forte de son droit, sûre de sa volonté, elle tiendra.

Je vous donne l'accolade.

A. Millerand, le 28 août 1914 »

L'euphorie gagne Berlin

Si le Conseil des ministres du 25 août s'est déroulé à Paris dans une ambiance morose en raison des mauvaises nouvelles qui parviennent du front, à Berlin, en revanche, on pavoise. Une euphorie qu'exprime clairement le communiqué du 27 août : «Les armées allemandes sont entrées en France, de Cambrai aux Vosges, après une série de combats continuellement victorieux. L'ennemi, en pleine retraite, n'est plus capable d'offrir une résistance sérieuse.» Pour le colonel Hans von Seeckt, chef d'état-major du 3e corps, la décision est acquise : «Paris est déjà à portée de main.»

Les Russes sont défaits à Tannenberg

Profitant du manque de coordination des Russes après la bataille de Gumbinnen, les Allemands renforcent leur dispositif et bousculent l'adversaire au sud de la Prusse-Orientale, à Tannenberg, là où, en 1410, Polonais et Lituaniens avaient vaincu les chevaliers Teutoniques.

La défaite de Gumbinnen a poussé la Direction suprême allemande à écarter le général Prittwitz de la VIIIe armée, dont la direction est confiée à Hindenburg, flanqué de son adjoint Ludendorff. Cette armée est renforcée de deux corps, prélevés à l'ouest. Deux facteurs vont jouer en défaveur des Russes. D'abord, la rivalité ouverte qui oppose les généraux Rennenkampf et Samsonov, les poussant à négliger la coordination de leurs mouvements. Ce qui permet au tandem Hindenburg-Ludendorff de concentrer ses forces contre l'une ou l'autre des troupes russes. Ensuite, les Allemands connaissent les plans de l'adversaire qui communique en clair. C'est à Tannenberg, où Hindenburg a établi son PC, que le choc a lieu. Les 26 et 27 août, les deux ailes russes sont écrasées. Le 29 août, les généraux von François et von Mackensen font leur jonction, fermant ainsi la nasse derrière Samsonov, dont toutes les routes de repli se trouvent coupées. Découvrant la réalité du désastre, le général russe

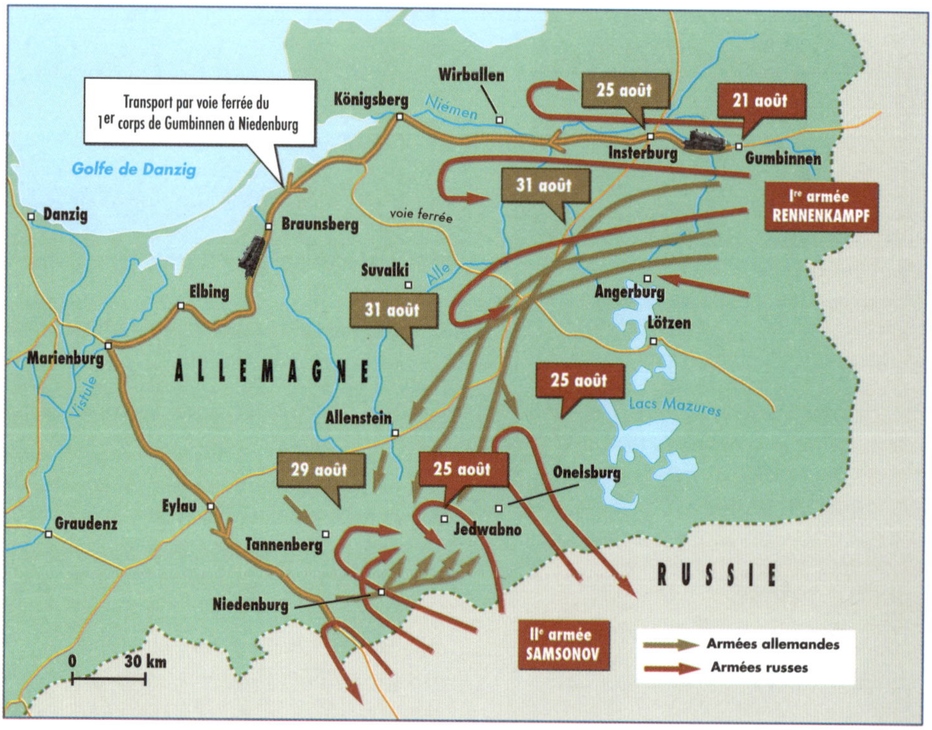

L'ASTUCIEUSE MANŒUVRE ALLEMANDE. Pour désengager leurs troupes battues à Gumbinnen, Hindenburg et Ludendorff décident de les transférer par le train afin d'affronter Samsonov. Pari risqué mais gagnant.

LA GUERRE DES AIRS EN PRUSSE-ORIENTALE

L'étendue du théâtre d'opérations explique l'importance de l'aviation en Prusse-Orientale. Les Allemands ont, sur ce point, la suprématie avec 50 appareils et deux dirigeables. Au cours de la bataille de Tannenberg, les deux adversaires utilisent l'aviation comme moyen de liaison. Ainsi, les avions permettent à Hindenburg d'être en relation avec ses corps d'armée. Le même Hindenburg dira que « sans l'aviation, il n'y aurait pas eu de Tannenberg ». Du côté russe, on compte sur le Sikorsky 16-S, un biplan de chasse, emportant un pilote et un mitrailleur. Les Allemands comptent sur le Fokker M 5, un biplace d'observation particulièrement agile. Cet appareil était proche du Morane-Saulnier français. Mais contrairement à ce dernier entièrement en bois, le Fokker était en métal, exceptées les ailes, qui furent fabriquées en bois. ■

L'AVION RUSSE SIKORSKY 16-S. Dessiné par l'ingénieur russe Igor Sikorsky, ce biplan accueillait deux hommes. Mis au point en 1914, il a volé pour la première fois en février 1915.

Samsonov se donne la mort. Les Allemands font quelque 92 000 prisonniers et mettent la main sur 500 pièces d'artillerie.

Une armée russe sous-équipée

La bataille de Tannenberg est une victoire nette des Allemands. Elle a mis en évidence les lacunes de la chaîne du commandement au sein de l'armée russe. Il en est de même pour le renseignement, pour le moins défectueux, et sans oublier l'équipement. Mitrailleuses et fusils font défaut tant il est difficile pour une armée aussi nombreuse de doter chacun en armes et munitions. En additionnant les soldats de métier, les conscrits et les réservistes, ce sont près de 6 millions de Russes qui sont mobilisés au cours de l'été 1914. Un exploit pour un pays aussi étendu. Or, on ne compte que 4 500 000 fusils et pratiquement pas d'artillerie lourde. Pour autant, les Russes se battent avec un courage évident, montrant qu'ils sont capables de tenir tête aux meilleures troupes de l'adversaire. De plus, en contraignant Moltke, le chef d'état-major de l'armée allemande, à prélever sur le front de l'Ouest deux corps d'armée, les hommes du tsar Nicolas II vont permettre à l'armée française de se rétablir au début du mois de septembre et d'éviter de perdre la guerre quelques semaines seulement après qu'elle a éclaté. ●

La bataille des lacs Mazures

Les Allemands ont porté un coup sévère aux Russes à Tannenberg. Mais il leur faut maintenant se débarrasser de l'armée de Rennenkampf, encore compacte et en mouvement, mais toujours aussi mal renseignée. La bataille débute le 7 septembre. Les Allemands parviennent à fixer les Russes et à les déborder dans la région des lacs Mazures. Le 12 septembre, les Allemands sont à Suvalki, dans le nord-est de la Pologne, et à Wirballen, aujourd'hui en Lituanie. Néanmoins, Rennenkampf parvient à repasser le Niémen. Désormais, les Allemands vont être obligés de combattre sur deux fronts, ce qu'ils voulaient absolument éviter. Eux aussi, certains que l'armée russe n'était pas prête, ont parié sur une guerre courte sur le front oriental. En dépit de pertes importantes, l'armée russe réussit à échapper à l'encerclement et à l'anéantissement grâce à un repli vers l'est. ■

Paris bombardé !

Les armées allemandes se rapprochent de la capitale qui se vide de ses habitants. Les Parisiens reçoivent la première visite – et les premières bombes – des avions allemands Taube. Plus de peur que de mal. Toutefois, l'angoisse suscitée par l'approche de l'ennemi entraîne un exode important.

AVION «TAUBE» ALLEMAND EXPOSÉ À PARIS. Son pilote avait reçu ordre de larguer ses plus petites bombes, d'environ 2 kg. Peu efficaces, elles devaient néanmoins entamer le moral des Parisiens et convaincre les autorités de déclarer Paris ville ouverte.

C'est une première mondiale qui se déroule à Paris : le bombardement aérien de populations civiles. Il est 12 h 04 ce dimanche ensoleillé lorsqu'un monoplan allemand, aussi léger qu'une plume et à ce titre fort justement surnommé *Taube* (pigeon), largue d'abord une espèce de banderole sur laquelle on peut lire : «Parisiens, rendez-vous, les Allemands sont à vos portes», signée von Hiddessen. Trois bombes sur quatre explosent, et des centaines de tracts tombent sur Paris.

L'exode des Parisiens

Si la «visite» du Taube a fait plus de peur que de mal, la crainte s'est toutefois emparée des Parisiens. Nombre d'entre eux prennent le chemin de l'exode. En témoignent les files d'attente devant les guichets des gares. Ceux qui ne réussissent pas à attraper un train prennent la route, poussant des charrettes à bras. Au total, plusieurs milliers de Parisiens se dirigent vers le sud-ouest. Dans le nord du pays les civils fuient également. Ainsi, 50 000 personnes quittent Calais. L'argent, aussi, prend la fuite. Les banques parisiennes envoient leurs dépôts et leur numéraire en province. Des trains ont déjà chargé des milliards de francs en lingots d'or de la Banque de France, notamment en direction de Brest. Quant à ceux qui restent, ils vaquent à leurs occupations. Pour conjurer la crainte de l'invasion, on se promène en famille du côté des fortifications. ●

TÉMOIGNAGE

« L'inquiétude des Français

Si discrets qu'ils soient, les bulletins officiels de retraite (bataille des frontières) commencent à troubler un peu, ça et là, l'opinion publique. Mon courrier se gonfle de plus en plus. Ce ne sont que critiques, plaintes et récriminations, et aussi pétitions de prêtres ou de femmes, qui me demandent avec insistance de vouer la France au Sacré-Cœur. Beaucoup de ces requêtes sont touchantes de sincérité, de douleur et de foi. D'autres paraissent malheureusement inspirées par la passion politique plutôt que par le sentiment religieux. Nos défaites y sont présentées comme un châtiment mérité, infligé par Dieu à la République.

Raymond Poincaré »

FANTASSIN FRANÇAIS APRÈS SON INCORPORATION.
Ils furent ainsi plusieurs millions de jeunes Français et de soldats venus de toutes les parties de l'Empire à porter l'uniforme entre 1914 et 1918. Plus d'un million périrent sur les champs de bataille.

Paris se prépare !

Nommé le 26 août, le général Gallieni organise la défense de la capitale. Dans Paris, qui commence à se vider de sa population, on s'organise pour faire obstacle à l'avancée allemande. Barricades, mesures de défense passive, réglementation de la circulation : le général Gallieni est sur tous les fronts.

Au lendemain de l'échec des offensives en Lorraine et dans les Ardennes, le général Joffre s'est résolu à entamer « une retraite méthodique ». L'idée du généralissime est de rétablir de solides positions sur la Somme et l'Aisne afin de mettre un frein à l'avance allemande. Le 29 août, les troupes de la VIe armée allemande déployées en Lorraine sont rejetées au nord de Mortagne près de Lunéville. Sur la Meuse, l'armée de Langle inflige elle aussi un échec, cette fois à la IVe armée allemande.

100 000

Effectifs de l'armée de Paris, soit deux divisions de territoriale, deux divisions de réserve, une brigade de marine.

Au même moment, dans la région de Guise, le général Lanrezac parvient à attaquer le flanc des colonnes de Kluck qui défilent en direction de Saint-Quentin. Deux corps d'armée ennemis sont contraints de repasser l'Oise. Parallèlement, Joffre réorganise la chaîne de commandement, procédant notamment au limogeage de généraux qui lui paraissent incapables. Ces manœuvres lui procurent le répit dont il a besoin. Toutefois, il ne peut plus espérer son rétablissement sur la ligne Somme-Verdun. Le 30 août, il se résigne à donner l'ordre de recul vers la

LE GÉNÉRAL GALLIENI.
Le 26 août, il est nommé commandant du « camp retranché » et des armées de Paris à l'âge de 64 ans. À ce titre, il est chargé d'organiser la défense de la capitale.

Les erreurs tactiques allemandes

Dans sa retraite méthodique, le général Joffre est aidé par les Allemands. Dans l'euphorie de la victoire, l'ennemi connaît un relâchement de la discipline. Les généraux français en profitent, notamment à Guise, en Picardie, pour se replier en bon ordre. Nombre de régiments allemands progressent lentement, préférant vivre de plus en plus sur le pays conquis. Surtout, en prélevant sur le front occidental des unités pour les envoyer en Europe orientale, le haut commandement allemand se prive de ressources qui lui feront bientôt défaut. De même, les uhlans qui occupent Amiens ne s'aventurent pas plus à l'ouest, vers les côtes de la Manche qui pourtant leur sont ouvertes. Dans sa directive du 27 août, Moltke s'accroche au plan Schlieffen – un front défensif contre les Russes avec 10 % des effectifs et une attaque avec 90 % des effectifs sur la France –, oubliant qu'il a perdu le quart des effectifs de son aile droite. ■

Seine aux IIIe, IVe et V^e^ armées. La VIe armée est mise à la disposition de Gallieni pour couvrir la capitale.

Les barricades parisiennes

Jusqu'au 25 août, la population parisienne a vécu dans l'ignorance des revers des armées de Joffre. Certes, depuis le début des hostilités, Paris est déclaré «camp retranché». Des affiches couvrent les murs, rappelant que la capitale se trouve en état de siège. Mais chacun est bien certain que la banlieue parisienne sera le tombeau de l'armée allemande. Avec l'échec de la bataille des frontières, la crainte s'est substituée à ce bel optimisme. Dès le 29 août, Gallieni arrête que «dans un délai de quatre jours francs, à compter du 30 août, les propriétaires, usufruitiers, locataires ou occupants de tous les immeubles situés dans la zone de servitude des forts devront évacuer ou démolir lesdits immeubles». Par crainte d'un bombardement, on adopte des mesures destinées à enrayer d'éventuels incendies. Les Parisiens sont pressés d'enlever des combles tous les matériaux combustibles. Il est stipulé que des points d'eau doivent être aménagés tous les cinquante mètres. Le personnel des grands magasins est invité à se familiariser avec le matériel d'incendie. Des barricades de terre, de pavés, d'arbres, des chevaux de frise, des tranchées protègent les portes de Paris contre les raids de cavalerie. La circulation autour des portes est strictement limitée. Le détachement d'infanterie et d'artillerie déployé au troisième étage de la tour Eiffel a pour consigne d'abattre les avions et les dirigeables de l'ennemi. Les esplanades des Invalides et de l'École militaire, transformées en gares routières, ont été réquisitionnées pour y concentrer camions, autobus, fourgons, tout ce qui permettra de porter les soldats au-devant de l'adversaire. Des officiers supérieurs en automobile, à cheval ou à pied, l'air affairé, vont et viennent dans le tumulte, et, selon un témoin, «leurs képis ressemblent à des coquelicots semés dans un champ de blé».

DOCUMENT

« La défense de la capitale

J'ai reçu le mandat de défendre Paris contre l'envahisseur. Ce mandat, je le remplirai jusqu'au bout.

26 août 1914, général Gallieni gouverneur militaire de Paris »

PARIS DISPOSE D'UNE TRIPLE LIGNE DE DÉFENSE

Paris est entourée d'une triple ligne de défense. La première est constituée par l'enceinte de 1840, qui avait soutenu le siège prussien en 1870 et celui des Versaillais en 1871. De toute évidence, sa valeur défensive est nulle. La deuxième ligne est formée par les anciens forts, transformés en magasins ou en casernes : aucun ne peut prétendre résister à l'artillerie.
Enfin, une troisième ligne, aménagée en 1878 et comprenant un réseau de forts, de retranchements et de batteries, repousse les défenses de Paris d'une vingtaine de kilomètres. Les autorités estiment que sa profondeur doit rendre impossible l'investissement de la capitale.

Prélude à la Marne

À partir de quel endroit lancer la contre-offensive ? Trois armées marchent sur Paris. La situation paraît désespérée. Soudain, s'écartant du plan Schlieffen, les troupes de Kluck abandonnent le chemin de la capitale et s'orientent vers le sud-est. Elles offrent ainsi leur flanc aux Français. Joffre saisit l'occasion.

Alors que sur tout le front, à l'ouest de Verdun, les unités françaises entament repli sur repli, que les nouvelles se succèdent, toujours mauvaises, divers renseignements concordants, principalement des rapports d'aviateurs, parviennent au GQG de Joffre. La Ire armée de Kluck est invisible sur les routes menant du nord vers Paris. Les colonnes allemandes ont infléchi leur progression vers le sud-est, c'est-à-dire vers la Marne. Pour Joffre, « la situation [est] saisissante ». Dès le 2 septembre, le généralissime notifie à ses commandants d'armée son désir de reprendre très prochainement l'offensive. Joffre envisage de porter l'armée Maunoury au sud de la Marne, tandis que Gallieni veut la pousser au nord de la rivière. Dans le premier cas, la bataille serait engagée le 7 septembre, dans le second, la veille. Joffre, après s'être assuré que la Ve armée, où Lanrezac vient d'être remplacé par Franchet d'Espèrey, et le corps expéditionnaire britannique (BEF) sont en état de reprendre l'offensive, finit par accepter le plan de Gallieni.

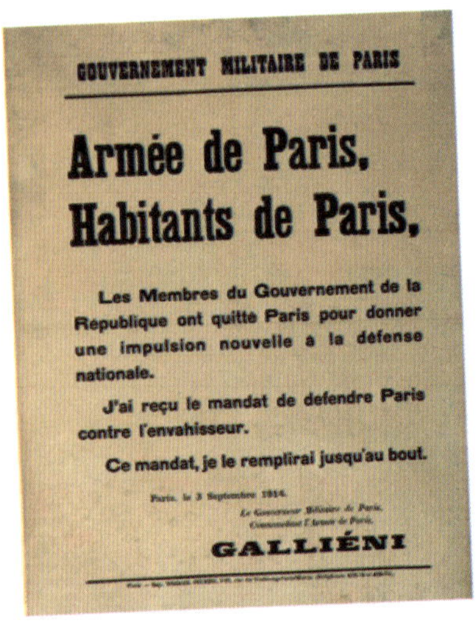
GOUVERNEMENT MILITAIRE DE PARIS

Armée de Paris,
Habitants de Paris,

Les Membres du Gouvernement de la République ont quitté Paris pour donner une impulsion nouvelle à la défense nationale.

J'ai reçu le mandat de defendre Paris contre l'envahisseur.

Ce mandat, je le remplirai jusqu'au bout.

Paris, le 3 Septembre 1914.

GALLIÉNI

Les données stratégiques

Joffre ne dissimule pas au gouvernement la gravité de la situation et requiert son intervention auprès de Kitchener (ministre de la Guerre britannique) pour relancer l'énergie défaillante de John French, le commandant en chef du corps expéditionnaire britannique. Parallèlement, il conseille au gouvernement de quitter Paris pour faciliter sa liberté d'action et obtient la mise sous ses ordres des troupes de la capitale.

La retraite du gouvernement à Bordeaux

Le 2 septembre, dans une ambiance sinistre, Raymond Poincaré et les ministres de Viviani, accompagnés de leurs épouses et de leurs collaborateurs, prennent la direction de la gare d'Auteuil où les attend le train en partance pour Bordeaux. C'est sur l'insistance pressante du généralissime Joffre que l'on s'est résigné, la mort dans l'âme, à quitter Paris. Le lendemain, on s'installe dans l'ancien archevêché de la capitale girondine : on y restera jusqu'au 8 décembre. Un mouvement inverse s'opère à Paris où arrive le député socialiste Albert Thomas. Sur proposition de Marcel Sembat, il est chargé de prendre contact avec les syndicats ouvriers afin de s'assurer de leur bienveillant concours. Enfin, dans la capitale, Paul Doumer devient une espèce d'adjoint civil du général Gallieni. De son côté, la propagande allemande présente le transfert du gouvernement à Bordeaux, rappelant 1870, comme le signe de l'écroulement prochain de la France. Les cartes postales allemandes présentent Poincaré comme un personnage ridicule, cherchant à fuir par tous les moyens possibles avec son état-major et ses ministres. ■

Le 2 septembre, alors que le gouvernement s'apprête à partir pour Bordeaux, Joffre, renseigné par le 2e bureau, sait que le Kronprinz et le général Wurtemberg commencent à envelopper Verdun, que Hausen marche sur Reims, que Bülow est à Château-Thierry et Kluck à la Ferté-sous-Jouarre. Ce dernier, particulièrement confiant, annonce le soir à Moltke que «devant les signes partiels de désagrégation de l'ennemi, il continue son mouvement sur Montmirail». De son côté, le général Gallieni, gouverneur militaire de la capitale, entend défendre la ville jusqu'à la dernière extrémité. Dans la soirée du 4 septembre, Joffre donne son ordre général : «Il convient de profiter de la situation aventurée de la Ire armée allemande pour concentrer sur elle les efforts des armées alliées d'extrême gauche.» À l'heure où va s'engager le choc que chacun espère décisif, les deux adversaires ont en ligne des forces à peu près équivalentes. Moltke a 75 divisions, Joffre lui en oppose 79. Jusqu'au 4 septembre, Moltke ignore les déplacements de forces réalisés par Joffre. Ébloui par ses premiers succès, il a affaibli son aile droite, sans prévoir l'ampleur de la réplique de ses adversaires. De plus, Kluck, dont les forces se sont aventurées à découvert au sud de la Marne, ne peut placer en flanc-garde, au nord de la rivière, que de maigres effectifs. Dès lors, l'initiative revient aux Français. ●

TÉMOIGNAGE

« La fin de la retraite

Le 3 septembre, jour démoralisant entre tous. Venant de Vouziers [dans les Ardennes], nos troupiers, exténués, n'ayant pas pris de repas chaud depuis trois jours, ni quitté leur équipement, quittent les rangs pour aller chercher de l'eau et de la volaille abandonnée dans les fermes. Les officiers, impuissants à maintenir l'ordre, voient peu à peu la retraite se changer en déroute. Les traînards, de plus en plus nombreux, se laissent tomber dans les fossés. Le 4, nous traversons Vitry, le 5, Courdemanges [dans la Marne], le 6 nous passons la journée sur des positions de réserve. Le 7, brutalement, le combat change de face et nous nous portons en avant.

Lettre d'un sous-officier du 127e RI »

UN SPAHI MAROCAIN. 48 000 tirailleurs nord-africains perdront la vie, des pertes comparables à celles des unités de fantassins métropolitains.

LES TROUPES INDIGÈNES RÉQUISITIONNÉES POUR LA DÉFENSE DE LA MÉTROPOLE

Alors que l'Allemagne refuse de puiser dans ses colonies, dont elle considère les habitants comme des «sauvages», la France recourt massivement à ses «indigènes» que l'on appelle des «originaires». Pour certains, il s'agit d'un échange de bons procédés : en retour, on leur promet des droits nouveaux, voire l'égalité. Pour d'autres, ces indigènes doivent servir la France en remerciement de l'œuvre civilisatrice et des bienfaits de la mère patrie. L'Afrique noire et le Maghreb, mais aussi la péninsule indochinoise vont alimenter les armées de la métropole. Le seul Maghreb enverra au front 205 600 soldats. À la fin de la guerre, ils seront près de 600 000 venus de tout l'Empire. Bien que les statistiques soient sujettes à caution, on estime que plus de 80 000 d'entre eux ont perdu la vie sous l'uniforme, dont plus de la moitié provient d'Afrique du Nord. ■

Victoire sur la Marne

Le dos au mur et sachant profiter des erreurs tactiques des stratèges allemands, le haut commandement français insuffle aux troupes l'enthousiasme et l'esprit de corps indispensables pour rétablir une situation très compromise.

La bataille de la Marne se présente comme une succession de combats, acharnés de part et d'autre, menés par des soldats fourbus. Ces engagements se déroulent sur un front de 250 km, des Vosges aux rives de la Marne, à quelques kilomètres de la banlieue est de la capitale. Ce front forme entre Verdun et Paris une vaste poche à la convexité tournée vers le sud.

DOCUMENT

« Message avant la bataille

Au moment où s'engage une bataille dont dépend le salut du pays, il importe de rappeler à tous que le moment n'est plus de regarder en arrière ; tous les efforts doivent être employés à attaquer et à refouler l'ennemi. Une troupe qui ne peut plus avancer devra, coûte que coûte, garder le terrain conquis et se faire tuer sur place plutôt que de reculer. Dans les circonstances actuelles, aucune défaillance ne peut être tolérée.

Maréchal Joffre, le 5 septembre 1914 »

6 septembre : le début

À l'ouest, Maunoury engage l'offensive, mais se heurte à une forte résistance de la droite de Kluck. Les Britanniques atteignent dans la soirée les abords du Grand Morin. Au centre, Foch doit reculer devant Bülow, sur la rive sud des marais de Saint-Gond et à Fère-Champenoise. Mais à sa droite, la volte-face du général de Langle oblige Wurtemberg à solliciter le soutien de Hausen. À l'est de ce secteur, le général Sarrail, comme Castelnau, résiste au Kronprinz.

650 km

Distance parcourue par les hommes de la Ve armée allemande entre le 15 août et le 11 septembre, de Mézières à Reims, par Charleroi, Guise, Laon et Montmirail.

7 septembre : l'éclatement de la droite allemande

Conscient de la gravité de la menace créée par l'attaque de Maunoury, le commandant de la Ire armée de Kluck décide de concentrer toutes ses forces sur l'Ourcq. Cette manœuvre a pour effet de ne laisser entre la IIe armée (Bülow) et lui que le mince rideau des divisions de cavalerie du corps Richthofen et de contraindre Bülow à replier sa droite au nord-ouest de Montmirail. C'est à travers cet écran peu consistant que les soldats britanniques et la droite de Franchet d'Espèrey continuent de progresser entre les deux Morin. De son côté, Foch réussit à rejeter la garde allemande dans les marais de Saint-Gond. Quant à Joffre, pressentant la dislocation de l'aile marchante allemande, il ordonne à Maunoury de s'orienter au nord, vers la rive droite de l'Ourcq, et aux Britanniques de se porter sur la Marne, en liaison avec Franchet d'Espèrey. Ce dernier a pour mission d'appuyer la gauche de Foch, qui, lui, doit tenir coûte que coûte. Dans la soirée, Moltke fait son rapport au Kaiser Guillaume II. La résistance acharnée des armées françaises le prend de court.

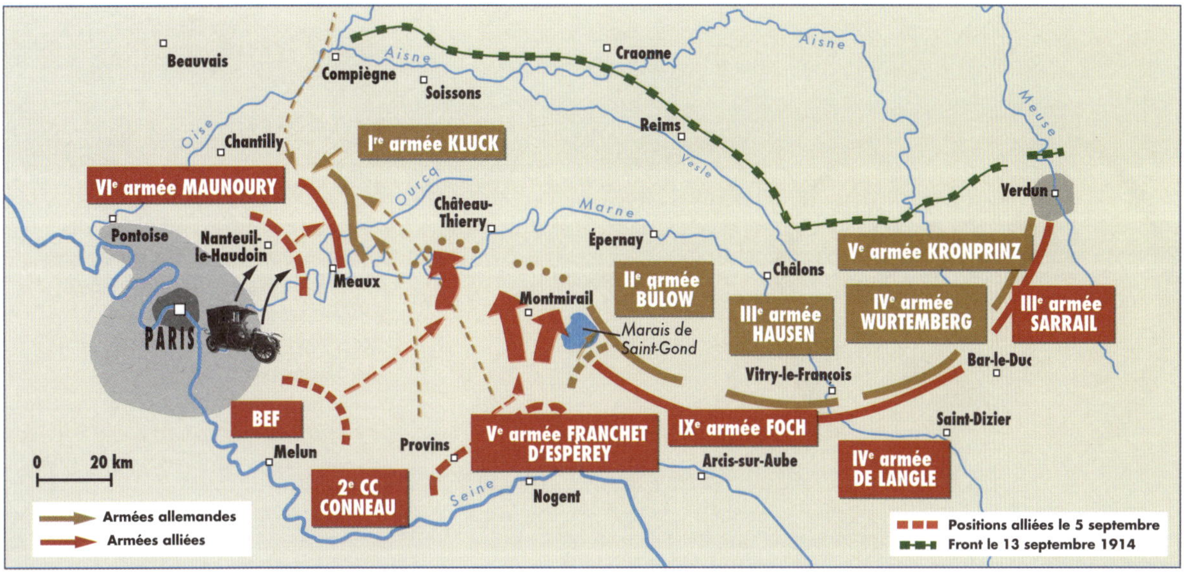

8 septembre : la brèche entre Bülow et Kluck

À l'ouest de l'Ourcq, Maunoury se trouve dans une situation difficile. Malgré le renfort apporté par la 7e division d'infanterie, dont 5 bataillons sont transportés par des taxis réquisitionnés la veille au soir dans la capitale, la VIe armée, sur laquelle pèse le gros de l'effort de Kluck, est contrainte à la défensive. Mais c'est sur le centre que l'adversaire concentre toutes ses forces en engageant à fond les IIIe, IVe et Ve armées dans l'idée de rompre les lignes françaises. À l'est, toutefois, Sarrail (IIIe armée) tient tête

LA VICTOIRE DE LA MARNE. À l'issue de la bataille, les forces allemandes sont repoussées au-delà de Soissons et Reims.

›››

LE SYMBOLE DE LA TÉNACITÉ

Dès le 1er septembre, le général Gallieni a donné l'ordre de préparer la réquisition de tous les véhicules disponibles, y compris les taxis. Le lendemain, le gouverneur militaire de Paris ordonne qu'on lui fasse connaître deux fois par jour le nombre de voitures dont il serait à même de disposer en cas d'urgence. En exécution de ces ordres, des transports du camp retranché créent une réserve permanente de taxis, tenue à disposition nuit et jour dans les garages de trois compagnies. Le nombre des taxis réquisitionnés est d'abord fixé à cent cinquante, mais des mesures spéciales doivent permettre de tripler ce chiffre en moins de douze heures. Le 2 septembre, les premiers taxis – au nombre de 180 – quittent Paris pour transporter des vivres aux forts de la région de Gonesse, Saint-Denis et Stains. Au total, ce seront environ 600 taxis qui seront engagés dans la bataille de la Marne, essentiellement pour acheminer des renforts en hommes. ■

UN DES FAMEUX TAXIS DE LA MARNE. Ils jouent en réalité un rôle bien modeste, sans rapport avec ce que l'imaginaire de la Grande Guerre a popularisé.

››› aux actions du Kronprinz et réussit même à soutenir la IVe armée de Langle, lequel peut ainsi à son tour épauler Foch. En Champagne, la poussée allemande est enrayée, comme elle l'est en Lorraine où les fantassins de Rupprecht sont battus par les forces pourtant limitées de Dubail et Castelnau : Nancy ne sera donc pas occupé. Vers 19h, Joffre décide « de mettre hors d'état de nuire l'extrême droite allemande » (Kluck) en jetant sur ses arrières, en direction de la Marne, les Britanniques, le corps de cavalerie Conneau et l'aile gauche de Franchet d'Espèrey.

80 000
Nombre de soldats français tués lors de la bataille de la Marne.

9 septembre : Kluck rompt le combat

Vers midi, Kluck apprend que sa cavalerie a dû se replier. Il poursuit toutefois avec succès ses attaques contre Maunoury. Moltke, de plus en plus inquiet de la tournure des événements, dépêche son fidèle Hentsch auprès de Kluck. C'est à ce moment que parvient un message de Bülow annonçant sa retraite et l'arrivée des Britanniques à l'ouest de Château-Thierry. Kluck se décide à rompre le combat et à se replier au nord sur l'Aisne, entre Soissons

TÉMOIGNAGE

« L'hommage du général von Kluck

Que des hommes ayant reculé pendant dix jours, couchés par terre, à demi morts de fatigue, puissent reprendre le fusil et attaquer au son du clairon, c'est une chose avec laquelle nous n'avions pas appris à compter, une possibilité dont il n'avait jamais été question dans nos écoles de guerre.

Von Kluck, le 15 septembre »

SOLDATS TOMBÉS À MAURUPT-LE-MONTOIS. Cette carte postale existe en deux versions : l'une mentionne des cadavres allemands, l'autre est plus évasive.

LE MIROIR

UNE DU *MIROIR* DU 13 SEPTEMBRE 1914.
Les «soudards» du Kaiser faits prisonniers à Neufmoutiers, en Seine-et-Marne.

LA PRESSE SALUE LA VICTOIRE

La nouvelle du recul des armées allemandes entraîne un formidable sentiment de soulagement dans la population française. Ainsi, *Le Petit Journal* du 12 septembre parle de «l'énorme soulagement» provoqué par l'éloignement de l'adversaire. Si *Le Temps* multiplie les réserves, appelant à ne pas confondre «une grande victoire avec la victoire», certains commentaires de presse perdent en revanche toute mesure. Ainsi, le chroniqueur militaire du grand journal nationaliste *l'Écho de Paris* écrit le 14 septembre : «Maintenant, c'est la victoire. Ses ailes frémissantes vont porter nos armées jusqu'au Rhin. Le triomphe final n'a jamais été en doute, mais il pouvait se faire attendre davantage [...]. Il n'y a rien derrière les Allemands; aucun renfort, aucun repli organisé, aucun plan, aucune armée de réserve, rien à quoi accrocher leur fuite éperdue pour tenter un retour offensif. C'est la débâcle absolue. Elle ne s'arrêtera que par la curée.» Sans être aussi excessif, le vieux communard Édouard Vaillant écrit tout de même avec assurance dans *L'Humanité* du 15 septembre : «C'est le commencement de l'écrasement de l'impérialisme prussien. C'est bien le commencement de la victoire définitive des armées alliées.» ■

et Compiègne, laissant béante une brèche de 60 km qui le sépare de Bülow. De son côté, Franchet d'Espèrey, qui a bousculé la droite de Bülow, infléchit sa progression au nord-est dans la région de Montmirail et de Champaubert.

10-14 septembre : retraite de l'aile marchante allemande

À 16 h 45, Moltke se décide à signer l'ordre de repli des armées I à IV sur l'Aisne et la Vesle, autour de la Ve armée comme pivot. Dans la journée, Maunoury parvient à progresser de 15 km. L'Anglais French en profite pour s'établir au sud de l'Ourcq, d'Espèrey dépasse la Marne. Dès le matin du 11 septembre, il ne fait aucun doute que le recul allemand est désormais général. Aussi Joffre peut télégraphier au gouvernement que «la bataille de la Marne s'achève en une victoire incontestable». L'exploitation de la victoire sera, il est vrai, incomplète, notamment en raison de l'épuisement des armées et du manque de réserves. Certes, la bataille de la Marne a sauvé la France du désastre, brisé le plan de guerre de l'Allemagne et détruit le mythe de l'invincibilité de l'état-major de Berlin. Mais si éclatante qu'elle apparaisse alors, la victoire française est loin d'être décisive. Le 13 septembre, Franchet d'Espèrey entre enfin à Reims, mais les Allemands ont réussi à s'accrocher sur la ligne Noyon-Soissons-Craonne, une ligne de défense exceptionnelle, d'où il sera pour longtemps impossible de les déloger. ●

La mort de Charles Péguy

Le 5 septembre, le 5e bataillon du 276e régiment d'infanterie engagé en direction de Monthyon, pour rétablir la liaison entre le 246e et la brigade marocaine, reçoit l'ordre d'appuyer les Marocains pris à partie sur les hauteurs de Penchard près de Meaux. Le capitaine Guérin, les lieutenants Péguy, de La Cornillère et Hamelin avancent par bonds au milieu de l'avoine couchée par le vent. Péguy exhorte les hommes de sa compagnie à avancer. Successivement, les trois autres officiers sont abattus. Bientôt la voix du romancier s'éteint : touché par une balle en plein front, il s'écroule. Le 22 septembre, il est rejoint dans la mort par un autre grand écrivain, Alain-Fournier. Ce dernier tombe, à vingt-huit ans, dans une embuscade dans le petit bois de Saint-Rémy-la-Calonne, dans la Meuse. ■

Les armées se lancent dans la «course à la mer»

Aucun des belligérants n'entend marquer une pause. À Paris, comme à Berlin, on est persuadé qu'il faut, au plus vite, arracher la décision sous peine de voir le conflit s'installer dans la durée.

Au lendemain de la bataille de la Marne, Falkenhayn, qui vient de remplacer Moltke à la tête de l'état-major, découvre que «l'ennemi semble vouloir accepter une nouvelle bataille sur des positions organisées». Joffre en vient à la même conclusion. En conséquence, on décide de se déborder par le nord. La première tentative de débordement a lieu en Picardie. Elle oppose la VIe armée française de Maunoury à la Ire armée allemande de Kluck. Rien ne sort de cet affrontement entre des forces totalement épuisées. La IIe armée française, tout juste créée, tente une nouvelle fois de déborder Kluck. Son chef, le général Castelnau, finit par s'installer entre Amiens et Montdidier, avant de reculer sensiblement, sous les coups de boutoir de Rupprecht. Mais le 27 septembre, Joffre et Falkenhayn doivent se rendre à l'évidence : Rupprecht n'est pas parvenu à couper l'aile gauche alliée – au-delà de Compiègne – de Paris. Du côté français, on n'a pas su affaiblir l'aile droite allemande. Ainsi se dessine un prolongement du front des tranchées sur une ligne sud-nord, à l'est d'Albert et de Montdidier. Convaincus de l'inutilité des attaques frontales, les deux adversaires vont tenter d'emporter la décision plus au nord en essayant de déborder réciproquement en direction de l'ouest. Cette phase de la guerre, appelée «la course à mer», se présente comme une suite de tentatives de débordements, dont les objectifs se déplaceront chaque fois de plus en plus vers le nord, de la Picardie aux Flandres.

INFANTERIE ALLEMANDE PRÈS DE SAINT-QUENTIN.
Saint-Quentin fut au cœur de l'offensive de la VIe armée de Rupprecht en septembre 1914.

On se bat aussi en Europe orientale

L'Allemagne, qui vient d'enregistrer sur la Marne la faillite de son plan de campagne, ne peut se permettre une autre « Marne » à l'est de l'Europe. Aussi, la IXe armée du général Hindenburg profite du vide existant entre les forces russes de Galicie et celles qui lui font face en Prusse-Orientale. Cette décision conduit à trois batailles simultanées, entre le 26 septembre et le 4 octobre : l'une à Augustov, dans l'ouest de la Pologne, l'autre dans la région de Varsovie, la dernière en Galicie. La première ne tourne pas à l'avantage des Allemands. La deuxième voit les Autrichiens échouer à leur tour. Toutefois, en Galicie, Hindenburg parvient à redresser la situation et sauve la Silésie. Il reste que l'Allemagne est désormais condamnée à mener une guerre sur deux fronts. Ce qu'elle voulait absolument éviter en envahissant la Belgique. ●

UN SYMBOLE NATIONAL DÉTRUIT PAR LE FEU : LA CATHÉDRALE DE REIMS

Les 29 et 30 août, la Ve armée française du général Lanrezac est défaite à Guise et doit se replier. Joffre décide alors d'attirer l'ennemi dans une vaste poche s'ouvrant entre le camp retranché de Paris et celui de Verdun. Ce nouveau plan suppose l'abandon de Reims et l'évacuation des forts alentour. Reims devient alors une ville ouverte. Dans la matinée du 3 septembre, pour la première fois, elle subit le bombardement d'un monoplan allemand.
Afin d'avoir l'honneur de prendre la ville du sacre des rois de France, la IIe armée allemande envoie deux plénipotentiaires, qui sont interceptés par l'armée française. Au même moment, la IIIe armée allemande envoie en reconnaissance un capitaine des hussards. Ce dernier arrive à l'hôtel de ville et se présente au maire. Ne voyant pas revenir son émissaire, la IIe armée procède à un tir de représailles. Les officiers saxons partent alors en automobile pour faire cesser le feu. Durant ce premier bombardement, 182 obus atteignent la ville, mais seulement quatre touchent les environs immédiats de la cathédrale. Les Allemands vont bombarder la ville à nouveau le 14 septembre.
Le premier obus explose à 9 h 30, à environ dix mètres de l'hôtel de ville. Une ambulance est atteinte par deux obus tuant dix-neuf personnes, dont deux infirmières. Les bombardements vont se poursuivre du 14 au 19 septembre, jour où la cathédrale est la proie des flammes. Un premier bilan fait état de 3 000 obus et de 170 morts. ■

LA CATHÉDRALE DE REIMS EN FEU.
Franchet d'Espèrey entre à Reims le 13 septembre. Trois jours plus tard, la ville est violemment bombardée par les Allemands, et la cathédrale s'embrase.

Arras est sauvé !

La course à la mer est engagée. Puisque les attaques frontales menées au lendemain de la Marne ont échoué, Français et Allemands tentent de se déborder les uns les autres. Les combats en Artois marquent le début de la course à la mer.

Sous l'impulsion de Joffre, une nouvelle armée, la Xe, est créée le 3 octobre. Confiée au général Maud'huy, elle a pour mission de pousser le long de la Scarpe, au sud de Lille, et d'enfoncer le flanc droit des Allemands. Falkenhayn, lui aussi, met sur pied de nouvelles forces. Des deux côtés, les corps de cavalerie sont chargés de couvrir les rassemblements. Ils s'affrontent à l'ouest de Lens. La véritable bataille s'engage début octobre entre l'Oise et La Bassée. Les combats font rage en Artois, notamment sur les hauteurs de Notre-Dame-de-Lorette, à Carency, Vimy. Au sud d'Arras, les hommes de la VIe armée du Kronprinz Rupprecht bousculent la 70e division de Fayolle et la 77e division du général Barbot. Vimy tombe aux mains des Allemands. La situation des Français semble plus que compromise. On songe même à abandonner Arras.

100 000
Nombre de morts allemands, anglais et français lors de la bataille du mont de Lorette, sur 12 mois, d'octobre 1914 à octobre 1915.

Foch en renfort

La dégradation de la situation pousse Joffre à nommer le général Foch «adjoint au commandant en chef», lui déléguant tout pouvoir pour «coordonner, en son nom, l'action de nos forces entre l'Oise et la

DES PRISONNIERS ALLEMANDS PRÈS D'ARRAS. Au grand dam de Guillaume II, Arras ne sera jamais pris par les Allemands.

LES PREMIERS PRISONNIERS DE GUERRE

La propagande n'a pas cessé de présenter l'adversaire comme sanguinaire, cruel, prêt à toutes les exactions. À tel point qu'il n'est pas rare que certains hésitent à se rendre. Dans chaque camp, on distribue des tracts pour rassurer le malheureux qui viendrait à tomber aux mains de l'ennemi. Un de ces tracts français, rédigé en allemand, précise : « Ce n'est pas vrai que nous fusillons ou maltraitons les prisonniers allemands.
Au contraire, nos prisonniers sont bien traités et reçoivent correctement à manger et à boire. » La réciproque est vraie du côté des Allemands.
Plus largement, dès l'automne 1914, le destin des prisonniers est pris en main par des organisations politiques et des œuvres charitables. La Suisse et la Croix-Rouge internationale œuvrent activement en ce sens. ■

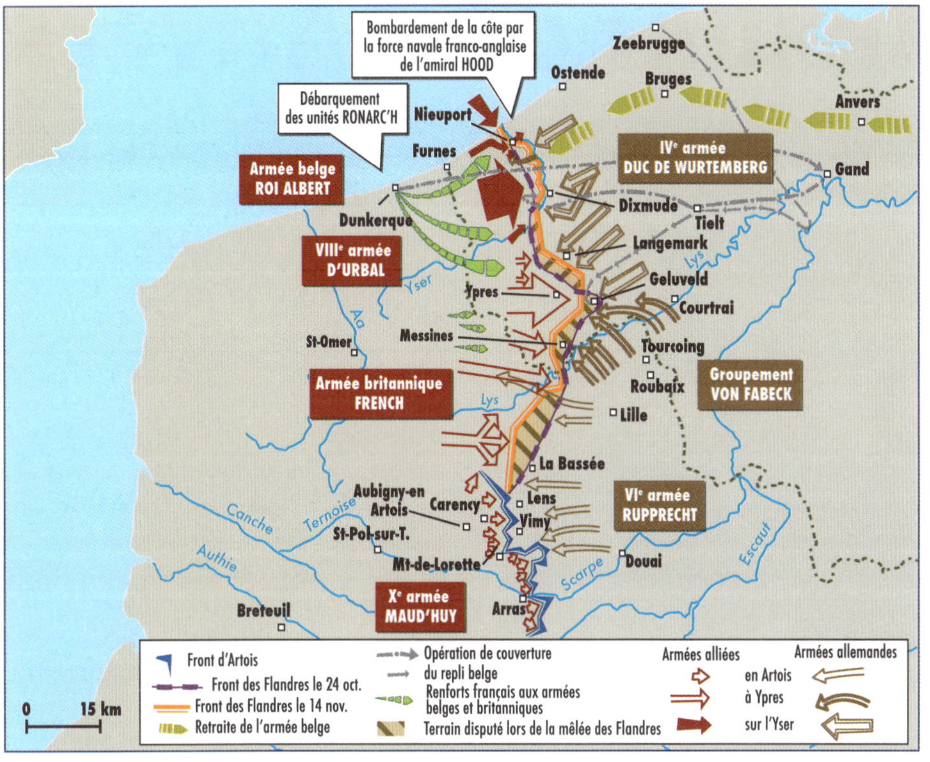

LA COURSE À LA MER ENTRE LES DEUX CAMPS EN FLANDRES ET EN ARTOIS. Les forces belgo-anglo-françaises forment un front pour résister à la manœuvre allemande d'enveloppement.

mer». Le 5 octobre, à 4 h du matin, Foch est à Breteuil, auprès du général Castelnau, dont les troupes soutiennent depuis quatre jours une lutte très dure pour défendre Amiens. À 22 h, il rejoint Maud'huy à Aubigny où la bataille fait rage. À tous deux, il a donné l'ordre de ne pas céder un pouce de terrain. Parallèlement, il active les transports de troupes qui affluent vers le nord. Finalement, la contre-attaque française finit par décourager les Allemands. Arras est sauvé par l'intervention du général Barbot. ●

INSTRUCTION

« Résister à tout prix

Je ne connais que trois manières de combattre : attaquer, résister, foutre le camp. Je vous interdis la dernière ! Choisissez entre les deux premières.

Foch s'adressant à Maud'huy, le 5 octobre 1914 »

La valse des généraux

À l'instar des Conventionnels de 1792, l'ex-ministre de la Guerre, Messimy, avait envisagé de guillotiner les généraux battus. Plus réaliste, le général Joffre se contente de les destituer ou de leur confier des commandements symboliques dans la zone de l'intérieur. Beaucoup iront dans la région de Limoges. C'est de cette époque que vient l'expression « limoger ». Il est vrai que l'armée française compte en ses rangs des officiers supérieurs qui doivent leur position moins à leurs mérites personnels qu'à leurs relations politiques. À l'inverse, de jeunes colonels, ou des réservistes compétents, connaissent une ascension fulgurante, à l'image de Philippe Pétain. Toutefois, certains qui n'ont pas démérité sont écartés, comme le général Lanrezac qui, à la demande du GQG, cède sa place le 3 septembre 1914 au général Franchet d'Espèrey. On lui reproche son esprit critique et sa mésentente avec le général britannique John French. ■

LE GÉNÉRAL LANREZAC. Profondément affecté par son limogeage en septembre 1914, il refusera en 1917 le poste de major général des armées que lui proposera Paul Painlevé, alors ministre de la Guerre.

Les Allemands à Anvers

Les Belges se rétablissent sur l'Yser. Le chef de l'état-major allemand, Falkenhayn, a parfaitement saisi l'importance de l'intervention britannique dans la guerre. Aussi vise-t-il la conquête des ports les plus propices aux liaisons franco-anglaises.

Au début de la deuxième semaine d'octobre, le front se déplace vers le nord de l'Artois et les Flandres. Les premières unités britanniques du général French arrivent dans le secteur de Saint-Omer le 9 octobre, jour marqué par la chute d'Anvers jusque-là tenue par le général belge Victor Deguise. L'artillerie de siège allemande, dont la fameuse «Grosse Bertha», a rendu toute résistance impossible. En compagnie de ses hommes, le général belge échappe à la reddition en traversant l'Escaut et gagne les Pays-Bas. Bien qu'il s'agisse là d'un coup dur, la nouvelle ne surprend pas les Alliés. En effet, alertés par le roi Albert Ier, ils savaient la précarité de l'armée belge. Celle-ci a eu l'impression d'être abandonnée et son moral, de même que sa capacité à combattre, s'en ressentent profondément. Le Premier Lord de l'Amirauté, Winston Churchill,

Lille conquise par les Allemands

Il existe, au sud d'Ypres et jusqu'à La Bassée, une trouée d'environ 30 kilomètres qui n'est défendue que par quelques patrouilles de cavalerie. Le danger n'échappe pas à Joffre. Le 10 octobre, le généralissime ordonne à French et à Foch d'atteindre la ligne Lille-Courtrai par deux actions convergentes. Mais Falkenhayn, également, a saisi l'opportunité de s'engouffrer en direction de cette trouée. Dans cette course, les Allemands se montrent les plus rapides. Le 13 octobre, la grande ville des Flandres, dont les défenses sont dérisoires, est occupée par l'ennemi. Par chance, les Allemands renoncent à poursuivre leur effort dans ce secteur, préférant se concentrer sur Calais. ■

LES SOLDATS ALLEMANDS DANS LILLE. Médiocrement défendue, la ville est investie par les Allemands avec facilité.

TÉMOIGNAGE

« Une lettre de l'arrière

Toujours rien de toi, toujours l'incertitude de l'endroit où tu as été envoyé. Je trouve le temps bien long depuis que je t'ai vu, je suis en mal de toi, de tes baisers mon Georgi aimé et je voudrais que ce Guillaume soit exterminé pour que vous puissiez tous rentrer bien vite. Les enfants jouent aux soldats (*sic*) pendant leurs récréations, ce matin, ils avaient fait soi-disant des tranchées et avaient des planches qui faisaient des canons.

Une femme à son époux, le 14 octobre 1914, Beauce »

UNE BATTERIE ALLEMANDE À ANVERS.
Assiégée dans Anvers, l'armée belge réussit à s'en échapper pour rejoindre les forces françaises engagées dans la région.

avait certes envoyé quelque 2 000 marines dans le dessein de faire d'Anvers une tête de pont sur les arrières de l'ennemi, mais ceux-ci n'ont pas rejoint leur objectif. Face à l'artillerie lourde allemande, le grand port des Flandres ne pouvait pas tenir. Les Allemands ont même lancé l'assaut sans prendre la peine de boucler l'investissement de la cité. Aussi, l'armée belge de la place – environ 30 000 hommes – réussit-elle à se dégager et à se replier en direction de la mer, vers Ostende. Au même moment, le gouvernement belge — sans le roi – s'établit près du Havre, à Sainte-Adresse.

Les assurances de Joffre aux Belges

Afin de couvrir la retraite des Belges, Foch envoie sur Gand la brigade de fusiliers marins de l'amiral Ronarc'h qui a débarqué de Dunkerque le 6 octobre. Elle y rejoint la 7e division d'infanterie anglaise du général Rawlinson, envoyée trop tard au secours des Belges. Ces interventions permettent à ces derniers de prendre position derrière l'Yser, leur droite appuyée sur Dixmude, où s'organise la brigade Ronarc'h. Défendant la dernière parcelle de son territoire, le roi Albert installe son GQG à Furnes, où il reçoit, le 16 octobre, la visite de Joffre. Les deux hommes décident d'un commun accord de protéger le mince lambeau de territoire belge encore libre. ●

L'ARGOT DES POILUS

Il existe deux interprétations sur l'origine du surnom « poilu », qui désigne les soldats français de la Première Guerre mondiale dès le début du conflit. La première veut que l'origine de ce mot soit due à l'aspect des soldats, cheveux en bataille et barbe non entretenue après quelques jours au front. La seconde, plus plausible, renvoie aux dictionnaires des XVIIIe et XIXe siècles, attestant l'existence de nombreuses locutions liées au poil. On y trouve des expressions comme « avoir du poil aux yeux », « avoir du poil au cœur » ou encore « braves à trois poils », qui désignent des gaillards hauts en couleur. Par ailleurs, les soldats de Napoléon étaient déjà appelés « poilus », soit plus d'un siècle avant les soldats de la Grande Guerre. ■

Résistance désespérée des Belges sur l'Yser

L'opiniâtreté des Belges, la détermination de Joffre, le courage des fusiliers marins français de Ronarc'h et l'inondation de la plaine de l'Yser ruinent les efforts allemands qui ont pourtant concentré d'importants effectifs dans les Flandres.

Le 16 octobre, l'hymne *Deutschland über alles* résonne sur l'Yser : la IVe armée allemande vient de lancer l'assaut. Aussitôt, les combats sont d'une violence inouïe. Les Belges, avec le soutien des Français, tiennent bon. Trois jours plus tard, les Allemands parviennent aux abords du canal de l'Yser. Une contre-attaque des fusiliers de l'amiral Ronarc'h, venus de Dixmude, les en déloge. C'est à Dixmude que l'adversaire concentre, à partir du 20 octobre, son effort principal. Très vite, les Alliés se trouvent en grand danger. Une situation qui pousse Joffre à rappeler trois nouveaux corps pour épauler les forces du général d'Urbal. Alors que les effectifs allemands se renforcent continuellement, les 30 000 soldats belges sont contraints de plier. Ils s'étaient engagés à tenir 48 heures et voilà plus de huit jours qu'ils se battent sous un feu d'enfer. Dans ces conditions, relèves et ravitaillement sont impossibles. Joffre, qui a rencontré le roi Albert Ier à Furnes, lui demande un ultime effort en attendant l'arrivée de nouveaux renforts français. Finalement, on ouvre les écluses de Nieuport qui, du 28 au 31, inondent la vallée de l'Yser. Dans la nuit du 30 au 31, les Allemands doivent reculer, hommes et chevaux s'enlisant dans un bourbier. ●

À Paris, le monde du spectacle revit

Bien que la mobilisation de nombre d'artistes et de techniciens lui ait porté un rude coup, le monde du spectacle reprend peu à peu des couleurs. Une convalescence qui doit beaucoup à l'arrêt des Allemands du côté de la Marne. La Comédie-Française et l'Odéon avaient fermé leurs portes en août, et, depuis, hormis quelques salles de cinéma, les Parisiens se trouvent privés de distraction. Le 23 novembre, une ordonnance autorisera la réouverture des spectacles, sous certaines conditions. Le nombre des représentations est limité et l'extinction des feux à 23 h vide Paris de ses noctambules. À la fin de l'année, une vingtaine de théâtres et tous les cinémas attestent que, en dépit des combats qui font rage sur tous les fronts, la vie reprend un cours « normal » dans la capitale. ■

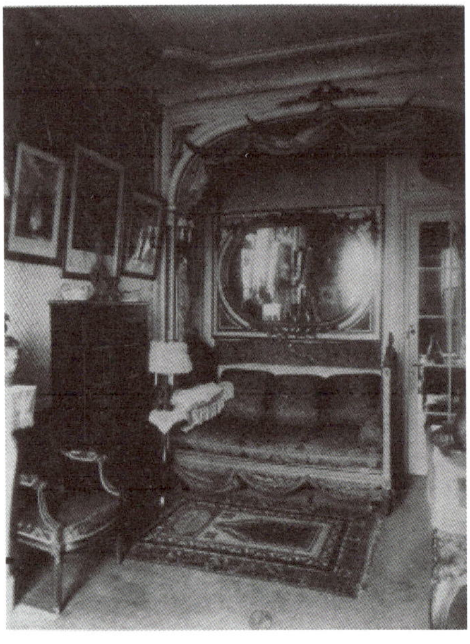

LA LOGE DE Mme SOREL À LA COMÉDIE-FRANÇAISE. Fermé en août faute de moyens et de subventions, le théâtre ouvrira de nouveau ses portes en janvier 1915.

La bataille d'Ypres

Carrefour des routes de la « porte des Flandres », Ypres est aux yeux des Allemands de la plus grande importance stratégique. Aussi y concentrent-ils des forces considérables.

Prenant acte de son échec sur l'Yser, Falkenhayn décide, le 29 octobre, d'engager sur Ypres des forces considérables : un groupe de choc de six divisions placé sous le commandement du général von Fabeck. L'objectif des Allemands est, en visant Calais et Dunkerque, de priver l'Angleterre de son accès le plus direct à la France et à la Belgique. Face à la supériorité numérique de l'adversaire, les Alliés vont mener une bataille défensive. L'attaque allemande débute le 30 octobre au matin avec une préparation d'artillerie massive de trois heures. Les Anglais sont alors la cible principale. Foch, qui entend conserver à tout prix Ypres, renforce aussitôt les troupes de French. Mais le 31, les assauts allemands redoublent sur les Britanniques de Haig. Foch persuade les Anglais de prolonger coûte que coûte leur effort. Entre le 1er et le 5 novembre, von Fabeck multiplie les attaques. Inlassablement, Foch fait monter au front de nouvelles troupes. Les Anglais opposent une résistance inébranlable, s'accrochent au terrain. Le 6 novembre, jugeant avoir perdu trop d'hommes, Fabeck abandonne la partie. L'empereur Guillaume II, qui préparait son entrée à Ypres, doit y renoncer. ●

130 000

Nombre de soldats allemands, dont beaucoup de jeunes recrues, perdus à Ypres. Une bataille que l'on surnommera le « massacre des innocents ».

La lutte de l'Autriche et de la Serbie

Depuis la mi-août, les Autrichiens engagés contre les Serbes n'ont connu que des revers. Pis, ils ont laissé à la Serbie détestée 5 000 prisonniers. Le 7 septembre, les Autrichiens reprennent l'offensive, cette fois en lançant toutes les forces disponibles des Ve et VIe armées. Après deux mois de combats, les Autrichiens s'enfoncent dans le pays et finissent par occuper Belgrade le 2 décembre. La victoire est de courte durée. Dès le lendemain, les Serbes contre-attaquent sur la rivière Kolubara, surprennent Potiorek, le commandant en chef des forces de Vienne dans la région, rejettent une fois de plus les Austro-Hongrois hors de leur territoire et entrent triomphalement à Belgrade le 13 décembre. Quelque 40 000 prisonniers et 126 canons autrichiens sont aux mains du voïvode Putnik, le généralissime serbe. ■

LA HALLE AUX DRAPS D'YPRES EN FLAMMES. Plusieurs jours après l'échec allemand, les incendies font encore rage dans une ville détruite par les combats.

La guerre sur mer

Revanche anglaise sur les océans. Les premiers véritables engagements sur mer ont lieu au bout du monde. Le premier, une défaite anglaise, s'est déroulé dans le Pacifique, le 1er novembre, près de Coronel, un petit port chilien. C'est dans l'Atlantique qu'a lieu le second choc, près des îles Falkland (ou Malouines).

La bataille de Coronel, première défaite britannique sur mer depuis cent ans, consterna la population anglaise. L'amiral Sturdee prend la tête de trois croiseurs de bataille. Il envoie un navire surveiller les débouchés du canal de Panamá et, avec ses deux autres croiseurs, rallie l'Atlantique sud. Le matin du 8 décembre le trouve à Port Stanley, rade des îles Falkland. À cet instant, son adversaire, l'amiral Graf von Spee, ignore tout de sa présence. Aussi aborde-t-il l'archipel. Dès qu'il aperçoit les bâtiments anglais, Spee décide de faire demi-tour. Aussitôt pris en chasse par l'*Invincible* et l'*Inflexible*, il est rattrapé. Le combat s'engage à 13 h. Trois heures plus tard, le *Scharnhorst*, le *Gneisenau*, le *Leipzig* et le *Nürnberg* sont envoyés par le fond.

64
Nombre de cuirassés britanniques en 1914, soit le double de la flotte allemande.

Le blocus continental

Dès lors, la liquidation de la marine allemande des mers lointaines est quasiment acquise. Au lendemain de la bataille navale des Falkland, les marines ne prendront

SOUS L'EAU : L'U-BOOT 35

Lancé en avril 1914, l'Unterseeboot 35 est l'un des premiers sous-marins à être équipé de deux moteurs Diesel, en remplacement des moteurs à huile lourde qui équipaient précédemment ce type de navire, lui permettant d'opérer en surface. Ainsi, il peut parcourir un peu plus de 8 500 milles à 16 nœuds. En plongée, deux moteurs électriques lui permettent d'atteindre 5 nœuds. Mesurant 64 mètres de long, il est équipé de 4 tubes lance-torpilles ; deux à l'avant et deux à l'arrière. Il est armé de 6 torpilles et possède un canon de 105 mm sur son pont. Il transporte 35 marins. D'abord employés pour le renseignement, les sous-marins allemands étendent leur domaine de patrouille à l'attaque des navires ennemis dès septembre 1914. ■

TÉMOIGNAGE

« La puissance des sous-marins

Comme l'Angleterre agit sans le moindre égard pour le droit des gens, nous n'avons pas la moindre raison pour nous imposer des ménagements. Nous devons employer le sous-marin et le faire selon sa nature. Plus énergique sera la guerre et plus tôt on en verra la fin. Un sous-marin ne peut épargner l'équipage d'un vapeur, il doit l'envoyer par le fond avec le vapeur lui-même. La pensée que les équipages risquent leur vie sur les bateaux marchands amènera sous peu la cessation de tout trafic avec l'Angleterre. La gravité de la situation exige que nous nous affranchissions de tout scrupule.

Novembre 1914, lettre du commandant allemand de la flotte de haute mer »

La supériorité britannique sur mer

Alors que le rapport des forces terrestres entre les deux camps est sensiblement égal, la marine de guerre britannique peut s'assurer la maîtrise des mers, eu égard à l'importance de sa puissance navale et à ses cuirassés type « dreadnought ». Contrairement au sentiment en cours à Paris et à Berlin, la Grande-Bretagne sait que la guerre qui éclate en août sera longue. Le Royaume-Uni estime qu'il peut subir des revers initiaux, persuadé que les effets de sa suprématie maritime se feront sentir à long terme. Depuis la fin du mois d'octobre, la Grande-Bretagne a décidé d'asphyxier, par le blocus et le contrôle systématique du commerce mondial, l'économie allemande. Berlin répondra par la guerre sous-marine.

plus guère la mer. Les bâtiments anglais mouillent dans la zone de Scapa Flow, une baie du Royaume-Uni située entre plusieurs îles de l'archipel des Orcades, au nord de l'Écosse. Quant aux marines allemandes et austro-hongroises, elles restent confinées dans leurs ports dans la crainte d'être torpillées. En cette fin d'année, c'est donc en Méditerranée et en mer du Nord que se concentre l'attention des amirautés des belligérants. De fait, dès le début du mois de novembre, Londres a toute la latitude pour instaurer le blocus continental. Ainsi, la Grande-Bretagne déclare la mer du Nord « zone de guerre ». Elle va dès lors assigner à tous les navires marchands des routes et des points de contrôle sur la côte anglaise. Ce sera l'une des clés de la guerre. « L'Angleterre, déclare Alfred von Tirpitz à un journaliste américain, veut nous affamer. Nous pouvons lui rendre la pareille en torpillant tout navire qui s'approchera d'un port anglais et arrêter ainsi la plus grande partie de ses importations en vivres [...]. Nous sommes supérieurs à l'Angleterre en ce qui concerne les grands sous-marins. » Même si le terme de blocus ne correspond pas à la stricte réalité, les Alliés entendent réaliser un embargo sur les marchandises à destination ou en provenance de l'Allemagne en représailles des mesures de lutte sous-marine.

LE *HMS COLLINGWOOD*, CUIRASSÉ BRITANNIQUE. Mis sur cale le 3 février 1907, il est lancé le 7 novembre 1908 et admis au service actif en avril 1910.

BÂTIMENTS ALLEMANDS EN RADE DE VALPARAISO, AU CHILI. L'amiral von Spee trouve la mort avec ses deux fils lors du torpillage du *Scharnhorst*. Cette défaite sonne le glas de la présence outre-mer de la marine impériale allemande qui sera alors obligée de recourir aux sous-marins et aux navires de commerce camouflés.

Veillée d'armes à Noël

En dépit de l'équilibre des forces qui s'est établi sur les fronts, en France et en Russie, après des assauts qui ont fini par se neutraliser mutuellement, nul ne songe à la paix.

Les combattants, qui pensaient passer chez eux la fête de la Nativité, en sont à prier dans des tranchées. L'enthousiasme d'août a fait place à une certaine résignation. La grande geste héroïque n'est plus de saison et c'est le tragique quotidien qui s'impose au soldat. L'homme des tranchées est contraint de mener une lutte permanente, non seulement contre un autre homme, mais aussi contre la boue, les poux, les rats, le sommeil, parfois la faim et la soif, contre la stupidité de certains ordres. On croupit des jours et des jours devant le même paysage. On creuse, on déblaie, on s'abrite. On a peur ! Dans le fracas des situations improvisées, les officiers constatent que leur formation professionnelle semble n'être qu'un vernis, que rien ne les a préparés à l'épreuve d'une guerre dont personne n'ose plus pronostiquer la fin.

90 %
Part représentant la perte pour la France du minerai de fer après l'occupation des départements du Nord-Est.

Le retournement de la Marne

Début septembre, la bataille de la Marne avait marqué un tournant dans la guerre. Le fantassin allemand, porté par son élan, regarde les opérations en Lorraine et dans les Ardennes avec nostalgie. Son homologue français, qui vient de subir l'épreuve de la retraite, a retrouvé toute son ardeur. À Paris, à Londres, à Saint-Pétersbourg, la victoire de la Marne a éveillé tous les espoirs qui se sont prolongés, même au terme de la course à la mer. C'est ce redressement qui a le plus surpris l'adversaire. Un redressement dont l'explication tient sans doute en partie à la personnalité des généralissimes. Moltke n'a pas le goût du risque. Il l'a prouvé le 26 août en affaiblissant son aile marchante pour envoyer des renforts en Prusse-Orientale. Joffre, bien qu'il ait commis de graves erreurs au début de la campagne et ait subi de lourdes défaites, a su établir, alors que ses armées étaient en pleine retraite, un plan de redressement. Il a dirigé sans cesse ses commandants d'armée et a maintenu entre eux une solidarité étroite.

TÉMOIGNAGE

« Journal de campagne : Noël en Argonne

Réveillon 1914 : nous venons de monter à Bagatelle, au saillant de Bonnet-l'Évêque. Trêve de Noël vite interrompue par les spasmes habituels de la fusillade générale qui accompagne toutes nos nuits. Je fais établir une bretelle dans la sapinière – heureuse idée, puisque le 5 janvier au matin, le saillant miné sautera et nous pourrons ainsi y bloquer l'ennemi par de furieux corps à corps dans la tranchée inondée. Mais, déjà renouvelée quatre fois depuis le 22 août, la compagnie vient de perdre les trois quarts de son effectif.

Journal d'un commandant de compagnie du 51e RI »

La perspective d'une guerre longue

L'échec du plan de guerre allemand installe la guerre dans la durée. Elle exigera, tous les belligérants le savent, un effort total. L'état-major du Kaiser doit se résigner à mener une guerre sur deux fronts, dont il avait pronostiqué le danger mortel pour l'Allemagne. Désormais, les ressources économiques vont jouer un rôle primordial dans la capacité d'offensive et de résistance des belligérants. Dans ce domaine, la France et la Grande-Bretagne disposent de l'atout précieux que leur confère la maîtrise des mers. En Allemagne, toutefois, l'opinion publique reste confiante. Certes, les résultats militaires n'ont pas exaucé tous les vœux. Mais on a les yeux fixés sur la carte : la Belgique entière, la France du Nord-Est et une partie de la Pologne russe sont occupées. À Berlin, les milieux dirigeants restent optimistes. On rêve toujours d'une issue heureuse aux accents annexionnistes. En France, outre le retour de l'Alsace et de la Lorraine, on souhaite la «destruction de l'Empire allemand». Quant à la Russie, elle veut la dislocation de l'Autriche-Hongrie et acquérir une partie de la Prusse-Orientale, la Posnanie et la Galicie. Nul n'envisage en décembre 1914 de demander la paix. ●

POÈME DE JEAN MACHY SUR SON SAC À DOS

Depuis cinq mois, le sac à dos ou havresac est l'auxiliaire indispensable des poilus. Tour à tour soutien, compagnon et confident, il est mis en vers par un fantassin du 76e de ligne, Jean Machy. Un éloge et un hommage poignant à un sac qui contient tout ce qu'il y a de plus précieux pour l'homme au combat : ses liens avec les siens matérialisés par ses lettres.

À mon sac

On sent son amitié qui lourdement vous pèse
On le croit importun, gênant, embarrassant
On le laisserait là pour un rien oh pourtant
À la pause c'est lui qui vous offre une chaise.

Dans la plaine au moment où la rafale passe,
Quand les canons vibrants sèment partout la mort,
Quand on n'a plus d'espoir, seul il vous aide encore
Car il est le rempart, l'abri, la carapace...

Il est tantôt buffet, garde-manger, armoire
Il compose à lui seul un complet mobilier
Veut-on dormir? de suite il se fait oreiller
Et s'il voulait être parti... il en sait des histoires.

Car il sait être aussi le discret confident
Qui connaît bien des choses et les garde secrètes
Ou cache si souvent là dans sa patelette*
Et les lettres de mère et les billets ardents.

Ô sac! vieux compagnon des longs jours de misère
Je t'en prie si parfois j'ai mal causé de toi,
C'est que je t'ignorais, j'eus tort, pardonne-moi
Ô sac! Ô mon vieux sac, mon triste ami, mon frère. ■

Jean Machy

**Patelette : partie de la giberne et du havresac qui recouvre le côté extérieur.*

HAVRESAC DE LA FIN 1914. À l'automne 1914, le havresac est en toile de tente et contient la demi-couverture de campement distribuée à partir d'octobre pour se protéger des nuits de plus en plus fraîches.

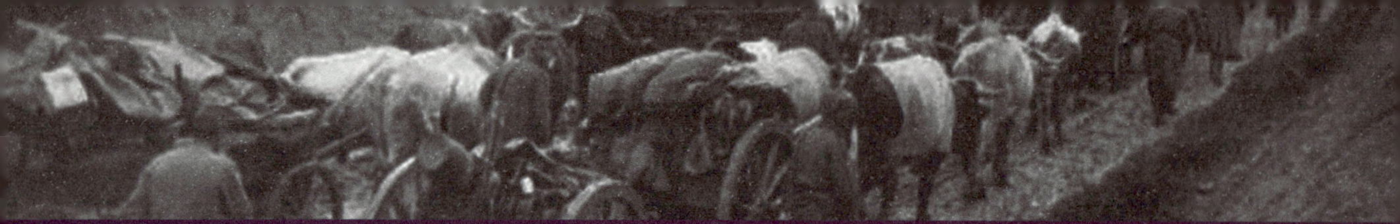

1915

De nouveaux fronts

L'année 1914 a été celle des militaires. 1915 s'annonce comme l'année des civils dans la mesure où le facteur opérationnel s'est montré impuissant à emporter la décision. L'heure est venue pour les gouvernements de songer aux exigences industrielle, agricole et administrative de l'arrière, ainsi qu'à la mobilisation financière de l'épargne populaire. Dans les deux camps, on s'efforce d'explorer, sur fond d'intense activité diplomatique, les possibilités de théâtres nouveaux et d'autres formes de stratégie : en témoigne le déplacement des efforts vers l'Est européen et la Méditerranée, notamment à l'initiative de la Grande-Bretagne.

LE CONFLIT S'ÉTEND AU SUD

Winston Churchill, Premier lord de l'Amirauté, impose une opération franco-britannique dans les Dardanelles, clé essentielle du ravitaillement russe et envisagée comme une plate-forme contre les Turcs. Ces derniers représentent en effet une menace très sérieuse pour les communications britanniques avec l'Inde. Enfin, l'entrée en guerre de l'Italie, longtemps hésitante, entraîne la formation d'un nouveau front, du Trentin au Karst.

La Champagne devient terre de feu et de sang

Alors que les plateaux de Champagne sont transformés en un immense bourbier par de nombreuses successions de gel et de dégel, les soldats du général Joffre tentent de déloger la IIIe armée allemande de ses positions. La bataille de Soissons saigne l'armée française.

Décidés à bloquer l'avance française en Champagne, les Allemands ont établi sur le front de leur IIIe armée une solide position d'arrêt, utilisant les larges plateaux crayeux parsemés de bosquets de sapins rabougris de la région. Là, la VIe armée de Maunoury tient des positions stabilisées depuis septembre 1914. À partir de décembre, les Français ont multiplié les opérations de harcèlement devant Soissons, et, au début du mois de janvier, Joffre décide de passer à l'offensive à la hauteur du plateau de Pereire, au nord de la vieille cité mérovingienne. La décision de Joffre soulève des réserves, notamment

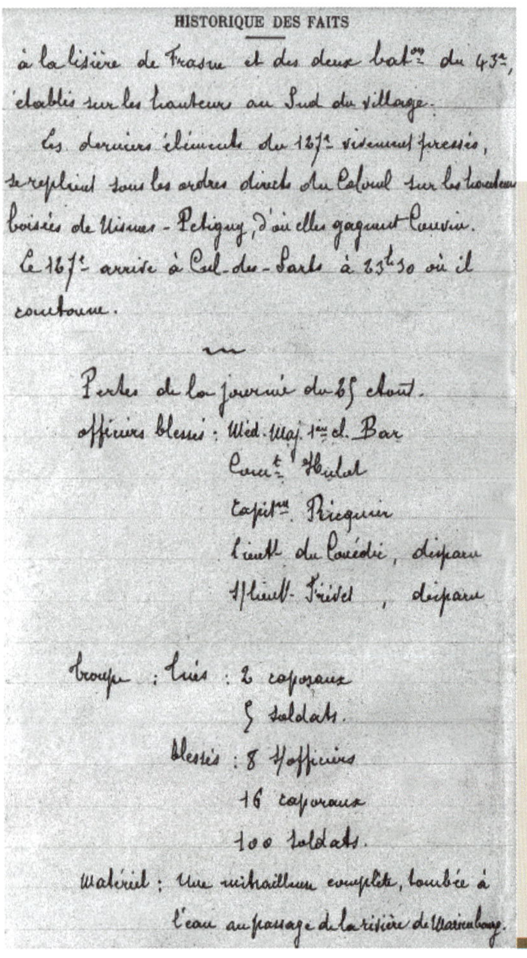
HISTORIQUE DES FAITS

à la lisière de Frasne et des deux bat.ons du 43e,
établis sur les hauteurs au Sud du village.
Les derniers éléments du 167e vivement pressés,
se replient sous les ordres directs du Colonel sur les hauteurs
boisées de Vierves - Petigny, d'où elles gagnent Couvin.
Le 167e arrive à Cul-des-Sarts à 23h30 où il
cantonne.

Pertes de la journée du 25 août.
officiers blessés : Méd. Maj. 1re cl. Bar
Cmdt Heulot
Capitaine Riequier
Lieut. du Pouédic, disparu
S/lieut. Fridel, disparu

troupe : tués : 2 caporaux
5 soldats.
blessés : 8 officiers
16 caporaux
100 soldats.
Matériel : une mitrailleuse complète, tombée à l'eau au passage de la rivière de Mariembourg.

LA COMPTABILITÉ DES PREMIÈRES PERTES

Au cours des premiers mois, les régiments qui battent en retraite ne peuvent tenir des statistiques. Les pertes ont été très lourdes et les informations approximatives. Jusqu'à la fin de 1916, l'état-major ne semble guère préoccupé de connaître le nombre exact des pertes. Toutefois, à côté du 5e bureau, qui collationne les états numériques produits par les unités, un bureau des archives administratives s'occupe de rédiger les documents qui permettent de donner un statut juridique aux morts de la guerre. Aucun service n'est en mesure de fournir des informations fiables, car il arrive que des disparus tenus pour morts soient retrouvés blessés, tandis que les incertitudes sur l'état civil et l'orthographe des patronymes font mourir plusieurs fois un même individu. ■

RAPPORT DE COMBAT D'UN BATAILLON.
Il faudra attendre la fin 1916 pour que le 5e bureau entreprenne de centraliser toute la documentation existante et mette en ordre l'arriéré, en établissant un état des pertes antérieures au 1er juillet 1916.

de la part du général Lamaze. Il est aussitôt remplacé par le général Berthelot. Les premiers contacts sont favorables aux Français. Au prix de lourdes pertes, chasseurs à pied et tirailleurs marocains parviennent à s'établir à la colline 132. Faisant monter en première ligne leurs réserves, les Allemands ripostent violemment sous une pluie battante. Le champ de bataille ressemble à un immense bourbier lorsque les Français découvrent sur leur flanc droit les corps wurtembergeois et le 48e régiment débouchant du plateau de Pereire.

Un résultat nul

Aussitôt, la panique saisit les hommes de Maunoury. Les Allemands pénètrent dans les tranchées. Les fusils, rendus quasiment inutilisables par la pluie, ne sont plus d'aucun secours. On se bat au corps à corps. Dans la précipitation, les Français reculent, abandonnent une à une les positions chèrement acquises en septembre 1914. Le 14 janvier, les combats cessent. De ces furieuses et mortelles empoignades, rien ne sort. On s'est rué de part et d'autre pour rien, pour un résultat nul. Les «hommes de boue» comptent leurs pertes, qui ont atteint fréquemment un millier de soldats par régiment pour une seule journée de combat. Un véritable carnage !

12 000

Nombre de tués français lors de la bataille de Soissons qui a duré 6 jours.

Deux idées stratégiques opposées

Sur le front ouest, Joffre, qui entend venir en aide aux Russes, espère trouver dans la muraille du front continu un point de rupture qui puisse amorcer la libération du territoire. L'offensive demeure la priorité, elle est le seul moyen, estime-t-on, de conserver chez le combattant un moral élevé. «Attaquer sans cesse et partout» reste le mot d'ordre. Chez les Allemands, en revanche, qui ont porté leur effort principal à l'Est, la mission du front français apparaît strictement défensive. Falkenhayn ne veut concéder que des pertes de terrain minimes.

TÉMOIGNAGE

« Un village français occupé par les Allemands

Dès l'arrivée des Allemands, les réquisitions pleuvent : toutes les vaches sont abattues, sauf quatre ou cinq. J'ai la chance, à condition de fournir le lait à la Kommandantur, de garder la mienne pour ma vieille mère et mes trois jeunes enfants. Bientôt, ils bousculent tout chez nous pour trouver le linge pour leurs hôpitaux, le plomb et le cuivre. "Vous ne serez plus jamais français, nous disent-ils, et votre mari, il est kapout." Pour manger, nous faisons du pain en cachette en moulant du blé dans un moulin à café. Comme nouvelles, nous n'avons que leur journal, la *Gazette des Ardennes*.

***Souvenir d'un témoin* »**

L'OBUSIER ALLEMAND DE 210 MM

Gorgé d'explosif, tombant du ciel, l'obus projeté par l'obusier, par son bruit et ses éclats, épouvante l'adversaire. Les Allemands, qui en possèdent d'importantes quantités, se sont emparés d'autres pièces de ce type à Liège, Namur, Anvers et Maubeuge. En revanche, les Français n'en détiennent qu'un petit nombre. L'obusier lourd allemand de 210 mm est essentiellement utilisé pour soutenir l'infanterie, sa fonction principale étant de détruire les positions ennemies dans les heures précédant toute attaque. Les tirs d'artillerie de 210 mm ouvrent la voie à l'obusier de 420 mm, populairement appelé «Grosse Bertha».

Le Caucase s'embrase

Les Turcs sont anéantis à Sarikamich, dans le Caucase, où près de 100 000 soldats ottomans meurent de froid pour la plupart. L'échec de l'offensive turque contre la Russie ouvre l'Anatolie aux armées du tsar et constitue le prélude au génocide des Arméniens.

C'est dans le Caucase que se déroulent les affrontements entre Russes orthodoxes et Turcs musulmans. Le choc entre la Russie tsariste et l'Empire ottoman revêt tous les aspects d'une guerre de religion, qui repose aussi sur un antagonisme géopolitique : la Russie ne cesse d'aspirer à obtenir un accès sûr à la Méditerranée. En octobre 1914, le calife et sultan Mehmet V Resat n'a-t-il pas présenté le conflit comme une guerre sainte avant d'entrer dans la guerre à la fin octobre en faisant bombarder les ports de la mer Noire? Le 2 novembre, le tsar Nicolas II déclare la guerre au sultan. Quatre jours plus tard, le 6, la France et la Grande-Bretagne font de même. Les troupes de Nicolas II franchissent la frontière et font main basse sur les vallées de la province d'Erzeroum. Le 22 décembre, Enver Pacha, nommé vice-généralissime de l'armée turque, se rend à Erzeroum, au quartier général de la IIIe armée, pour préparer une vaste réplique. Il entend, notamment, s'ouvrir la route de Bakou, centre pétrolier (aujourd'hui capitale de l'Azerbaïdjan). Enver Pacha dispose de 200 000 hommes, qu'il n'hésite pas à lancer dans les montagnes du Caucase balayées par un froid glacial. C'est donc sans attendre de meilleures conditions climatiques, sans préparation logistique, en plein cœur de l'hiver, qu'il engage sa IIIe armée sur le plateau arménien. Il projette de couper l'armée russe de sa base de Kars et de l'enfermer à Sarikamich. Le choc est d'une violence inouïe. On se bat au corps à corps. La neige se teinte du sang des combattants.

L'ARMÉE OTTOMANE

L'appareil militaire ottoman se compose d'une armée active, d'une réserve et de troupes irrégulières, les fameux bachibouzouks. Ces derniers remplissent souvent les basses besognes – pillages, exactions – qui répugnent aux troupes régulières. En théorie, tous les sujets ottomans font partie de l'armée et sont astreints à ce titre à un service de cinq ans. Au début de la guerre, l'armée compte environ 500 000 hommes. La marine, autrefois florissante, n'est plus que l'ombre d'elle-même : elle est passée de 90 bâtiments au milieu du XIXe siècle à une quarantaine d'unités cinquante ans plus tard. Étrangement, le nombre de marins – environ 34 000 – reste très élevé. Les protagonistes de la Grande Guerre sont unanimes à vanter le courage et l'endurance des combattants turcs. ■

SOLDATS TURCS DANS LE CAUCASE. La défaite de Sarikamich a pour effet de renforcer le contrôle allemand sur l'armée ottomane.

La déroute totale des Turcs

Face à la détermination des Turcs et à la dégradation des conditions climatiques, le commandant en chef russe juge plus prudent d'opérer un repli. Mais, sur le

COMBATTANTS ARMÉNIENS PRISONNIERS. Ces soldats servaient dans l'armée turque engagée dans le Caucase au cours de l'hiver 1914-1915.

terrain, ses généraux ne sont pas disposés à déclencher une retraite générale. Passant donc outre les ordres du commandement en chef, les généraux Prjevaslki et Ioudenitch décident de lancer une contre-attaque. Celle-ci surprend les Turcs et, le 2 janvier, Enver Pacha donne l'ordre de repli. Mais la neige a rendu impraticables les chemins de montagne et tous les cols tenus par les Russes. Dix jours plus tard, ces derniers grignotent peu à peu du terrain sur un adversaire moins aguerri et sous-équipé. Le typhus et le choléra se mêlent à la partie, décimant les troupes d'Enver Pacha. Le 17 janvier, la IIIe armée ottomane est littéralement anéantie à Sarikamich. Dès lors, la retraite des Turcs tourne à la catastrophe : sur 90 000 hommes, guère plus de 15 000 parviennent à rejoindre Erzeroum. Harcelés par les troupes russes, les restes de l'armée d'Enver Pacha se fraient péniblement un chemin à travers les vilayets orientaux. Bien que les Russes déplorent 20 000 tués et 6 000 « gelés », la frontière russo-turque se trouve désormais à l'abri de toute menace. Dans sa partie orientale, elle a même été franchie en novembre par une colonne russe qui a pu ainsi occuper la haute vallée de l'Euphrate oriental. Par ailleurs, au cours de la bataille de Sarikamich, des Arméniens, en petit nombre, ont déserté les troupes ottomanes. Aussi, le 25 février, l'état-major général entreprend de désarmer l'ensemble des soldats arméniens, ordonnant aux commandants de corps d'armée de réprimer par tous les moyens toute forme de rébellion. Si la déroute des Turcs à Sarikamich ouvre le volet « policier » du génocide, ce dernier prend son aspect le plus implacable au lendemain de l'échec allié aux Dardanelles (voir 25 avril). ●

Enver Pacha, homme fort ottoman

Enver Pacha, l'un des hommes forts du triumvirat qui dirige l'Empire ottoman depuis 1913, donne à la politique ottomane une orientation germanophile qui conduit la Turquie à entrer en guerre en novembre 1914 aux côtés des Empires centraux.

Ministre de la Guerre et chef d'état-major général, Enver Pacha réorganise l'armée et s'entoure d'officiers supérieurs allemands. Si sa politique militaire lui vaut des succès à l'Ouest – il tient en échec les Franco-Britanniques aux Dardanelles –, il n'en est pas de même sur les autres fronts, comme l'atteste la défaite de Sarikamich. Enver Pacha considère les Arméniens comme un obstacle à ses aspirations panturquistes, prônant l'union de toutes les nations turcophones et touraniennes de l'Anatolie à l'Altaï. ■

La mer du Nord reste anglaise

La flotte allemande est défaite sur le Dogger Bank, en mer du Nord. Encouragée par le torpillage du cuirassé anglais *HMS Formidable* par un U-Boot, le 1er janvier, l'Amirauté allemande entend déclencher une série d'opérations limitées contre la flotte britannique, espérant ainsi « grignoter » sa suprématie.

La défaite des Falkland en décembre 1914 a conduit les Allemands à envisager désormais des opérations navales aux ambitions plus limitées. C'est dans cet esprit qu'au soir du 23 janvier, l'amiral Ingenohl, commandant de la flotte de haute mer, lance les croiseurs de bataille de l'amiral Franz von Hipper sur le Dogger Bank, une zone maritime en mer du Nord de faible profondeur – une vingtaine de mètres – située à quelque 300 kilomètres à l'est de Newcastle. Il s'agit de détruire le système de surveillance organisé par l'Amirauté britannique. Or, celle-ci, parfaitement renseignée, suit de près le déplacement des bateaux de Hipper, en tout, 26 bâtiments. Les croiseurs et les destroyers de l'amiral Beatty prennent la mer et se portent au-devant de l'adversaire. Prenant conscience de la supériorité numérique des Anglais – près de cinquante bâtiments –, les Allemands se dérobent par la retraite. L'occasion est trop belle pour les croiseurs de Beatty qui, aussitôt, prennent les fuyards en chasse. La bataille prend ainsi la forme d'une poursuite doublée d'un duel d'artillerie navale à grande distance. Touché par 7 torpilles, le croiseur allemand *Blücher* est envoyé par le fond, tandis que le reste de l'escadre allemande quitte la zone de combat.

Le vainqueur, l'amiral Beatty, est un protégé de Winston Churchill, qui en novembre 1916 le nommera au poste de commandant de la Grand Fleet détenu par l'amiral John Jellicoe, en fonction depuis seulement le 4 août 1914. C'est ce dernier qui recevra après la victoire du Dogger Bank la grand-croix de l'ordre du Bain. ●

MINE MARINE BRITANNIQUE MODÈLE « H » « MK IV »

Depuis novembre 1914, les Britanniques ont déclaré la Manche et la mer du Nord « zone de guerre ». Afin de neutraliser les sous-marins et les navires allemands, l'amirauté britannique a donc entrepris de mouiller sous l'eau des mines de ce type. Leur acheminement jusqu'à la poupe des navires mouilleurs de mines est facilité par les petites roues placées à la base de l'engin. Dès 1915, des milliers de mines associées à des filets sont peu à peu déployées pour créer de véritables barrières interdisant aux bâtiments ennemis de s'approcher des zones jugées stratégiques, notamment à proximité des côtes et des ports. Particulièrement redoutables, ces champs de mines sont capables d'endommager, voire de couler l'imprudent qui entendrait passer en force. ■

AMIRAL JOHN JELLICOE. Nommé commandant en chef de la Grand Fleet depuis août 1914, il devient, selon le mot de Winston Churchill, «le seul homme ayant la possibilité de perdre la guerre en un après-midi».

Échec ottoman à Suez

En 1915, l'Égypte fait formellement partie de l'Empire ottoman. En réalité, elle est administrée par les Britanniques qui veillent jalousement sur la sécurité du canal de Suez dont ils ont la charge. Encouragés par les Allemands, les Turcs décident de s'en emparer.

Après avoir échoué à provoquer la guerre sainte contre les Français et les Britanniques en Afrique à la fin de l'année 1914, l'Allemagne reporte ses efforts sur le Proche-Orient, antichambre des Indes britanniques. Les Indes ! Il s'agit d'une vieille obsession de Guillaume II qui, dès juillet 1914, notait : « Si nous devons répandre le sang, l'Angleterre doit au minimum perdre l'Inde. » Pour autant, l'état-major allemand n'entend pas mener de véritables opérations au Proche-Orient – les moyens manquent et Falkenhayn se montre sceptique – mais plutôt y conduire une guerre idéologique, c'est-à-dire trouver le moyen de soulever plusieurs millions d'Arabes contre la couronne britannique. Dans ce dessein, Berlin parvient à convaincre les dirigeants ottomans de mener une expédition militaire dans la zone du canal de Suez. Le canal représente pour Londres une artère vitale : c'est par lui que transitent les troupes venues d'Australie et de Nouvelle-Zélande pour gagner le front occidental. La zone est défendue par le général Alexander Wilson, un ancien de la guerre contre les Boers, qui dispose de quelque 30 000 hommes, la plupart appartenant à l'armée des Indes. Il peut compter sur un petit nombre de pièces d'artillerie, d'avions et de bateaux français. Les points les plus solides de la défense britannique se trouvent sur la rive occidentale du canal ; quelques forts veillent sur l'autre rive. Les troupes ottomanes, commandées par Djemal Pacha, le ministre de la Marine, avec environ 20 000 combattants, sont, dès le départ, en infériorité numérique.

LE *REQUIN*.
Ce garde-côtes, en service dans la marine française depuis 1888, écarte le danger en repoussant les Turcs à Ismaïlia, sauvant ainsi le canal des visées de Constantinople.

TÉMOIGNAGE

« Des enfants fuguent pour s'enrôler !

Depuis quelque temps, de nombreux gamins de 12 à 14 ans s'enfuient du domicile de leurs parents pour se rendre au front. La plupart d'entre eux voient leur voyage interrompu par les services spéciaux des gares et de la maréchaussée. Certains se glissent dans des camions militaires et se cachent. D'autres tentent de prendre le train en marche. C'est ainsi que, près de La Varenne-Saint-Hilaire, on découvrit le corps d'un enfant déchiqueté, un bras et les deux jambes écrasées. Il a été emmené dans un état désespéré à l'hôpital.

Le Matin, *3 février 1915* »

Une surprise éventée

L'opération de la marine ottomane bénéficie du soutien minutieux du colonel allemand Kress von Kressenstein. La principale force turque – 15 000 hommes – gagne la zone du canal en traversant le désert du Sinaï. Le reste de l'armée ottomane s'engage sur les routes côtières du nord et du sud. Les pontons, qui doivent permettre le franchissement du canal, ont été construits en Allemagne et acheminés à travers la Bulgarie jusqu'en Turquie. L'attaque est déclenchée le 3 février, à 3 h du matin. Mais les Britanniques, alertés par des hydravions français, ont repéré le gros des troupes ottomanes. La surprise est éventée. Seuls trois pontons sont jetés. Ce qui est insuffisant pour emporter la décision. Les Turcs s'acharnent pendant la journée sous un feu nourri. Les canons du *Requin* se révèlent éminemment dissuasifs. Djemal Pacha donne l'ordre du repli dans la soirée. L'étoile du ministre de la Marine, homme fort du triumvirat qui dirige effectivement l'Empire ottoman, en pâtira durablement. Toutefois, cette attaque va obliger les Britanniques à renforcer leurs effectifs en Égypte au détriment d'autres fronts. Au cours de l'année 1915, les Turcs, conseillés par le colonel von Kressenstein, tenteront sans grand succès plusieurs coups de main dans la zone du canal. ●

2 000
Pertes turques, contre 150 tués britanniques.

Pourquoi la Turquie est-elle entrée en guerre ?

Pour Constantinople, la Russie représente l'adversaire par excellence. Saint-Pétersbourg n'hésite pas à intervenir dans l'administration des sujets chrétiens de l'Empire ottoman. Par ailleurs, la Turquie recherche la protection d'un État qui n'a jamais spolié son empire. L'Allemagne, qui n'a pas pris part aux guerres balkaniques, et qui dispose déjà sur place de nombreux techniciens, remplit ces conditions. Alors que Paris, Londres et Saint-Pétersbourg espèrent le maintien de la neutralité turque, l'Allemagne réussit à persuader Mehmet V de la rejoindre dans son combat contre les Alliés. ■

UNITÉS MONTÉES OTTOMANES. Gênées par l'aviation britannique, les troupes ottomanes mettent dix jours pour traverser le désert du Sinaï.

Le blocus maritime

L'Allemagne s'engage dans la guerre sous-marine. Très tôt, elle prend la mesure des dégâts que peut infliger à l'adversaire sa flotte de sous-marins. Alors que cette guerre ne concernait jusqu'à présent que les bâtiments de guerre, Berlin envisage de « cibler » désormais les navires de commerce.

Avant de quitter la direction de l'état-major de la Marine pour prendre la tête de la flotte de haute mer allemande, l'amiral Pohl avait réclamé à Falkenhayn et au ministère des Affaires étrangères le déclenchement d'une guerre sous-marine sans merci contre les navires de commerce britanniques. Bien que le grand état-major se montre réticent à s'engager dans cette voie, à l'image d'Alfred von Tirpitz, qui juge insuffisant le nombre de sous-marins disponibles, Hugo von Pohl, le tout nouveau commandant de la Hochseeflotte, nommé en remplacement de l'amiral von Ingenohl, parvient à convaincre le Kaiser. Celui-ci signe, le 4 février, la déclaration ouvrant officiellement la guerre sous-marine.

La question des navires des pays neutres

À compter du 18 février, les eaux entourant les îles Britanniques sont décrétées « zones de guerre ». La déclaration précise que « les bâtiments de commerce ennemis y seront détruits ». Les navires des pays neutres ont tout à craindre de la décision de l'empereur. Ainsi, il est dit « qu'en raison

En France du Nord, l'occupation allemande est très organisée

En 1915, l'administration des territoires français occupés est du ressort de l'état-major de Falkenhayn. L'autorité allemande, qui traite directement avec les municipalités, exerce son action sur les personnes comme sur les biens. Cela concerne, entre autres, le transfert de main-d'œuvre, sur place ou à l'intérieur du Reich, la déportation des suspects, l'envoi de prisonniers russes (voir ci-contre) pour travailler dans des villages, la confiscation de métaux précieux et matériaux stratégiques (or, cuir, laine, bois notamment), la mise en régie des mines du Nord, d'usines (tissages de Roubaix-Tourcoing) et de fermes. Le démontage d'équipements et le rationnement des vivres par cartes d'alimentation constituent le quotidien des villes occupées. Les contributions de guerre et les impôts, hier perçus par l'État français, sont versés à l'Allemagne. ■

UN GROUPE DE PRISONNIERS RUSSES. Ces derniers sont envoyés pour travailler dans les territoires occupés en France par les Allemands.

de l'abus du pavillon neutre ordonné par le gouvernement britannique et des hasards de la guerre sur mer, il ne sera pas toujours possible d'éviter que des attaques destinées aux bâtiments ennemis n'atteignent des bâtiments neutres». Quelques jours plus tard, cependant, la protestation vigoureuse des États-Unis contraint le chancelier allemand Bethmann-Hollweg de faire machine arrière. Il donne alors l'ordre aux sous-marins de respecter les neutres, non sans toutefois procéder à la vérification de leur nationalité. Bien que les Américains paraissent se satisfaire du recul du chancelier, la France et la Grande-Bretagne décident de répliquer. Le 1er mars, Français et Britanniques adoptent une interprétation très extensive de la déclaration de Londres de 1909 sur la contrebande de guerre. Celle-ci est étendue à toutes les marchandises destinées à l'Allemagne et à ses alliées. La posture franco-britannique concerne également les marchandises transitant dans les ports neutres voisins de l'Allemagne. La France et la Grande-Bretagne prennent très au sérieux la menace allemande, bien que celle-ci ne s'appuie que sur 23 unités sous-marines. ●

INTÉRIEUR D'UN SOUS-MARIN ALLEMAND.
Au cours de la guerre, les U-Boote auront envoyé par le fond plus de 7 000 navires. En 1917, ils seront sur le point de faire basculer le cours de l'Histoire.

COURRIER

« Le regret de ne pas remonter au front

C'est avec un très grand plaisir que je puis vous annoncer mon prochain départ des hôpitaux de Bordeaux, mais ce qui me chagrine par-dessus tout c'est de ne pouvoir aller avec vous et tous mes camarades continuer la chasse aux bandits qui ont assailli notre patrie. Je vais beaucoup mieux mais ne puis toujours pas me servir de mon épaule dont les muscles sous l'omoplate ont été broyés.
Mais soyez certain, mon Capitaine, que plutôt que d'en souffrir, je suis fier de ma blessure, car alors que j'étais prêt à donner mon existence pour la défense de ma patrie, elle n'a exigé de moi que ce léger sacrifice.

Lettre d'un soldat à son capitaine, le 20 février 1915 »

LE COMMUNIQUÉ DE GUERRE

Deux fois par jour, à Paris, à 10 h et à 14 h 30, le ministère de l'Instruction publique, où siègent les bureaux de la direction des relations avec la presse, s'anime. C'est là que l'on distribue aux journalistes les communiqués de guerre. À charge pour eux de les reproduire dans les différents journaux. Ces communiqués de guerre sont également affichés dans les administrations, au palais de Justice, à la Bourse, dans les

Le Petit Parisien
COMMUNIQUÉS OFFICIELS
Encore un fort détruit dans les Dardanelles
Vingt-cinq jours en Allemagne

facultés et les différents lycées de la capitale; il n'est pas rare que le surveillant général en donne lecture chaque matin au réfectoire. Les Parisiens se détourneront rapidement de ces nouvelles officielles, à juste titre suspectées de partialité, pour se tourner vers la lecture de la *Tribune de Genève*, journal jugé beaucoup plus objectif, ou neutre. ■

7 FÉVRIER 1915

Tannenberg, acte II

L'armée allemande écarte la menace russe en Prusse-Orientale. Une décision militaire définitive à l'Est lui paraissant hors de portée, l'état-major entend tout d'abord écarter le danger en Prusse-Orientale. À ses yeux, quelques victoires localisées pourraient permettre d'offrir une paix de compromis aux Russes.

Lorsque la guerre éclate en août 1914, l'état-major allemand entend liquider la Russie, adversaire prioritaire, en quelques semaines. Six mois plus tard, il lui faut revoir sa copie. Les durs combats de 1914 ont laissé l'armée russe sur le promontoire des Carpates. De là, elle menace la plaine hongroise. Aussi, les Autrichiens sollicitent-ils l'aide des Allemands en Galicie. Hindenburg se montre prêt à masser d'importants effectifs à l'Est pour détruire l'armée russe. En revanche, Falkenhayn, qui considère le front français comme le front principal, est réticent. Pour lui, il faut écarter la menace sur les frontières en créant en Pologne un glacis à l'image de celui de la plaine franco-belge. L'état-major allemand décide donc d'envoyer trois divisions pour renforcer les Autrichiens, et de confier à Hindenburg le dégagement définitif de la Prusse-Orientale. C'est dans ce climat que s'engage le 7 février la bataille des lacs Mazures, appelée aussi « seconde bataille de Tannenberg ».

DOCUMENT

« Une paix séparée avec la Russie ?

Je suis d'avis qu'il est absolument nécessaire d'en venir à une paix séparée avec la Russie. Ne peux-tu pas entrer en contact avec Nicki *[diminutif de Nicolas II]* et lui demander de s'entendre avec nous ?

Lettre du Kronprinz au frère de la tsarine Alexandra, Ernest Louis de Hesse, 6 février 1915 »

LE GÉNÉRAL HINDENBURG SAUVEUR DE LA PRUSSE-ORIENTALE. Cette carte postale évoque la bataille des lacs Mazures et les dizaines de milliers de prisonniers russes faits à cette occasion.

VISITE DU KAISER GUILLAUME II À SES TROUPES APRÈS LA VICTOIRE DE TANNENBERG. La seconde bataille de Tannenberg de 1915, appelée aussi « bataille des lacs Mazures », reste dans la stratégie allemande une opération limitée.

La Prusse-Orientale hors de danger

Les conditions météorologiques en Prusse-Orientale sont épouvantables. Succédant à une terrible tempête de neige, le redoux a transformé la région en un immense bourbier. Convaincus que ces conditions interdisent toute progression à l'ennemi, les Russes sont surpris au sud des lacs Mazures par le gros des forces du général Hindenburg. Malgré leur supériorité numérique, les Russes sont pris en tenaille, et leur Xe armée doit cesser le combat. Ils laissent quelque 100 000 prisonniers entre les mains des Allemands. La Prusse-Orientale est certes dégagée, mais Hindenburg, qui se heurte à de violentes réactions des armées du général Nikolaï Rouzski, ne parvient pas à poursuivre l'exploitation de sa victoire. En particulier, il ne peut, sur sa lancée, conquérir la Pologne orientale et atteindre ainsi son objectif initial. En dépit de cela, le général allemand devient un héros et fait l'objet d'un culte passionné dans l'opinion publique. ●

170 000
Pertes russes lors de la bataille des lacs Mazures.

L'inquiétude de l'Autriche-Hongrie

L'Allemagne, qui s'est fixé comme objectif d'éliminer rapidement la Russie pour se tourner ensuite contre l'Angleterre et la France, comprend dès l'hiver 1914-1915 qu'elle a trouvé sur le front oriental un adversaire dont l'ardeur combative de la troupe et l'habileté du commandement compensent le dénuement matériel. Ce qui n'a pas échappé à Vienne, où tous les regards inquiets convergent vers la plaine hongroise. Mais Falkenhayn, le généralissime allemand, n'est disposé à offrir à son allié que le soutien d'une petite armée dite « du Sud », soit trois divisions confiées au général Alexander von Linsingen. Ce dernier a pour mission de renforcer les Autrichiens dans les Carpates. En effet, Falkenhayn entend d'abord se donner à l'Est un peu d'air – c'est-à-dire gagner du temps. À plusieurs reprises au cours de l'année 1915 – et aussi après, notamment en Italie en mai au lendemain de l'entrée en guerre de Rome – le haut commandement autrichien en la personne de Conrad von Hötzendorf (chef d'état-major de l'armée royale et impériale austro-hongroise) plaidera, sans grand succès, pour que l'Allemagne soutienne la double monarchie avec plus de détermination. ■

La deuxième offensive en Champagne

Depuis la fin de la première offensive, le 14 janvier, le front de Champagne n'a pas connu d'activité notable. De part et d'autre, on panse les plaies de la bataille de Soissons. Toutefois, Joffre n'a pas renoncé à lancer une nouvelle offensive contre les Allemands.

En dépit des conditions climatiques déplorables, Joffre décide de lancer une attaque d'envergure le 16 février. Son objectif principal est la destruction de la voie ferrée dont usent les Allemands pour ravitailler en hommes, nourriture et matériel leurs lignes entre Reims et l'Argonne. À cet effet, il envoie trois corps d'armée en direction de Perthes-lès-Hurlus. Quatre jours plus tard, à l'issue d'âpres combats, ils n'ont pas avancé de plus de 800 m. Un «gain» obtenu au prix de 40000 tués. L'attaque contre le fortin de Beauséjour, investi dès le 16 février, donne lieu à de terribles engagements. Le fortin change plusieurs fois de main. Finalement, les Français restent maîtres de la position après avoir livré des combats au corps à corps dans les tranchées. En revanche, la butte de Mesnil, chèrement défendue par les Allemands, ne tombe pas. Commencées fin décembre 1914, les offensives en Champagne se terminent mi-mars : 90 000 soldats français sont morts. Les Allemands n'ont pas reculé d'un pouce. Tout reste à faire malgré la fatigue des combattants.

La grogne monte contre les ordres

L'épuisement laisse parfois la place à la colère, fille de l'incompréhension des ordres des officiers, lorsqu'ils apparaissent absurdes. C'est le cas au début du mois de mars 1915 quand une compagnie du 336e régiment d'infanterie refuse de repartir

SOLDATS FRANÇAIS FAISANT HALTE DURANT LEUR PROGRESSION VERS LE FRONT. Ces hommes font une pause avant de reprendre leur marche vers leur destination. On reconnaîtra parmi eux des soldats des troupes coloniales.

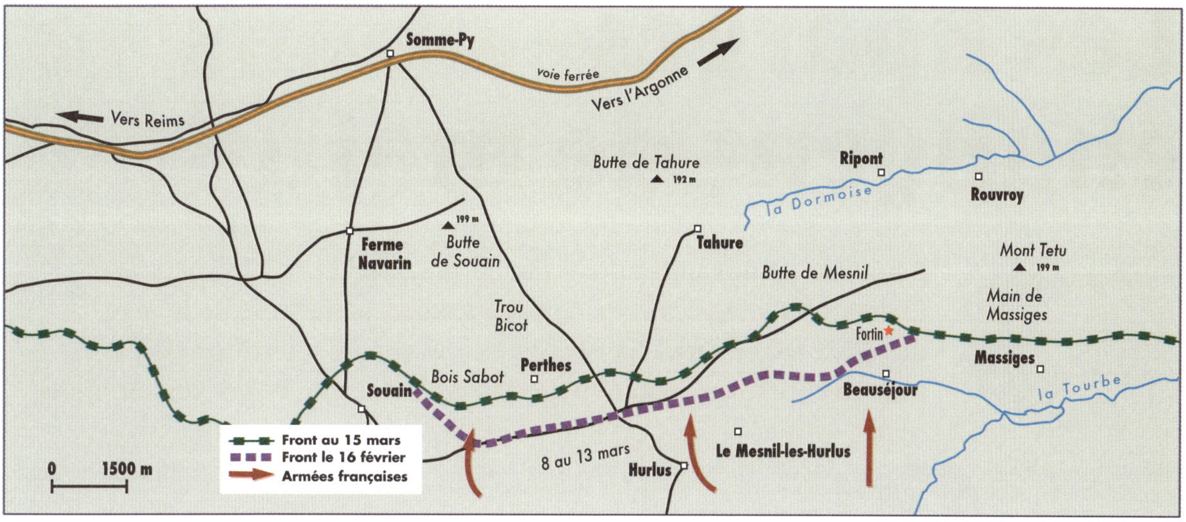

au combat après avoir connu des moments très durs. Devant cet acte d'insubordination, la hiérarchie décide de sanctionner. Elle intime l'ordre à un caporal et quatre hommes par section d'aller sectionner les frises de fils de fer barbelés de l'ennemi, puis elle les fait arrêter. Passés le 16 février devant la cour martiale, les quatre caporaux sont condamnés à mort et exécutés le lendemain. C'est au prix d'une répression implacable, entre autres, que la discipline est maintenue au sein de l'armée dont les chefs sont de plus en plus critiqués. Il n'y a toutefois pas de tendance à la multiplication des peines capitales. En effet, depuis le début du conflit, durant les cinq mois de combats de l'année 1914, plus d'une cinquantaine de soldats et de sous-officiers ont été passés par les armes, la majorité d'entre eux pour «abandon de poste» ou pour avoir tenté d'échapper au combat par mutilation volontaire. Plus rares sont les refus d'obéissance, une attitude plus collective qu'individuelle. Le cas des caporaux de Souain est le premier de ce type.

UNE OFFENSIVE SANS LENDEMAIN. Là où les soldats français réussissent à repousser les Allemands, ils ne gagnent en un mois que 1 500 m au maximum.

DES TERRITORIAUX DE PLUS EN PLUS ÂGÉS

Surnommés les «pépères» en raison de leur âge, les territoriaux sont des soldats qui, après avoir fait leur service militaire, puis appartenu pendant huit ans à la réserve, sont versés dans l'armée dite «territoriale». On ne peut donc appartenir à la «territoriale» qu'à partir de 30 ans. D'abord employés comme supplétifs à l'arrière – on les a vus notamment défendre le camp retranché de Paris –, les territoriaux sont ensuite envoyés sur tous les fronts. Les pertes croissantes obligent l'état-major à faire appel à des réserves territoriales de plus en plus âgées. La presse se fait l'écho de cas où des pères ont rejoint leurs fils au combat. En raison de leur âge, justement, les «terribles toriaux» paieront un lourd tribut à la guerre.

UN VIEUX GROGNARD. Il lui semble, parfois, entendre la voix lointaine du canon.

17 FÉVRIER 1915

Les Éparges changent de main

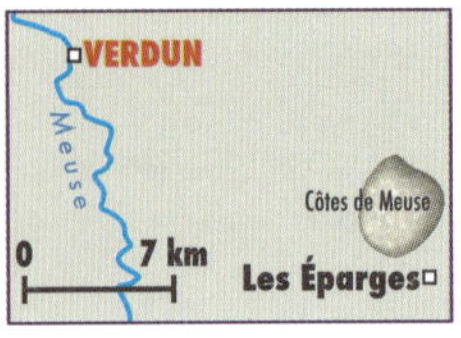

Stabilisés depuis plusieurs mois, certains secteurs du front sont le théâtre d'attaques et de contre-attaques acharnées de la part des deux adversaires. Symbole de cette guerre d'attrition, la lutte pour le contrôle de la crête des Éparges, dans la Meuse, en témoigne.

Long éperon des côtes de Meuse qui domine de ses 345 m d'altitude la plaine de la Woëvre au sud de Verdun, la crête des Éparges est depuis le début des hostilités un objectif de choix pour les deux adversaires. Le contrôle de cette position permettrait aux Français d'en faire un poste avancé pour leur artillerie. Ainsi, dès septembre 1914, les Allemands l'ont transformée en une position qui semble inexpugnable. Les Français décident de l'attaquer à la mine. Afin de progresser vers l'ennemi, on creuse des sapes. Celles-ci sont prolongées par des galeries aboutissant, sous les tranchées allemandes, à des fourneaux remplis d'explosifs. Le 17 février, à 14 heures, les Français font sauter quatre fourneaux de fort tonnage. La crête est violemment secouée – les survivants évoqueront un « tremblement de terre » –, d'énormes nuages de fumée noirâtre montent dans le ciel. Aussitôt, un bataillon du 106e régiment d'infanterie occupe les entonnoirs. On se bat au corps à corps. Les combats se poursuivent jusqu'au 20 février, jour où la

UNE PAUSE DANS LE SECTEUR DES ÉPARGES.
Des pertes énormes pour des gains infimes. Et de nombreux blessés, dont le futur écrivain Maurice Genevoix, soldat de la 12e division d'infanterie atteint de trois balles le 25 avril.

contre-attaque allemande reprend l'éperon. Les troupes françaises sont rejetées sur leurs bases de départ. Une fois de plus le sang des fantassins vient de couler en vain. Le 18 mars, les Français repartiront à l'assaut des Éparges, puis le 27. Mais là encore, sans succès.

La boue des Éparges

Ce n'est que le 25 avril que les Allemands finissent par abandonner la position. Il ne faut toutefois pas croire que les combats cessent dans cette région. Ils continueront en effet jusqu'à la fin de la guerre. Ce que rapporte le lieutenant Péricard : « Ce brasier des Éparges, qui venait de s'enflammer en février 1915, ne s'éteindra plus jusqu'à la fin de la guerre. La violence de la lutte qui va se poursuivre sera due à la conformation des lieux ; il faut tuer ou être tué ; l'inaction est interdite. En même temps se révélera un adversaire aussi implacable que l'homme : la boue des Éparges, cette boue d'argile et, peu à peu, de chair putréfiée. » ●

TÉMOIGNAGE

« Un écrivain aux Éparges

Peu à peu, le vacarme de notre artillerie emplit l'espace autour de nous. Sans qu'on s'en soit presque aperçu, cela devient aussi brutal qu'hier ; sans même qu'on en ait eu conscience, nos cœurs se sont remis à battre, le sang à nous gonfler les doigts, d'un flux appuyé et puissant. Nous nous levons hors de nos trous, pour essayer de voir devant nous. Nos obus frappent : une zone de fumées noires et rousses ceint longuement toute la crête de ses volutes énormes ; elle bouge et se tord sur elle-même, sans monter ni descendre, toujours pareille, noire et rousse, avec les piqûres vives des éclatements nouveaux. De loin en loin une grosse marmite* approche en brassant l'air, puis tombe ; on entend son fracas plus lourd, tandis qu'un panache mou, un instant, flotte par-dessus la zone des fumées, qui redevient très vite ce qu'elle était. Nous sommes tous debout attentifs et curieux, sans crainte aucune.

Maurice Genevoix, le 18 février 1915 »

* Surnom donné aux *Minen* lancées par les Allemands.

L'ART DE TRANCHÉE

Dans la tourmente des combats, dans les tranchées, lors des permissions, au moment des pauses entre deux assauts, les soldats des deux camps fabriquent toutes sortes d'objets. Ainsi est né « l'art des tranchées » ou plutôt « l'art des poilus », car il est bien difficile de prouver que tel objet a été fabriqué dans une tranchée. On fait feu de tout bois et de tout métal. Parmi les objets manufacturés, on trouve notamment des médailles, des bagues, des broches, des colliers, des boucles d'oreilles, des maquettes de bateaux, ainsi que des objets utilitaires, briquets, lampes, cadres, ronds de serviettes, coupe-papier, des instruments de musique, entre autres. Des concours d'objets sont même organisés sous le titre « L'art de la guerre ». Des médailles et des prix sont décernés par un jury. ■

DANS LES DEUX CAMPS. Aux Éparges, deux écrivains destinés à une carrière glorieuse souffriront dans leur chair : du côté français, Maurice Genevoix, et du côté allemand, l'essayiste et romancier Ernst Jünger.

L'ART DANS LES TRANCHÉES. Une image lénifiante de soldats français occupés à fabriquer des bagues. Les mêmes « clichés » circulent chez l'adversaire.

18 FÉVRIER 1915

L'enfer de la bataille de la butte de Vauquois

La lutte pour la possession de cette petite éminence à 35 km au nord-est de Verdun appartient aux combats dits « secondaires ». Certes circonscrits, ces combats n'en sont pas moins très meurtriers, les positions changeant plusieurs fois de main au cours de la guerre.

La butte de Vauquois acquiert dès la fin du mois d'août 1914 une importance stratégique car elle constitue un poste d'observation sur la région et, dans cette perspective, permet l'ajustement des tirs d'artillerie. La position change de main deux fois au cours du mois de septembre 1914. Maîtres de la butte fin septembre, les Allemands fortifient le secteur. Deux attaques françaises menées en octobre échouent, faute de préparation d'artillerie suffisante. Cette fois, le 18 février, c'est après une préparation d'artillerie lourde de trois heures que le 31e régiment d'infanterie repart à l'assaut. Dix jours plus tard, il en est délogé par un intense pilonnage allemand. Dès lors, les deux camps vont entamer une guerre de mines, chacun s'ingéniant à creuser des galeries pour faire exploser l'ennemi. La violence est telle qu'il arrive que le bruit des explosions soit perçu à des kilomètres à la ronde. Dans chaque camp, on surveille le travail de sape de l'adversaire, des contre-mines ou camouflets sont creusés. Les accidents sont aussi fréquents lors du percement des galeries dans une butte fragilisée par les nombreuses mines et explosions ou lors du transport des explosifs dans ces boyaux étroits. On comptera plus de 500 explosions de grande envergure dans le secteur.

4 368

Morts et identifiés au cimetière de Vauquois.

TÉMOIGNAGE

« Une attaque pour rien !

**Enfin, cela démarre, c'est étonnant ce que l'odeur de la poudre vous assèche la gorge.
J'ai mon petit bidon de gnôle de Gron et m'humecte les lèvres tout en tirant. Nous trouvons des cadavres qui n'ont pas été ramassés d'une attaque de novembre : ils sont noirs.
Les Boches, du haut de Vauquois, installent une mitrailleuse qui surplombe le chemin creux et se mettent en action. Qui s'en tirera sain et sauf ? Beaucoup de nouveaux y resteront. Je réussis encore une fois à passer à côté des balles et réintégrai notre point de départ.**

Carnet de guerre d'un soldat du 89e RI, 28 février 1915 »

Une bataille longue de quatre ans

Français, auxquels s'ajouteront Italiens puis Américains, et Allemands se disputeront la butte de Vauquois jusqu'en septembre 1918, ce qui fait de ce long affrontement l'une des plus interminables batailles de toute la Grande Guerre. ●

UN JOURNAL DE TRANCHÉES BAVAROIS, *LA SAPPE*. À l'instar des journaux de «poilus», l'Allemagne de Guillaume II connaît aussi la vogue des journaux de tranchées.

Objectif, Dardanelles

Le prologue de l'attaque au cœur de l'Empire ottoman consiste en une manœuvre de forcement naval du détroit des Dardanelles afin de procéder à un débarquement menaçant la capitale de l'Empire, Constantinople.

Face au blocage de la situation militaire sur le front occidental, les partisans de la stratégie indirecte, dont le champion est le Premier lord de l'Amirauté Winston Churchill, tentent d'imposer leurs vues. Il est en effet tentant d'affaiblir l'Empire ottoman considéré comme le maillon le plus faible des puissances centrales, tout en protégeant les intérêts économiques et stratégiques de la Grande-Bretagne en Méditerranée, mais également pour permettre une jonction avec les Russes. Toutefois les généraux en chef alliés French et Joffre croient encore à la percée sur le front occidental. Aussi ne veulent-ils en aucun cas se priver des forces nécessaires à une opération amphibie. De son côté, la Russie, inquiète de l'ouverture d'un second front dans le Caucase, soutient le projet d'intervention de Churchill dans les Détroits. Finalement, Kitchener et Joffre promettent quelques unités terrestres « pour soutenir les opérations navales si elles réussissent », c'est-à-dire prennent pied sur le sol ottoman. Le premier acte sera donc spécifiquement naval, alors que personne n'ignore que, sans troupes terrestres conséquentes, aucune décision ne sera obtenue. D'une conception hardie, le plan de Churchill suppose une préparation minutieuse et un effet de surprise, toutes choses qui vont faire défaut.

LE SOLDAT TURC, UN TIREUR D'ÉLITE REDOUTABLE

Embusqué dans un trou de tirailleurs ou un éboulis de rochers des pentes méridionales de Sedd ul-Bahr, le tireur d'élite attend de pied ferme l'envahisseur. S'installant de nuit avec 200 à 300 cartouches, une jarre d'eau tiède et quelques galettes de blé cuites dans de l'huile rance, il peut rester des jours à l'affût sans relève, sous un soleil de plomb, comme durant les nuits glacées, jusqu'au moment où, repéré par une mitrailleuse, il achève son destin de soldat, assuré de rejoindre le paradis d'Allah que son imam ou son mollah lui ont toujours promis. Mais auparavant, les combattants alliés devront compter sur son œil exercé et la justesse de son tir. En réalité, les Alliés ont largement sous-estimé la valeur et la détermination des troupes ottomanes qui bénéficient de plus, depuis l'entrée en guerre de la Turquie aux côtés des deux empires centraux, des conseils avisés d'officiers allemands. ■

18 mars. La fin du cuirassé *Bouvet*

Le *Bouvet*, engagé depuis deux heures contre les forts turcs de la côte d'Asie, vient de faire demi-tour. Il en a reçu l'ordre de l'amiral Guépratte, commandant de la force navale française déployée dans les Dardanelles. Cette manœuvre le conduit à heurter une mine dérivante qui explose sous sa tourelle centrale. En moins d'une minute, le bâtiment gîte sur tribord, chavire et disparaît, avec 600 marins et 20 officiers. Seuls 45 hommes parviennent à échapper à la mort. Dans la soirée, l'*Océan* et l'*Irrésistible* subiront le même sort. ■

Le forcement naval des Détroits

À la fin du mois de janvier, une puissante escadre se rassemble dans la baie de Moudros, au centre de la partie septentrionale de la mer Égée, sur l'île de Limnos, mise complaisamment à la disposition des Alliés par la Grèce. La flotte compte les plus modernes *dreadnoughts* britanniques, plus seize cuirassés, que complètent quatre vieux cuirassés français. Cinq croiseurs légers, vingt-deux torpilleurs – dont six français – et neuf sous-marins – dont quatre français – grossissent l'armada. La Russie envoie, symboliquement, un croiseur. La nouvelle de l'arrivée de cette imposante flotte provoque un vent de panique à Constantinople. Le 19 février, les canons de marine déclenchent un formidable bombardement sur les forts de Koum-Kalé et de Sedd ul-Bahr. En face, l'amiral allemand Wilhelm Souchon organise la riposte avec sang-froid. Une autre tentative, les 25 et 26 février, se solde par un nouvel échec. Le 18 mars, l'imposante flotte alliée se présente de nouveau. Bien réglés, les tirs d'artillerie de la défense touchent de nombreux navires alliés, tandis que les mines dérivantes frappent les bâtiments encore indemnes. Prenant la mesure du désastre en cours, les Alliés en concluent qu'il faut recourir à l'armée de terre et procéder à un débarquement. Il s'agit là d'un étonnant retournement de tactique : c'est en effet aux «débarqués» que sera assignée la mission de faire taire les batteries ennemies afin que les forces navales puissent s'engager dans le détroit. Tandis que les Alliés rassemblent un corps expéditionnaire de 80 000 hommes, et perdent ainsi un temps précieux, la défense des Dardanelles, côté turc, s'organise sous le commandement du général allemand Liman von Sanders. Les Alliés ont fixé au 25 avril le jour du débarquement qui aura lieu à Gallipoli. L'affaire des Dardanelles souligne que les stratèges britanniques sont plus sensibles à la stratégie dite indirecte qu'aux conceptions héritées du Prussien Clausewitz (concentration et bataille décisive sur le front principal). C'est pourquoi Churchill impose une attaque uniquement navale pour forcer les Détroits (voir 25 avril). ●

L'EXPÉDITION FRANCO-ANGLAISE AUX DARDANELLES. Représentée ci-dessous par un peintre naïf, elle devait être rapide et aisée. Ce fut un cuisant échec. La France y perdit notamment le cuirassé *Bouvet*. En bas à droite, on voit la bouée du *Gaulois* qui, sérieusement endommagé, faillit connaître le même sort.

Calais bombardé !

Les Zeppelins, ces énormes dirigeables à structure rigide gonflés à l'hydrogène ont fait leur apparition dès août 1914, notamment lors du siège de Liège. Les soldats français les ont vus peu après en Alsace. Mais c'est surtout dans les villes, dès 1915, que ces engins sont le plus redoutés.

En France, les Allemands prennent principalement pour cibles les ports où débarquent troupes et matériels, et les villes du Nord et de l'Est ainsi que la région parisienne. Dans la nuit du 23 février, le Zeppelin LZ-29 survole Calais. La gare des Fontinettes et les voies ferrées sont bombardées, mais elles ne subissent que de légers dégâts. Une bombe tombe néanmoins sur une habitation, occasionnant cinq morts. Le couvre-feu est établi à la suite de l'attaque. Dès le 5 mars, des observateurs signalent de nouveau des Zeppelins au-dessus de Calais, ainsi qu'à Boulogne. Il s'agit en fait d'un raid programmé contre la Grande-Bretagne. Le même jour, le LZ-33 s'écrase près d'Ostende après avoir été touché par des tirs au-dessus de Nieuport. Son objectif était également les côtes britanniques. Calais et sa gare ferroviaire sont bombardées à nouveau le 18 mars par le LZ-26 alors que la ville est masquée par le brouillard. Le Fort Nieulay, les voies de chemin de fer, le boulevard Gambetta ainsi que la cathédrale Notre-Dame sont touchés. On déplore sept tués et dix blessés. La « cité des bourgeois » connaît encore un raid le 21 mars, mais sans subir de dommages cette fois. Le 26 avril, un quartier populaire de Calais est de nouveau frappé : trente victimes, tués et blessés, dont de nombreux enfants. Le Zeppelin lâche ses bombes sur le Fort Nieulay, faisant quelques victimes. Il est cependant atteint par l'aviation et regagne péniblement sa base de Maubeuge.

Après Calais, Paris pris pour cible

La capitale, Paris, est prise pour cible, dès le 7 mars. Une autre attaque, dans la nuit du 20 au 21, n'a pas plus de résultats. Un des deux dirigeables a été immédiatement pris dans le faisceau des projecteurs placés près de la tour Eiffel. Une autre attaque le 22 mars visera les gares Saint-Lazare et du Nord. Paris est bombardé une quatrième fois, le 17 mai. Bien que ces bombardements ne soient guère meurtriers, une véritable terreur règne dans les villes. On voit des Zeppelins partout, de jour comme de nuit. Des policiers confondent même des nuages allongés avec des aérostats en phase d'approche.

LES ZEPPELINS, ARMES DE GUERRE

Une fois entrée en guerre, l'Allemagne convertit ses Zeppelins en version militaire. Alors que la France et la Grande-Bretagne n'ont tiré qu'un bénéfice négligeable de leurs dirigeables, l'Allemagne, avec ses Zeppelins géants, va terroriser les populations civiles et déstabiliser les militaires par des alertes multiples et des bombardements nocturnes meurtriers. Hormis les nuits de pleine lune ou de tempête, qui interdisent aux dirigeables de voler, chaque nuit peut, sans préavis, se teinter d'angoisse et de cauchemar. Les Alliés mettent au point des projecteurs de recherche en altitude et développent l'artillerie antiaérienne pour tenter de protéger les cités. L'aviation n'est pas encore considérée comme une arme de combat, mais plutôt comme un service de renseignement. Il faudra encore des mois avant que la chasse soit développée et dispose d'appareils capables d'atteindre l'altitude où évoluent impunément les Zeppelins. ■

LES ZEPPELINS N'ÉPARGNENT PAS L'ANGLETERRE.
À vocation civile avant le conflit, les Zeppelins seront livrés par dizaines à l'armée et à la marine allemandes pendant la guerre.

L'aviation de chasse française voit le jour

Balbutiante au début de la guerre, l'aviation connaît en 1915 un essor spectaculaire. Elle devient vite l'arme du renseignement militaire par excellence en aidant les artilleurs. Elle démontre également qu'elle est capable de se battre : l'aviation de chasse est née.

Jusqu'aux premiers mois de 1914, personne, ou presque, n'imaginait qu'il y aurait un jour des combats aériens. Le 5 octobre 1914, la victoire du pilote français Joseph Frantz et de son mitrailleur Louis Quenault frappa les imaginations. Cet exploit fut répété le 10 janvier suivant par le sergent Eugène Gilbert et le lieutenant de Puechredon qui réussirent à abattre un appareil allemand avec une carabine. Ces deux précédents incitent le commandant de Rose, responsable de l'aviation de la Ve armée en Champagne, à créer la première escadrille dite « de chasse ». La MS 12, c'est le nom de cette première escadrille, est équipée de Morane-Saulnier type L « parasol », des appareils capables de voler à 125 km/h. La mission de la MS 12 est de rechercher les avions ennemis et de les attaquer à coups de carabine, seule arme embarquée sur ces avions. Très vite, il apparaît que la MS 12, basée près de Reims, comble de bonheur les « chasseurs » du ciel : en moins de deux mois, d'avril à mai, elle affiche cinq victoires sur des « Aviatik » et des « Albatros », abattus au-dessus des lignes françaises.

L'aviation s'impose au combat

Presque aussitôt, l'Allemagne réplique en se dotant, elle aussi, d'une aviation de chasse. À partir de mars, les Allemands, qui tiennent à l'unité de pensée du grand état-major, y instituent un corps d'« officiers aviateurs d'état-major ». En France, il faudra attendre novembre pour que l'on se dote d'un sous-secrétariat d'État à l'Aéronautique. Pour l'aviation, 1915 est une année décisive en termes d'organisation et pour son intégration dans la stratégie militaire. On compte en France, déjà à la fin de l'année 1915, 93 escadrilles et environ 800 appareils.

LE « BOCHE » VU PAR LA PRESSE. Tout au long de la guerre, la presse française multiplie les attaques sur ce thème. On le retrouve aussi à l'école – « B » comme « Boche » selon certains abécédaires – et comme sujet de nombreuses cartes postales.

« B » COMME « BOCHE »

En mars, l'Académie française en est à la lettre « f ». Mais l'académicien Maurice Donnay fait savoir qu'il conviendrait de revenir à la lettre « b », ce qui permettrait de faire figurer le mot « boche ». Il s'agit là de l'injure absolue. Traiter quelqu'un de « boche » constitue une injure passible des tribunaux. Pour avoir traité son mari d'origine alsacienne de « boche », une femme voit le divorce prononcé à ses « torts et griefs ». Depuis la déclaration de guerre, on considère que l'Allemand a rompu ses liens avec l'humanité. Il est donc devenu le « Boche », qualificatif qui marque la régression vers la barbarie et l'animalité. Pour leur part, les Anglais recourent au qualificatif de « Huns » pour désigner la brutalité de l'adversaire. ■

MORANE-SAULNIER TYPE N.
Cet appareil, difficile à piloter, équipera notamment l'escadrille MS 12 à partir d'octobre 1915.

Combats meurtriers dans les Vosges

Le sommet du Vieil-Armand – l'Hartmannswillerkopf des Alsaciens –, situé à 956 m d'altitude, est âprement disputé. Dominant la plaine d'Alsace, il est tout au long de l'année 1915 l'enjeu de combats « mangeurs d'hommes ».

L'objectif des Français est de tenir les promontoires dominant la plaine d'Alsace. Pour les Allemands, il s'agit de les en empêcher. En réalité, le commandement français vise plus loin. En effet, le maintien de ses troupes dans les vallées alsaciennes témoigne de sa volonté de ramener l'Alsace dans le giron de la France. Mais l'adversaire, après avoir consolidé ses positions en février dans la vallée de la Fecht, n'est pas prêt à céder un pouce de terrain. L'Hartmannswillerkopf, situé au sud-est des Vosges, domine la plaine d'environ 600 mètres et est le théâtre de violents engagements. Les Français qui l'ont occupé sans lutte en 1914 en ont été chassés le 19 février 1915 à l'issue de combats qui se sont succédé tout au long du mois de janvier. Bien décidés à reconquérir la position, ils déclenchent l'assaut le 5 mars.

25 000
Nombre de morts français et allemands sur les pentes du Vieil-Armand lors des quatre engagements de 1915.

Peine perdue !

Le 13e bataillon de chasseurs alpins (BCA) se lance à l'assaut des positions allemandes et anéantit la 3e compagnie du IR 161 (régiment d'infanterie). Les contre-attaques

UNE REDOUTE DE L'HARTMANNS-WILLERKOPF. Le ravitaillement en vivres, en hommes et en matériels s'opère, notamment en hiver, dans des conditions périlleuses.

L'organisation des défenses au Hartmannswillerkopf

Avant la guerre, le Hartmannswillerkopf était un sommet paisible recouvert par une épaisse forêt fréquentée par quelques chasseurs. À partir d'avril 1915, les Allemands commencent à se retrancher dans des positions fortifiées bétonnées. Ils apportent l'eau et l'électricité. Cette dernière sert entre autres à alimenter les perforatrices électriques pour creuser le roc. Ils montent des centaines de tonnes de ciment par téléphérique. Quant aux hommes, ils doivent emprunter un escalier de pierre de 560 marches depuis la vallée, appelé *Himmelsleiter* ou « échelle céleste ». Pour leur part, les Français se retranchent en construisant des abris avec des rondins de bois, des sacs de sable et des matériaux de récupération. Le ravitaillement s'effectue essentiellement à dos de mules et par attelages de bœufs. Des batteries sont installées dans le secteur pour bombarder le Vieil-Armand. ■

allemandes du 7 mars échouent. Le 13e BCA, totalement épuisé, est relevé par le 15-2e régiment d'infanterie. Le 23 mars, 25 canons de 220 et 32 canons de 155 écrasent durant quatre heures les tranchées allemandes sous leurs obus. À 15 h, le 15-2 part à l'assaut du sommet. Ses hommes, baïonnette au canon, progressent à travers les tranchées effondrées, les barbelés et l'enchevêtrement de sapins abattus par les obus. Neuf assauts successifs échouent à 150 mètres du sommet face aux mitrailleuses allemandes que les canons n'ont pas détruites. Les Allemands déplorent plus de 400 morts et plus de 200 prisonniers. Le 15-2 a perdu 260 hommes et neuf officiers. N'arrivant pas jusqu'au sommet, le régiment s'enterre et résiste aux contre-attaques allemandes. Le 26 mars, une préparation d'artillerie de trente-cinq heures précède l'assaut du 15-2 renforcé par des sections des 7e, 13e, 15e, 27e, 28e et 53e BCA. Le sommet est atteint et dépassé. Les Français bousculent les survivants du IR25. Toutefois, ces derniers se cramponnent au flanc nord-est du Hartmannswillerkopf. La lutte pour le «Vieil-Armand», comme l'ont surnommé les Français, se poursuivra toute l'année en alternatives diverses et meurtrières. Ainsi, le 21 décembre, une vigoureuse action est menée par la 66e division d'infanterie, au cours de laquelle succombe son chef, le général Serret. Le 15-2e, les 5e et 15e bataillons de chasseurs à pied repoussent encore les Allemands au-delà des crêtes. À partir de 1916, le sommet demeurera pourtant en leur possession, tandis que les Français resteront accrochés aux pentes. ●

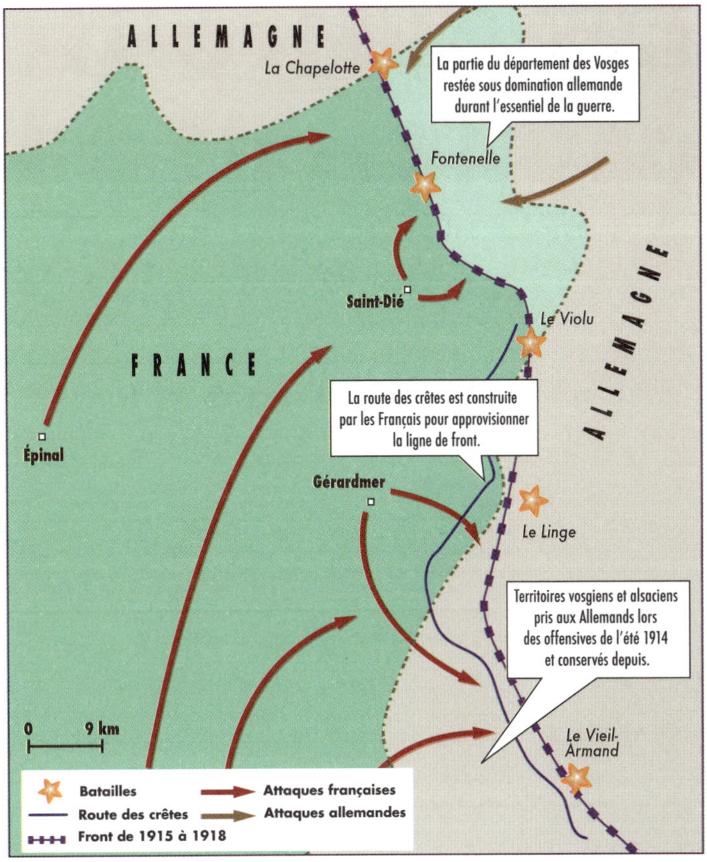

LE FRONT VOSGIEN. Le massif vosgien a été âprement disputé pendant quatre ans. Une partie du sud de l'Alsace fut reprise sur l'armée allemande dès le début du conflit.

LE MINENWERFER, UN MORTIER À TIR COURBE

La guerre de position rend inefficaces les armes à tir tendu, comme les fusils ou l'artillerie traditionnelle. Les Allemands sont les premiers à mettre au point une espèce de mortier de tranchée à tir courbe. Les Minenwerfer (lance-mines) entrent en action dès octobre 1914, dévastant les tranchées françaises, causant de lourdes pertes avec des mines de 76, 170 ou 240 mm de diamètre. Face à ces armes nouvelles, les Français d'abord pris au dépourvu tentent de riposter en exhumant des arsenaux d'antiques mortiers à âme lisse presque centenaires ou en créant des armes plus ou moins rudimentaires : arbalètes, balistes, grenades à mèches, notamment. ■

Les Austro-Hongrois capitulent à Przemysl

Depuis que la campagne des Carpates a commencé le 23 janvier, tous les yeux sont tournés vers Przemysl, où tentent de survivre 50 000 Austro-Hongrois assiégés par les Russes. En dépit des efforts des forces autrichiennes pour leur porter secours, Przemysl rend les armes.

Pendant près de trois semaines, les hommes de Conrad von Hötzendorf, chef d'état-major autrichien, essaient de grignoter du terrain en direction de Przemysl. Aujourd'hui en Galicie, dans le sud-est de la Pologne, la ville est autrichienne depuis 1772, date du premier partage du royaume de Pologne. Mais le froid intense, le relief accidenté rendent ses efforts vains, et, dès la mi-février, Hötzendorf renonce à porter secours aux assiégés encerclés par les forces russes depuis le 24 septembre. Dans la forteresse, la situation est dramatique, on y meurt de faim; aux abords de la forteresse, les blessés deviennent la proie des loups. Le chef de la garnison, Hermann Kusmanek, qui sait la capitulation inévitable, ne peut se résoudre à la défaite sans tenter une dernière action. Le 14 mars, il fait donner les canons de la ville et, le 18 mars, les derniers défenseurs encore valides lancent un ultime assaut. Beaucoup tombent d'épuisement avant d'avoir atteint les lignes ennemies. Après avoir fait détruire les principaux ouvrages de la forteresse et ordonner le repli des survivants de cette attaque, Kusmanek repart pour un assaut désespéré à la rencontre des Russes. Les 40 000 survivants, dont nombre sont minés par la maladie, sont faits prisonniers par les Russes. Ce succès est célébré à Petrograd dans une liesse indescriptible et le tsar est reçu solennellement dans la ville. Mais cette victoire a été chèrement payée. Si la chute de Przemysl permet aux Russes de franchir enfin les Carpates et de pénétrer le 12 avril en Hongrie, ils se trouvent dans un tel état d'épuisement que la Stavka, l'état-major des forces armées de la Russie impériale, ordonne l'arrêt des opérations. En dépit du succès russe, acquis donc dans des conditions extrêmement difficiles et au prix de lourdes pertes, le général Golovine, commandant des hussards de Grodno, en tirera une conclusion lucide : « Tous ces combats nous ont fait dépenser nos dernières munitions. Désormais, nous étions face à une véritable catastrophe. »

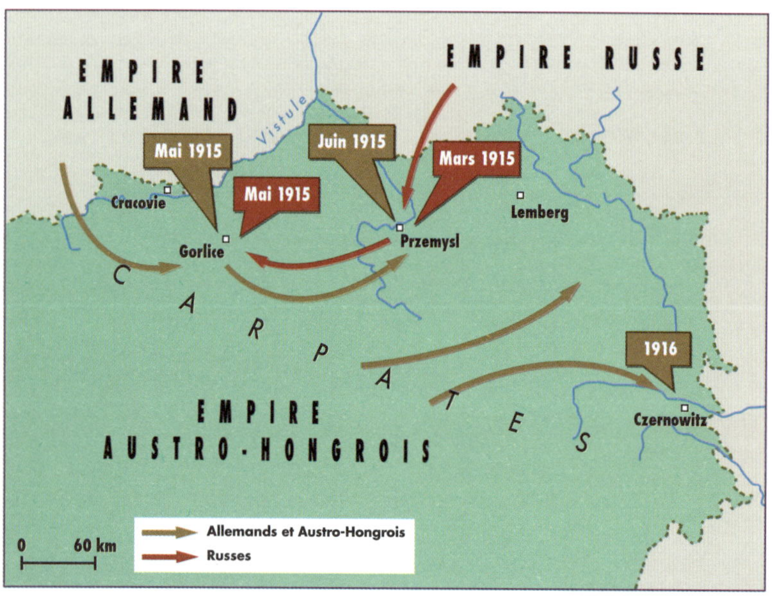

LA GALICIE, CIBLE DE L'OFFENSIVE RUSSE.
Aux confins des trois empires, la Galicie est l'enjeu de rivalités territoriales russes et austro-hongroises. Les Russes s'enfoncent d'abord profondément dans le pays avant de la reperdre en 1916.

L'ECHO DES MARMITES

N° 3 — Lundi 15 Février 1915. — N° 3

Seul quotidien périodique.
Aucun Fil Spécial avec Berlin.
Service gratuit dans les Tranchées.

Nous ne voulons pas laisser paraître ce numéro sans adresser un dernier adieu à tous nos camarades tombés au Champ d'Honneur dernièrement.

Nous donnons la liste de tous ces braves dans les Echos du Régiment. Ils ont fait tout leur devoir de Français. Que les familles de ceux qui ont disparu pour toujours y trouvent un réconfort. – Nous avons eu la grande consolation de pouvoir les enterrer avec les honneurs militaires au pied de ces montagues des Vosges qu'ils ont si vaillament défendues.

Aux blessés nous envoyons nos voeux pour un complet et prompt rétablissement.

Nous remercions à nouveau les nombreux confrères qui continuent à encourager notre modeste journal et en citent différents passages.

Nous avons le très grand honneur de publier un dessin qu'a bien voulu nous envoyer l'enfant de cette Alsace Française pour laquelle nous combattons : Hansi.

Le dessin est intitulé « Le Grand Bonheur de 1915. »

Ce maître du crayon a campé de la façon la plus magistrale un de nos braves poilus, qui, baïonnette au canon, poursuit un Boche voleur de pendules. Le mot suivant accompagne le dessin « Cher Monsieur, j'ai bien reçu votre amusant et spirituel journal des tranchées. – Ci-joint un dessin qui amusera les poilus de la tranchée. »

Nous remercions bien vivement le spirituel auteur de « Mon Village » de cet envoi.

UN JOURNAL DE TRANCHÉES. Comme tous les journaux de tranchées, *L'Écho des marmites* fait la part belle à l'humour et à la dérision.

Les Allemands créent la flottille des Flandres

Les équipements d'un port en eau profonde sont devenus, fin 1914, d'une incalculable valeur pour la marine allemande. La création de la flottille des Flandres répond à cet impératif stratégique.

Les Allemands attachent une grande importance au front maritime des Flandres. En effet, les bases navales de Zeebrugge et d'Ostende, que leurs sous-marins ont investies dès septembre 1914, représentent une menace constante contre l'Angleterre. C'est la raison pour laquelle, le 29 mars, l'Amirauté allemande crée une «flottille des Flandres». Celle-ci dispose notamment d'une quinzaine de sous-marins, U-B et U-C. En parallèle, elle installe sur la côte belge des canons lourds sous abri bétonné. Quelques mois après la création de sa flottille, ce sont 120 pièces qui défendent la place, dont une trentaine de canons de 280 et 308 mm. En face, les Anglais ne sont pas restés inactifs. Ils ont édifié des sortes de barges flottantes – entre 6 000 et 7 000 t – équipées de batteries de 300 mm. Mais le principal souci de l'Amirauté britannique est d'interdire aux sous-marins allemands d'approcher les côtes anglaises : on multiplie mines, filets, patrouilleurs et hydravions. Quant aux Français, conscients du nouveau danger que représentent les U-Boote de la flottille des Flandres, ils se dotent, à l'initiative du ministère de la Marine, d'un premier Centre d'aéronautique maritime en Bretagne, situé près de Brest. ●

UNE RUSE DE GUERRE NAVALE, LE Q-BOAT OU «BATEAU-PIÈGE»

Pour contrer la menace des sous-marins allemands, l'Amirauté britannique a l'idée de construire des «bateaux-pièges». Lorsqu'un de ces navires, dont l'apparence est celle d'un bâtiment de la marine marchande, est repéré par un U-Boot, le commandant fait mine d'obtempérer. Il se rapproche du submersible et, soudainement, fait hisser l'enseigne blanche de la Navy, démasque ses canons et envoie à bout portant une bordée qui, le plus souvent, foudroie son adversaire. Ce procédé, inauguré à l'été 1915 par l'Amirauté britannique, est bientôt imité par les Français. Cargos, voiliers, vapeurs seront ainsi «truqués». Au cours de la guerre, les Anglais mettront 80 Q-Boat à la mer. ■

UN SOUS-MARIN ALLEMAND EN PATROUILLE.
Depuis que l'Allemagne a décrété «zones de guerre», le 18 février 1915, les eaux entourant les îles Britanniques, Londres a pris très au sérieux la menace que font peser les sous-marins ennemis.

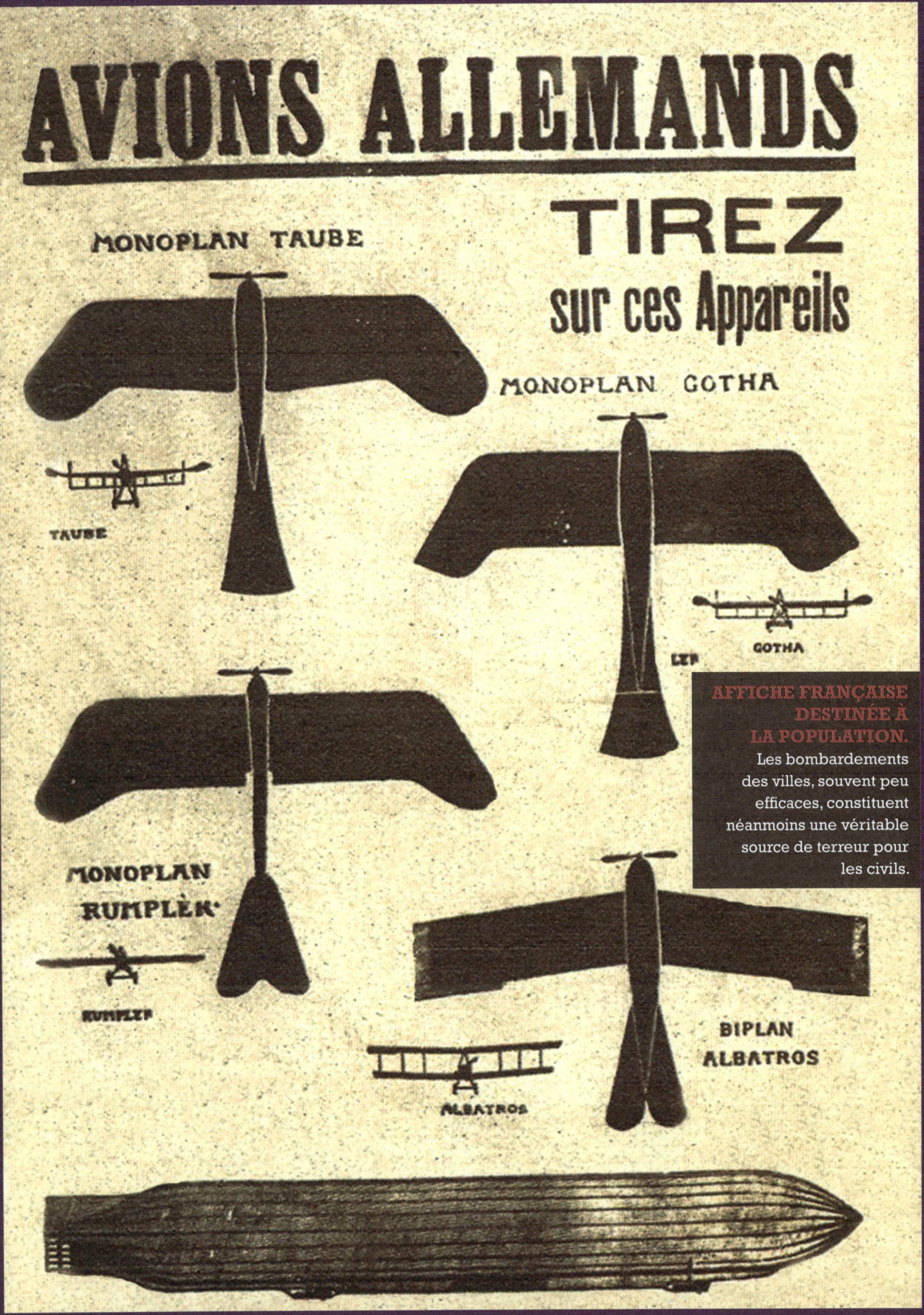

AFFICHE FRANÇAISE DESTINÉE À LA POPULATION. Les bombardements des villes, souvent peu efficaces, constituent néanmoins une véritable source de terreur pour les civils.

8 AVRIL 1915

La croix de guerre est née

En France, au cours de la guerre, naît très rapidement le besoin de créer une récompense pour les soldats. La croix de guerre remplace la « citation à l'ordre du jour », simple témoignage écrit figurant dans les états de service et le livret militaire.

Au cours de l'année 1914, plusieurs tentatives de créer une décoration qui soit un signe clair, distinctif et visible sont restées lettre morte. Les choses avancent toutefois lorsque le député Émile Driant présente devant la Chambre des députés un rapport de la commission de l'armée portant sur la création d'un « ordre récompensant la valeur militaire, mais en lui donnant un nom bref qui sonne clairement et qui, à lui seul, exclut la faveur de l'ancienneté ». La personnalité de Driant, qui siège à la Chambre entre deux séjours au front, se révèle déterminante. Il faudra toutefois encore d'âpres discussions au sein des deux chambres pour que la loi soit votée le 2 avril 1915 et promulguée le 8 du même mois. Après la présentation de plusieurs projets, le Sénat adopte le ruban vert rompu par de fines rayures rouges, associant le symbole du sang versé à celui de l'espérance. Ce ruban n'est pas sans rappeler, étrangement, celui de la médaille de Sainte-Hélène octroyée aux vieux grognards du Premier Empire. Enfin, les villes martyres, les villages entièrement détruits ou les cités ayant résisté héroïquement se verront également attribuer la croix de guerre, qui figurera à la place d'honneur dans leurs armoiries. ●

LE DÉPUTÉ ÉMILE DRIANT EST AUSSI UN AUTEUR À SUCCÈS.
Sous le pseudonyme de capitaine Danrit, Émile Driant est l'auteur de plusieurs récits pour la jeunesse. Il jouit d'une immense renommée dans les années précédant la guerre.

DOCUMENT

« La croix de guerre, récompense sacrée

Le gouvernement vient d'adopter le modèle de la croix de guerre appelée à récompenser les belles actions sans nombre que cette campagne voit se multiplier au jour le jour. La croix de guerre est conférée de plein droit aux militaires des armées de terre et de mer, français ou étrangers, qui ont obtenu, pour fait de guerre, pendant la durée des opérations contre l'Allemagne et ses alliés, une citation à l'ordre d'une armée, d'un corps d'armée, d'une division, d'une brigade. Elle est également conférée en même temps que la Légion d'honneur ou la Médaille militaire aux militaires ou civils non cités à l'ordre, mais dont la décoration a été accompagnée de motifs équivalant à une citation à l'ordre de l'armée pour action d'éclat.

L'Illustration, 1er mai 1915 »

UNE TRANCHÉE SOUS UN «CIEL» CLÉMENT. Posant devant l'objectif, le regard confiant, ces brancardiers allemands ne paraissent pas marqués par les combats.

La terreur des gaz

Alors que les rives de l'Yser ont été épargnées par les états-majors après les batailles de l'automne 1914, celles de la Lys et des alentours de la ville d'Ypres, en Belgique, sont replongées dans le chaos dès le mois d'avril.

La plaine de Flandre occidentale, franco-belge, constitue pour les deux camps un objectif majeur. Tous deux entendent s'en assurer la maîtrise après la bataille de la Marne. L'armée belge y a trouvé refuge après l'invasion allemande ; de son côté, le corps expéditionnaire britannique y a pris position. Sur les rives de la Lys et de l'Yser ont eu lieu, à l'automne 1914, les derniers combats de la course à la mer au cours desquels les troupes allemandes ont été arrêtées par l'inondation des polders. Depuis, le front s'est figé dans cette étendue boueuse. Les conditions de vie dans les tranchées y sont terribles. Les hommes des deux camps se font face, parfois à quelques dizaines de mètres. Autour d'Ypres, bombardé dès le mois de novembre 1914, les soldats vont connaître de nouveau l'horreur au printemps 1915. Sur ce front figé, les Britanniques tentent, entre le 10 et le 13 mars, de percer près de Neuve-Chapelle. Vaine tentative qui se solde par la mort de milliers d'hommes et de dizaines de milliers de blessés. La bataille d'Ypres répond, elle aussi, à la nécessité d'enfoncer les positions allemandes.

100 000
Nombre de soldats alliés et allemands morts ou disparus en un mois autour d'Ypres.

« L'enfer de Dante »

Au moment où la 45e division d'Afrique de la 90e brigade entre en ligne dans le secteur de Langemarck, au nord d'Ypres, le front de Belgique connaît un calme inhabituel. Pourtant, vers 15 h ce 22 avril, le lieutenant Aïssa informe le colonel Mordacq, chef de la 90e brigade, qu'un avion d'observation français est l'objet, au-dessus des lignes

LA BEF (BRITISH EXPEDITIONARY FORCE) À YPRES. La position est occupée par les Britanniques depuis la bataille de la Marne.

LA MARRAINE DE GUERRE

L'imagerie populaire laisse croire que les marraines de guerre sont nées dans l'élan patriotique le plus pur. La réalité est plus triviale. Il existait avant-guerre une officine de relations sentimentales, l'agence Iris, faisant office de lieux de rencontre et de boîtes aux lettres pour amants adultérins. Avec la guerre, l'agence Iris décide de préparer l'avenir en suscitant des rencontres épistolaires qui pourront se concrétiser à la faveur de la prochaine permission. C'est ainsi que paraissent en 1915, dans la revue *La Vie parisienne*, les premières annonces de soldats en quête de marraine. Quelque 300 000 annonces de ce type seront publiées au cours de la guerre. ■

ANNONCE

« Soldat cherche marraine

Par pitié, jeunes et jolies marraines, venez au secours de quatre gars du Nord ensevelis sous le cafard.

Annonce parue dans La Vie parisienne »

INFIRMIÈRES OU MARRAINES DE GUERRE. À l'arrière, le rôle des femmes fut essentiel durant le conflit. Elles devinrent infirmières dans les hôpitaux auxiliaires créés tout au long de la guerre. Marraines de guerre, elles soutenaient leurs filleuls dans l'épreuve qu'ils subissaient au front ou sur leur lit de douleur.

allemandes, d'un bombardement d'artillerie d'une puissance insolite. Le colonel est sur le point de partir quand, à 17 h 30, le commandant Villevaleix, du 1er tirailleur algérien, téléphone qu'il est violemment attaqué et que des fumées jaunâtres montent des tranchées ennemies. Des milliers de bouteilles de gaz chloré viennent d'être ouvertes par les soldats allemands qui profitent d'un vent favorable. Les tirailleurs français battent en retraite. Le commandant de Fabry, du 1er tirailleur, confirme l'information : « Tout le monde tombe autour de moi. Je quitte mon PC. » Le colonel Mordacq se rend sur place où il trouve un spectacle tragique qu'il compare à « l'enfer de Dante ». Territoriaux, tirailleurs, zouaves, artilleurs, arrachant leurs vêtements, demandent de l'eau, crachent du sang. Les combats, qui se poursuivent jusqu'au 24 mai, se soldent, une fois de plus, par des gains de terrain infimes, le front ne bougeant que de quelques kilomètres. Les pertes humaines britanniques s'élèvent à 58 000 hommes, celles des Allemands à 35 000 et des Français à environ 10 000 hommes. ●

L'enfer à Gallipoli

Après l'insuccès du forcement naval du détroit des Dardanelles en mars, les Alliés se sont décidés pour un débarquement terrestre de vive force. L'opération, menée dans des conditions éprouvantes, se solde par un échec.

Le débarquement principal doit avoir lieu au cap Helles pendant que le corps Anzac (Australian and New Zealand Army Corps) jeté au nord de Gaba Tépé prendra le chemin de Maltépé. Conjointement à ces deux opérations, les Français sont chargés d'une diversion sur Koum-Kalé. L'objectif est de détruire les défenses turques afin de permettre à la flotte de foncer sur Constantinople. L'opération combinée est lancée le 25 avril au lever du jour. Elle réussit devant Koum-Kalé. En revanche, partout ailleurs, Britanniques et Anzac ne peuvent déboucher que sur une profondeur de quelques centaines de mètres, et encore, au prix de pertes très importantes. Les troupes mises à terre se retrouvent immédiatement à découvert sur le sable tandis qu'en face, les défenseurs solidement retranchés dans des forts arrosent les assaillants du feu nourri de leurs mitrailleuses et de leurs mortiers. Les deux tiers des Australiens engagés dans la Grande Guerre auront péri dans cette vaine tentative d'abattre la Turquie. Le débarquement prend fin à 18 h. Il ne reste plus qu'à creuser des tranchées. Il n'y a pas eu de percée. Les soldats des Dardanelles viennent de rejouer sur un théâtre d'opération très réduit le blocage du front occidental. Le 6 mai, puis le 4 juin, les Alliés lanceront de nouvelles attaques qui ne connaîtront pas plus de succès.

252 000
Nombre des pertes alliées lors de la campagne des Dardanelles (28 avril 1915-8 janvier 1916).

Le génocide arménien

Le 25 avril, alors que commencent les opérations de débarquement dans les Dardanelles, les autorités ottomanes entament un processus de répression massive à l'encontre des Arméniens, considérés comme des ennemis de l'intérieur. À la faveur de la nuit, plusieurs milliers d'Arméniens – intellectuels, journalistes, membres de professions libérales, hommes d'affaires, membres du clergé – sont arrêtés et fusillés. Au cours des deux années suivantes, la population arménienne va ainsi être contrainte à l'exil et déportée dans les régions désertiques de l'Empire. On estime qu'entre 500 000 et un million d'Arméniens ont été tués ou ont péri de froid et de maladie. ■

PRISONNIERS ARMÉNIENS. Des soldats turcs conduisent une colonne d'Arméniens à la prison de Mezireh, à Kharpout, l'une des villes touchées par les massacres génocidaires.

TÉMOIGNAGE

« L'inquiétude de Paul Morand

J'ai écrit à Jean [Giraudoux] ce matin. Il est en ce moment au front, devant Krithia, avec sa division composée du 176e d'infanterie, d'un régiment algérien et de deux brigades coloniales. Bref, au fort de l'affaire*. Je crains bien qu'ils n'arrivent jamais à Constantinople. C'est l'avis de tous, mais comme il est impossible de se rembarquer, il faut tenir jusqu'au bout. Mais quel guêpier !

Lettre de Morand à sa mère, 12 juin 1915 »

* Il s'agit de la 3e bataille de Krithia qui débuta le 4 juin.

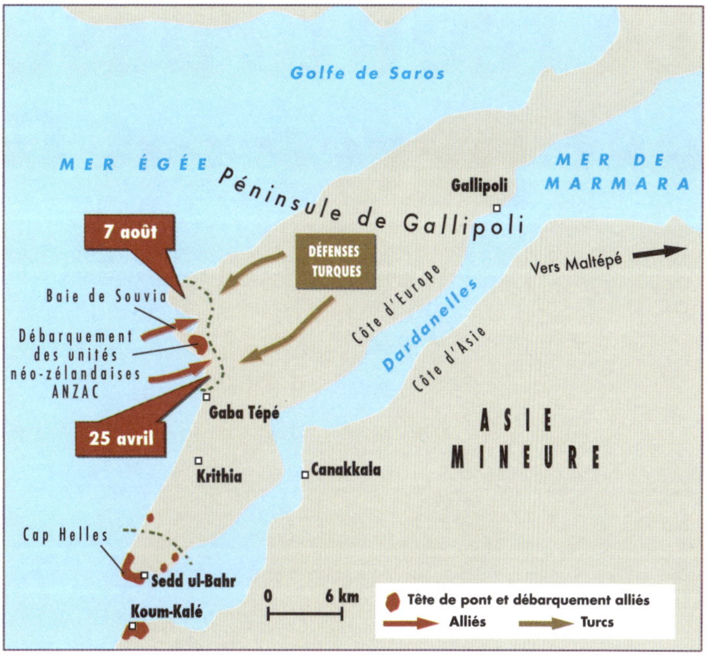

Les derniers feux de Gallipoli

Malgré l'échec devant Gallipoli, le commandement britannique s'acharne à poursuivre son offensive. Pendant trois mois encore, va se succéder une série d'attaques et de contre-attaques infructueuses sous l'égide du général anglais sir Ian Hamilton et de son homologue français Gouraud. Le débarquement de Souvia, dans la nuit du 6 au 7 août, se solde, une fois de plus, par des pertes considérables : environ 7 500 Australiens et 2 400 Néo-Zélandais tombent sous les coups des Turcs, remarquablement commandés par un certain colonel Mustapha Kemal, le futur dirigeant de la Turquie moderne, ou sont emportés par les épidémies qui déciment les troupes. L'aventure se termine fin décembre, lorsque les Alliés évacuent les Dardanelles pour rejoindre Salonique et y former le noyau de l'armée d'Orient. ●

LES ANZAC, HÉROS DE GALLIPOLI

Ce sigle désigne les soldats de l'Australian and New Zealand Army Corps, des hommes qui n'ont jamais foulé le sol d'Europe et qui représentent pour le commandement britannique une inquiétante inconnue. De ces hommes, peu soucieux de la discipline militaire et dont les frasques nocturnes dans les nuits du Caire scandalisent les officiers britanniques, on se demande en effet quelle sera leur tenue au feu. En réalité, ils montreront un courage exceptionnel, un élan dans l'attaque qui force l'admiration de tous les protagonistes des Dardanelles. Même les blessés et les malades veulent retourner se battre. En partant, ils laissent des messages aux Turcs pour qu'ils respectent leurs ennemis dans la mort. On les retrouvera bientôt dans les Flandres et dans la Somme. ■

MAORIS À GALLIPOLI. Les troupes de l'Anzac ont subi leur baptême du feu à Gallipoli.

Le front russe est percé en Galicie

Les Allemands sont victorieux à Gorlice, en Galicie. L'Allemagne, qui n'a pas renoncé à obtenir une paix séparée avec la Russie, doit d'abord soulager l'allié austro-hongrois malmené par les forces du tsar Nicolas II. C'est pourquoi elle lance cette opération menée au printemps au pied du massif des Carpates, en Galicie.

La situation critique des Austro-Hongrois à la suite de l'avance russe de mars pousse l'état-major allemand à accentuer son effort militaire sur le front oriental. Le général Falkenhayn, convaincu que le théâtre occidental est pour le moment verrouillé, estime le moment venu de débloquer la situation à l'Est. En effet, l'Allemagne, qui n'a pas renoncé à arracher à la Russie une paix séparée, veut frapper un grand coup. La Direction suprême de la guerre confie au général Mackensen un groupement de choc, dont neuf divisions venues du front de France. Afin de tromper le grand-duc Nicolas, une opération de diversion est montée, au nord, en Courlande le 27 avril. Celle-ci fonctionne si bien que Hindenburg propose une gigantesque manœuvre, à partir de la Prusse-Orientale et de la Galicie, afin de prendre en tenaille les forces russes. Mais Falkenhayn, peu enclin à diviser ses forces par deux (moitié au nord, moitié au sud), décide de limiter son effort au centre du front, c'est-à-dire en Galicie : l'objectif est Gorlice, d'où doit être déclenchée l'attaque de rupture. La suite devait lui donner raison.

UNE COLONNE DE SOLDATS ALLEMANDS. Les hommes du général Mackensen partent confiants pour l'assaut. Les cinq divisions russes sont balayées par les dix-huit divisions allemandes.

La rupture du front russe à Gorlice

Le 1er mai, un déluge d'obus, dont de nombreux projectiles toxiques, s'abattent sur les positions russes, masquent les observatoires et nivellent les tranchées. Ce barrage d'artillerie, qui ne faiblit pas durant la nuit, redouble d'intensité au matin du 2 mai. Vers 10 h, l'infanterie allemande passe à l'attaque. Dans la soirée, la débandade a gagné toutes les positions russes. Pour la première fois depuis le début du conflit, la rupture est consommée et l'exploitation peut commencer. Les Russes hésitent alors entre la retraite, comme le suggère le commandant de la IIIe armée, et la résistance, qui a la faveur du grand-duc Nicolas. Celui-ci prescrit de tenir «sans esprit de recul». Le courage des soldats du tsar sera impuissant à empêcher les Allemands

TÉMOIGNAGE

« Le dénuement de l'armée russe

Onze jours de combats et de grondements d'enfer de l'artillerie lourde allemande, qui ensevelissait des lignes entières de tranchées avec leurs défenseurs ! Nous ne répondions presque pas : il n'y avait pas de quoi répondre et les régiments usés ne pouvaient repousser les attaques qu'à la baïonnette ou par un tir parcimonieux à bout portant.

Général Denikine, commandant la 4e division russe »

d'exploiter la percée de Gorlice. Les hommes de Mackensen se ruent en direction de Przemysl – dont la prise par les Russes en mars avait été célébrée avec ferveur à Petrograd – qui est reconquis le 3 juin. Le prochain objectif est Lemberg, grande cité située à l'est de Przemysl. En attendant, Mackensen a fait 150 000 prisonniers. Bien que les combats de Gorlice se soient déroulés sur un front dit « secondaire » pour Londres et Paris, ils constituent pour les Allemands, à cette date, une des plus brillantes victoires de la guerre. ●

ÉVACUATION DES BLESSÉS RUSSES À GORLICE. À Gorlice, la supériorité matérielle des Allemands – 800 pièces d'artillerie contre 150 canons russes limités à deux coups par jour – n'a laissé aucune chance aux soldats du tsar.

En Russie, un doute profond s'installe

La perte de Gorlice, et la retraite forcée de l'armée, jette la consternation en Russie. Les rumeurs les plus invraisemblables circulent. On dit que seule la trahison peut expliquer pareil désastre. La population accuse ministres et généraux. En mai, le ministre de la Guerre, Soukhomlinov, est destitué et traduit devant un conseil de guerre. Seule est retenue contre lui une « criminelle imprévoyance ». Mais, pour la première fois, le peuple russe montre qu'il doute de la loyauté et de la valeur de ses dirigeants. Le gouvernement se voit accusé de tous les maux et la Douma prend la tête de l'opposition. ■

RASSEMBLEMENT DES TROUPES ALLEMANDES. Après la conquête de Gorlice, les troupes allemandes sont rassemblées avant de poursuivre les soldats russes en fuite.

7 MAI 1915

Le torpillage du *Lusitania*

De retour d'Amérique, le *Lusitania*, paquebot britannique de la compagnie Cunard, est torpillé au sud de la côte irlandaise par un sous-marin allemand.

Depuis la déclaration de guerre sous-marine allemande de février, qui a décrété «zone de guerre» les eaux entourant les îles Britanniques, les incidents se sont multipliés en proportion même du nombre de sous-marins allemands en service. Le 28 mars, une torpille avait coulé le paquebot britannique *Falaba*, faisant parmi les victimes un mort américain. Le 1er mai, le pétrolier *Gulfligh* subissait le même sort, entraînant dans la mort trois Américains. Avec le torpillage du *Lusitania*, et la disparition de 128 Américains, l'opinion s'émeut. Partout chez les Alliés et les pays neutres, la nouvelle fait les gros titres de la presse. Mais c'est aux États-Unis, bien sûr, que l'émotion est la plus vive. Beaucoup de citoyens américains pressent le président Wilson de déclarer la guerre à l'Allemagne. Ce dernier demande à Berlin des excuses et des réparations. Si l'Allemagne exprime sa compassion pour les victimes américaines, elle souligne que son geste n'est pas totalement infondé car le *Lusitania* transportait, selon elle, des munitions. Il reste que ce bateau est le navire coulé de trop.

1 198
Nombre de victimes du naufrage du *Lusitania*, dont 128 Américains sur 1 959 passagers.

TÉMOIGNAGE

« La douleur des familles

À Queenstown [Cobh, en Irlande] on assiste à des scènes douloureuses. Des femmes cherchaient leurs maris, des mères appelaient leurs enfants, des femmes âgées erraient, leurs cheveux ruisselants d'eau épars sur les épaules ; de jeunes femmes marchaient à l'aventure, affolées, serrant leurs enfants contre leur poitrine. Cent vingt-six cadavres étaient déjà alignés. Il y avait là des femmes, des hommes et des enfants de tous les âges. Deux pauvres petits enfants se tenaient embrassés dans la suprême étreinte de la mort. C'est un spectacle lamentable et inoubliable qui restera gravé dans les yeux et dans les âmes de tous ceux qui furent les témoins désolés du plus abominable acte de sauvagerie, mais qui attisera sans répit la vengeance que réclame l'assassinat de pauvres créatures innocentes.

Journal de Genève, *10 mai 1915* »

Une rare mondanité présidentielle

Le président de la République et Mme Poincaré assistent, dans l'après-midi du 8 mai, à la Comédie-Française, à la répétition générale de *Colette Baudoche*, mise en scène d'après l'œuvre de Maurice Barrès, donnée au bénéfice des Alsaciens-Lorrains. C'est sur les très vives instances du comité de cette œuvre que le président de la République a consenti exceptionnellement à se rendre dans les circonstances présentes à une représentation théâtrale.

LE DRAME DU *LUSITANIA*. Cette photographie orne la « une » du journal *L'Illustration* du 15 mai 1915.

Vimy reste allemand

Les collines de l'Artois, transformées en véritables lieux de carnage au cours de l'hiver 1914-1915, sont de nouveau le théâtre d'une offensive, dite « offensive de printemps », déclenchée en mai par le général en chef français Joffre.

100 000
Nombre des pertes dans les rangs français autour de Vimy en 45 jours.

Dans l'esprit de Joffre, il s'agit principalement de lancer les troupes françaises à l'assaut des collines de Notre-Dame-de-Lorette et de Vimy, points culminants de la série de hauteurs occupées par les Allemands. L'action principale est dirigée par Foch, à la tête du groupe d'armées du Nord depuis le 5 janvier. Déclenchée le 9 mai à 10 h, l'offensive est précédée d'un tir d'artillerie sur la crête de Vimy. Les poilus, qui viennent de passer l'hiver dans la boue, sont lancés à partir d'un réseau de boyaux et de tunnels spécialement aménagés à l'assaut des positions allemandes sur un front de quelque 10 kilomètres. Les légionnaires de la division marocaine du général Ernest Blondlat enlèvent d'un seul bond les positions adverses, occupent les points culminants de la crête de Vimy, soit la cote 140 et la lisière du bois de la Folie. De là, ils peuvent faire leur jonction avec les fantassins du général Barbot, lequel y laisse la vie, aux abords de Givenchy. La 77e division s'empare du Cabaret-Rouge, pénètre dans Souchez. Fort de ces avancées de quelques kilomètres, le commandement français ordonne de poursuivre l'offensive.

SOLDATS DE LA DIVISION MAROCAINE.
La division marocaine du général Blondlat est composée de soldats tunisiens, algériens, de zouaves et de légionnaires.

180 000 tués pour presque rien

Les assauts débouchent sur des combats au corps à corps dans les tranchées, au couteau et à la grenade. Les cadavres jonchent le terrain; les obus les enterrent et les font ressurgir tour à tour. La poursuite de l'offensive apparaît rapidement vaine. En effet, l'absence de réserves – elles se trouvent à 12 kilomètres en arrière – ne permet pas aux tirailleurs et à la Légion de faire face aux violentes contre-attaques allemandes. Il faudra aux troupes françaises près d'un mois de combats acharnés pour se rendre maîtres de Notre-Dame-de-Lorette, de Carency, d'Ablain-Saint-Nazaire et de quelques autres positions, dont la possession apparaît dérisoire eu égard aux pertes humaines subies. Le 16 juin, le général Victor d'Urbal, commandant de la Xe armée, essaie de reprendre l'action sur ce même front avec 20 divisions. Mais l'état d'épuisement des hommes condamne ce nouvel assaut à l'échec. Le 24 juin, sur ordre du grand quartier général, le général Foch décide de mettre un terme aux opérations dans le secteur de Vimy. Celles-ci ont coûté un nombre considérable d'hommes : quelque 100 000 soldats dans les rangs français et 80 000 chez les Allemands. ●

LE CRAPOUILLOT, UN MORTIER DE TRANCHÉES EFFICACE

Depuis que les combattants se sont enterrés, le fameux canon de 75, déterminant lors de la bataille de la Marne, n'est plus d'aucune utilité. En face, les Allemands disposent depuis octobre 1914 de Minenwerfer aux effets foudroyants.

Après avoir bricolé, sans succès, quelques pièces de tranchées, dont le lance-mine Gatard et le canon à air comprimé Georges-Claude, les Français finissent par se doter d'un petit mortier de 58 mm, bientôt appelé « crapouillot ». Inauguré en Argonne en janvier, ce mortier est abondamment utilisé en Artois, notamment dans le secteur de Souchez. Au cours de la guerre, les crapouillots se verront dotés de calibres de plus en plus conséquents. ■

De faux certificats pour insoumis

La Gazette des Tribunaux du 31 mai 1915 rapporte qu'une descente de police chez un certain Jean D., ancien gérant du *Libertaire*, un journal anarchiste, a permis de mettre la main sur du matériel d'imprimerie, des tampons et des cachets. Toutes choses qui autorisent la fabrication de faux certificats d'exemption. L'usage de faux pour échapper à la mobilisation revêt dès 1915 une forme chronique de résistance au point que le ministère de la Guerre fait savoir aux commissariats de France que son attention a été attirée par le grand nombre de déserteurs trouvés en possession de faux papiers militaires : faux livrets, faux certificats de réforme, fausses permissions, notamment. Et d'insister, naturellement, sur la nécessité de mettre fin à ces pratiques frauduleuses. Jean D. est condamné à six mois de prison. ■

BUREAU DES EFFECTIFS AU MINISTÈRE DE LA GUERRE. La mobilisation de plus de 4 millions d'hommes a nécessité une lourde logistique.

L'Italie rejoint la Triple-Entente

En août 1914, l'Italie, bien que membre de la Triple-Alliance avec l'Allemagne et l'Autriche-Hongrie, avait décidé de rester neutre. Courtisée par les deux camps, elle choisit de s'engager auprès des Alliés.

L'Italie ne se sent pas liée à la Triple-Alliance dans la mesure où la guerre a été déclenchée par une action offensive d'un de ses alliés. Toutefois, après les premiers mois de guerre, les Italiens débattent avec passion sur la conduite à tenir. Les uns désirent rester neutres, tandis que d'autres sont partisans d'une intervention contre les Empires centraux. Dès le début 1915, le gouvernement italien se persuade de la nécessité d'entrer en guerre. Le ministre des Affaires étrangères Sonnino sonde alors l'Autriche sur la base de l'article 7 de la Triple-Alliance qui promettait des compensations pour l'Italie en cas d'expansion autrichienne dans les Balkans. Vienne se montrant réticente à la perspective de devoir abandonner ses territoires italiens, Rome décide d'ouvrir des négociations avec la Triple-Entente (France-Russie-Grande-Bretagne). Pressentant le danger, l'Autriche consent à reconsidérer la question de la cession des territoires, mais ses propositions sont jugées trop timides à Rome où le gouvernement d'Antonio Salandra signe le 26 avril 1915 le pacte de Londres avec la Triple-Entente et dénonce, le 3 mai, la Triple-Alliance. Rome déclare la guerre à l'Autriche le 23 mai 1915 avec effet à partir du 24 mai.

Un contexte difficile

Si l'armée italienne, dont la direction a été confiée au chef d'état-major Luigi Cadorna, est supérieure numériquement à l'austro-hongroise – cette dernière devant combattre sur plusieurs fronts –, la guerre présente des conditions difficiles pour l'Italie : elle ne peut compter sur le concours de la Serbie, qui n'entend pas aider un pays ayant des visées sur l'Adriatique. De plus, la frontière qui forme un arc de cercle – du mont Stelvio à l'Adriatique – présente par sa longueur de graves dangers d'enfoncement. L'armée italienne est condamnée à n'avancer que lentement contre un adversaire très bien fortifié sur les Alpes et sur les cols du Carso (ou Karst).

La première bataille de l'Isonzo

COMBATTANTS ITALIENS SUR L'ISONZO. Lors de la première bataille de l'Isonzo, les pertes italiennes s'élèvent à 2 000 morts et à 12 000 blessés.

Déclenchée le 23 juin 1915, la première bataille de l'Isonzo – du nom du fleuve qui, né dans les Alpes Juliennes, débouche dans la plaine de la Vénétie 138 km plus au sud – illustre les difficultés que vont rencontrer les Italiens. En dépit d'une nette supériorité en nombre – 200 000 contre 100 000 Autrichiens –, les forces de Cadorna ne progressent que de 2 kilomètres, non sans lourdes pertes. Trois autres batailles seront livrées dans le secteur de l'Isonzo au cours de l'année 1915, sans que l'un ou l'autre camp n'enregistre un avantage significatif.

UN OBSERVATOIRE SUR LE FRONT ITALIEN.
Dans les Alpes, on se bat entre 2 000 et 3 000 mètres d'altitude. Mais on lutte aussi contre le froid, la neige, les avalanches. Des deux côtés, on construit des observatoires qu'il faut atteindre souvent avec des cordes.

Recul russe à Lemberg

Depuis la bataille de Gorlice, le 2 mai, les Russes ont entamé un repli désordonné. Ils espèrent bien arrêter les Allemands et les Austro-Hongrois près de Lemberg. Ils y occupent en effet, depuis août 1914, une forteresse susceptible de compliquer la ruée de l'ennemi.

Les forts de Lemberg sont défendus par deux corps d'armée sous les ordres du général Broussilov. Les divisions russes, engagées dans les durs combats des Carpates depuis l'hiver, sont certes épuisées, mais elles bénéficient de l'avantage que leur confère la position retranchée de Lemberg. Les forces adverses, soit seize divisions, toujours sous le commandement inspiré du général Mackensen, sont également affaiblies. Elles sont toutefois portées par l'élan qui les soutient depuis la rupture et l'exploitation de la bataille de Gorlice. Finalement, c'est l'état de profond dénuement des troupes russes qui se révèle déterminant : le 22 juin, les hommes de Broussilov abandonnent Lemberg sans opposer de résistance. Mackensen peut alors poursuivre l'exploitation, tandis que Hindenburg attaque de son côté au nord du front, en Courlande et en Lituanie. À Petrograd, on s'efforce de minimiser le repli. Nicolas II assure de nouveau ses alliés qu'il entend opposer une résistance acharnée aux Allemands et aux Austro-Hongrois : il est hors de question de signer cette paix séparée que Berlin recherche activement afin de pouvoir concentrer ses armées sur le front occidental. ●

AVANTAGE AUTRICHIEN : LE MORTIER SKODA

En Galicie, notamment, le mortier Skoda autrichien de 305 mm se révèle particulièrement efficace, en particulier pour la destruction des ouvrages fortifiés. Avec une portée de 9 600 m et des projectiles pesant 380 kg, ce canon sème la terreur dans les rangs des armées russes, où, bien souvent, les soldats ne peuvent que lui opposer leurs fusils. Acheminé sur sa position de tir en trois éléments distincts (roues, affût, frein hydraulique), le Skoda est assemblé en 50 minutes. Il peut alors tirer entre dix et douze coups par heure et percer des murs de deux mètres d'épaisseur. ■

SERVANTS AUTRICHIENS D'UN SKODA.
Déployés en nombre en Galicie, les mortiers Skoda opèrent de véritables ravages dans les rangs russes.

TÉMOIGNAGE

« Pénurie de fusils chez les Russes

J'ai reçu un jour l'ordre de l'état-major d'Ivanov d'armer, faute de fusils, une partie de l'infanterie avec des haches montées sur de longs manches. Le général Letchitski, commandant de la IXe armée, m'interdit heureusement de le diffuser.

Souvenir du général Golovine »

La chasse à l'or

En 1914, le financement de la guerre ne devait pas poser de difficultés dans la mesure où le conflit était censé ne durer que quelques semaines. Plus d'un an après le début des hostilités, le gouvernement français, dont les dépenses explosent, organise la « chasse à l'or ».

On estime en 1915 que l'or thésaurisé s'élève à plus de trois milliards, approchant l'encaisse-or de la Banque de France qui est d'environ quatre milliards. Le gouvernement a donc besoin de faire « dégorger » ce bas de laine pour financer le coût exorbitant de la guerre. Le 2 juillet 1915, le ministre des Finances Ribot adresse son « appel à l'or ». Pour ne pas alarmer outre mesure la population, on fait valoir que cela n'est en rien inquiétant, la Banque de France restant très richement pourvue et donc naturellement prête à honorer tous les financements à venir. Mais, par une sorte de faveur faite aux épargnants, le gouvernement invite la banque à ouvrir ses guichets à l'échange de l'or. L'enjeu est de taille puisque trois milliards d'or libéré représentent pour la France un crédit supérieur à 10 milliards (l'encaisse-or vient en garantie des crédits consentis par un tiers). Parallèlement, des « comités pour l'or » voient le jour un peu partout en France. Ils ont pour objectif d'inciter la population non mobilisée à financer en or l'armement et, plus largement, une économie saignée par la guerre.

Un appel au secours !

Instituteurs, curés et journalistes relayent le message du président du Conseil René Viviani. Ainsi, un journaliste encourage les souscripteurs en affirmant – sans aucune preuve – que chaque louis d'or versé diminue d'une heure exactement la durée de la guerre. En période de guerre, le patriotisme est une vertu de plus en plus promue. On rapporte qu'un père collectionnait les pièces de double-louis, un chaque année, pour la majorité de son fils. Le fils a été tué. Le père a apporté alors ses pièces à la banque en disant : « À quoi me serviraient-elles maintenant ? » Sous l'effet de la propagande, dont le pathétique mélodramatique agit fortement sur les consciences, et l'esprit d'imitation aidant, bien des épargnants font allègrement le sacrifice de leur épargne. Vingt ans plus tard, le gouvernement rachètera cinq fois plus cher que sa valeur nominale l'or resté caché pendant la guerre, surtout dans les campagnes. Il restera aux patriotes la consolation de conserver à titre de souvenir les beaux certificats de versement qui ne seront jamais cotés en Bourse. ●

APPEL DU COMITÉ POUR L'OR DU DÉPARTEMENT DU RHÔNE. Dans le Rhône, comme dans les autres départements, des membres très actifs diffusent tracts et affiches pour faire appel à la solidarité de la population chargée de verser son or.

UN APPEL À LA MOBILISATION FINANCIÈRE POUR LA FRANCE. Avec la « chasse à l'or » apparaissent des affiches comme celle-ci faisant appel à la notion du « sacrifice » de l'or pour le bien du pays.

À l'Est, les Russes évacuent Varsovie

Après avoir abandonné Lemberg en mai, les Russes, talonnés par les armées allemandes et austro-hongroises, poursuivent leur repli, abandonnant une à une les positions acquises en 1914.

Mackensen, le 22 juin, avait reçu l'ordre de cesser sa progression vers l'est pour se rabattre droit au nord et converger vers Brest-Litovsk, tenu par Hindenburg, qui aurait voulu mener une offensive de bien plus grande ampleur afin d'anéantir l'aile droite des armées russes. Mais Falkenhayn, l'œil toujours rivé sur le front occidental, a refusé de donner à Hindenburg les moyens qu'implique son plan. C'est Guillaume II en personne qui tranche le conflit en faveur de Falkenhayn. Le 12 juillet, la XIIe armée de von Gallwitz force le front russe à Prassnyck et franchit la Narev. Pressés de toutes parts, les Russes offrent pourtant une résistance acharnée. La XIe armée allemande de Mackensen et la IVe armée autrichienne de l'archiduc Joseph-Ferdinand de Toscane s'ouvrent à grand-peine la route de Lublin. Néanmoins, le centre russe commence à céder et le grand-duc Nicolas doit ordonner la retraite générale. Le 5 août, les Russes, désireux d'échapper à un encerclement sans doute fatal, évacuent Varsovie. À l'extrême nord du front, en Courlande, l'armée allemande du Niémen, aux ordres de von Below, progresse également : après s'être emparé de Mitau le 1er août, elle porte ses efforts en direction de la forteresse de Kovno, qui tombe le 18. Au centre, les Allemands obtiennent aussi l'avantage et enlèvent Brest-Litovsk le 26 août. Les combats s'arrêtent, très provisoirement, sur une ligne allant de Kovno à Brest-Litovsk et suivant le cours du Bug jusqu'en Galicie.

250 km
Recul des Russes entre mai et août 1915.

TÉMOIGNAGE

« Terre brûlée

Chaque soir, les fumées d'incendie couvraient nos arrières : nos détachements incendiaires livraient aux flammes les villages et les champs de blé. La nuit, c'était de nouveau et toujours le même repli, par les routes encombrées de réfugiés, de voitures chargées d'enfants et de vieillards.

Général russe Vasili Altvater »

Le président Poincaré au front

Les 4 et 5 août, en Artois et en Argonne, bien que le gros de l'offensive soit passé, des combats à la grenade continuent d'opposer Français et Allemands. Dans le secteur Saint-Hubert, Marie-Thérèse, Fontaine-aux-Charmes, les attaques allemandes échouent une à une. Le président de la République Raymond Poincaré se rend sur le front nord et remet des drapeaux et des décorations aux troupes. À l'occasion de l'anniversaire de l'ultimatum remis par l'Allemagne à la Belgique, le président de la République a tenu à rendre visite aux souverains belges, décernant à cette occasion la croix de guerre au roi des Belges Albert Ier.

LES ALLEMANDS À BREST-LITOVSK. La ville est en flammes après que les Russes y ont mis le feu en l'abandonnant aux mains de l'ennemi. Bien qu'elle soit spectaculaire, l'avancée des troupes allemandes ne parvient pas à faire plier l'ours russe.

Pas de paix séparée !

La Russie continue le combat. En août 1914, l'Allemagne entendait expédier les « affaires » russes en quelques semaines. Très vite, la réalité a rattrapé les dirigeants allemands au point que dès l'hiver 1914-1915, Berlin s'est plu à rêver d'une paix séparée pour débloquer la situation sur le front occidental.

En mai 1915, au lendemain de la victoire de Gorlice, Berlin avait déjà tenté d'engager des pourparlers pour convaincre la Russie de sortir de la guerre. Mais le 1er juin, Nicolas II faisait savoir, dans un télégramme adressé au roi de Danemark Christian X, qu'il refusait de recevoir un émissaire allemand à Petrograd. Le recul récent des armées russes encourage Berlin à faire une nouvelle tentative. Le secrétaire d'État au Trésor allemand prend alors contact avec l'ambassadeur russe en Suède, à Stockholm. De son côté, le chancelier allemand Bethmann-Hollweg donne son accord pour que l'on propose au tsar une « paix à bon marché qui tienne compte de tous les intérêts vitaux de la Russie ». Il est même question de garantir les visées russes sur les Détroits : l'Allemagne est prête à forcer la main des Turcs pour éloigner la Russie de l'Est de l'Europe ! Les Autrichiens recherchent également la paix avec Petrograd, quitte à envisager une alliance. Le 25 juin, un émissaire officieux des Affaires étrangères allemand, Hans Andersen, est pressenti par Bethmann pour faire part de ces propositions à Nicolas II. Parallèlement, le chancelier demande à Falkenhayn de ralentir la progression de ses armées en Pologne pour ne pas acculer la Russie à un combat désespéré. Le 9 août, l'émissaire des Affaires étrangères fait savoir que Petrograd refuse catégoriquement de lâcher la France et l'Angleterre. Les Russes ne se considèrent pas du tout comme battus.

2,5 millions

Pertes, tués et blessés, de l'Empire russe d'août 1914 à août 1915.

CITATION

« L'ours russe n'est pas mort

Le résultat final des opérations de l'année écoulée ne nous donnait pas entière satisfaction. L'ours russe avait échappé aux liens avec lesquels nous voulions le ligoter ; il saignait, à la vérité, de plus d'une blessure, mais il n'était pas frappé à mort.

***Hindenburg, fin 1915* »**

LES COSAQUES : DES GUERRIERS REDOUTABLES

Les Cosaques constituent une communauté d'environ 5 millions de personnes réparties dans les régions du Don, du Kouban, de l'Oural, de l'Orenbourg et du Terek. Jouissant d'un statut privilégié, ils ne sont pas asservis. En échange de cette liberté, ils fournissent au tsar sa garde personnelle. Guerriers dans l'âme, ils intègrent l'armée impériale au moment de la déclaration de guerre, grossissant ses rangs de 162 régiments. Experts dès leur plus jeune âge dans le maniement des armes, capables de franchir des fleuves à la nage et de maîtriser leurs montures sous le feu de l'artillerie, ce sont des combattants redoutés de leurs adversaires. ■

La stabilisation du front

L'état-major allemand prend acte du refus russe. Il n'y a donc plus aucune raison de temporiser sur le front oriental. Hindenburg, qui rongeait son frein depuis longtemps, revient à son plan initial : déborder l'aile nord russe par Vilna et l'aile sud par Rovno, afin d'acculer les armées du tsar dans les marais du Pripet. Au début de septembre, Hindenburg porte, au nord, ses armées en avant : Grodno est pris le 4, Riga tombe le 19. À la fin du mois de septembre, les Russes sont acculés sur la Berezina. La route de Minsk paraît ouverte. Mais de violentes contre-attaques de la cavalerie russe du général Rouzski brisent la ruée allemande. Si le centre russe continue de s'effondrer sous les coups du groupe d'armées de Léopold de Bavière, la contre-attaque des armées russes du sud ralentit considérablement la progression des Autrichiens. Les Allemands constatent que l'armée russe, que l'on disait à genoux, continue de se battre. En prenant personnellement la direction des opérations, le 8 septembre, le tsar Nicolas II est parvenu à insuffler à l'état-major un esprit de résistance : la retraite est proscrite et le front doit être stabilisé. Et en effet, à l'automne, le front se maintient sur une ligne nord-sud, de l'ouest de Riga à la frontière roumaine. Il ne bougera pratiquement plus jusqu'à l'été 1916. ●

SOLDATS ALLEMANDS SUR LES RIVES DE LA BALTIQUE.
En septembre, l'armée du Niémen du général Below a fait sa jonction avec la flotte allemande de la Baltique.

Une victoire allemande toute relative

La situation militaire est certes favorable aux Allemands et aux Austro-Hongrois. Ils ont récupéré la Galicie et la Pologne, dite du Congrès. Ils ont également pris la Volhynie, la Lituanie et la Russie blanche. Globalement, les Russes ont reculé de 500 km. Mais les vainqueurs sont aussi épuisés que leurs adversaires. La dysenterie, le typhus, les privations ont opéré de terribles ravages dans les rangs allemands. De plus, leurs lignes de communication, largement étirées, paraissent incontrôlables. La politique de la terre brûlée russe complique le ravitaillement des soldats. Enfin, si les pertes russes sont considérables, leur réserve, 18 millions d'hommes, ne l'est pas moins. ■

BREST-LITOVSK FIN AOÛT.
Des soldats allemands tentent de sauver le blé que les Russes ont voulu brûler avant d'abandonner la ville.

L'opposition à la guerre

En plein conflit, les opposants à la guerre décident de se faire entendre et organisent à cet effet, en Suisse, à Zimmerwald, une réunion pacifiste. Son écho sera considérablement atténué par la censure.

Lorsque la guerre éclate en août 1914, les gouvernements peuvent compter sur la coopération de l'opposition. Globalement, tous connaissent cette accalmie politique que résume à merveille l'Union sacrée en cours en France. Un an plus tard et, surtout, plusieurs millions de morts après, socialistes et syndicalistes s'efforcent de renouer les relations internationales. De là, sort, sur l'initiative des socialistes italiens, la conférence de Zimmerwald. Venus de onze pays, les participants – Français, Allemands, Suisses, Italiens, Russes, Lettons, Polonais et divers Balkaniques – représentent l'avant-garde du mouvement socialiste européen : Lénine, Trotski, Zinoviev, Martov, Rakovski, Angelica Balabanova en sont, et, avec eux, les syndicalistes révolutionnaires français Bourderon et Merrheim, ainsi que les députés sociaux-démocrates allemands Ledebour et Hoffmann. Ils se sont réunis pour rechercher une politique commune en vue de la paix. Tous s'accordent sur la nécessité de mettre un terme à cette immense boucherie. En revanche, sur la manière de sortir de la guerre, les positions divergent. Entre les « pacifistes », comptant sur la négociation pour mettre fin à la guerre, et les internationalistes, souhaitant

JULES GUESDE. Le chef socialiste estime que de la guerre naîtra une révolution sociale en France, point de départ d'une révolution internationale. Il dira à ce sujet : « Pour cette renaissance sociale, il faut vaincre, si lente qu'elle puisse être à venir et quelque sang qu'elle doive couler. »

Le parti socialiste français très divisé

Dès 1915, le parti socialiste français est travaillé par un courant favorable à la rupture de l'Union sacrée. Au congrès national de juillet, quelques militants, notamment les délégués de la Haute-Vienne, osent poser la question de la paix. Les dirigeants les menacent, conspuent ces schismatiques inconscients. Le vieux Jules Guesde, ministre d'État dans le cabinet Viviani, qualifie les représentants de la Haute-Vienne de délégués de la « Haute-Trahison ». ■

DÉCLARATION

« La défense des nationalités et des minorités

La conférence socialiste internationale envoie l'expression de sa sympathie la plus profonde aux victimes innombrables de la guerre, au peuple polonais, au peuple belge, au peuple juif, au peuple arménien, à tous les millions d'êtres humains qui se débattent dans des souffrances inouïes, victimes d'horreurs sans précédent dans l'histoire, immolés à l'esprit de conquête et à la rapacité impérialistes.

Trotski, conclusion de la motion de Zimmerwald »

VLADIMIR OULIANOV, DIT LÉNINE.
Partisan de la transformation de la guerre en révolution, critique acharné de la dictature tsariste, il est contacté indirectement par Alexandre Keskula.

Berlin joue la carte Lénine

L'Allemagne, qui a fait de la Russie l'ennemi principal à abattre dès le début du conflit, a échoué à obtenir de Nicolas II une paix séparée. Elle entend y parvenir en soutenant l'opposition social-démocrate, dont la figure de proue, Lénine, se trouve alors exilée en Suisse. Dès 1914, les Allemands avaient établi de fructueux contacts avec les socialistes russes. Il leur apparaît assez vite que seuls les bolcheviks, une fois maîtres du pouvoir, accepteraient une paix séparée avec l'Allemagne. En septembre 1915, Alexandre Keskula, un nationaliste estonien, est chargé par Berlin de rencontrer Lénine, à Zurich. Les bolcheviks exigent le respect de l'intégrité territoriale de la Russie, le renoncement de l'Allemagne à toute annexion et la totale autonomie des nationalités de l'actuel empire des tsars. L'Allemagne y voit tout son intérêt et, dès lors, va s'employer à soutenir Lénine, notamment en finançant son parti. ■

la révolution dans les grands pays belligérants, le débat est rude. Leader des bolcheviks russes, Lénine soumet la proclamation d'un manifeste intitulé «Aux prolétaires d'Europe» contre la poursuite de la guerre. Mais ce manifeste ne fait pas l'unanimité et l'on se contente d'une motion prônant une paix blanche, «pour la fin des hostilités qui ont déshonoré l'humanité», fondée sur le droit des peuples à disposer d'eux-mêmes.

Un cri d'indignation dans le vide

Cette conférence, première faille dans l'Union sacrée, n'a aucun retentissement dans les pays en guerre, la censure y exerçant partout ses ciseaux vigilants. Toutefois, à Berlin, le 21 décembre, vingt députés sociaux-démocrates appartenant à l'aile gauche du parti, parmi lesquels Hugo Haase, Kurt Eisner et Rudolf Breitscheid, votent au Reichstag contre les crédits de guerre et vingt autres s'abstiennent. En Italie, quarante députés votent contre le gouvernement. En France, trois députés, Jean-Pierre Raffin-Dugens, Alexandre Blanc et Pierre Brizon, prennent publiquement position dans le sens de Zimmerwald. ●

ALEXANDRE KESKULA.
Après s'être installé à Stockholm en 1916, Keskula va drainer vers la Russie une large part de l'aide financière allemande à la révolution russe.

25 SEPTEMBRE 1915

Échec de la bataille d'automne à l'ouest

Une offensive en Artois lancée le 5 mai s'était soldée par un échec. Joffre y relance en septembre une nouvelle attaque. Cette offensive est pour Joffre un des éléments de son dessein : rompre le front en Champagne où il a décidé de porter son effort principal.

LÉGIONNAIRES EN ARTOIS. Environ 32 000 étrangers sont enrôlés dans les régiments de marche de la Légion étrangère entre août 1914 et septembre 1915.

Alors que la crête de Vimy ressemble à un immense charnier, Joffre estime qu'il peut obtenir la décision dans le même secteur. Il en informe le gouvernement le 23 août : «La rupture du front ennemi est possible et peut être exploitée, à condition que des attaques puissantes soient menées simultanément dans différentes régions et chacune sur un très grand front.» De son côté, le général Foch, commandant en chef des groupes d'armées du Nord, se montre plus circonspect. Selon lui, il «paraît sage de ne pas fonder toutes ses espérances sur l'idée de trouée décisive et victorieuse». Il convient donc de se limiter à la conquête d'«objectifs précis et définis en fonction de leur importance dans le système de défense ennemi». Joffre, dont l'autorité n'est pas sans agacer certains parlementaires et quelques généraux, bénéficie encore de l'aura glanée lors de la bataille de la Marne. En juillet, à Chantilly, on arrête le projet suivant : deux actions de grande envergure le même jour, en Artois et en Champagne. Afin de ne pas répéter le scénario du mois de mai précédent, Joffre choisit de porter le fer sur des

LA LÉGION ÉTRANGÈRE

Le 2ᵉ régiment de marche de la Légion étrangère s'est déjà illustré en Artois, lors de la première offensive en mai 1915. Aux côtés de la fameuse division marocaine, les soldats ont fait montre de leur bravoure à Givenchy et dans le secteur dit du Cabaret-Rouge. Le 25 septembre, les légionnaires sont de nouveau à pied d'œuvre en Champagne, où, au son du *Boudin*, ils enlèvent l'ouvrage de Wagram. Mais les pertes sont si importantes que les unités de la Légion (quatre régiments en août 1914) sont rassemblées en un seul corps, le régiment de marche de la Légion étrangère. Quelque 42 000 hommes, dont l'écrivain Blaise Cendrars, ont servi dans ses rangs au cours de la Grande Guerre. ■

ADRESSE

« La victoire ne fait aucun doute

Votre élan sera irrésistible. Vous ne laisserez à l'ennemi ni trêve ni repos jusqu'à l'achèvement de la victoire.

Général Joffre, le 24 septembre 1915 »

UNE AFFECTION : L'OBUSITE

Dès 1915, des soldats diagnostiqués «fous» affluent dans les hôpitaux militaires. Ces hommes présentent des troubles si particuliers que l'on crée le terme d'«obusite». Les symptômes les plus fréquents sont une sorte de stupeur, des troubles de la mémoire, des maux de tête et, bien souvent, des discours incohérents. Les réactions de violence conduisent à l'asile. Pourtant, les soldats évacués du front cessent, au bout de trois ou quatre jours, de présenter ces troubles. On penche d'abord pour des simulations, avant d'associer ces troubles au stress des combats, aux commotions des bombardements. Aussi, dès mars 1915, sont mis en place des centres psychiatriques pour traiter au plus près du front les troubles psychiques. Environ 1 % des mobilisés a été atteint de troubles psychiques, temporaires ou permanents, soit 60 000 personnes. ■

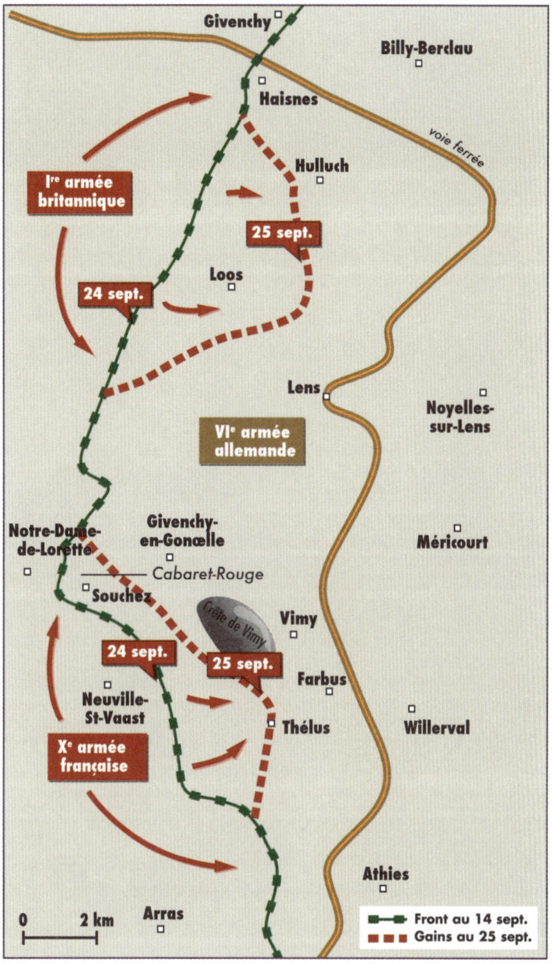

fronts d'attaque très élargis et avec des moyens plus importants. Les stocks de munitions ont été reconstitués et Joffre dispose d'une centaine de divisions. Par ailleurs, la campagne de recrutement lancée en Angleterre par Kitchener fait sentir ses effets : French dispose désormais de 21 divisions. En Artois, Joffre et French peuvent engager 31 divisions, dont 13 britanniques.

Diversion en Artois

À la faveur d'une efficace émission de gaz et d'une préparation d'artillerie déclenchée le 20 septembre, la Iʳᵉ armée britannique aux ordres de Haig parvient à s'emparer de la première ligne ennemie et menace un instant Lens. Plus au sud, la brume a retardé le départ des divisions françaises. Toutefois, celles-ci progressent entre Arras et Notre-Dame-de-Lorette. En dépit de la faible avancée du 33ᵉ corps (Xᵉ armée), la situation générale est favorable. Mais, l'offensive en Artois étant stratégiquement coordonnée avec celle de Champagne, les nouvelles en provenance de ce dernier front obligent le QGQ à renoncer à poursuivre l'exploitation. Il faut en effet alimenter au plus vite en hommes et en munitions le front de Champagne qui, dans le plan de Joffre, doit supporter l'action principale. Dès lors, l'offensive d'Artois se transforme en opération de diversion. Mais la crête de Vimy mérite plus que jamais son surnom de «butte sanglante».

Effort principal en Champagne

Joffre s'est donné les moyens de son offensive. Trente-cinq divisions composées de

EN ARTOIS, ÉCHECS EN SEPTEMBRE. Après des succès encourageants mais coûteux en hommes, l'offensive reste une opération de diversion, l'effort principal étant porté en Champagne.

›››

›››

UNE TRANCHÉE EN ARTOIS.
Enfouis sous la terre, les soldats sortent à l'air libre pour lire le courrier ou fumer la pipe.

troupes reposées et bien équipées participent à l'action. Le quart de l'armement lourd français a été mobilisé. Il s'agit en effet de détruire les lignes de communication allemandes à quelque 100 kilomètres à l'arrière du front. L'offensive est confiée au général de Castelnau, commandant du groupe d'armées centre, comprenant la IIe armée de Pétain et la IVe armée de Langle de Cary. Précédés par un tir intense d'artillerie déclenché le 22 septembre, les fantassins se ruent à l'assaut sous une pluie diluvienne. Cette préparation d'artillerie, particulièrement efficace, permet d'enlever la première ligne allemande. Le 26, la fameuse Main de Massiges, située à l'extrême droite du front de Champagne, est conquise. Le Trou Bicot puis la ferme Navarin tombent à leur tour. Mais la seconde ligne allemande, puissamment fortifiée, a échappé aux bombardements de l'artillerie. Tous les efforts répétés les 27 et 28 septembre par les assaillants se révèlent vains.

L'affaire de la ferme Navarin

Le 29, les états-majors finissent enfin par donner foi à un renseignement de l'aviation : des fantassins français ont réussi à occuper un point de la deuxième ligne de défense allemande, la tranchée des Tantes, à l'ouest de la ferme Navarin. Aussitôt, trois brigades sont acheminées pour élargir la brèche. Mais c'est trop tard. Les Allemands, concentrant tous leurs feux sur ce secteur

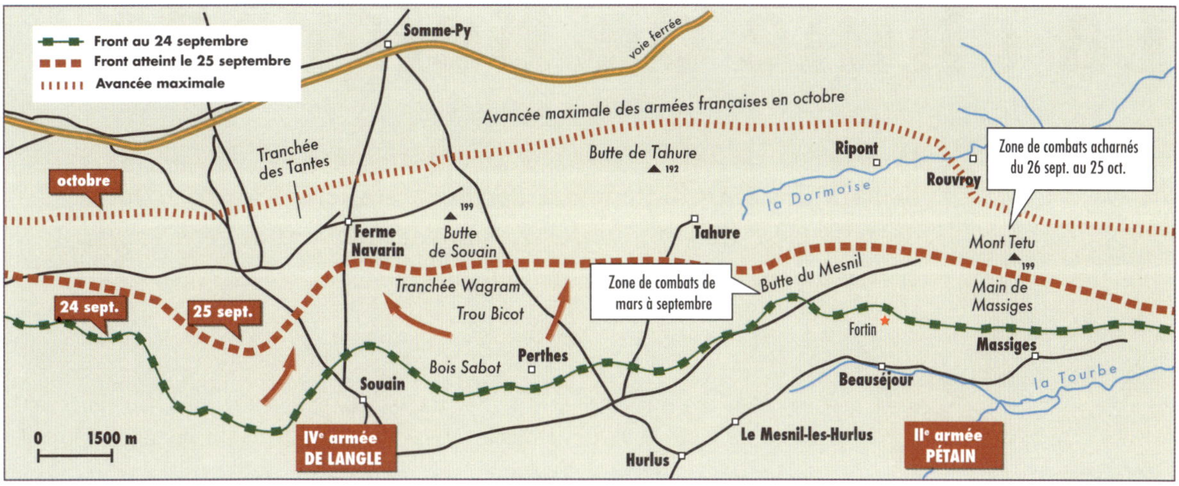

critique, parviennent à reconquérir la tranchée perdue. Le commandement doit se rendre à l'évidence : bloquée devant la deuxième ligne adverse, l'offensive ne pourra aboutir. Une fois de plus, la puissance de l'artillerie allemande a annulé la supériorité des Alliés en effectifs. Hormis la conquête de Tahure et de la butte du même nom, la ruée des hommes de Pétain et du général de Langle de Cary n'aura abouti qu'à des gains territoriaux insignifiants, jamais plus de 5 kilomètres. Le 1er novembre, après plus de quarante jours de combats, eu égard à l'épuisement des troupes et à l'importance des pertes, sans compter la consommation des munitions, qui a dépassé toutes les prévisions, Joffre ordonne l'arrêt des opérations, sonnant le glas de tout espoir de décision par la rupture du front. Les corps déchiquetés par les mitrailleuses jonchent le sol. Quelques survivants sont parvenus à occuper des morceaux de tranchées allemandes touchées par les tirs d'artillerie. C'est l'hécatombe qui règne en Champagne, comme en Artois au même moment, comme à Ypres, en Argonne, en Meuse ou dans les Vosges. ●

TÉMOIGNAGE

« Le "prix" du café !

Les hommes de corvée ont glissé dans les tranchées inondées et leur seau a dû se renverser bien des fois. Il a fallu faire 4 km aller-retour pour aller chercher du café qui arrive froid et sans goût. Il a fallu marcher dans l'eau presque jusqu'aux genoux et passer en courant un endroit dangereux où beaucoup d'hommes de corvée furent tués par une mitrailleuse ennemie éternellement pointée sur cet endroit découvert. Tout ça pour dire : nous avons du café. Que d'efforts inutiles !

Souvenir d'un poilu en Champagne, 1915 »

NOUVEL ÉCHEC EN CHAMPAGNE. En Champagne, les gains territoriaux sont plus limités qu'en Artois. L'offensive d'automne est un sérieux échec.

L'ARRIVÉE DE LA SOUPE. Bien souvent, les cuisines roulantes sont loin des lignes. Les repas arrivent la plupart du temps froids, si toutefois ils arrivent.

La chute de Belgrade

Le royaume de Serbie tient tête aux Autrichiens depuis l'affaire de Sarajevo. Mais l'Allemagne décide de soutenir Vienne et, forte du ralliement de la Bulgarie, se donne les moyens de faire sauter ce verrou sur la route de Constantinople.

Depuis août 1914, la Serbie résiste aux offensives austro-hongroises. Les premiers combats, en août 1914, s'étaient soldés par la victoire des Serbes au mont Cer. La deuxième offensive autrichienne eut lieu en novembre 1914, contraignant les Serbes à abandonner Belgrade. Mais, en décembre, une contre-attaque allait permettre au royaume de Serbie de libérer son territoire à l'issue de la bataille de Kolubara. À partir du mois de décembre 1914, la Serbie connut une période d'accalmie. Le pays, qui avait réussi à repousser deux offensives autrichiennes, en retira un grand prestige auprès de ses alliés. Devant les échecs répétés de Vienne, le haut commandement allemand décide alors de prendre les choses en main. Les tentatives de paix avec la Russie ayant échoué, l'invasion de la Serbie est fixée au début du mois d'octobre 1915. La situation de Belgrade devient dès lors intenable, d'autant que la Bulgarie vient de rejoindre le camp de Berlin. Elle s'est vue promettre la Macédoine et une partie de la Serbie en cas de victoire de la Triple-Alliance si Sofia entrait en guerre face à la Serbie. Approvisionnée par ses nouveaux alliés en charbon, armes et munitions, elle déclare donc la guerre à la Serbie le 6 octobre 1915. L'intervention de la Bulgarie provoque une vive émotion en Grèce où le roi Constantin, beau-frère de Guillaume II, proclame la

140 000
Nombre de Serbes, sur 200 000, qui parviennent à gagner l'Adriatique.

LES PERMISSIONS

Accordées aux militaires sur le front, elles ne sont ni un droit ni une faveur personnelle, mais une mesure d'intérêt général qui a pour premier but d'aider les familles pour une « courte inspection » du chef de famille. Cette mesure concerne d'abord les familles nombreuses, pourvu que leur chef ait six mois de présence au front. Toutefois, les mauvais soldats – qui ne peuvent être que de mauvais pères de famille ! – sont rayés de la liste, tandis que ceux qui ont fait preuve de bravoure peuvent y être ajoutés. Les demandes de permission, adressées par le colonel au général de la division, concernent les sous-officiers, caporaux et soldats. ■

LA RETRAITE DE L'ARMÉE SERBE. À la fin de 1915, le cortège des soldats serbes débandés auxquels se mêlent des milliers de civils s'étire sur la route.

neutralité de son pays. Avec la neutralité de la Grèce et le soutien de la Bulgarie, Falkenhayn peut espérer se débarrasser de toute menace des Alliés sur la route de Constantinople. Il ne reste donc qu'à abattre la Serbie.

La déroute de l'armée serbe

Prise en tenailles entre les armées autrichienne, allemande et bulgare, l'armée serbe est vite débordée. Face à cette masse de plus de 600 000 hommes, commandés par Mackensen, les 200 000 Serbes du voïvode Putnik tentent de tenir en attendant l'aide hypothétique des Franco-Britanniques qui se rassemblent à Salonique. Menacé d'encerclement, le général Putnik donne l'ordre d'entamer un repli vers l'Albanie. C'est alors que commence, pour ces soldats exténués et affamés, une terrible retraite à travers des cols enneigés à 2 500 mètres d'altitude. Les débris de l'armée de Putnik vont être harcelés par les Albanais, qui, en raison de leurs origines ottomanes, haïssent les Serbes. Avec les soldats, marchent également de nombreux réfugiés, dont le roi Pierre Ier. En décembre, les troupes serbes finissent par atteindre les rives de l'Adriatique, avant d'être évacuées par bateau par les Alliés à Corfou et à Bizerte. ●

TROUPES FRANÇAISES À SALONIQUE. Ces hommes vont être dirigés vers le front serbe à travers la vallée de la Tcherna. Mais les Bulgares s'interposeront.

L'aventure de Salonique

Le 5 octobre 1915, les troupes françaises et britanniques débarquent à Salonique sous le commandement du général Sarrail, avec l'accord du Premier ministre grec Venizélos, au mépris de la neutralité de la Grèce. À la tête de troupes repliées des Dardanelles, Sarrail est chargé de porter secours aux Serbes battus par les forces austro-allemandes. Il s'agit également de maintenir le deuxième front que Churchill a échoué à faire ouvrir sur les Détroits. Dès le 14 octobre, les troupes du général Bailloud tentent donc de se porter vers le nord par voie ferrée. Elles entrent en contact avec les troupes bulgares. Le 25 octobre, la 57e DI continue de progresser le long de la vallée de la Tcherna dans l'idée de faire jonction avec les troupes serbes à Veles. Mais le plan initial échoue, les Bulgares ayant coupé la ligne de retraite des Serbes vers le sud. Du 1er au 12 décembre, faute de n'avoir pu progresser, les troupes alliées se replient sur Salonique dans des conditions climatiques difficiles, la neige le disputant aux températures négatives. Afin de permettre le retrait de tous les moyens engagés pour la bataille, des combats retardateurs ont lieu sur des lignes prédéterminées jusqu'à la frontière grecque. Bloqués derrière leurs lignes de défense, les soldats y souffrent du scorbut et des moustiques. L'aventure de Salonique se révèle un véritable cauchemar. ■

« À bas la guerre ! »

L'antimilitarisme retrouve de la voix. Jusqu'au début de l'année 1915, les mouvements pacifistes et antimilitaristes semblaient avoir disparu, balayés par l'Union sacrée. Mais la guerre s'installant dans la durée et les morts se comptant déjà par centaines de milliers, anarcho-syndicalistes, anarchistes et certains socialistes élèvent la voix et s'organisent au nom de l'internationalisme ouvrier.

L'Union des syndicats de la Seine tient une grande réunion à la Bourse du travail. Le meeting a été autorisé parce qu'il doit être privé – aucune publicité n'a été faite publiquement – et porter exclusivement sur la cherté sans cesse croissante de la vie. Or, ce sont plus de 2 000 Parisiens qui font le déplacement pour écouter les orateurs inscrits. Ceux-ci se déchaînent littéralement contre la guerre. Raymond Péricat, militant anarchiste de la Fédération du bâtiment, mobilise l'attention de l'assistance en réaffirmant son antimilitarisme avec passion. Un ordre du jour est voté à la fin de la réunion réclamant la paix aux cris de : « À bas la guerre ! Que la

Des syndicalistes passés par les armes

Si le mouvement ouvrier pacifiste commence à relever la tête après l'effondrement de l'antimilitarisme en août 1914, ce n'est pas seulement le fait des militants politiques à l'arrière. Dans les tranchées, face aux hécatombes et aux ordres de contre-attaques suicidaires, on se révolte, et parfois ce sont des syndicalistes de la CGT qui appuient les protestations et sont les premiers réprimés par les autorités militaires. Ce fut le cas le 20 avril 1915, quand le caporal Antoine Morange et les soldats Félix Baudy et Henri Prébost, militants du syndicat des maçons et aides de Lyon de la Confédération générale du travail, ont été fusillés pour l'exemple à Flirey, sur le front de Lorraine, suite au refus collectif de 250 soldats de remonter la veille à l'assaut de la crête de Mort-Mare. Cinq soldats sont tirés au sort pour passer devant le conseil de guerre. L'un est acquitté. Parmi les quatre condamnés à mort, les trois cégétistes, préalablement désignés par leurs supérieurs pour leur appartenance syndicale. ■

UN FUSILLÉ POUR L'EXEMPLE. Dès 1915, des soldats ayant refusé de partir à l'assaut ont été passés par les armes à la suite de simulacres de procès, comme ci-contre en Lorraine, non loin de Verdun.

République crève s'il le faut, nous voulons la paix! Que les métallurgistes fassent la grève générale, ce sera la fin de la guerre et la Révolution.»

L'opposition à la guerre renaît

Depuis l'hiver 1914-1915, on assiste à un réveil d'une tendance pacifiste-internationaliste que l'Union sacrée semblait avoir balayée. Du côté socialiste, l'initiative appartient, dès le printemps 1915, à la Fédération de la Haute-Vienne. Le but, clairement affiché, est de reconstituer l'internationalisme et d'accueillir «toute proposition de paix d'où qu'elle vienne». La minorité syndicaliste, formée autour de l'Union des métaux, est plus audacieuse. Elle crée en effet, au milieu de l'année 1915, un «comité d'action internationale». C'est cette minorité syndicaliste qui a envoyé des délégués à la conférence de Zimmerwald. Plus largement, on peut considérer que, à partir de 1915, la participation des organisations ouvrières à l'Union sacrée représente pour beaucoup une posture inconfortable pour répondre aux exigences contradictoires qu'imposent à la classe ouvrière la France envahie et la lutte fratricide contre les prolétaires allemands. ●

TÉMOIGNAGE

« Les vertus de la défaite !

La boucherie a assez duré et il est temps de parler de paix. Il serait préférable que nous soyons vaincus, car si nous étions vainqueurs, il est probable que nous verrions un Joffre monté sur un cheval noir, ovationné par une foule inconsciente et rétablissant en France un régime nationaliste comme jamais il n'en a existé dans notre pays.

Raymond Péricat, militant CGT, 12 décembre 1915 »

LA «JOURNÉE DES POILUS»

Pour manifester l'union du front et de l'arrière, on organise à partir de 1915 des «Journées patriotiques», au cours desquelles des quêtes se déroulent à travers l'ensemble du pays. À l'origine figurent aussi bien des institutions (Parlement, ministères, municipalités ou conseils généraux) que des associations privées. Au centre de l'image ci-dessous, les deux personnages sont des enfants dans leur quête de fonds auprès des passants. Le slogan, incarné par la phrase que les enfants prononcent, insiste sur le repos des braves. Pourtant, la guerre est bien présente dans cette image : le petit garçon porte un képi identique à celui en dotation dans l'infanterie au début du conflit. La «médaille du poilu» qui orne sa poitrine n'est pas sans rappeler celles qui récompensent les combattants eux-mêmes. La petite fille, quant à elle, un peu plus âgée, est habillée en infirmière : une façon de rappeler l'engagement des femmes dans la guerre. ■

L'usure des chefs

Joffre est nommé généralissime. En cette fin d'année 1915, tous les commandements sont usés, et l'on assiste chez les belligérants à des changements de personnels, sinon à une redéfinition de leurs prérogatives.

Certes, le général Joffre reste en place. Mieux, du moins en apparence, son autorité paraît-elle élargie. En effet, le 15 décembre, celui qui jusqu'à présent portait le titre de « commandant des armées du Nord-Est », est nommé « commandant en chef des armées françaises », c'est-à-dire généralissime. Son vieil ennemi, le général Sarrail, passe ainsi sous ses ordres. Mais il a trop promis et pas assez obtenu. Toujours auréolé de la victoire de la Marne, il reste intouchable. Aussi s'attaque-t-on à son entourage et à ses états-majors. On leur fait grief de vivre loin du réel et de manquer de psychologie. Joffre n'en a cure, estimant que, désormais, il a les mains libres pour coordonner de vastes opérations. 1916, croit-il, sera l'année de la victoire. Les Allemands en décideront autrement en lançant la bataille de Verdun. Auprès des stratèges alliés, Joffre n'a pas réussi à imposer sa conception d'un sauvetage de l'armée serbe malgré le soutien de l'Italie à la fin du mois d'octobre 1915. Les offensives d'Artois et de Champagne n'ont pas empêché la défaite russe en même temps qu'elles sont venues sanctionner des méthodes héritées de la conception de l'offensive à tous crins qui régnait au début de la guerre.

L'AMIRAL LUCIEN LACAZE. Successeur de Jean-Victor Augagneur à la tête du département de la Marine à partir du 1er novembre 1915, l'amiral Lacaze sera le grand organisateur de la défense contre les sous-marins allemands.

Remaniements et sanctions

Dans la marine, Boué de Lapeyrère, depuis quatre ans à la tête de l'armée navale – il avait été tenu à l'écart de l'expédition des Dardanelles –, demande à être relevé de son commandement : il est remplacé à ce poste par l'amiral Dartige du Fournet. Chez les Anglais, John French cède la direction des opérations à Douglas Haig. Churchill ne « survit » pas au désastre des Dardanelles : le Premier lord de l'Amirauté cède la place à l'amiral Jackson. En Allemagne, Falkenhayn conserve son poste, mais doit compter désormais avec le duo Hindenburg-Ludendorff, vainqueur de Tannenberg et qui a l'oreille de Guillaume II. En Russie, Nicolas II joue sa dernière carte en prenant la place de son oncle, le grand-duc Nicolas, à la tête des armées. ●

La conférence interalliée de Chantilly

Lorsque les Alliés se réunissent à Chantilly, du 6 au 8 décembre, le bilan de l'année écoulée est bien maigre. Leurs offensives sur le front occidental ont échoué, occasionnant en outre des pertes bien supérieures à celles de l'ennemi. La décision qui en émerge est la nécessité de la coordination des offensives pour l'année 1916. On en conclut la nécessité d'en finir avec les théâtres d'opérations juxtaposés. Ainsi, pour le général Joffre, il est possible de détruire les forces germano-austro-hongroises par une offensive générale, coordonnée entre l'Est et l'Ouest, et simultanée. Mais la conférence de Chantilly reflète aussi une prise de conscience générale de l'importance des facteurs économiques : la guerre est désormais pensée comme un tout. ■

DANS LES TRANCHÉES. En sabots ou en chaussures toutes boueuses, ces trois poilus regardent un colis que l'un d'eux vient de recevoir. Les liens avec l'arrière sont cruciaux pour le maintien du moral des troupes.

Avantage à l'Allemagne

Les troupes alliées ont été engagées dans de multiples actions locales, sanglantes et vaines. L'offensive décisive que le général Joffre n'a cessé de promettre se dérobe. « On » a échoué aux Dardanelles, en Champagne et en Artois. À l'est, les Russes, épuisés, refluent de toutes parts. La situation militaire est favorable aux Empires centraux qui occupent tout ou partie des territoires alliés.

Sur le plan militaire, les belligérants ont tout d'abord porté leurs efforts sur les secteurs où les positions adverses semblaient être les plus faibles. Mais, après les déconvenues sur le front de l'Yser, le commandement allemand a décidé d'adopter sur le front de France une posture défensive. C'est ainsi que la guerre de positions lui a permis de tenir ce front avec des forces réduites. En revanche, la grande offensive allemande et austro-hongroise contre la Russie – aspect essentiel des opérations en 1915 – s'est déroulée tout autrement. Sur l'immense front de l'Est, l'organisation des positions défensives russes n'étant pas continue, la possibilité d'opérer une percée dans le dispositif ennemi a donc été plus facile à mener par les Allemands. De son côté, à l'ouest, le haut commandement français a échoué à tailler dans les positions allemandes une brèche assez large et assez profonde.

1 099 000
Pertes françaises (morts, blessés, disparus) au cours de l'année 1915.

Rien n'est acquis pour l'Allemagne

Malgré l'intervention de l'Italie et l'entrée en scène de nouvelles divisions britanniques, en 1915 les armées austro-allemandes ont connu d'indéniables succès. Sur le terrain, la situation militaire semble favorable aux puissances centrales. Leurs troupes tiennent la Belgique, la France du Nord-Est, la Pologne russe et la Lituanie. Pour autant, les résultats acquis ne paraissent pas totalement décisifs. Ni l'armée russe ni l'armée serbe n'ont été éliminées. Et les Allemands, qui espéraient dissocier la coalition ennemie par une paix séparée avec Petrograd, ont pris acte du refus de Nicolas II. Mais la

SOUVENIR

« Une guerre sauvage

Dans un abri, il y en avait quatre. L'un, en bras de chemise, assis sur de la paille, a été tué alors qu'il suppliait les Boches de l'épargner, car il avait les mains jointes et les yeux grands ouverts. Un autre s'était caché sous un bat-flanc, un autre au pied de ce bat-flanc. Il fallut les tirer par les jambes pour les identifier et les fouiller ; ils sentaient déjà mauvais ; ils avaient été tués à coups de baïonnette. Un quatrième se trouvait le long des marches de l'escalier. À l'entrée de cet abri, d'autres malheureux, dont l'un était coupé en morceaux. Tout auprès, un officier à qui les Boches avaient donné un coup de couteau dans la nuque. D'autres cadavres se trouvaient à moitié enterrés, quelques-uns sur le rebord de la tranchée, tous dans la position de la terreur.

Souvenir d'un brancardier, 1915 »

Russie reste le maillon faible des Alliés. Son armée se bat avec des bâtons et des fusils sans munitions, et son peuple vit de façon de plus en plus précaire. Berlin, qui a compris que le tsarisme était en voie de faire faillite, a décidé de jouer la carte Lénine. Pourtant, en Allemagne, les détracteurs de Falkenhayn parlent d'occasions perdues et de victoires à la Pyrrhus. Des divergences surgissent entre Berlin et Vienne. Guillaume II entend imposer à l'empereur François-Joseph une solution à la question polonaise, réduisant l'Autriche-Hongrie au rôle de « marche germanique à l'Est ». De plus, le blocus imposé par les Alliés, l'entrée en guerre de l'Italie ainsi que les mauvaises récoltes de 1915 font peser sur l'Allemagne la menace d'une asphyxie économique.

Rien n'est perdu pour l'Entente

Pour leur part, les puissances de l'Entente ont subi de lourdes épreuves et les déceptions sont douloureuses. Elles ne sont pas parvenues à instaurer une coordination efficace entre leurs états-majors. Tout aussi inquiétant, les Alliés ont échoué à établir un plan précis pour l'année suivante, comme en témoigne la conférence de Chantilly du 8 décembre : si le principe d'une offensive simultanée est arrêté, il a été, en revanche, impossible de se mettre d'accord sur une date. Il est vrai que la Russie ignore de quel délai elle aura besoin pour se réorganiser. Les raisons d'être optimiste ne sont pas légion. Pourtant, si tout a avorté, rien n'est perdu pour l'Entente. Elle dispose encore, en Russie et en Grande-Bretagne, d'importantes réserves en hommes. Enfin, grâce à sa maîtrise des mers, l'Entente n'a pas à redouter un épuisement de ses ressources économiques. Dans ces conditions, elle se trouve en état, comme le montrera l'année 1916, de mener une guerre d'usure. ●

800 000

Pertes allemandes au cours de l'année 1915.

TÉMOIGNAGE

« La ville s'habille en noir, le noir des veuves

Les femmes stationnent particulièrement devant les magasins de mode. Où sont-ils, ces chapeaux gracieux, œuvre des ouvrières habiles ? Où sont-ils, ces colifichets aux couleurs chatoyantes ? Disparus, évanouis. Il n'y a que des chapeaux et des voiles de veuves, du noir, toujours du noir. Les doigts légers des artistes de la mode ne chiffonnent à présent que du crêpe. C'est la douleur qu'on s'apprête à parer.

Marcelle Capy,
Une voix dans la mêlée, 1918 »

HOMMAGE DANS UN CIMETIÈRE. Le noir, arboré par les veuves et les parents des victimes devient la couleur dominante du paysage humain des pays en guerre.

1916

De Verdun à la Somme

De nouveau, en 1916, les décisions prises par l'état-major allemand déterminent le cours de la guerre. Si le général Falkenhayn n'obtient pas de résultats définitifs sur le front de l'Est, c'est avant tout parce qu'il se refuse à avancer plus avant dans l'immensité russe. Dans les Balkans, les forces de l'Entente sont paralysées par les Bulgares, qui parviennent également à neutraliser la Grèce. Pour Berlin, l'ennemi principal reste à l'Ouest la Grande-Bretagne, qui subit une terrible guerre sous-marine. Falkenhayn décide alors pour l'affaiblir plus encore d'anéantir l'armée française, principal instrument et relais de la force britannique sur le continent. Forte sur le plan militaire,

LA GUERRE D'USURE

l'Allemagne est en revanche affaiblie sur le front intérieur par le blocus économique établi par les Alliés. La question de l'approvisionnement de l'Allemagne devient encore plus cruciale avec l'entrée en guerre de la Roumanie, qui menace son ravitaillement en blé et en pétrole. Du côté de l'Entente, une nouvelle fois, sauf à Verdun, les offensives répétées effectuées en Champagne ou dans la Somme sont des échecs.

L'Allemagne relance la guerre sous-marine

Afin de desserrer le blocus maritime de l'Allemagne dont Londres est le maître d'œuvre, le chef d'état-major Falkenhayn préconise la reprise de la guerre sous-marine à outrance, au risque de voir se dresser contre Berlin les puissances neutres, au premier rang desquelles les États-Unis d'Amérique.

Dans une note transmise le 7 janvier par Holtzendorff, chef d'état-major de la Marine, à l'empereur Guillaume II, l'Amirauté allemande prend position en faveur de la suppression de toute retenue dans la guerre sous-marine. Sans doute Falkenhayn ne méconnaît-il pas le risque de précipiter une intervention des États-Unis. L'affaire du *Lusitania*, paquebot britannique envoyé par le fond en mai 1915, n'a pas été sans laisser de traces. Falkenhayn y voit un « risque sérieux, mais problématique ». En réalité, il doute que Washington soit prêt à intervenir directement en Europe. L'insistance de Falkenhayn s'appuie sur l'assurance de l'état-major naval. Les résultats de la campagne de 1915 lui paraissent prometteurs.

AMIRAL ALFRED VON TIRPITZ.
Dans les années 1890, le grand-amiral von Tirpitz a été l'artisan de la création de la flotte de haute mer allemande, indispensable à la politique mondiale, la Weltpolitik, qu'a menée l'empereur Guillaume II.

Détruire le tiers du tonnage allié

Le chef de l'état-major de la Marine estime pouvoir détruire quelque 630 000 tonneaux de navires alliés par mois. « En six mois, on atteindrait un total de 3,18 millions de tonneaux, soit le tiers du tonnage disponible pour le ravitaillement de l'Angleterre. » Dans ces conditions, Londres ne pourrait plus que s'avouer vaincu. Falkenhayn peut compter sur le soutien de l'amiral Reinhard Scheer, commandant en chef de la flotte de haute mer, et de l'amiral von Tirpitz, secrétaire d'État à la Marine. De son côté, le chancelier Bethmann-Hollweg redoute que l'intensification de la guerre sous-marine n'augmente le nombre des ennemis de l'Allemagne. Fin février, Guillaume II tranche : il autorise la reprise de la guerre sous-marine, mais avec les restrictions imposées par le droit international. Déçu par cette décision jugée timorée, Tirpitz démissionnera de son poste au gouvernement le 15 mars 1916, regrettant que l'emploi massif de sa flotte n'ait pas été ordonné plus tôt. Ce départ sera couvert à partir du 21 février par le tonnerre des canons allemands dans le secteur de Verdun. ●

TÉMOIGNAGE

« On s'active à Verdun

On a amené beaucoup d'artillerie lourde. Des pièces de gros calibre sont en position dans le ravin entre Vilosnes et Haraumont sur Verdun. Ordre a été donné de ménager les munitions, afin d'avoir une grosse réserve et de pouvoir préparer l'attaque par un tir d'artillerie de 90 à 100 heures. De nombreux dépôts de munitions sont établis dans les bois qui avoisinent la voie ferrée au sud de Brieulles. Tout doit être prêt et en place dans les premiers jours de février.

Propos recueillis de la bouche d'un déserteur allemand »

AFFICHE BRITANNIQUE SUR LE NAUFRAGE DU *LUSITANIA*. Alors que l'attaque menée en mai 1915 contre le *Lusitania* pèse lourdement sur les décisions de Berlin en matière de guerre sous-marine, le gouvernement anglais exploite l'émotion soulevée en Irlande pour recruter davantage de soldats.

Terreur sur Paris

Les Allemands ont fait des dirigeables Zeppelins une véritable arme de terreur. Depuis 1914, les raids se sont multipliés, notamment en Angleterre et dans plusieurs villes de France, plus particulièrement celles du Nord et de l'Est, ainsi que la région parisienne.

En 1916, c'est une nouvelle génération de Zeppelins qui sème la terreur parmi les populations civiles. Ces engins, vraiment impressionnants, sont dotés d'enveloppes de 35 800 m³, d'une force motrice de près de 1 000 ch (quatre moteurs de 240 ch). Ainsi équipés, ils peuvent emporter dans les airs une charge de 18 tonnes avec une trentaine d'hommes d'équipage. C'est un de ces engins qui, dans la soirée du 29 janvier, survole Paris. Une fois de plus, les dégâts sont impressionnants. Les bombes touchent en effet durement le quartier populaire de Ménilmontant, le passage des Tourelles et éventrent le boulevard de Belleville. On déplore 26 morts et 32 blessés. Le lendemain, à la même heure, vers 23 h, les Parisiens subissent une nouvelle alerte. Il s'agit du Zeppelin LZ 49 du commandant de vaisseau Gaissert. Mais celui-ci est repéré par les projecteurs et pris à partie par les canons antiaériens. Gaissert, qui n'a pas réussi à larguer sa meurtrière cargaison, parvient néanmoins à ramener son engin dans ses lignes, à Maivault, en Belgique, sauvant son équipage, mais la machine est hors d'usage. Ces raids mettent les nerfs des citadins à rude épreuve, et, bien que les dommages soient mineurs par rapport à ce que subissent les soldats au front, le sentiment à l'arrière est qu'il faut en finir rapidement avec cette guerre. Les obsèques donneront lieu à une manifestation très nombreuse suivie par la population parisienne et les autorités du gouvernement. ●

LE THÉÂTRE AUX ARMÉES, LA RÉCOMPENSE DU POILU

Entre 1914 et 1918, pendant les périodes de repos, nombreux sont les soldats qui assistent à des divertissements pour oublier l'horreur de la guerre. Le théâtre est ainsi utilisé pour rompre la monotonie des cantonnements militaires. Il s'agit de pièces jouées sur le front par des troupes de comédiens professionnels, quelquefois sociétaires de la Comédie-Française comme Sarah Bernhardt. Comme au « vrai » théâtre, les textes de Courteline sont les plus appréciés des soldats. En effet, pour supporter les horreurs du combat, ils plébiscitent un théâtre comique, intelligent et léger. Parfois, les soldats eux-mêmes s'adonnent à la pratique théâtrale. Le théâtre constitue donc l'un des remèdes contre la neurasthénie, cet autre mal de la Grande Guerre. ■

BOMBARDEMENT DE PARIS DU 29 JANVIER 1916. Le quartier de Belleville et de Ménilmontant – ici une habitation de la rue du Borrégo, dans le XXe arrondissement de la capitale – a été frappé en plusieurs endroits par les Zeppelins.

Les Allemands ont choisi Verdun

Le grand état-major allemand choisit comme cible la place forte de Verdun pour lancer une attaque d'un genre inégalé où « il s'agit de montrer à nos ennemis que la volonté de vaincre est demeurée vivante chez les fils de l'Allemagne ».

L'ordre du jour du Kronprinz est sans ambiguïté : les Allemands sont déterminés à reprendre l'offensive. Ce sera sur le front occidental. En effet, Falkenhayn n'entend pas s'engager plus avant dans l'immensité russe en dépit de l'impétuosité d'Hindenburg et de Ludendorff. Sur le théâtre balkanique, l'armée serbe ne constitue plus une menace. À Salonique, les forces de l'Entente sont paralysées par la résistance des Bulgares. Sur le théâtre italien, il lui semble que l'adversaire est peu coriace. Que les Autrichiens, débarrassés de la menace russe, s'en occupent. Dans l'esprit de Falkenhayn, l'adversaire le plus dangereux est la Grande-Bretagne, qui tient les clés du blocus si néfaste à l'économie allemande. Londres a mis tous ses espoirs dans une guerre d'usure. Il s'agit pour Berlin de la priver de cette espérance. Le généralissime allemand veut donc éliminer sur le continent l'instrument de cette puissance, c'est-à-dire l'armée française. L'Allemagne recherche désormais la décision par une offensive d'une ampleur sans précédent, menée sur un secteur unique, psychologiquement choisi pour que le potentiel ennemi vienne s'y engluer. Une offensive qui doit être entretenue aussi longtemps qu'il sera besoin pour que les divisions de Joffre s'y épuisent. Une fois la victoire obtenue contre les Français, Londres restera seul.

Le secteur visé : Verdun

Situé sur la Meuse, le secteur de Verdun présente d'indéniables caractéristiques d'ordre stratégique. Les collines des hauts de Meuse, couvertes de grands espaces boisés, coupées de nombreux ravins qui compartimentent le terrain, offrent une grande facilité à la manœuvre par infiltration. Mais cette zone au sol crayeux, que

LE KRONPRINZ GUILLAUME DE HOHENZOLLERN

Le fils de Guillaume II doit à son allure dégingandée et à son uniforme de « hussard de la mort » d'être le plus caricaturé de tous les chefs militaires allemands. Pourtant, il fut loin d'être insignifiant. Ainsi, en 1915, il témoigna d'une évidente clairvoyance à l'égard de la Russie. À Verdun, où il dirige la bataille de son PC de Vittarville, il comprend très tôt que les résultats attendus seront en deçà des espérances. Le 21 août 1916, il obtient d'ailleurs la mutation de son obstiné chef d'état-major, von Knobelsdorff, qui est remplacé par von Lüttwitz. Il terminera la guerre, assez désabusé, à la tête du groupe d'armées du Centre. En 1918, il gagne les Pays-Bas où a trouvé refuge son père. Lorsque la Seconde Guerre mondiale éclate, il retourne en Allemagne, mais n'adhère pas au nazisme. Il meurt à l'âge de 69 ans en 1951. ■

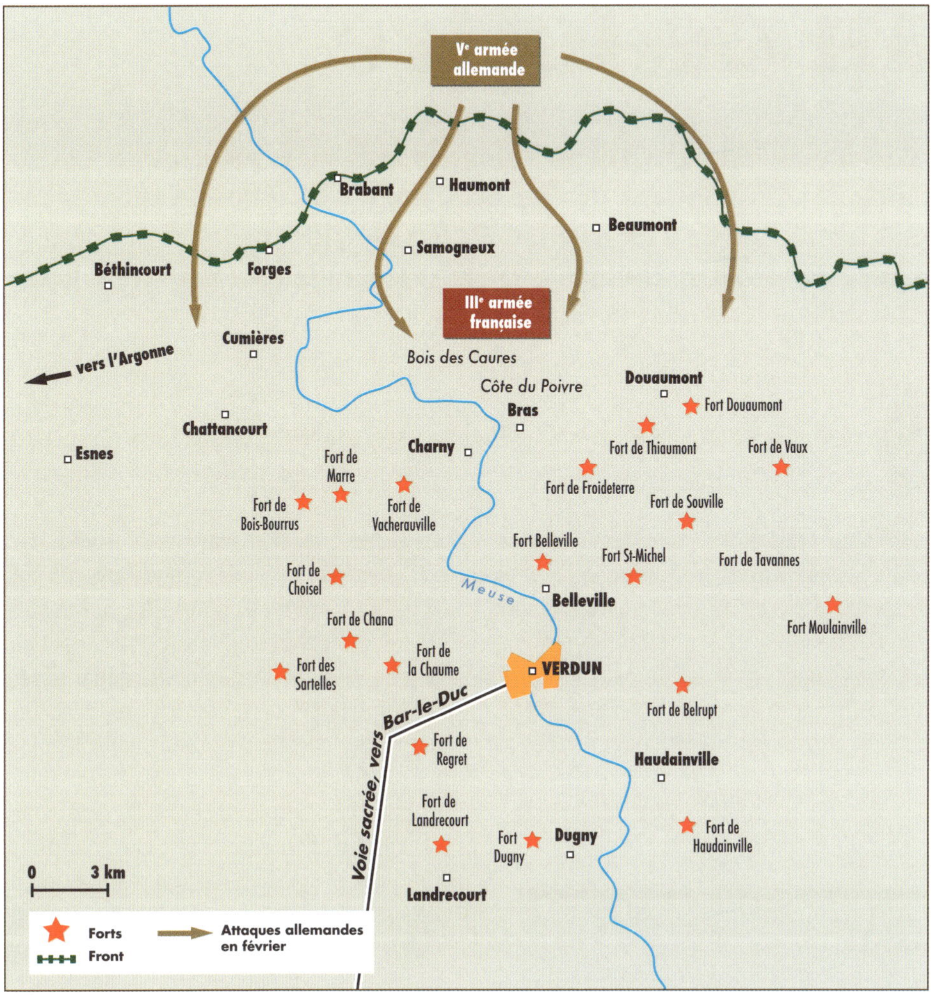

LA PLACE FORTE DE VERDUN. Verdun est l'une des places fortes essentielles du dispositif défensif français sur ses frontières orientales. Destinée à bloquer toute tentative de passage par la Meuse, elle est constituée de plus de vingt forts plus ou moins armés.

recouvre une mince couche d'argile, devient boueuse à la moindre pluie. La circulation est alors très difficile, voire impossible en dehors des routes. Les Allemands tiennent la vallée de l'Argonne et contrôlent les voies de communication environnantes. Mais plus que l'aspect stratégique, c'est l'importance symbolique que revêt la ville de Verdun aux yeux des Allemands et des Français qui détermine le choix de Falkenhayn : l'empereur Charlemagne y avait choisi l'aigle à deux têtes comme emblème, de violents combats y furent livrés en 1792 et en 1870, il y a plus de quarante ans. L'armée française ne pourra pas se dérober par un repli partiel ; le commandement ennemi sera obligé de défendre le terrain pied à pied, quelles que soient ses pertes. Par ailleurs, l'offensive se présentera dans des conditions favorables parce que le front français forme, autour de cette place fortifiée, un saillant qui peut être attaqué sur ses deux flancs.

L'objectif est de fixer, puis de détruire les armées françaises

Enfin, il n'a pas échappé à Falkenhayn que les troupes françaises ne pourront être ravitaillées que par une voie ferrée d'intérêt local, la ligne de Bar-le-Duc à Verdun, dont le débit est très faible. Dans son esprit, il s'agit de fixer les forces françaises sur ce champ de bataille où elles seront saignées à blanc. Falkenhayn est confiant : l'infanterie d'attaque, appuyée par une densité considérable d'artillerie, saura conquérir les principaux points d'appui et laisser l'adversaire s'épuiser en de vaines attaques (suite 21 février).

Le plan de Joffre

Alors que Falkenhayn a depuis longtemps arrêté le principe de l'attaque contre Verdun, du côté de l'Entente, les «choses» cheminent plus lentement. Ce n'est en effet que le 14 février que Joffre parvient à imposer son plan à l'Angleterre : la rupture du front par une action conjointe prévue pour le mois de juillet.

Les plans alliés pour l'année 1916 ont été élaborés à grand-peine lors de la conférence de Chantilly, en décembre 1915. Il a fallu compter avec les Anglais, obsédés par la sauvegarde de l'Empire et la défense de ses communications. Pour la conduite des opérations, Joffre a, lui, deux obsessions : d'une part, la percée du front encore et toujours, d'autre part, la convergence dans le temps et dans l'espace des actions à entreprendre par les Alliés. Finalement, Haig, successeur de French à la tête des armées britanniques, accepte le principe d'une vaste opération simultanée sur la Somme. Une instruction générale du 18 février en fixe la date au 1er juillet. Les autres théâtres d'opérations retiennent bien sûr l'attention des Alliés. Les Britanniques acceptent, sans grand enthousiasme, de redonner un peu de consistance au front de Salonique par la remise sur pied de l'armée serbe; parallèlement, on s'accorde pour liquider toute présence allemande en Afrique noire. De même, les Alliés s'engagent à renforcer leur soutien à l'Italie et, surtout, à la Russie. En effet, la rupture que Joffre attend de la future bataille de la Somme implique que Petrograd et Rome soient actives, chacune de son côté. Mais, dans la mesure où la Russie peine à surmonter les revers qu'elle a subis au cours de 1915 et où l'Italie doit compléter son armement, tout cela ne peut intervenir avant l'été.

Le contrôle postal

Depuis que la guerre s'est installée dans le quotidien des poilus, le rôle de la poste est essentiel pour maintenir le moral des troupes. Pour la hiérarchie militaire, le contrôle du courrier est indispensable pour connaître les sentiments des soldats. L'immense masse de courrier - lettres et cartes postales - est lue, relue, jugée par les nombreuses commissions de contrôle postal, qui établissent des rapports notant les évolutions du moral des combattants. À partir de 1915, selon l'historienne Galit Haddad, le système de contrôle passe de la surveillance à l'information. Les exigences de l'état-major ne seront vraiment formulées qu'à partir du 1er décembre de l'année en cours. Il s'agit là toujours d'empêcher la divulgation de nouvelles pessimistes, le développement du sentiment pacifiste, de repérer les «éléments dangereux», tout en sondant les cœurs et les esprits. ■

UNE TRANCHÉE FRANÇAISE. Le quotidien des poilus c'est aussi l'inaction, l'ennui dans un environnement hostile, pénible et plus que rudimentaire.

TÉMOIGNAGE

« Joffre vu par les Britanniques

Je suis très heureux que vous me disiez aimer Joffre. Personnellement, je me suis toujours bien entendu avec lui. Il n'est pas brillant, mais sûr et honnête. [...] ces chefs et ces états-majors français [...] se montrent excellents, mais, en certaines occasions, très primitifs et inabordables. En traitant avec eux, il faut se rappeler avant tout que ce sont des Français, pas des Anglais, et qu'ils ne verront jamais les choses de la même façon que nous. [...] S'entendre et agir avec des Alliés n'est pas chose facile ; il faut [...] manifester beaucoup de tolérance.

Sir William Robertson, 1916 »

Attaquez les premiers, messieurs les Français !

En attendant que ne se produise la grande offensive de rupture à laquelle travaille Joffre, il faut user l'adversaire par une série continue de petites attaques, puis l'abattre par un choc ultime et puissant. Mais les Alliés ne sont pas d'accord sur le choix du grand exécutant de la dernière heure. Joffre estime que le rôle revient à l'armée française; Haig est d'un autre avis. Ce dernier refuse de mener les multiples opérations destinées à fatiguer l'ennemi au cours de l'hiver. Ce volet revient selon lui aux Français. Tout à la préparation de sa grande offensive, Joffre oublie que les Allemands – c'est d'ailleurs l'avis des Russes – pourraient bien le devancer. De fait, les dispositions de l'Entente sont rapidement remises en question par le déclenchement du feu roulant de l'artillerie allemande de Falkenhayn, puis de toutes ses divisions dans le secteur de Verdun. ●

JOFFRE EN 1916 : UN PRESTIGE ENTAMÉ

Le prestige de Joffre à l'extérieur est intact dans la mesure où ceux qui pourraient lui disputer le premier rôle sont de valeur moyenne et, surtout, n'ont pas la victoire de la Marne à leur actif. En revanche, sur le plan national, son autoritarisme, la désinvolture de son grand quartier général lui valent l'inimitié de certains hommes politiques et de plusieurs généraux. On l'accuse d'avoir constitué un État dans l'État ! Son optimisme passe, aux yeux de certains, pour de l'illusionnisme. La gauche parlementaire ne manque pas une occasion de le critiquer. N'a-t-il pas destitué Sarrail, homme de gauche ? Il regarde Castelnau avec méfiance. Enfin, le départ de Millerand du ministère de la Guerre a eu pour effet de le priver d'un appui solide que n'entend pas lui apporter son successeur, le général Gallieni. Ce dernier s'oppose sur tout, de la désignation des commandants à la conduite générale de la guerre en passant par l'équipement du front. ■

Les Russes s'emparent de la région d'Erzeroum

L'armée russe, qui a opéré depuis la fin 1915 son renouvellement en hommes et en matériels, est prête à passer à l'attaque contre les Ottomans. Au début de 1916, les Turcs doivent faire face aux assauts des forces armées de Petrograd sur leur frontière.

La IIIe armée ottomane chargée de la défense de l'Arménie ne compte que 60 à 80 bataillons dont les effectifs sont réduits. Compte tenu de la menace britannique en Mésopotamie, Constantinople a dû retirer deux divisions du front arménien. De plus, les communications avec l'allié allemand ne sont rien moins que précaires. Son commandant, Kiamil Pacha, réside à Constantinople tandis que son chef d'état-major, l'Allemand Felix Guse, se trouve en permission à Berlin. Du côté des Russes du grand-duc Nicolas, désormais en service dans le Caucase, les choses se présentent sous un jour meilleur. Ce dernier, conscient que les Turcs ne peuvent que rameuter des forces prises sur le secteur des Dardanelles, est décidé à passer à l'action. Le plan d'attaque des Russes, élaboré par le général Ioudenitch, consiste à s'emparer d'Erzeroum, place forte de la frontière turque, en plein Caucase. Petrograd dispose pour cette offensive de grande ampleur de 107 bataillons et de 60 escadrons. Les combats vont se dérouler sur des sommets enneigés par des températures descendant jusqu'à –25 °C.

LE TSAR NICOLAS II PASSE SES TROUPES EN REVUE. Le 21 août 1915, après que les Russes ont perdu la Pologne, la Lituanie et une partie de la Lettonie, Nicolas II démet le grand-duc Nicolas de ses fonctions de commandant suprême des armées pour en prendre la direction.

Une incontestable victoire russe

L'attaque part le 10 janvier et prend totalement les Ottomans par surprise. Les forces de Kiamil Pacha sont contraintes de se replier en toute hâte à une dizaine de kilomètres en avant du camp retranché d'Erzeroum. Précédée d'une intense préparation d'artillerie déclenchée le 3 février, la bataille reprend le 12 avec le débouché de l'armée russe. De nouveau, les Turcs sont rapidement débordés. Quatre jours plus tard, Erzeroum est aux mains des hommes du grand-duc. La IIIe armée ottomane n'a d'autre issue que de se replier vers l'ouest, poursuivie par les Russes. Ces derniers atteignent la mer Noire, enlèvent Mauds (3 mars), Bitlis (15 mars) et Trébizonde, le 18 avril. Ensuite, les Turcs parviennent à reprendre une partie du terrain perdu grâce à l'action de la IIe armée de Wahib Pacha, dont les hommes sont encore gonflés de leur victoire aux Dardanelles. Mais en septembre, une seconde offensive russe repousse définitivement les troupes ottomanes. Dans ces combats, les Turcs auront perdu environ la moitié de leurs forces. Après l'accalmie de l'hiver, l'armée ottomane d'Anatolie ne devra sa survie qu'à la révolution russe. ●

TÉMOIGNAGE

« Le massacre des Arméniens

Depuis octobre dernier, quand les atrocités arméniennes furent mises en exécution, nous avions espéré, en Occident, que, malgré tous les témoignages contraires, tout ce qu'on nous avait dit des événements d'Arménie ne pourrait pas se confirmer et qu'il y aurait des districts éloignés de l'Arménie turque où des Arméniens, originaires de ce pays, auraient échappé aux horreurs qui avaient accompagné leur destruction le long des grandes routes. Mais, depuis que toutes les provinces d'Erzeroum et de Bitlis ont été purgées des Turcs et qu'on peut voir de ses propres yeux ce qui s'est vraiment passé, on est simplement consterné et accablé de l'étendue de ce crime et de la cruauté des moyens par lesquels les Arméniens de ces deux provinces et des districts voisins ont été chassés de leurs foyers.

Extrait du Livre bleu du gouvernement britannique concernant le traitement des Arméniens dans l'Empire ottoman, mars 1916 »

ARRIVÉE À MARSEILLE DE LA BRIGADE RUSSE DU GÉNÉRAL LOKHVITSKY. Forte de quelque 8 000 hommes, la brigade russe est envoyée en Champagne où elle s'illustre face aux attaques de la 242e division d'infanterie allemande.

UNE BRIGADE RUSSE SUR LE FRONT DE L'OUEST

Obtenant de Nicolas II la promesse de la constitution d'un corps expéditionnaire russe sur le sol français, les gouvernements alliés fournissent l'armée du tsar en matériel militaire. Le 21 avril 1916, le paquebot français de la Compagnie maritime des chargeurs réunis, l'*Amiral-Latouche-Treville,* qui transporte le corps expéditionnaire russe, mouille dans le port de Marseille après un périple de quarante-cinq jours. Débarquant à la tête de ses troupes, le général Lokhvitsky reçoit les honneurs militaires des autorités civiles et militaires de Marseille venues accueillir le chef de la première brigade russe. Acclamant les troupes russes, la population de Marseille assiste au défilé de ces dernières sur les avenues de la cité phocéenne. Conduits au camp Mirabeau, les hommes de la première brigade russe prennent quelques jours de repos avant de rejoindre le front. ■

Prélude à la bataille de la Somme

Trois jours avant l'assaut allemand contre Verdun, les Alliés adoptent les grandes lignes de l'opération envisagée sur la Somme. Joseph Joffre et Douglas Haig s'accordent sur un objectif commun : la rupture du front et, au minimum, l'usure de l'adversaire.

Avant de rallier l'idée de Joffre d'un engagement conjoint sur la Somme, les Britanniques n'ont pas caché que leur préférence allait à une attaque dans les Flandres, qui offrait, en la combinant avec l'appui de la flotte, la possibilité de détruire la base de sous-marins allemands d'Ostende et les batteries de la côte belge. Mais Haig a fini par se rendre aux arguments de Joffre. Habilement, ce dernier a souligné que la prise d'Ostende, séduisante sur le papier, serait plus compliquée à réaliser sur le terrain. Les deux hommes se mettent d'accord pour lancer l'offensive sur la Somme début juillet. À cette date, en effet, les Britanniques devraient disposer des effectifs de l'armée de volontaires

L'AMBULANCE, LE SALUT DU POILU

Les premiers mois de la guerre ont pris au dépourvu les services de santé. Mais, face à l'hécatombe, les soins s'organisent. Ceux-ci passent d'abord par le secours aux blessés. Dans le dispositif, l'ambulance joue un rôle majeur. Beaucoup de soldats auraient pu être sauvés s'ils avaient reçu en temps voulu les soins appropriés. Hélas ! c'est loin d'être le cas, et il s'écoule souvent une longue période entre le moment où le soldat est blessé (il faut déjà le récupérer sur le champ de bataille) et celui où il reçoit les premiers soins avant d'être acheminé vers les hôpitaux de l'arrière. Si la blessure n'est pas trop grave, s'il n'a pas perdu tout son sang, si la gangrène n'a pas eu le temps de s'installer, si le poste de secours n'est pas trop loin et s'il n'est pas engorgé, alors, il a une chance de s'en sortir. ■

UNE AMBULANCE AUTOMOBILE, VERS 1915-1916. Au premier plan, des soldats blessés, allongés sur des brancards, attendent leur tour pour être évacués vers l'arrière.

de Kitchener. Toutefois, le déclenchement de l'offensive allemande contre Verdun le 21 février contraindra Joffre à réduire la participation française en demandant à Haig de renforcer la sienne. Les Britanniques doivent engager 26 divisions sur 25 km contre 14 du côté français pour un front couvrant 16 km. Le dispositif allié est articulé en quatre armées. Au centre, à cheval sur la Somme, la VIe armée (Fayolle) est chargée de l'effort principal, au nord de la rivière, vers Bouchavesnes, et au sud, en direction de Péronne. Elle sera couverte au sud par la Xe armée (Micheler) qui doit porter son effort vers Berny et Ablaincourt. Au nord de la Somme, la IVe armée (Rawlinson) doit attaquer en direction de Longueval ; il est prévu qu'elle bénéficie de l'appui, sur son flanc septentrional, de la Ve armée (Gough).

Un terrain difficile

La Somme, qui, de Corbie à Péronne, suit une direction est-ouest, partage le champ de bataille en deux zones très différentes. Au nord, entre Somme et Ancre, le terrain offre un compartimentage favorable à la manœuvre, mais il est parsemé de nombreux villages que les Allemands ont transformés en positions fortifiées. À quelque 5 km dans le nord-est, ce secteur aboutit à un demi-cercle de hauteurs, qui, de Longueval à Sailly-Saillisel, domine la région de 80 m, ouvrant sur la plaine de Bapaume. Au sud de la Somme, le plateau de Santerre tombe à pic sur le fleuve à hauteur de Péronne. Moins nombreux que dans la partie nord, les villages forment des entrelacs inextricables. Commencés en avril, les préparatifs alliés se poursuivent sans relâche en mai et en juin. Il s'agit surtout de s'assurer de pouvoir alimenter sans à-coups la bataille en hommes et en matériels. Ces préparatifs n'échappent pas à la reconnaissance aérienne ennemie. Pourtant, les Allemands estiment qu'il s'agit d'une opération d'intoxication et que, s'ils doivent être attaqués, ce sera vers Arras par les Anglais ou en Alsace par les Français (voir 1er juillet). ●

LE GÉNÉRAL FAYOLLE.
Rappelé de sa retraite en août 1914, il est nommé général de division à titre temporaire en 1915, puis général de division à titre définitif en 1916. Sur la Somme, il doit assurer l'effort principal à la tête de la VIe armée.

Les volontaires de Kitchener ? Fin prêts !

En choisissant le début du mois de juillet pour lancer sa grande offensive, Joffre rend un grand service aux Anglais. En effet, à cette date, Haig pourra enfin disposer des effectifs de ses « volontaires » instruits (plus ou moins) et aussi d'un important renforcement en matériels. Accourus de toutes parts à l'appel de Kitchener en août 1914, bien plus nombreux que prévu, les volontaires ont reçu un entraînement – souvent sommaire – dans les camps de Boulogne et d'Étaples. Le commandement tente d'intégrer les volontaires au niveau du bataillon afin de réaliser un amalgame avec les soldats chevronnés. Sans succès. On verra ainsi des unités constituées par des hommes d'un même comté – ce qui se défend – mais d'autres rassemblant des soldats pratiquant le même métier dans le civil – ce qui est moins probant. Quoi qu'il en soit, tous fournissent des effectifs d'une valeur morale exceptionnelle. Toutefois, ils vont payer au prix fort leur manque de préparation lors de leur engagement sur le champ de bataille de la Somme. ■

FANTASSINS BRITANNIQUES DANS LE SECTEUR DE LA SOMME.
« L'armée des amateurs », comme la dénomment les professionnels de French, se montrera partout, tout au long de la guerre, à la hauteur de ses missions.

L'enfer se déchaîne devant Verdun

En dépit des nombreux signes d'activité allemands – concentration d'artillerie, mouvements de troupes – devant Verdun, les Alliés sont pris au dépourvu lorsque, au petit matin du 21 février, le Kronprinz lâche ses divisions dans le secteur. Les soldats français vont perdre le fort de Douaumont.

À 7 h 15, un obus de 420 tombe sur le palais épiscopal de Verdun. Le temps est beau, sec et froid, la campagne est couverte de givre que fait briller un soleil d'hiver. C'est le prélude à un formidable bombardement de plusieurs heures qui, se prolongeant dans toute la profondeur du camp retranché, est perçu jusqu'à 150 km de là, dans les Vosges. Dans le ciel, les ailes sont allemandes. Les avions français qui parviennent à prendre l'air ne peuvent déterminer avec précision l'emplacement des batteries ennemies : l'horizon leur semble en flammes. Au milieu de l'après-midi, l'infanterie allemande monte à l'assaut par petits groupes. En fin de journée, le bois d'Haumont est perdu. Parallèlement, l'assaillant a pénétré dans les avancées des bois des Caures et de Ville. Le lendemain,

Le déclassement de la place forte

Si Falkenhayn a choisi Verdun, c'est parce que ce saillant de la ligne de front est mal relié à l'arrière et difficile à ravitailler par les Français. C'est pour ces raisons que l'état-major français avait décidé, par décret du 5 août 1915, de procéder au déclassement de la place forte. Ce décret a pour objet de supprimer l'autonomie des places fortes en leur substituant les « régions fortifiées ». À la notion de défense de la place en son enceinte succède donc celle de la défense en campagne adossée à une organisation défensive en avant. Ce déclassement inquiète le colonel Driant qui, en sa qualité de parlementaire, s'adresse à Paul Deschanel, président de la Chambre, pour lui exprimer ses craintes de voir l'ennemi s'attaquer à Verdun où les organisations sont désormais précaires, sinon inexistantes. Quant à Joffre, saisi de cette situation et tout à la préparation de sa grande offensive sur la Somme, il répond avec assurance et mépris : « Vous ne serez pas attaqués. » ■

TÉMOIGNAGE

« La bravoure du colonel Driant

Vers midi, le bombardement commence à s'apaiser. Le commandement : "Tout le monde dehors !" Aucune défense ne peut nous garantir. Le colonel Driant se rend compte de notre situation et nous fait déployer en tirailleurs. Pour nous donner de l'assurance, car nous sommes entièrement à découvert, il a lui-même un fusil à la main et une caisse de grenades à sa portée. Une pièce de 77 allemande nous mitraille à bout portant. Le colonel Driant, sans manifester le moindre étonnement, nous dit : "Mes amis, c'est bien simple, vous allez mettre votre pièce en batterie juste face à la route et je ne donne pas une minute à vivre aux artilleurs."

Récit de la journée du 21 février, par un sergent-fourrier du 59e BCP »

après une préparation d'artillerie de cinq heures, les Allemands reprennent l'attaque. Le village d'Haumont et le bois des Caures – où tombe le colonel Driant – ainsi qu'une partie de l'Herlebois sont aux mains de l'ennemi. Deux jours après le déclenchement de l'offensive, les Allemands peuvent commencer à s'infiltrer vers Douaumont. Dans la nuit du 23 au 24 février, les forces françaises déployées sur la Woëvre se replient sur le rebord est des Hauts de Meuse. Les zouaves, partis à l'assaut du bois de la Wavrille, sont fauchés par les mitrailleuses Maxim allemandes.

La nomination de Pétain

Le soir du 24 février, Joffre décide de confier au général Philippe Pétain, qui s'est illustré notamment en Artois, commandant de la IIe armée, en réserve au GQG de Noailles, le commandement d'ensemble à Verdun, sur les deux rives de la Meuse. Quand Pétain arrive à Verdun, la situation est dramatique : l'ensemble du front français est rompu, les commandants de secteurs s'ignorent réciproquement, des troupes refluent en désordre, d'autres luttent sans espoir. La journée du 25 février est marquée par la perte de la côte du Poivre et, surtout, par celle du fort de Douaumont. L'initiative du capitaine Haupt et du lieutenant Brandis aboutit à cette incroyable situation : ils ne trouvent dans le fort ni canons, ni mitrailleuses, ni officiers, ni soldats d'active, seulement 57 territoriaux et un vieux gardien qui se rendent et sont faits prisonniers.

Une conquête facile

Dans les heures qui suivent, les Allemands sont en mesure de tirer à partir du fort sur les lignes françaises avec les tourelles de 155 et 75 mm. La prise de cette position, saluée avec enthousiasme à Berlin, motive un voyage de Guillaume II pour féliciter son fils, le Kronprinz. Toutefois, l'arrivée des renforts du 20e corps permet aux Français de conserver en partie le plateau de Douaumont (voir 2 mai). ●

LE GÉNÉRAL PHILIPPE PÉTAIN. Nommé le 20 octobre 1914 général commandant de corps d'armée, il prend le commandement du 33e corps et organise des actions d'éclat lors de l'offensive en Artois. Son souci de veiller sur les conditions de vie de ses soldats le rendit populaire parmi les poilus. En juin 1915, il commande la IIe armée, avant de prendre la tête de l'ensemble des opérations à Verdun.

LES JOURNAUX DE TRANCHÉES

Premier conflit où apparaît un phénomène médiatique de masse, la Grande Guerre est l'occasion, au sein des unités engagées dans les combats, de créations sporadiques de « journaux de tranchées ». Ce sont autant de gazettes d'unités combattantes, d'unités de réserve, de camps de prisonniers, de sections sanitaires, d'associations de blessés, en France, en Allemagne, comme sur le front d'Orient. Beaucoup de ces titres ne dépassèrent pas quelques numéros ; d'autres survécurent à la guerre. Certains d'entre eux ont été imprimés, d'autres reproduits selon divers procédés de fortune. ■

La bataille du lac Narotch

À la demande de Joffre, les Russes repartent à l'offensive. L'Allemagne, qui a porté des coups terribles à la Russie en 1915, estime que le front oriental devrait être tranquille pendant encore quelques mois et a fait transférer de nombreuses divisions à l'ouest pour renforcer ses troupes en vue de la bataille de Verdun.

À la fin de l'hiver 1916, Vienne et Berlin estiment que les Russes, repoussés sur leur frontière en décembre 1915 après la percée de Gorlice, ne constituent plus une menace sérieuse. Du moins, pour le moment. En réalité, la Russie est certes sortie épuisée par les opérations de l'année écoulée, mais elle possède encore de nombreux atouts. D'abord, des forces considérables, qui ont commencé à se rassembler à l'abri du front reconstitué sur plusieurs milliers de kilomètres de Riga à la frontière roumaine. Ensuite, l'industrie de guerre tourne à plein : la production mensuelle d'obus a été multipliée par huit et celle de cartouches est passée de 69 à 85 millions. Enfin, le doublement du Transsibérien et la création d'une ligne reliant Petrograd à Kola, sur l'océan Arctique, facilitent considérablement les approvisionnements de l'Entente : en 1916, un million de tonnes de charbon et autant de munitions seront livrées aux Russes via Mourmansk. Tout cela ne va pas sans difficultés, malgré le soutien d'une mission française confiée au général Pau. Ainsi, en février, le groupe d'armée du Nord commandé par le général Kouropatkine ne dispose que de 500 000 fusils pour 750 000 hommes. Mais cela n'empêche pas qu'au début du mois de mars, l'armée russe peut aligner 125 divisions, constituées pour l'essentiel de très jeunes recrues.

80 000

Pertes russes lors de la bataille du lac Narotch.

Une opération de diversion demandée par Joffre

Dès le 2 mars, alors que les combats font rage à Verdun, Joffre demande au tsar Nicolas II d'entreprendre une opération de diversion de nature à fixer les réserves

LE GÉNÉRAL ALEXEÏ KOUROPATKINE. Bien qu'il fût tenu pour responsable de la défaite lors de la guerre russo-japonaise en 1905, Kouropatkine reçoit en février 1916 le commandement du front nord. Là encore, il ne brille guère sur le terrain. Aussi est-il remplacé en juillet par le général Nicolaï Rouzski.

L'ESCADRILLE « FRANÇAISE » DU TSAR

PILOTES FRANÇAIS EN RUSSIE. Des membres de la 21e escadrille russe et ses pilotes français posent près d'un Voisin III, des appareils spécialisés dans le bombardement.

La mission militaire française en Russie, confiée en janvier au général Pau, a pour objectif, entre autres, de participer à l'effort de guerre en termes de matériel. Parmi les besoins les plus pressants figure l'aviation. En 1916, la Russie dispose d'une aviation militaire, mais celle-ci est sans rapport avec celle des autres pays de l'Entente ou de l'Alliance. Et il en est de même de son industrie aéronautique. Aussi le début de l'année 1916 est-il marqué par de pressantes demandes de matériel, adressées par le gouvernement de Petrograd à la France. Le 30 avril 1916, un contrat est signé. Le gouvernement français mettra à la disposition de son allié, qui les prendra en solde, dix officiers pilotes et dix officiers observateurs. Ils combattront en Russie sur des avions français et formeront des pilotes et des observateurs russes. ■

allemandes du front oriental. Petrograd répond à son appel et, le 15 mars, les Ire, IIe et Ve armées passent à l'attaque contre les forces du général Hindenburg entre la Duna et la Vilia, dans l'actuelle Biélorussie. Bien que cette offensive soit menée avec des moyens encore fragiles, elle obtient quelques succès, notamment dans le secteur du lac Narotch, où la Xe armée allemande du général Eichhorn subit un sérieux revers. Après deux semaines de combats, les Russes décident de mettre fin à l'opération de diversion. D'une part, les pertes sont considérables, d'autre part, la fonte des neiges rend le terrain, déjà marécageux, totalement impraticable. Les combats de mars ont montré que l'armée russe n'est pas encore prête pour une offensive de grand style. Une réunion de la Stavka – l'état-major russe –, tenue le 14 avril, fixe au 15 juin l'offensive principale qui doit être conduite par le général Ehvert à l'ouest de Minsk. En attendant, la bataille du lac Narotch vient de démontrer, une fois de plus, l'inébranlable fidélité du tsar Nicolas II à l'endroit de ses alliés occidentaux (voir 4 juin). ●

Le Manifeste des Seize

Les milieux anarchistes et pacifistes sont en effervescence depuis la parution dans le journal *La Bataille* du Manifeste des Seize, qui confirme la position de ses auteurs anarchistes, Kropotkine et Jean Grave en tête, à savoir leur adhésion à la politique d'Union sacrée. Les revues anarchistes publieront des réponses au cours de l'année. Dans *Les Temps nouveaux*, les dissidents dénoncent l'idée d'une « guerre juste » prônée par leurs aînés. En octobre 1916, par tract, de jeunes militants autour de Louis Lecoin veulent « imposer la paix », tandis que de Suisse, l'écrivain pacifiste Romain Rolland poursuit son combat contre la guerre commencé dès 1914 avec son pamphlet *Au-dessus de la mêlée*, qui a largement contribué à sa reconnaissance internationale couronnée par le prix Nobel de littérature en 1915. ■

KROPOTKINE ET JEAN GRAVE. Kropotkine et Jean Grave sont les deux plus célèbres signataires du Manifeste des Seize. La vieille génération anarchiste s'est ralliée en août 1914 à l'Union sacrée et maintient toujours sa position dix-huit mois après.

Un sous-marin torpille le *Sussex*

Un navire français coulé par un sous-marin allemand. Il est environ 15 h lorsque le *Sussex*, bateau du service maritime des chemins de fer de l'État français, est coupé en deux par une torpille lancée sans sommation d'un sous-marin allemand.

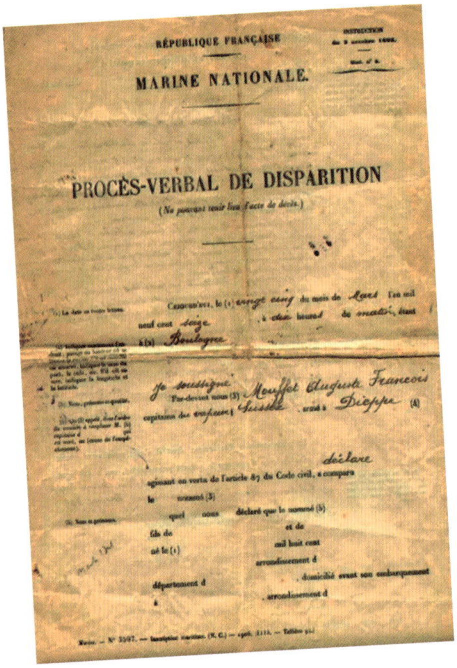

RÉPUBLIQUE FRANÇAISE

MARINE NATIONALE.

PROCÈS-VERBAL DE DISPARITION

(Ne pouvant tenir lieu d'acte de décès.)

LE PROCÈS-VERBAL DE DISPARITION DU *SUSSEX*. Établi dès le lendemain du torpillage par Auguste Mouffet, capitaine du *Sussex*, le PV décrit le déroulement des événements, comment il a tenté d'éviter la torpille, y a réussi partiellement, la confusion qui a suivi l'explosion, le sectionnement du bateau et ses conséquences sur le nombre de victimes.

Le ferry trans-Manche *Sussex*, qui a quitté Folkestone le 24 mars, vers 13h30, fait alors route par beau temps sur Dieppe lorsqu'il est atteint à tribord par une torpille tirée sans sommation par un sous-marin allemand. Bien que le capitaine ait eu le temps de lancer une manœuvre d'évitement, la vitesse de la torpille ne lui laisse guère d'espoir. Toutefois, cette manœuvre permet d'éviter que le *Sussex* ne soit touché en son milieu. En effet, la torpille explose sur la proue du bâtiment, ce qui ne l'empêchera pas de continuer à flotter. L'explosion de l'engin tue une partie des passagers situés à l'avant et provoque la panique. Aussitôt, des embarcations sont mises à la mer; certaines se retournent, entraînant la noyade de leurs occupants. Le reste du bateau continue

L'insurrection de Pâques à Dublin

Alors que la guerre fait rage sur tous les théâtres d'opérations, l'IRB – Irish Republican Brotherhood – décide d'organiser un soulèvement massif contre l'occupant britannique. Le 24 avril 1916, lundi de Pâques, près de 1 300 membres de l'IRB et 300 hommes de la Citizen Army, munis de fusils, occupent des bâtiments publics à Dublin tandis que les chefs politiques (Patrick Pearse et James Connolly) proclament la République irlandaise. L'armée britannique, peu nombreuse à Dublin, s'empresse de faire venir des renforts. Elle fait donner le canon et contraint les rebelles à capituler. Cet échec militaire – prévisible – de l'IRB annonce néanmoins la remise en question profonde de l'autorité britannique en Irlande du Sud. Dans cette affaire, l'Allemagne aura envoyé une cargaison de fusils pour soutenir les indépendantistes irlandais. Mais, à la suite d'un malentendu, il ne se trouva personne pour accueillir le cargo à son arrivée. D'ailleurs, le navire fut sabordé le Vendredi saint. ■

donc de flotter, mais sans pouvoir communiquer avec l'extérieur, l'antenne de TSF ayant été touchée. Finalement, grâce à une réparation d'urgence, un SOS peut être lancé vers 17 h. À ce moment, les passagers réfugiés dans les embarcations remontent à bord du *Sussex*. Le capitaine a pris la précaution de mettre en panne les machines motrices pour éviter des ébranlements susceptibles de disjoindre les tôles de la cloison étanche, unique sauvegarde de la flottabilité du navire. L'arrière du *Sussex* sera finalement remorqué jusqu'à Boulogne-sur-Mer dans la nuit. Environ cinquante personnes perdirent la vie dans cette attaque; un certain nombre d'entre elles furent tuées par l'explosion de la torpille, les autres moururent noyées ou de froid après s'être jetées à la mer. Parmi les victimes se trouvaient le compositeur espagnol Enrique Granados et son épouse. Bien qu'aucun citoyen américain n'ait été tué, ce coup de force provoque une forte émotion aux États-Unis, où le souvenir de la disparition du *Lusitania* le 7 mai 1915 est encore vif. Il s'ensuit des échanges diplomatiques tendus entre les gouvernements allemand et américain, dont une note de protestation des États-Unis le 20 avril (voir ci-contre).

DOCUMENT

« Le *Sussex* fait des vagues outre-Atlantique

Le gouvernement des États-Unis a eu une attitude très patiente. Il est obligé de déclarer aujourd'hui au gouvernement impérial que l'emploi des sous-marins pour la destruction du commerce ennemi est absolument inconciliable avec les principes d'humanité, les droits incontestables des neutres et les privilèges sacrés des non-combattants. À moins que le gouvernement impérial n'annonce immédiatement qu'il abandonne les méthodes de guerre actuelles, le gouvernement des États-Unis n'aura d'autre alternative que la rupture des relations diplomatiques avec l'empire allemand.

***Note de protestation américaine, 20 avril 1916* »**

LE *SUSSEX* REMORQUÉ À BOULOGNE-SUR-MER.
Ce sont 325 passagers et 53 hommes d'équipage qui avaient embarqué à Folkestone. Parmi les passagers se trouvaient 25 citoyens américains. On estime à une cinquantaine le nombre de disparus.

L'escadrille La Fayette voit le jour

Des pilotes américains dans la Grande Guerre. La situation en Europe, où la guerre fait rage depuis près de deux ans, suscite outre-Atlantique des mouvements de sympathie, notamment en faveur des Alliés. C'est à cette inclination du cœur que répond la création de l'escadrille La Fayette.

Bien que les États-Unis affichent leur neutralité depuis l'éclatement de la guerre, de nombreux volontaires ont fait savoir, dès 1914, qu'ils souhaitaient lutter aux côtés de l'Entente contre les Empires centraux. Leur démarche n'est pas sans rappeler celle du marquis de La Fayette apportant en 1777 son aide aux « Insurgents » lors de la guerre d'Indépendance. Cette détermination est à l'origine de la création à Luxeuil-les-Bains de l'unité aéronautique N 124, laquelle porte rapidement le nom d'escadrille La Fayette. Placée sous le commandement du capitaine Georges Thénault et du lieutenant de Laage de Meux, elle est composée de membres recrutés pour la

PILOTES DE L'ESCADRILLE LA FAYETTE. Pour ne pas perdre la nationalité américaine, les volontaires de l'escadrille s'enrôlaient d'abord dans la Légion étrangère ou dans des unités d'ambulanciers bénévoles.

L'EMBLÈME DE L'ESCADRILLE. C'est le capitaine Thénault qui choisit comme insigne de l'escadrille La Fayette cette tête d'Indien séminole, symbole de force, de combativité et de courage. La croix gammée est considérée comme un symbole porte-bonheur.

plupart dans la Légion étrangère ou au sein d'ambulanciers bénévoles. Après une formation intensive au pilotage, ces hommes sont affectés à des bases situées à une trentaine de kilomètres du front. Aux commandes de Nieuport ou de Spad, ils sont chargés de missions quotidiennes, des Vosges à la Picardie. Les exploits des quarante-trois pilotes de l'escadrille – dont neuf sont morts au combat – font régulièrement l'objet de commentaires dans la presse américaine. Les succès de cette unité suscitent de vives protestations de la part des autorités allemandes qui considèrent que l'existence de cette escadrille «américaine» constitue la preuve évidente de la rupture de la neutralité des États-Unis. L'escadrille La Fayette totalisera huit citations à l'ordre de l'armée de l'Air; elle aura droit au port de la fourragère aux couleurs du ruban de la croix de guerre 1914-1918, ainsi qu'au port de la fourragère aux couleurs du ruban de la Médaille militaire.

LE SPAD VII, L'AVION PRÉFÉRÉ DES PILOTES AMÉRICAINS

Il a été le premier d'une série de chasseurs biplans à succès, fabriqués par la SPAD, la Société de production des aéroplanes Deperdussin. Son fuselage est composé d'un cadre en bois recouvert de tissu, tandis que la partie avant est en acier placé sous une bâche. Appareil solide et robuste, ses bonnes caractéristiques de vol en font un excellent avion de chasse. Doté d'un moteur Hispano-Suiza de huit cylindres, il pèse 740 kg une fois armé d'une mitrailleuse Vickers de 7,7 mm. Pouvant atteindre 192 km/h, il possède une vitesse ascensionnelle de 275 m/min pour un plafond de 5 300 mètres et un rayon d'action de 360 kilomètres. Les pilotes apprécient notamment la grande vitesse et la

bonne capacité de plongée de cet appareil, ce qui leur permet de prendre l'initiative, d'engager ou de quitter le combat très rapidement. Cet avion séduira les Britanniques, les Russes et les Italiens, puis les Américains après l'entrée en guerre des États-Unis en 1917.

24 AVRIL 1916

À Kienthal, l'Union sacrée des pacifistes

Initié à Zimmerwald le 5 septembre 1915, le mouvement pacifiste trouve son prolongement à Kienthal, où la conférence renouvelle, avec plus de force encore, le refus de toute collaboration avec les gouvernements nationaux responsables du massacre des peuples.

L'année 1916 voit un renouveau de l'action syndicale pacifiste. Déjà, le 25 mars, Merrheim, membre de la CGT, affirme que l'Internationale revivra. Il ajoute : « Les Allemands ont accompli chez nous, dans les régions envahies, des travaux que nous attendions depuis quarante ans, ce sont des organisateurs merveilleux. » Du côté socialiste et syndicaliste, les « minoritaires » (hostiles à l'Union sacrée) gagnent du terrain. Comme le souligne le membre de la CGT Georges Dumoulin, « Zimmerwald a été le trait de lumière qui a réveillé nos espérances ». Lorsque se réunit à Kienthal, en Suisse, une deuxième conférence, trois députés socialistes français répondent présent : Alexandre Blanc, Pierre Brizon et Jean-Pierre Raffin-Dugens – clandestinement, car le pouvoir leur a refusé leurs passeports. Bien qu'il s'agisse de parlementaires de second plan, leur présence donne du relief à la prise de position des minoritaires.

La paix immédiate !

Tous les participants, les bolcheviks Lénine et Zinoviev en tête, sont d'accord pour affirmer que, dans cette guerre, c'est le peuple qui se ruine et qui souffre en silence pour satisfaire les bourgeois capitalistes. « Cette guerre, peuples travailleurs, n'est pas la vôtre, mais vous en êtes les victimes. » On pourfend le délire nationaliste, la domination impérialiste des gouvernements bourgeois, les industriels « fournisseurs aux armées et profiteurs de guerre », la diplomatie secrète et l'Église. Le texte du manifeste, présenté par Brizon, est adopté à l'unanimité. La conférence de Kienthal s'inscrit dans la ligne de Zimmerwald en réaffirmant le refus de collaborer avec les gouvernements nationaux.

TÉMOIGNAGE

« Aux peuples qu'on ruine et qu'on tue !

Prolétaires de tous les pays, unissez-vous ! Deux ans de guerre mondiale ! Deux ans de massacres ! Deux ans de réaction ! Qui donc est responsable ? Où sont donc – derrière ceux qui, au dernier moment, ont allumé l'incendie – ceux-là qui l'ont voulu et préparé depuis un quart de siècle ? Ils sont parmi les privilégiés ! [...] Vos gouvernements, les cliques impérialistes et leurs journaux vous disent qu'"il faut tenir jusqu'au bout" pour libérer les peuples opprimés. C'est une des plus grandes fourberies imaginées par nos maîtres pour la guerre. Le vrai but de cette boucherie mondiale est de s'assurer la possession du butin qu'ils ont rassemblé pendant des siècles et au cours d'autres guerres [...].

À bas la guerre ! Vive la paix ! La paix immédiate et sans annexions.

Vive le socialisme international !

Extraits du Manifeste de Kienthal »

COUVERTURE DE *LA BAÏONNETTE* CONSACRÉE AU PACIFISME.
Ce dessin de Georges Goursat dit Sem est paru dans le numéro du 3 août 1916. Ce journal satirique, célèbre pour ses charges contre les Allemands, moque les tentatives des pacifistes pour dénoncer la guerre et ses conséquences sur le nombre de victimes.

28 AVRIL 1916

Les Ottomans reprennent l'initiative en Mésopotamie

Importante base turque située sur le Tigre, à 500 kilomètres au nord de la principale base britannique de Bassora, Kut el-Amara est tombée aux mains des Britanniques en septembre 1915. Les Turcs ont fait de la reprise de cette ville une priorité.

En janvier 1916, alors que des forces britanniques font route vers Kut el-Amara pour porter secours à la garnison assiégée par les Turcs, son commandant, le général Charles Townsend, fait savoir qu'il ne dispose que de deux ou trois semaines de rations. Le 15 avril, les avions britanniques commencent à larguer des vivres sur la garnison. La veille, une nouvelle colonne britannique marchant sur Kut el-Amara a été repoussée par les Turcs. Depuis le début de l'année, c'est la quatrième tentative infructueuse pour tenter de débloquer la place. L'intervention du corps russe du général Baranov n'a pas plus de succès. Ayant de nouveau fait état de l'épuisement de ses troupes affamées, Townsend est finalement autorisé, le 25 avril, à négocier la reddition de la place. Celle-ci intervient le 28 avril après 140 jours de siège. Quelque 13 000 soldats sont faits prisonniers. Environ 2 500 malades ou blessés sont relâchés par les Turcs, mais le reste

Le deuxième raid germano-turc sur Suez

Depuis l'échec ottoman dans le secteur de Suez le 3 février 1915, les Britanniques ont renforcé leur présence dans la zone du canal. Sa défense est établie sur une ligne qui va de Suez à Katia, une ville située sur le bord de la Méditerranée, à une centaine de kilomètres au nord de Suez. La tête de pont de Katia est défendue par les 85 000 soldats du général Murray. Ce renforcement en cours n'échappe pas au général allemand Kress von Kressenstein, lequel décide de tenter un nouveau coup de main. Le 23 avril 1916, les Turcs parviennent à enlever Katia, avant de devoir se replier face à la vigueur de la riposte anglaise. Les Germano-Turcs reprendront l'offensive en août, sans plus de succès. ■

LE CANAL DE SUEZ VU PAR LES AMÉRICAINS EN 1916.
Le maigre volatile turc et la baïonnette allemande à terre ne semblent pas avoir la moindre chance face au lion britannique, au kiwi néo-zélandais et au kangourou australien.

part vers des camps. Environ 4 800 d'entre eux mourront de maladie ou par manque de soins et de nourriture. On estime à quelque 70 % le taux de pertes parmi les prisonniers. Certains Indiens seront enrôlés de force dans l'Armée des volontaires indiens qui regroupait des ex-prisonniers de tous les fronts occidentaux, acceptant de combattre pour le compte des empires centraux sous le commandement d'Amba Prasad Sufi. La capitulation de Townsend soulève une vive émotion en Grande-Bretagne. Aussi, le cabinet de guerre décide-t-il de placer l'armée des Indes, à cette date relativement autonome, directement sous les ordres du général Robertson, chef d'état-major impérial. Il s'agit de rétablir le prestige britannique et sauver les intérêts pétroliers de l'Angleterre en Orient. Les opérations britanniques en Mésopotamie, confiées au général Maude et à ses 160 000 hommes, reprendront au début de l'année 1917. Les 22 et 23 février, le général Maude lancera une grande attaque sur les Turcs à Kut el-Amara. Après sa défaite contre les forces de Maude dans ce qu'on appellera la « deuxième bataille de Kut el-Amara », le commandant turc Kara Beckr Bey ordonnera à ses troupes de se replier sur Bagdad. Celles-ci finiront par abandonner Kut el-Amara le 25 février 1917. ●

CHARGE BRITANNIQUE À KUT EL-AMARA. Ce cliché à la gloire des Britanniques date de 1915, lorsque les Turcs délaissent Kut el-Amara.

LES « AFFICHES ROUGES »

Cette affiche placardée sur les murs de Bruxelles le 19 avril sur ordre du gouverneur militaire de la Belgique, le colonel-général Moritz von Bissing, informe la population de la condamnation de plusieurs citoyens pour fait d'espionnage : « Ils ont observé nos troupes, mouvements de troupes, [...] et transmis ou fait transmettre les renseignements obtenus au service d'information de l'ennemi. » Certaines condamnations à mort « ont été commuées en travaux à perpétuité ». Ce type d'affiches fleurit dans toutes les villes de Belgique et aussi de France dans les départements du Nord-Est. Il témoigne de la dureté de l'occupation allemande, ainsi que de la volonté de résister, en dépit des risques encourus, de la société civile, toutes professions confondues. ■

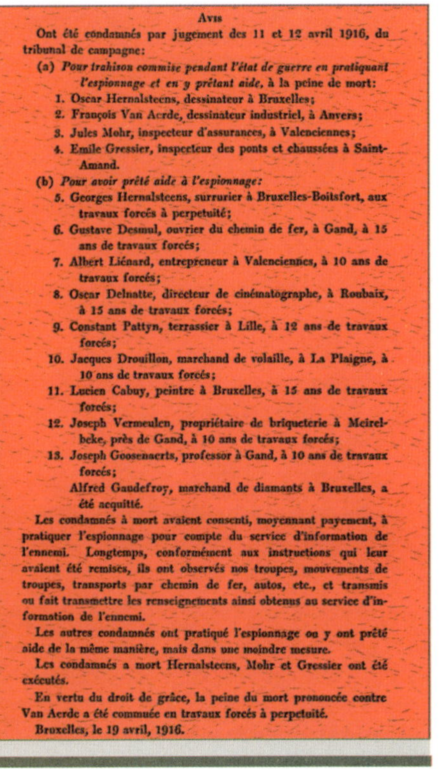

Avis

Ont été condamnés par jugement des 11 et 12 avril 1916, du tribunal de campagne:

(a) *Pour trahison commise pendant l'état de guerre en pratiquant l'espionnage et en y prêtant aide*, à la peine de mort:

1. Oscar Hernalsteens, dessinateur à Bruxelles;
2. François Van Aerde, dessinateur industriel, à Anvers;
3. Jules Mohr, inspecteur d'assurances, à Valenciennes;
4. Emile Gressier, inspecteur des ponts et chaussées à Saint-Amand.

(b) *Pour avoir prêté aide à l'espionnage:*

5. Georges Hernalsteens, surrurier à Bruxelles-Boitsfort, aux travaux forcés à perpetuité;
6. Gustave Desmul, ouvrier du chemin de fer, à Gand, à 15 ans de travaux forcés;
7. Albert Liénard, entrepreneur à Valenciennes, à 10 ans de travaux forcés;
8. Oscar Delnatte, directeur de cinématographe, à Roubaix, à 15 ans de travaux forcés;
9. Constant Pattyn, terrassier à Lille, à 12 ans de travaux forcés;
10. Jacques Drouillon, marchand de volaille, à La Plaigne, à 10 ans de travaux forcés;
11. Lucien Cabuy, peintre à Bruxelles, à 15 ans de travaux forcés;
12. Joseph Vermeulen, propriétaire de briqueterie à Meirelbeke, près de Gand, à 10 ans de travaux forcés;
13. Joseph Goosenaerts, professor à Gand, à 10 ans de travaux forcés;

Alfred Gaudefroy, marchand de diamants à Bruxelles, a été acquitté.

Les condamnés à mort avaient consenti, moyennant payement, à pratiquer l'espionnage pour compte du service d'information de l'ennemi. Longtemps, conformément aux instructions qui leur avaient été remises, ils ont observés nos troupes, mouvements de troupes, transports par chemin de fer, autos, etc., et transmis ou fait transmettre les renseignements ainsi obtenus au service d'information de l'ennemi.

Les autres condamnés ont pratiqué l'espionnage ou y ont prêté aide de la même manière, mais dans une moindre mesure.

Les condamnés a mort Hernalsteens, Mohr et Gressier ont été exécutés.

En vertu du droit de grâce, la peine du mort prononcée contre Van Aerde a été commuée en travaux forcés à perpetuité.

Bruxelles, le 19 avril, 1916.

Verdun, bataille d'usure

C'est maintenant le duo Pétain-Nivelle qui dirige le combat pour Verdun, devenu aux yeux du monde le symbole du prestige de la France. Le 2 mai, les Allemands lancent une nouvelle offensive dont l'issue provisoire devra attendre le mois d'août, du fait de la résistance acharnée des soldats français. Les Allemands piétinent devant Verdun.

Après avoir pris pied, au prix de pertes importantes, sur la cote 304, le 4 mai, et sur le Mort-Homme, le 20 mai, les Allemands renoncent à s'engager plus avant sur la rive gauche de la Meuse. En revanche, dès juin, ils tentent, par trois fois, sur la rive droite, d'atteindre la côte Saint-Michel-Belleville. À compter du 23 juin, un déluge d'obus toxiques s'abat sur ce secteur. Les canons allemands allongent leurs tirs et 17 régiments se lancent à l'assaut. Ils s'emparent de la redoute de Thiaumont, d'une partie du village de Fleury et de la côte de Froideterre, mais cette dernière est reprise par une contre-attaque française. Les combats se poursuivent de façon ininterrompue jusqu'au 30 juin autour de la redoute de Thiaumont, mais celle-ci reste aux mains des Allemands. Bien que le début des offensives sur la Somme inquiète Falkenhayn, Knobelsdorff déclenche deux ultimes assauts, le 14 juillet et le 1er août. La vague allemande déferle et meurt sur le glacis du fort de Souville. Du 1er au 6 août, elle progresse encore un peu au sud de Vaux, mais est bloquée partout ailleurs par les hommes des groupements Mangin et Baret.

LE MORTIER FRANÇAIS DE 280 MM

Ce matériel de siège, initialement destiné à la Russie juste avant la guerre, est commandé en urgence par l'armée française à la veille du conflit. Les premiers mortiers Schneider 280 mm entrent en service à la fin de l'année 1915 et il en sera construit plus de 150 exemplaires. Une quantité considérable pour un matériel d'aussi gros calibre. Pièce de siège par excellence, le « 280 » est doté d'un frein hydropneumatique qui absorbe le recul au départ du coup. Monté sur une plate-forme circulaire, le mortier peut être orienté très rapidement. Affichant un poids en position de 16 tonnes, il lance des obus de 275 kg à 11 km, à la cadence d'un coup toutes les trois minutes. L'obus est conduit à sa pièce sur un chariot. Pour reprendre Douaumont et Vaux, le général Nivelle fit un emploi massif de ce type de canon. ■

L'initiative change de camp

Les Allemands stoppés, l'initiative change de camp. Fleury, enjeu majeur des opérations de l'été, est repris le 17 août. Les nouvelles qui parviennent à Berlin laissent deviner un échec total. Les jours de Falkenhayn à la tête du grand état-major sont comptés, lui qui avait convaincu le Kaiser que Verdun serait le tombeau de la France. Désormais, les Allemands vont devoir limiter leur offensive dans le secteur de Verdun. Du côté français, on se prépare à la contre-offensive destinée à réoccuper les forts de Vaux, pris le 7 juin par les Allemands, et de Douaumont, tombé sans combattre en février. Tout l'été est mis à contribution pour rassembler les moyens d'artillerie nécessaires à la reconquête. En effet, pour inverser définitivement la tendance, Pétain a besoin de concentrer de puissants moyens, notamment des obusiers de 400 mm Saint-Chamond pour écraser les forts et des mortiers de 280 mm Schneider. Alors que Joffre, obsédé par l'offensive sur la Somme, ne dispensait les divisions qu'avec parcimonie, Pétain et Nivelle ont reçu l'assurance de disposer des moyens nécessaires (voir 26 août). ●

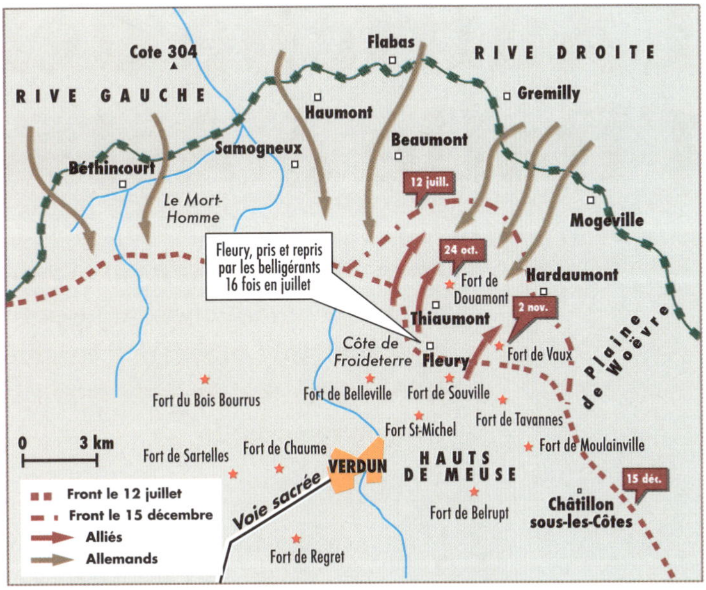

La résistance du fort de Vaux

À la fin du mois de mai, le fort de Vaux encaisse chaque jour plus de 8 000 obus de tous calibres. La caserne bétonnée et la casemate se sont effondrées et la citerne d'eau potable est détruite. Malgré cela, pendant sept jours, la garnison placée sous la responsabilité du commandant Raynal se défend pied à pied dans les couloirs de l'ouvrage. Elle ne consent à se rendre que le 7 juin, épuisée et tenaillée par le supplice de la soif. Le commandant Raynal sera reçu par le Kronprinz en personne qui lui accorde les honneurs de la guerre. ■

DANS LES FORTS, LA LIAISON TÉLÉPHONIQUE EST LA SEULE RELATION AVEC L'ÉTAT-MAJOR.
Dans un réduit, le téléphoniste tente de joindre ses supérieurs.

TÉMOIGNAGE

« La tranchée des baïonnettes

Le jour de la Pentecôte, le 11 juin, vers 5 heures du soir, j'appris que mon collègue et ami, le lieutenant Grenier, vicaire à Bernay, venait d'être enterré par le bombardement avec son sous-lieutenant et ses hommes dans sa tranchée. C'était le commencement de l'enlisement. Prisonniers, nous laissions dans la tranchée nos morts, les armes à la main, et leurs armes, appuyées sur le parapet, jalonnaient la ligne.

Souvenir d'un lieutenant du 137e régiment d'infanterie »

L'Autriche défait l'Italie à Asiago

En 1915, les forces austro-hongroises se sont heurtées par quatre fois aux troupes italiennes sur l'Isonzo, sans que l'un ou l'autre camp n'ait enregistré un avantage significatif. Au printemps, Conrad von Hötzendorf, chef de l'état-major austro-hongrois, décide de reprendre l'offensive en Italie.

227 000
Nombre de soldats autrichiens et italiens tués, blessés, prisonniers et disparus lors de la bataille d'Asiago.

Animé d'une haine farouche à l'égard de l'Italie, «l'ex-amie perfide», Hötzendorf rassemble entre Trente et Bolzano des moyens importants, notamment une artillerie lourde conséquente et ses meilleures divisions prélevées sur le front russe de Galicie. Il entend attaquer le front tenu par la Ire armée italienne, entre la Brenta et l'Adige, une région de plateaux de montagne moyenne. Bien qu'Hötzendorf ait réclamé au moins vingt divisions, Falkenhayn, jugeant le théâtre italien bien secondaire, ne lui en accorde que dix-huit, regroupées en deux armées : la XIe commandée par le général Dankl, la IIIe aux ordres du général Kövess. Il appartient à l'archiduc Eugène de diriger la bataille. Les forces austro-hongroises sont prêtes à attaquer dès le 15 avril, mais une violente tempête de neige contraint Hötzendorf à différer les opérations. Ce report permet aux Italiens, qui ne s'attendent pas à être pris à partie dans le Trentin, de repérer les mouvements ennemis. L'attaque est finalement déclenchée le 15 mai, précédée par un court mais violent tir d'artillerie, auquel les forts autrichiens proches de la frontière apportent leur

SOLDATS AUTRICHIENS SUR LE PLATEAU D'ASIAGO. Les hommes de l'archiduc Eugène se sont lancés en mai 1916 à l'attaque d'un front d'environ 65 kilomètres tenu par la Ire armée italienne.

L'armée italienne

Lors du déclenchement de la guerre, l'armée italienne dispose d'une force de première ligne constituée de 195 bataillons d'infanterie soutenue par 151 batteries d'artillerie, sans oublier des unités de cavalerie, de génie ainsi que diverses troupes spécialisées. Les forces d'appui comprennent alors 45 bataillons d'infanterie et 24 batteries d'artillerie. Quant aux troupes de réserve, elles englobent 101 bataillons d'infanterie et 87 batteries d'artillerie, soit un total de 875 000 hommes placés sous les ordres du général Cadorna, chef d'état-major, dépendant lui-même du commandement suprême du roi. Durant la Grande Guerre, les principaux objectifs italiens seront de libérer les régions italiennes peu habitées sous contrôle austro-hongrois, principalement les régions du nord-est du Trentin, la Vénétie Julienne et le port de Trieste. En dépit d'une nette supériorité numérique sur les forces austro-hongroises, l'armée italienne sera surclassée en matière d'artillerie, de mitrailleuses et d'aéroplanes. ■

UNITÉS ITALIENNES À L'ŒUVRE. Dans les Alpes, les manœuvres de l'artillerie nécessitent d'incessants et pénibles travaux d'approche.

concours. Les tout premiers jours tournent à l'avantage de l'assaillant qui enlève la première ligne italienne située, il est vrai, sur la pente descendante des massifs et donc vulnérable en raison de sa visibilité. Au cours du mois, les Italiens parviennent à verrouiller les deux extrémités du front, mais cèdent en son centre, dans le secteur d'Asiago. Toutefois, ils arrivent à la fin du mois à se rétablir, non sans de grandes difficultés, sur une ligne d'arrêt surplombant la plaine de Bassano. Cette opération a coûté 147 000 morts, blessés ou disparus aux Italiens. Les Autrichiens s'en sortent à moindre frais – quelque 80 000 hommes – mais les gains territoriaux apparaissent quasiment nuls. Tout au long du mois de juin, l'archiduc Eugène lancera encore quelques attaques localisées, mais celles-ci sont uniquement destinées à masquer son repli stratégique. ●

LE GÉNÉRAL LUIGI CADORNA. Il succède en juillet 1914 au général Pollio à la tête de l'état-major général italien. Dès la déclaration de guerre, Cadorna, le rénovateur de l'armée italienne, bénéficie d'un prestige comparable à celui du « taciturne » Joffre. Mais ses échecs en 1915 et 1916 finissent par rendre suspect son discernement. La réputation de Cadorna dans le domaine militaire fut largement écornée par les historiens d'après-guerre.

Au Proche-Orient, les accords Sykes-Picot

Les Britanniques et les Français se partagent l'Empire ottoman. Depuis le début de la guerre, Londres songe à favoriser un soulèvement anti-turc afin de prendre la place des Ottomans. Aussi les Alliés envisagent-ils le partage de l'Empire ottoman en cas de victoire.

Commencées en novembre 1915, les négociations sont conduites par François-Georges Picot, ancien consul de France à Beyrouth et délégué à l'ambassade de France à Londres, et par sir Mark Sykes, parlementaire britannique et spécialiste de l'Empire ottoman. Pour la France, les négociations portent sur la Syrie géographique, territoire s'étendant de la Cilicie au Sinaï, et du littoral méditerranéen à Mossoul. Sykes de son côté, et comme promis à Hussein de La Mecque, estime que la zone française ne peut s'étendre que sur la Syrie du Nord, car les villes de Damas, Homs, Hama et Alep sont réservées à Hussein, et la Palestine à la Grande-Bretagne. La France se rend aux arguments britanniques concernant les quatre villes syriennes qui feront partie du royaume arabe, mais sur lequel la France aura une zone d'influence. En revanche, la France refuse que la Palestine soit sous domination britannique. Elle accepte néanmoins le principe de l'internationalisation de la Palestine.

LE PROCHE-ORIENT REMODELÉ. La Grande-Bretagne et la France se partagent des zones d'influences privilégiées aux dépens des Ottomans.

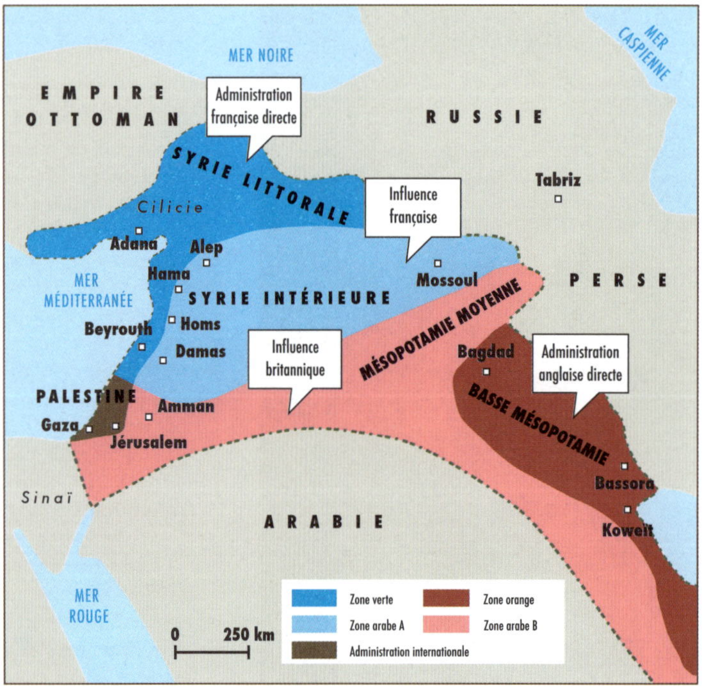

La teneur des accords

Au bout de plusieurs semaines de discussions, un accord est trouvé le 16 mai. Il divise la Syrie et la Mésopotamie en cinq zones. Une zone bleue (Syrie littorale et Cilicie) sur laquelle la France peut mettre en place un régime d'administration directe ou un protectorat; une zone rouge (basse Mésopotamie) où la Grande-Bretagne a les mêmes possibilités; une zone brune (Palestine) réservée à la France et à la Grande-Bretagne. Il est également prévu une zone A (Syrie intérieure) où la France disposera d'une zone d'influence sur le royaume arabe de Hussein, ainsi qu'une zone B (Mésopotamie moyenne) où ce sera à la Grande-Bretagne de jouir d'une zone semblable. Ces accords ne font cependant l'unanimité ni parmi les Français ni parmi les Britanniques. Les Français relèvent en particulier les avantages considérables qu'en retire la Grande-Bretagne sur la Palestine, lui permettant notamment de sécuriser la route des Indes et les champs de pétrole mésopotamiens. ●

THOMAS EDWARD LAWRENCE.
Officier de renseignement en raison de sa maîtrise de la langue arabe, il est envoyé en mission en juin 1916. Il doit rencontrer les chefs des tribus bédouines et les fédérer dans le dessein de les soulever contre les Turcs. Il persuade les Arabes de consolider leurs positions sur les côtes du Hedjaz et de ne pas chasser tout de suite les Ottomans de Médine, les forçant ainsi à conserver de nombreuses troupes pour protéger la ville. Pour ses actions, Lawrence sera fait compagnon de l'ordre du Bain, compagnon du Distinguished Service Order, chevalier de la Légion d'honneur et recevra la croix de guerre 1914-1918.

Les Bulgares s'emparent de Rupel

Les Alliés sont empêtrés dans les Balkans. La conquête des Dardanelles ayant échoué, l'attention des Alliés, dont les troupes sont positionnées à Salonique, est entièrement tournée vers la Grèce. Londres et Paris espèrent qu'elle fera rempart aux visées de la Bulgarie, alliée de l'Allemagne.

Au moment où éclatait la guerre en Europe, la Grèce avait offert aux Alliés une « neutralité bienveillante », tout en promettant à Guillaume II qu'« il la rendrait la plus utile à l'Allemagne ». Deux ans plus tard, Athènes n'est pas sortie de l'ambiguïté. Sarrail, commandant de l'armée d'Orient, et le roi Constantin de Grèce ont eu, fin 1915, de multiples entretiens dont rien n'est sorti. Passant outre à la tiédeur du souverain hellène, l'escadre française a occupé Corfou le 30 décembre 1915. Au cours des mois de janvier et de février, la nouvelle armée serbe commence à s'y rassembler. Parallèlement, les Alliés arrêtent les autorités consulaires de la Quadruplice. La situation se tend alors en mars, lorsque les Grecs, après s'être entendus avec les Bulgares, évacuent les hauteurs au nord de Salonique, obligeant les hommes de Sarrail à les remplacer en toute hâte aux avant-postes. Le 12 mars, Sarrail lance trois opérations de reconnaissance au nord-est de Salonique. Au cours des semaines suivantes, Constantin se montre de plus en plus hostile aux Alliés et, le 27 mai, l'armée grecque livre aux Bulgares le fort Rupel, un ouvrage qui barre la vallée du Strymon (la Struma, pour les Bulgares), porte d'entrée de la Macédoine bulgare. Face à ce coup de force, les Alliés sont décidés à rejeter les Bulgares sur leur frontière. L'affaire paraît se présenter sous de bons augures puisque l'armée serbe, transportée de Corfou à Salonique par des navires français, apporte à Sarrail l'appui de quelque 100 000 combattants. Sous les ordres du prince Alexandre de Serbie, elle est chargée de prolonger le front allié à l'est

LE ROI CONSTANTIN DE GRÈCE, LE « TUEUR DE BULGARES »

De grec, Constantin n'a que le lieu de naissance et la foi orthodoxe dans laquelle l'a baptisé son père, le roi Georges Ier. Danois par son père, Russe par sa mère, il a été élevé en Allemagne et a épousé Sophie de Hohenzollern, la fille de Guillaume II. Convaincu de ses qualités de stratège, bien que les Turcs lui aient infligé une sévère défaite en 1897, il prit sa revanche lors des guerres balkaniques de 1912-1913. Cet épisode lui vaut le surnom de « Tueur de Bulgares » et le bâton de feld marschall prussien que lui remit alors le Kaiser Guillaume II. S'il n'a pas rallié déjà les puissances centrales, c'est à la profonde amitié qui l'unit à Nicolas II, membre très actif de l'Entente, que les Alliés le doivent. En septembre 1916, les Alliés finissent par favoriser la naissance d'un nouveau ministère en Grèce, dirigé par Elefthérios Venizélos et installé à Salonique. Le gouvernement royal reste toutefois en place à Athènes. ■

L'ENTERREMENT D'UN SOLDAT FRANÇAIS À SALONIQUE.
Placée sous les ordres du général Sarrail, l'armée d'Orient compte, en 1916, environ 250 000 hommes dont l'état sanitaire est précaire. Les troupes sont formées essentiellement d'unités métropolitaines, avec également une proportion d'indigènes coloniaux – Maghrébins et Sénégalais – plus importante que sur le front français.

du Vardar. Le 15 juin, les Serbes repoussent les Bulgares sur la frontière, permettant ainsi à l'armée d'Orient d'envisager d'élargir son action en direction de Koritsa, en Albanie du Sud, ou Épire. En attendant, les Alliés exercent de fortes pressions sur la Grèce, comme en témoignent la remise à Athènes, le 21 juin, d'un ultimatum et la mise en place d'un blocus des côtes hellènes. ●

UNIFORMES DE L'ARMÉE BULGARE.
Les uniformes des officiers bulgares dénotent une influence russe très nette au niveau de leur coupe et de leur coiffe.

Pourquoi la Bulgarie est-elle entrée en guerre ?

En 1912, la Grèce, la Serbie et le Monténégro créent, à l'initiative de la Bulgarie, la première Ligue balkanique. Celle-ci attaque la Turquie et lui impose d'importantes cessions territoriales. Toutefois, en désaccord sur le partage, les anciens alliés se liguent contre la Bulgarie qui est vaincue et sort affaiblie de la deuxième guerre balkanique de 1913. Elle conserve alors un profond ressentiment qui expliquera en partie son choix d'alliance en 1915. Lorsque la guerre éclate, la Bulgarie reste d'abord neutre mais, dans le courant de l'année 1915, les puissances centrales exploitent le désir de son gouvernement de récupérer les territoires perdus en 1913. La situation semble d'autant plus favorable que la Russie, très amoindrie, ne paraît pas capable de mener des représailles d'envergure. Début octobre 1915, la Bulgarie adhère à la Triplice qui devient la Quadruplice. Dès lors et jusqu'en 1918, les troupes bulgares vont combattre dans les Balkans (front de Macédoine et de la Dobroudja). Elles participeront ainsi à l'offensive contre la Serbie, tout en empêchant l'armée d'Orient de se porter au secours de son allié (octobre-décembre 1915). En août 1916, la Bulgarie lance une offensive victorieuse dans la Dobroudja contre la Roumanie. Dans la mesure où la Bulgarie a fait main basse sur les territoires revendiqués, la population se demande pourquoi poursuivre la guerre. Ce pays devient donc un allié passif des Allemands, avec une armée peu adaptée à la guerre de position et affaiblie sur le plan moral. ■

31 MAI 1916

La bataille du Jutland

Voulu par le chef de la flotte de haute mer allemande, l'amiral Scheer, le grand choc naval du Jutland ne tourne pas à l'avantage de son initiateur. Découragée, la marine impériale allemande renonce à reprendre l'offensive, laissant ainsi aux Alliés la maîtrise de la mer, un des facteurs essentiels de leur victoire finale.

Depuis le début de la guerre, les seuls engagements navals ont eu lieu entre des unités basées dans le Pacifique, avant que la Royal Navy ne détruise la flotte de l'amiral von Spee, aux îles Falkland (ou Malouines), dans l'Atlantique Sud, en décembre 1914. Depuis, la marine allemande est restée confinée dans ses ports. Le torpillage du paquebot anglais *Lusitania* en 1915 a contraint le gouvernement allemand à modérer la guerre sous-marine. Une décision qui permet à la flotte britannique de renforcer le blocus de l'Allemagne. Mais, depuis le début 1916, les Allemands ne sont pas inactifs et bombardent régulièrement les côtes britanniques. Chacun veut détruire la flotte de l'adversaire : les Allemands pour priver la Grande-Bretagne de l'instrument majeur de sa suprématie, les Britanniques pour mettre leurs ports à l'abri des raids des croiseurs ennemis.

Les plans allemands

C'est au cours de la seconde quinzaine de mai 1916 que l'amiral Reinhard Scheer achève son plan d'opérations. Alors que les croiseurs iront bombarder la ville de Sunderland, sur la côte est de l'Angleterre, la flotte de haute mer prendra position au sud du Dogger Bank – 150 km au sud de la Norvège et 400 km à l'est de l'Écosse – de façon à écraser les forces ennemies vraisemblablement lancées à la poursuite des croiseurs. Scheer assigne aux dirigeables le soin de renseigner la flotte allemande engagée aussi loin de ses côtes. Enfin, une vingtaine de sous-marins seront déployés devant les ports ennemis avec mission de semer des mines et de torpiller les navires de commerce qui voudraient gagner le large. Selon ce plan, les sous-marins doivent se tenir prêts à gagner leurs positions entre le 23 mai et le 2 juin. Quant à l'appareillage de la flotte, il est prévu dès que le temps sera favorable. Mais les mauvaises conditions météorologiques persistantes ne permettent pas aux dirigeables de quitter leurs hangars. De plus, le temps de séjour assigné aux sous-marins envoyés sur la côte anglaise approchant de son terme, Scheer est conduit à modifier son plan. Pour autant, l'idée maîtresse demeure inchangée. Aux groupes de croiseurs déployés au crépuscule sur la côte de Norvège, il confie le soin

L'AMIRAL REINHARD SCHEER

Avec Tirpitz, l'amiral Scheer se pose incontestablement comme l'homme le plus représentatif de la nouvelle flotte allemande. Il en fut en effet le véritable créateur comme secrétaire général du ministre de la Marine. La flotte, qu'il commande au moment de la bataille du Jutland, compte 16 *dreadnoughts*, 6 cuirassés, 5 croiseurs de bataille, 9 croiseurs légers et 62 destroyers, soit 98 bâtiments. Le Kaiser lui offrit le titre de chevalier pour son commandement durant cette bataille, mais Scheer refusa cet honneur. ■

de mener la guerre de course pendant la nuit, avant de se replier en direction de la flotte de haute mer restée à l'arrière. Alertés, les Anglais voudront sans aucun doute couper la route aux croiseurs : cherchant ces derniers, ils tomberont sur le gros de la flotte de haute mer.

L'AMIRAL JELLICOE

Nommé commandant en second de la Grand Fleet en 1911 par Churchill, il en devient commandant en chef en août 1914. À ce poste, il est, selon le mot du premier lord de l'Amirauté, « le seul homme ayant la possibilité de perdre la guerre en un après-midi ». Il dirige les opérations lors de la bataille du Jutland à bord du HMS *Iron Duke*. La flotte qu'il commande compte 28 *dreadnoughts*, 9 croiseurs de bataille, 7 croiseurs cuirassés, 26 croiseurs légers et 74 destroyers, soit 144 bâtiments. Il démissionnera le 24 décembre 1917, en désaccord avec le gouvernement sur le système des convois. ■

L'attitude britannique

Alors que l'amiral Scheer dresse ses plans, l'opinion britannique exerce sur l'Amirauté britannique de très fortes pressions. Elle n'admet pas les raids allemands sur le littoral et ne comprend pas l'apparente inactivité de la Grande Flotte. En mars et en avril 1916, des croiseurs de combat, des bâtiments légers et des dirigeables allemands ont bombardé des ports anglais. Peu avant, des raids de dirigeables ont pris pour cibles plusieurs ports anglais. Relayant la colère de la population, la presse ne cesse de critiquer son commandant en chef, l'amiral sir John R. Jellicoe. Ce dernier, qui n'ignore rien des dangers que représentent les torpilles et les dirigeables, reste indifférent aux pressions. En réalité, les escadres anglaises sont souvent à la mer en dépit de la présence des sous-marins allemands dans la mer du Nord et des nombreuses mines que l'ennemi y a mouillées.

Le 31 mai, à 1 h du matin, la flotte allemande de haute mer quitte son mouillage de Schillig (côte de la Frise) et met le cap au nord. Les croiseurs de bataille de l'amiral

›››

LE FRIEDRICH DER GROSSE. **Le navire amiral de Scheer est blindé en son centre d'une ceinture de 210 mm, mais sa vitesse, 21 nœuds, et son armement sont inférieurs à ceux de ses homologues britanniques.**

››› allemand Hipper forment l'avant-garde. La veille, l'amiral Jellicoe, informé des préparatifs allemands, a pris également la mer avec la Grande Flotte. Pour autant, Jellicoe ne croit pas avoir affaire au gros de la flotte allemande. Ce 31 mai, au matin, les deux flottes convergent en direction du même point. Mais l'amiral Beatty, qui se rendait au rendez-vous fixé par Jellicoe, décide de changer de route avec quelques croiseurs après avoir aperçu le nuage de fumée d'un vapeur semblant arrêté. En faisant route vers ce dernier, Beatty découvre l'escadre de Hipper. L'amiral allemand, qui sait que l'escadre de Scheer suit à quelques milles, accepte le combat. À 15 h 48, la bataille commence. Très vite, les Allemands s'imposent dans ce qui ressemble à un véritable jeu de massacre. La situation de Beatty devient si délicate qu'il ne doit qu'à l'arrivée de la 5e escadre d'échapper à une défaite totale.

L'intervention de Scheer et l'arrivée de Jellicoe

Vers 16 h 35, Scheer, auquel Hipper s'est joint, se rapproche de la zone des combats où les croiseurs des deux escadres sont engagés dans une mêlée confuse. De son côté, Beatty, à qui l'arrivée de Scheer n'a pas échappé, met à profit la vitesse de ses bâtiments et la brume pour s'échapper. Il entend ainsi attirer à sa suite les bâtiments allemands et les précipiter sous le feu des bâtiments de la Grande Flotte de Jellicoe. Mais en fait Scheer ignore que ce dernier se trouve au nord de la zone des combats. Forçant sa vitesse, l'amiral Jellicoe rallie le lieu de l'engagement. Informé de la situation précaire de Beatty, Jellicoe détache Hood et sa 3e escadre de croiseurs de bataille. À partir de 17 h, la flotte allemande reprend le contact à vue avec Beatty dont les bâtiments lui masquent la Grande Flotte de Jellicoe. Redoutant de se trouver encerclé,

CARTE POSTALE ILLUSTRANT LA BATAILLE DU JUTLAND.
Du strict point de vue militaire, la bataille est restée indécise. Si les navires de la flotte de haute mer allemande sont moins rapides que ceux de la flotte britannique, leur construction est plus fiable, mieux agencée, le pouvoir de pénétration de leurs obus est supérieur et leurs fusées sont plus performantes.

Hipper amorce un mouvement vers le nord-est… et se retrouve nez à nez avec les croiseurs de Hood qui surgissent sur sa droite. Entre 17 h 40 et 18 h, les croiseurs légers de Hipper sont facilement refoulés.

La retraite et le retour de Scheer

L'amiral Jellicoe réussit une manœuvre audacieuse en faisant déployer contre la tête très étirée des bâtiments de Scheer le maximum de navires. Deux, puis quatre, six et bientôt neuf *dreadnoughts* font pleuvoir un déluge de feu sur la flotte de Scheer. Il est 18 h 15 lorsque ce dernier se rend enfin compte qu'il a devant lui une force considérable. Il ordonne aussitôt une retraite générale. À 18 h 45, alors que le déploiement britannique est achevé, la flotte allemande a disparu. Aussi l'amiral britannique décide-t-il de reformer sa ligne en direction du sud afin de couper la route de Wilhelmshaven. Estimant qu'il a retraité prématurément, Scheer veut reprendre le contact. À 19 h 10, alors qu'il fait route est-ouest en colonne, il se heurte au centre des forces de Jellicoe. Les cuirassés allemands de tête sont pris sous une grêle de projectiles. Cette fois, Scheer est persuadé qu'il s'agit bien du gros de la Grande Flotte et qu'un affrontement prolongé est synonyme de défaite. Quand l'amiral britannique reprend enfin sa ligne, c'est pour s'apercevoir que les bâtiments ennemis ont encore disparu. À l'aube du 1er juin, Jellicoe découvre une mer déserte. La flotte anglaise n'a pas atteint le but qu'elle poursuivait : la destruction des forces navales ennemies. Mais elle a porté un coup si rude à la flotte allemande que celle-ci ne s'en relèvera pas. Après avoir réparé ses avaries, Scheer sortira encore une fois, le 19 août. En réalité, ce raid n'est qu'une démonstration de force destinée à faire croire à l'opinion publique allemande que la flotte de haute mer est toujours prête au combat. Mais à partir du 20 août 1916, elle ne prend plus la mer et reste dans ses ports. La guerre navale perd dès lors son caractère militaire pour devenir économique.

Qui a gagné la bataille du Jutland ?

La bataille du Jutland a donné lieu à des controverses parfois vives. Les Allemands soulignent volontiers que la Flotte de Haute Mer est parvenue à monter très haut vers le nord et pour cette raison donnent le nom de Skagerrak à cette bataille. Certains auteurs allemands font de Scheer le vainqueur, n'hésitant pas à porter à l'avantage définitif de ce dernier ce qui reste en réalité un succès tactique et une heureuse et adroite rupture d'engagement. En Angleterre, l'Amirauté a voulu tirer immédiatement les enseignements de la bataille du Jutland. Ici, l'honnêteté semble avoir prévalu puisqu'on a commencé par rendre justice à l'adversaire : à l'habileté de ses amiraux, à l'entraînement de son personnel, à la justesse de son tir. Ce n'est qu'au cours des années 1930 que l'on a pu porter un jugement plus objectif sur les épisodes du combat. Jellicoe, bouc émissaire des années 1920, a connu une véritable réhabilitation.

LA FLOTTE BRITANNIQUE À SCAPA FLOW. La Home Fleet mouille à Scapa Flow avant de se lancer dans la bataille du Jutland. Les Anglais ont perdu 3 croiseurs de bataille, 3 croiseurs cuirassés et 7 destroyers. Les pertes allemandes concernent 1 croiseur de bataille, 1 *dreadnought*, 4 croiseurs légers et 5 destroyers.

4 JUIN 1916

La grande offensive russe de Broussilov

Au lendemain de la bataille du lac Narotch, le 15 mars, les Russes, conscients de leur faiblesse militaire, avaient décidé de reporter au 15 juin le déclenchement de l'offensive principale prévue avec les Alliés à l'ouest de Minsk, dans l'actuelle Biélorussie.

La genèse de l'offensive russe remonte à la conférence de Chantilly de décembre 1915, lorsqu'il avait été convenu que les Russes attaqueraient à l'été, tandis que les Franco-Britanniques se porteraient sur la Somme. Toutefois, la pression des Autrichiens exercée par les forces du prince Eugène en Italie, initiée lors de la bataille d'Asiago le 15 mai, pousse le roi Victor-Emmanuel à solliciter de son allié russe un soutien accru. Aussi, en accord avec la Stavka, le tsar décide d'avancer au 4 juin l'offensive du groupe d'armées du Sud commandé par le général Broussilov. Ce dernier dispose de quatre armées, soit une quarantaine de divisions, des effectifs sensiblement égaux à ceux de son adversaire germano-autrichien. En réalité, les Allemands n'alignent que deux armées, soit trois divisions. Le reste est constitué par des unités de la double monarchie, dont les éléments slaves commencent à penser davantage à l'avenir de la Pologne ou de la Bohême qu'au salut de la dynastie des Habsbourg. D'ailleurs, depuis quelques mois, les relations entre Berlin et Vienne ne cessent de se dégrader au sujet de la Roumanie, de la Bulgarie ou de la Pologne. Le « climat » est donc favorable à Broussilov lorsqu'il ouvre les hostilités le 4 juin.

400 000
Nombre de prisonniers germano-autrichiens faits par les Russes.

COLONNE D'INFANTERIE RUSSE.
Au printemps 1916, l'armée russe, qui compte 125 divisions, est composée essentiellement de jeunes recrues à la formation sommaire.

TÉMOIGNAGE

« L'ivresse de la victoire russe

Les arrières sont encombrés de prisonniers, de canons, de mitrailleuses et de mortiers pris sur l'ennemi. Je trouve le général au milieu de ses soldats, enivrés par l'enthousiasme de leur victoire. Je réussis à grand-peine à le suivre : il s'avance tantôt en automobile et tantôt à cheval, tantôt à pied au milieu de ses troupes.
Les régiments d'infanterie sont à quatre bataillons, les trois premiers sont armés de fusils, le quatrième ne l'est que d'héroïsme et de bâtons, et utilise les fusils des morts et des blessés.

Général Marsengo, attaché militaire italien en Russie »

Le contentieux austro-allemand au sujet de la Pologne

En 1915, Berlin avait donné son accord pour que la Pologne soit incorporée à l'Autriche-Hongrie. Un an plus tard, la donne a changé. Dès avril 1916, Berlin prend peu à peu des mesures allant dans le sens d'une annexion de la Pologne au Reich. Le gouvernement allemand, soucieux de maintenir un glacis garant de sa sécurité sur son flanc oriental, annonce même, le 5 novembre, la création d'un royaume polonais indépendant. Une indépendance somme toute très relative puisque Berlin la compare, à la stupeur de Stephan Burián, ministre autrichien des Affaires étrangères, à celle de la Bavière à l'intérieur du Reich. Par ailleurs, on compte aussi en Allemagne que cette annonce sera de nature à pousser des Polonais à s'enrôler dans les armées impériales. Au lendemain de l'annonce du 5 novembre, seuls 350 volontaires polonais se présenteront ! ■

STEPHAN BURIÁN VON RAJECZ. Ministre austro-hongrois des Affaires étrangères.

Les Autrichiens rejetés sur les Carpates

L'attaque des Russes, précédée par un intense bombardement, commence brillamment. L'offensive de Broussilov s'étend sur un front de quelque 400 kilomètres, de la frontière roumaine au sud, au Pripet au nord. Très vite, les positions autrichiennes se trouvent rompues en de multiples endroits. En quinze jours, deux armées autrichiennes sont anéanties par Broussilov qui lance son célèbre ordre du jour : « La Russie voit vos succès, frappez fort ! » La suite des événements devait montrer que ses hommes l'ont entendu. En effet, au cours des mois de juillet et d'août, les armées de Broussilov progressent inexorablement au point d'inquiéter Berlin. L'état-major du Kaiser doit en urgence faire venir des forces importantes qui feront défaut sur la Somme et à Verdun. Des unités turques sont également envoyées en Galicie. En dépit des renforts allemands, l'offensive de Broussilov peut être regardée comme un beau succès. Bien que l'état d'épuisement des Russes ne leur permette pas d'atteindre de nouveau Lemberg et Przemysl, les Autrichiens sont rejetés sur les Carpates. La Galicie et la Bucovine sont reprises. De plus, la progression russe aura pesé dans la décision de la Roumanie d'entrer en guerre au côté de l'Entente. En fait, il s'agit d'une victoire à la Pyrrhus : l'offensive victorieuse du général Broussilov sera la dernière grande action de la guerre conduite par l'armée russe avec des troupes disciplinées et encadrées. ●

LE GÉNÉRAL BROUSSILOV. De petite taille, taciturne, Alexeï Broussilov s'est illustré dans les Carpates en 1914 en enfonçant l'aile droite des Autrichiens. Il saura pousser à fond la préparation de ses hommes pour la grande offensive de juin.

La bataille de la Somme est lancée

Avant de lancer leurs troupes sur le terrain, les Alliés ont procédé à une imposante préparation d'artillerie. Celle-ci, commencée le 24 juin, ouvre la bataille de la Somme. Mais la durée et l'intensité de la bataille, et l'importance stratégique de Verdun réduisent dangereusement les réserves françaises indispensables à sa poursuite.

Les tirs d'artillerie se sont prolongés pendant une semaine sans s'interrompre durant la nuit afin d'interdire la réparation des brèches opérées dans le réseau de l'ennemi et d'empêcher les mouvements de ravitaillement. Conformément aux directives de Foch, on a procédé systématiquement au contrôle de l'efficacité des tirs. Ainsi, la photographie aérienne assurée par des ballons et des avions d'observation – eux-mêmes protégés par des avions de chasse – a permis au commandement français de s'assurer de la réalité des destructions. Le 1er juillet, estimant que le déluge de fer a rempli son objectif, Foch engage l'infanterie au nord de la Somme. Les hommes du 20e corps d'armée s'emparent, avec des pertes minimes, des bois de Maricourt et prennent Curlu. Malheureusement, sur la gauche du 20e CA, l'armée Rawlinson est arrêtée par les défenses allemandes qui ont échappé aux tirs d'artillerie. Les Britanniques, balayés par les mitrailleuses, tombent par milliers. Montauban et Mametz sont pris à l'ennemi, mais les pertes sont considérables : 60 000, dont 20 000 tués. C'est le plus grand désastre de toute l'histoire militaire britannique. Les pertes allemandes se situent autour de 6 000 hommes et de 2 000 prisonniers.

SERVANTS BRITANNIQUES D'UNE MITRAILLEUSE. À la fin de la journée, les Britanniques avaient perdu 60 000 hommes, tués, blessés ou disparus. Le 1er juillet est la journée la plus meurtrière de toute l'histoire de l'armée anglaise.

TÉMOIGNAGE

« Le courage des Anglais

On voit de longues rangées d'hommes sortir des tranchées ennemies. Leur ligne continue est suivie de quatre autres semblables. Le soldat anglais ne manque pas de courage et quand il commence quelque chose, on ne l'en détourne pas facilement. Sans arrêt, pendant des heures, les lignes d'infanterie viennent battre contre nos défenses, comme la mer contre une falaise... mais pour refluer, comme elle, vers leur point de départ.

Souvenir d'un officier allemand, 1er juillet »

La perspective de la rupture s'éloigne

Au sud de la Somme, les Français passent à l'attaque à 9 h 30 et s'emparent des villages fortifiés de Dompierre, de Becquincourt et de Fay. Du 2 au 4 juillet, les soldats de la VIe armée française occupent Frise, Herbécourt et Assevillers, ce qui leur permet de dépasser Flaucourt. Le front est enfoncé sur 8 kilomètres, Péronne, située sur l'autre rive de la Somme, est à portée de la cavalerie tandis que l'infanterie a atteint Biaches, Barleux et Belloy. Alors que Foch réclame que l'offensive s'infléchisse vers le sud, Joffre s'y oppose car il entend soutenir les Britanniques hésitants et affaiblis. Le 14 juillet, les hommes de Rawlinson, appuyés par le 20e CA français, parviennent à s'emparer de Contalmaison, de Bazentin et de Longueval ; entre-temps, Hardecourt est tombé le 8 juillet aux mains du 20e CA. Ce corps d'armée fait sa jonction avec les hommes du Ier corps d'armée colonial (VIe armée) devant Cléry-sur-Somme. Plus au nord, le 27 juillet, les Australiens (Ve armée britannique) prennent Pozières, sur la route d'Albert à Bapaume. Au cours du mois d'août, les Français du Ier corps, sous le commandement du général Guillaumat, enlèvent le village de Maurepas. Fin août, les Alliés ont remporté d'incontestables succès, mais leur but essentiel – rompre le front – est loin d'être atteint. Ce qui n'échappe pas au général Falkenhayn, lequel écrira : « Dès le soir du deuxième jour de la bataille, il était tout à fait sûr que la percée projetée par les Français et les Britanniques ne réussirait pas » (voir 4 septembre). ●

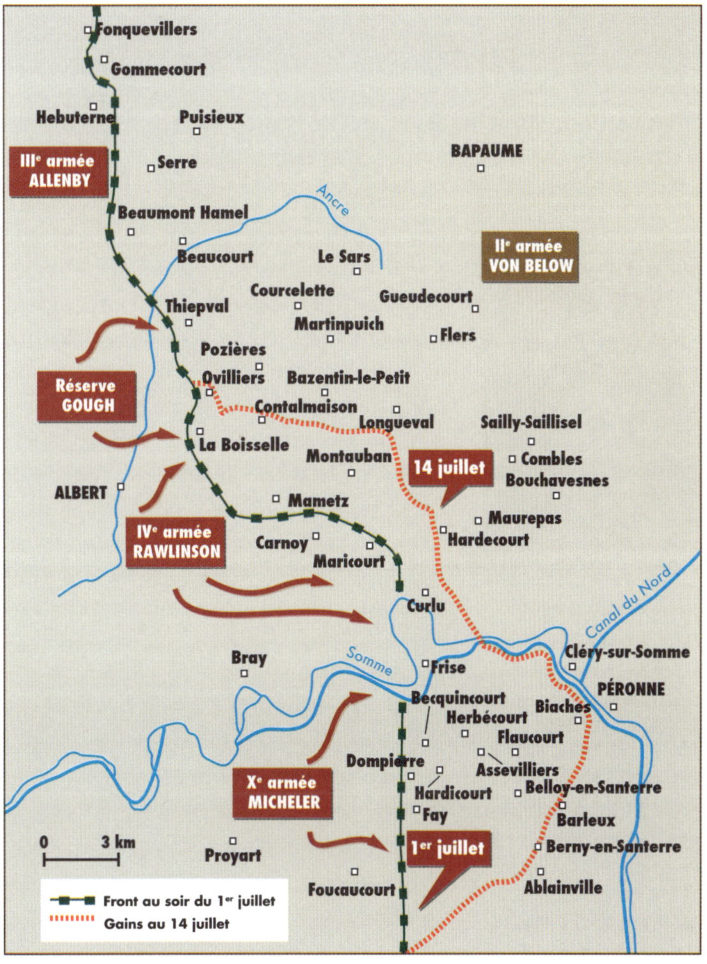

PREMIÈRE PHASE DE LA BATAILLE DE LA SOMME. Les troupes françaises ont plus avancé que leurs alliées britanniques, mais le front allemand n'a pas cédé.

LE CASQUE ADRIAN

Dans les tranchées et sur le champ de bataille, les blessures crâniennes sont innombrables. Au début de la guerre, les casques sont en cuir bouilli. Un colonel pensionné, Louis Adrian, rappelé en août 1914 de sa retraite, prend très tôt le problème à cœur. Il soulage d'abord les soldats du froid en achetant des dizaines de milliers de peaux de mouton reconverties en chasubles. Puis, après avoir constaté qu'une simple gamelle amortissait les éclats de shrapnell, il a l'idée de glisser une demi-louche sous le képi. Il finit par convaincre Joffre, d'abord réticent, de faire fabriquer des casques en acier. Les premiers exemplaires sont produits à partir de décembre 1915 pour finir par équiper tous les poilus. ■

6-9 AOÛT 1916

Victoire italienne à Gorizia

Depuis juin 1915, Italiens et Autrichiens se sont affrontés à cinq reprises sur les rives de l'Isonzo sans résultats déterminants. La sixième bataille de l'Isonzo, porte de l'Autriche pour les Italiens, qui se déroule en août, tourne à l'avantage de l'Italie.

Luigi Cadorna, le chef de l'état-major général italien, dont les troupes ont entamé un repli stratégique après la bataille du plateau d'Asiago au mois de mai, est décidé à repartir à l'attaque. Dès juillet, ses troupes refont le chemin inverse sur les routes poussiéreuses de la Vénétie Julienne. Après avoir débarqué dans la région d'Udine, elles se dirigent vers l'Isonzo. Elles s'apprêtent à attaquer la Ve armée autrichienne du général Boroevic. Le 6 août, précédés par une opération de diversion sur Monfalcone, les soldats du duc d'Aoste attaquent en force : en deux jours, les colonnes d'assaut du 6e corps du général Capello débordent la lisière orientale de Gorizia. Enfin, les Italiens tiennent un succès ! L'exploitation de cette percée semble possible. Le duc d'Aoste Emmanuel-Philibert ordonne de lancer les éléments légers de cavalerie et de bersaglieri. Mais les Autrichiens se rétablissent solidement. Après avoir parcouru environ deux kilomètres, les Italiens sont fauchés par le feu nourri des mitrailleuses de l'adversaire déployé sur les collines qui commandent à l'est l'accès de Gorizia. Certes, les Autrichiens ont un peu reculé et on célèbre en Italie la bataille de Gorizia comme une grande victoire. Pour autant, les deux adversaires se retrouvent en situation de reprendre cette guerre de position. Il en sera notamment ainsi lorsque, en automne, les Italiens s'engageront dans le Carso au nord de Monfalcone pour les 7e, 8e et 9e batailles de l'Isonzo. Combats aussi tragiques dans leur déroulement répétitif que meurtriers dans leurs effets.

COUVERTURE D'UN MAGAZINE FRANÇAIS CÉLÉBRANT LA BATAILLE DE GORIZIA.
Selon les chiffres officiels, les Italiens ont perdu 1 759 officiers et environ 50 000 soldats et les Austro-Hongrois 862 officiers et environ 40 000 soldats.

La guerre navale en Adriatique

Entre Austro-Hongrois et Italiens, la guerre se déroule également sur mer. Le 2 août 1916, le *dreadnought* italien *Leonardo da Vinci* est saboté par des plongeurs autrichiens en rade de Tarente. Considéré comme un des fleurons de la marine de guerre italienne, le bâtiment était sorti de la rade plusieurs fois mais sans grande activité, si ce n'est des actions de bombardement. Ces opérations en Adriatique sont restées marginales en 1916. Les Autrichiens se heurtent toujours au barrage allié du canal d'Otrante, formé de solides filets. Toutefois, en mai 1917, des croiseurs autrichiens engageront le combat à Otrante contre des bâtiments légers et des destroyers britanniques et italiens. À l'issue de plusieurs batailles de courte durée, les Austro-Hongrois parviendront à envoyer par le fond et à endommager quelques navires ennemis puis à se replier en bon ordre pour échapper à la poursuite. Par ailleurs, une escadrille française basée à Venise sert d'appui à l'aviation italienne. Bien que les sous-marins autrichiens et allemands ne restent pas inactifs – en mars et en juin deux torpilleurs français sont coulés –, les vedettes italiennes parviennent à maintenir ouverte la ligne de communications avec les divisions italiennes présentes en Albanie.

La guerre en feuilleton

La presse, sur laquelle s'exerce une censure pointilleuse, tente parfois de jouer avec elle. C'est le cas en août 1916, soit deux ans après le début du conflit, avec cette initiative d'un quotidien aux opinions pacifistes de publier le journal d'un écrivain combattant, un engagé volontaire, de surcroît.

Les lecteurs de *L'Œuvre*, un quotidien de tendance radicale-socialiste et pacifiste, découvrent avec stupéfaction une autre façon d'évoquer la guerre à partir du 3 août 1916 dans un feuilleton intitulé «Journal d'une escouade». Défiant la censure, celui-ci décrit les journées d'attente, de combat et de bombardement dans toutes leurs violences quotidiennes, dans toute leur banalité, avec la mort comme compagne omniprésente. En découvrant ce quotidien dur, boueux et violent, le lecteur ne retrouve pas les hymnes à l'héroïsme que les communiqués de presse tissent aux soldats à longueur de ligne. Bien que sujet à de graves problèmes pulmonaires, Henri Barbusse, c'est le nom de cet engagé volontaire, combat au front depuis le mois de décembre 1914 dans le 231e régiment d'infanterie. Blessé au début 1916, il passe ses mois de convalescence dans des hôpitaux de l'arrière à mettre au propre les notes qu'il a prises au cours de ces mois de présence en première ligne.

La réalité de la guerre, sans fards

Dédié «à la mémoire des camarades tombés à côté de moi à Crouÿ [dans l'Aisne] et sur la cote 119», le journal fait revivre ceux qui ont perdu la vie: «C'est la tranchée. Le fond en est tapissé d'une couche visqueuse d'où le pied se décolle à chaque pas avec bruit, et qui sent mauvais autour de chaque abri, à cause de l'urine de la nuit. Les trous eux-mêmes, si on s'y penche en passant, puent aussi, comme des bouches. Je vois des ombres émerger de ces puits latéraux, et se mouvoir, masses énormes et difformes : des espèces d'ours qui pataugent et grognent. C'est nous.»

L'œuvre sera publiée en livre par l'éditeur Flammarion en novembre 1916 sous le titre plus évocateur *Le Feu*, et récompensée quelques semaines plus tard par l'académie Goncourt. Elle deviendra un des classiques de la littérature de guerre, suscitant les critiques acerbes de l'opinion chauvine et militariste. ●

UN POILU EN 1916. À son «menu», en cette terrible année 1916, Verdun, la Somme, l'Artois ou la Champagne, autant de théâtres d'opérations dont beaucoup ne reviendront pas.

Un calme trompeur règne devant Verdun

À la fin de l'été et au début de l'automne, un calme trompeur semble régner au-dessus du champ de bataille, tout juste interrompu par des combats sporadiques pour la conquête d'objectifs limités, jugés indispensables à la poursuite de la guerre.

Sur un territoire déjà réduit à l'état lunaire par six mois de bombardements, se manifestent, sur les deux rives de la Meuse, des «éruptions», selon la formule du général Mangin, aux allures de cauchemars. Ainsi, le fort de Tavannes fait l'objet en août et début septembre de durs engagements. Le combattant, qui ne peut espérer trouver un quelconque abri que dans les trous d'obus, connaît le paroxysme de son chemin de croix. De nuit, la montée en ligne s'apparente à un véritable calvaire. On chemine lentement, en s'aidant de repères à peine visibles. On rejoint son emplacement à la faveur de fusées éclairantes. C'est, bien souvent, pour s'apercevoir, au petit jour, d'une erreur d'orientation. Le ravitaillement devient un souci de tous les instants. Les poilus peuvent espérer parvenir au but si un projectile aveugle ne met pas fin à leur périlleuse mission. Français et Allemands connaissent l'enfer de la faim, de la soif, l'horreur des trous gorgés d'eau par l'orage. La recherche des blessés, leur transport, leur évacuation vers l'arrière exposent les brancardiers à mille périls. De part et d'autre, on s'est enterré, quelques coups de main se soldent par des gains de

LES MUNITIONNETTES ET L'USINAGE DES OBUS

Le 7 août 1914, le président du Conseil Viviani lançait un vibrant appel : « Debout, femmes françaises ! Remplacez sur le champ du travail ceux qui sont sur le champ de bataille ! » Les femmes devaient répondre à l'appel. Si un certain nombre de femmes étaient déjà salariées avant la guerre, elles étaient le plus souvent cantonnées dans des tâches considérées comme subalternes. Ce qui s'avéra nouveau, et de nature à frapper les esprits, ce fut leur embauche dans les usines d'armement, dont les ouvrières furent bientôt désignées sous le nom de « munitionnettes ». C'est dans la fabrication des obus que l'emploi des femmes fut le plus inattendu, mais aussi le plus déterminant. On estime qu'un million de femmes ont travaillé en France dans l'usinage des obus. ■

SOLDATS ALLEMANDS À VERDUN. Pour le « Boche » aussi, Verdun est une plongée dans l'enfer. Falkenhayn, qui voulait « saigner » la France, porte la responsabilité d'une terrible hémorragie dans les rangs de l'armée impériale.

terrain dérisoires, aussitôt perdus. Cette situation de stagnation pesante se poursuit jusqu'au 15 octobre, durant laquelle l'armée française ne reste pas inactive.

La préparation de la grande offensive

Au cours de ces deux mois, le général Nivelle s'emploie à entretenir la combativité de son armée tandis que Pétain renforce les positions de l'arrière à une échelle et à un rythme industriels, accumule les batteries et les munitions, institue un système de liaisons méthodiques, renforce et stimule son aviation. Enfin, il fait mettre en position deux obusiers de 400 mm, l'un pour le fort de Douaumont, l'autre pour celui de Vaux. À Verdun, à la mi-octobre, Nivelle et Pétain ont convenu, en effet, de procéder à la reprise des deux forts, pour, comme le dira ce dernier, « rétablir la place dans son intégrité ». De gros travaux sont donc entrepris en préparation de la grande offensive : liaison téléphonique avec les premières lignes par câbles enterrés ; approfondissement des tranchées et création de parallèles de départ, d'abris et de postes de commandement (PC). Partout, la pioche s'enfonce dans les cadavres, les terrassiers se mettent des gousses d'ail dans les narines pour échapper à l'odeur pestilentielle. Quant aux hommes qui doivent participer à l'assaut, ils s'entraînent depuis vingt jours sur des terrains aménagés entre Bar-le-Duc et Saint-Dizier. Le 15 octobre, tous les préparatifs sont terminés (suite 24 octobre). ●

4 septembre : l'explosion du tunnel ferroviaire de Tavannes

Le fort de Tavannes se trouve particulièrement exposé depuis la chute de celui de Vaux. Mais les bombardements allemands n'entament pas les abris bétonnés. Le tunnel de Tavannes, qui court sous le fort, abrite des postes de commandement et de secours ainsi que des dépôts de munitions. Il sert également de lieu de repos aux réserves du secteur. Mais le 4 septembre au soir, l'explosion accidentelle d'un dépôt de fusées provoque un incendie qui, se propageant aussitôt, fait 500 morts. Lorsque les premiers secours essaient de pénétrer, ils se heurtent à d'effroyables décombres et à des monceaux de cadavres calcinés. ■

Hindenburg et Ludendorff nommés à la place de Falkenhayn

Fin août, Verdun est, pour l'état-major allemand, un échec patent. À l'évidence, Falkenhayn n'a pas réussi à « saigner » les Français. Sa stratégie d'épuisement a montré ses limites, d'autant qu'à l'Est, rassurée par la résistance des Français, la Roumanie rejoint l'Entente.

À la mi-1916, la position du chef des forces armées du IIe Reich apparaît précaire. À l'est, depuis le 4 juin, le front s'est remis en mouvement : quatre armées russes, conduites par Broussilov, ont enfoncé les lignes autrichiennes en Volhynie et capturé 500 000 hommes. Les Russes menacent la frontière hongroise, et les Allemands sont contraints de l'étayer pour prévenir l'effondrement du front austro-hongrois. Au moment où le général Franz Conrad von Hötzendorf, chef de l'état-major autrichien, appelle l'Allemagne à son secours, la déclaration de guerre de la Roumanie, le 28 août, ébranle le Reich. L'intervention de Bucarest aux côtés des Alliés est de nature à compromettre le ravitaillement de l'Allemagne en blé et en pétrole. Cette fois, l'opinion publique, déjà durement touchée par les restrictions consécutives au blocus, s'émeut. Dans ces conditions, Guillaume II ne peut que prendre acte de la faillite de la stratégie d'épuisement dont Falkenhayn n'a eu de cesse de vanter les mérites. Aussi, le Kaiser le remplace-t-il au commandement suprême par le duo populaire des vainqueurs du front de l'Est, Hindenburg et Ludendorff. Ceux-ci font preuve aussitôt d'une intense activité et arrêtent les mesures qu'exige la gravité de la situation militaire. Ils commencent par imposer à Conrad von Hötzendorf le

La Roumanie se lance à la conquête de la Transylvanie

Au soir du 27 août, des troupes roumaines pénètrent en Hongrie. Bratianu, le chef du gouvernement roumain, semble avoir perdu le sens de la réalité dans le domaine militaire. Depuis l'entrée en guerre aux côtés de l'Entente, il a fini par se convaincre de la possibilité d'une conquête triomphale de la Transylvanie, sans effort et sans risques. Peut-être a-t-il espéré que les Austro-Allemands seraient indéfiniment retenus sur les autres fronts, au point de ne pouvoir renforcer les maigres troupes autrichiennes de Transylvanie. Dans un premier temps, les événements lui donnent raison. En effet, les soldats de Ferdinand Ier avancent facilement en Hongrie orientale. Ils sont accueillis comme des libérateurs par les Roumains, tandis que les notables magyars prennent la fuite. En quelques jours, Petrosani, Orsova, Brasov tombent au pouvoir de l'armée royale roumaine. Mais l'Allemagne considère que la chute de la Hongrie sera fatale à la Quadruplice. De septembre à décembre 1916, les Roumains céderont partout. ■

ION I. C. BRATIANU, CHEF DU GOUVERNEMENT ROUMAIN.
Artisan du rattachement à la Roumanie de toutes les terres peuplées de Roumains, le Premier ministre se laisse convaincre par les militaires que, fort de l'appui de l'Entente, il pourra « libérer » les Roumains de Hongrie.

HINDENBURG, GUILLAUME II ET LUDENDORFF.
Auréolé de ses actions d'éclat sur le théâtre des opérations en Europe de l'Est, le «tandem» adopte délibérément une attitude défensive à l'Ouest, afin de secourir les Autrichiens en Galicie et sur le Piave.

commandement unique à leur profit des forces de l'Allemagne, de l'Autriche-Hongrie, de la Turquie et de la Bulgarie. Dans le même temps, ils décident de passer aussitôt sur la défensive sur le front français; bien plus, ils en prévoient le raccourcissement par un repli à opérer entre Arras et Soissons : une mesure qui doit permettre d'économiser une quinzaine de divisions. Pour parer au danger venant de Bucarest, ils chargent Falkenhayn, qui n'a pas su conserver le blé roumain, d'aller le reconquérir à la tête d'une nouvelle armée, la IXe, créée le 9 septembre. ●

EN AUTRICHE, DES ARTISTES AU SERVICE DE LA PROPAGANDE

Directement subordonnées au grand état-major, la propagande et la censure relèvent du Kriegspressequartier (KPQ), un organisme chargé du contrôle de l'information et de la coordination des opérations de propagande, aussi bien intérieures que destinées à l'étranger. Dirigé jusqu'en mars 1917 par le général von Hoen, le KPQ fit appel à de nombreux écrivains et artistes mobilisés, parmi lesquels on peut citer Zweig, Musil, von Hofmannsthal, Kubin, Kokoschka ou Schiele. Les peintres intégrés au KPQ réalisèrent dans ce cadre près de 9 000 tableaux et croquis du front, ainsi que des cartes postales et des affiches. Le général von Hoen avait expliqué dans une directive de 1915 que le but de ces œuvres picturales «était non seulement de donner à l'intérieur comme à l'étranger une image vivante et colorée de la guerre, mais aussi de glorifier, pour les générations futures, les prouesses de l'armée impériale et royale». ■

NOS BIENS ET NOTRE SANG POUR L'EMPEREUR ! NOS BIENS ET NOTRE SANG POUR LA PATRIE !
Carte postale signée Léo Gtainer.

La bataille de Turtucaia

Les Roumains sont défaits par les Bulgares. Au lendemain de l'entrée en guerre de la Roumanie le 27 août, Hindenburg et Ludendorff décrètent aussitôt que l'urgence se situe à l'Est. Un effondrement de l'Autriche-Hongrie signifierait à brève échéance la ruine de l'Allemagne elle-même : il faut donc la sauver à tout prix.

34 000
Pertes roumaines à Turtucaia sur 39 000 soldats engagés, contre 9 200 pour les Bulgares.

En conséquence, des unités sont prélevées sur le Carso et en Courlande, mais aussi à Verdun et sur la Somme, et confiées à Falkenhayn. La Roumanie, dont les soldats sont entrés sans coup férir en Hongrie, doit soudain faire face à des troupes aguerries par deux ans de combats. Pour Bucarest, la physionomie du combat change radicalement. Le premier coup est porté le 2 septembre sur le front sud par les Germano-Bulgares, commandés par le maréchal Mackensen. La Ire armée bulgare entre alors en Dobroudja du Sud, une région que la Bulgarie revendiquait à la Roumanie, laquelle s'en était emparée trois ans auparavant à l'issue de la seconde guerre balkanique. Du 2 au 4 septembre, les forces bulgares traversent le Danube et encerclent la forteresse de Turtukan. Le 3 septembre, les Roumains tentent de briser l'encerclement, mais sont refoulés par la 1re division de cavalerie bulgare. Le 5 septembre, à 5 h 30, une préparation d'artillerie bulgaro-allemande,

SOLDATS BULGARES À TURTUCAIA. La défaite des Roumains jette la consternation dans les rangs des Alliés, lesquels attendent de la Roumanie qu'elle soutienne l'armée d'Orient plutôt que de s'engager dans une aventure « personnelle » en Hongrie (tableau de Dimitar Giudzhenov).

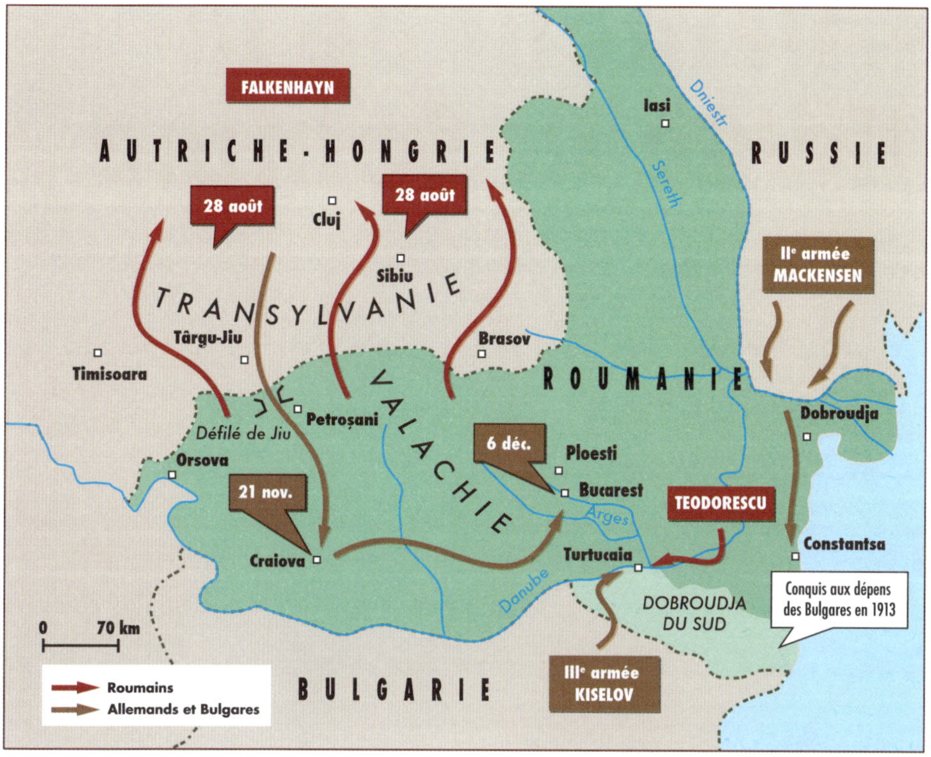

LE PARI RISQUÉ DE L'ARMÉE ROUMAINE. Fin août, elle envahit au nord la Transylvanie, mais est repoussée dès octobre par les troupes allemandes. Dès septembre, au sud, elle est vaincue par les Bulgares.

LE GÉNÉRAL PANTELEY KISELOV À TURTUCAIA. Le général Kiselov commande les armées bulgares à Turtucaia. La forteresse était sous le commandement de la 17e division du général roumain Constantin Teodorescu.

coordonnée par un ballon, finit par forcer les troupes roumaines à abandonner la position. Parallèlement, des tirs de contre-batterie empêchent l'artillerie roumaine de soutenir ses troupes. Il est midi quand le fort de Turtucaia est investi par les troupes bulgares. Sur le plan stratégique, la perte de la citadelle et de deux divisions d'infanterie surprend le haut commandement roumain. Son incompétence sidère la population et les Alliés. Sur le plan psychologique, le massacre, à la baïonnette, des blessés roumains sur le champ de bataille révèle l'ampleur du ressentiment bulgare consécutif à la « trahison roumaine » de 1913, c'est-à-dire l'annexion de la Dobroudja du Sud. Cette défaite ouvre la route de Bucarest et celle de Constantsa à Mackensen. À l'issue de cette bataille, les pertes roumaines apparaissent pour le moins considérables : 34 000 soldats sur les 39 000 engagés, le 79e régiment d'infanterie ayant perdu 76 % de ses effectifs. À l'inverse, les pertes bulgares sont beaucoup moins importantes : 1 517 tués, 7 407 blessés et 247 hommes portés disparus (voir 6 décembre). ●

LA CITADELLE DE TURTUCAIA

Située sur un plateau de 7 à 13 km de largeur, qui surplombe la rive droite du Danube de 113 m, la forteresse de Turtucaia (Turtukan, pour les Bulgares) présente une triple ligne de défense. Une série de postes d'alerte sont répartis sur une trentaine de kilomètres ; une quinzaine de points de veille fortifiés, tenus par une soixantaine de soldats et distants de un à deux kilomètres, forment la défense en profondeur. Les secteurs I et II étaient boisés tout comme une moitié du sommet du plateau. Des tranchées, des réseaux de barbelés et des fossés doivent ralentir l'avance ennemie. La défense comprend aussi de l'artillerie et des mitrailleuses, et, sur le Danube, une flottille. ■

4 SEPTEMBRE-18 OCTOBRE 1916

Essoufflement de la bataille de la Somme

Les Alliés envisagent de reprendre l'offensive le 10 septembre, mais Joffre veut l'avancer. En effet, la Roumanie vient d'entrer en guerre et il veut montrer ainsi à l'ennemi la coordination alliée. Cette deuxième phase de la bataille s'engage le 4 septembre, dans des conditions épouvantables, la pluie transformant le champ de bataille en un immense bourbier.

SECONDE FACE DE LA BATAILLE DE LA SOMME. Six semaines de combats intenses et meurtriers pour des gains médiocres. Les efforts anglais et français ne rencontrent que des succès limités au nord de la Somme.

Malgré l'assurance dont il fait montre, Falkenhayn est bien obligé de prendre en compte la détermination de l'adversaire et le recul des groupements von Stein et von Gossler. Aussi se trouve-t-il contraint d'envoyer 23 nouvelles divisions sur le front de la Somme, ce qui paralyse son effort offensif sur Verdun. Le général von Gallwitz est rappelé de Verdun pour diriger l'ensemble de la bataille. Du 1er août au 20 septembre, les Allemands engageront encore une trentaine de divisions. De son côté, Joffre a mis à profit le ralentissement des combats pour réorganiser la bataille : aux Anglais, il fixe pour objectif de se porter sur les pentes dominant Bapaume avec le soutien de la VIe armée de Fayolle ; parallèlement, la Xe armée de Micheler se chargera de l'action au sud de la Somme. L'une et l'autre bénéficient d'un renforcement en hommes et en matériel que permet le desserrement de l'étreinte allemande à Verdun. Dans le camp allemand, Falkenhayn a dû laisser la direction des opérations à Hindenburg et à Ludendorff. Désireux de ménager le potentiel humain du Reich – on vient d'appeler la classe 1917 –, les deux hommes prescrivent une « défense élastique ». Celle-ci doit permettre d'interdire à l'artillerie adverse de pilonner des objectifs statiques repérés à l'avance. Parallèlement, les Allemands renforcent leur aviation de chasse et leur artillerie lourde par des prélèvements opérés sur le front de Verdun. Chez les Alliés, l'entente n'est pas parfaite. Ainsi, Haig refuse de faire dépendre son action du moment choisi par les Français. Aussi, en lieu et place de la grande offensive imaginée par Joffre, ce sont trois attaques successives

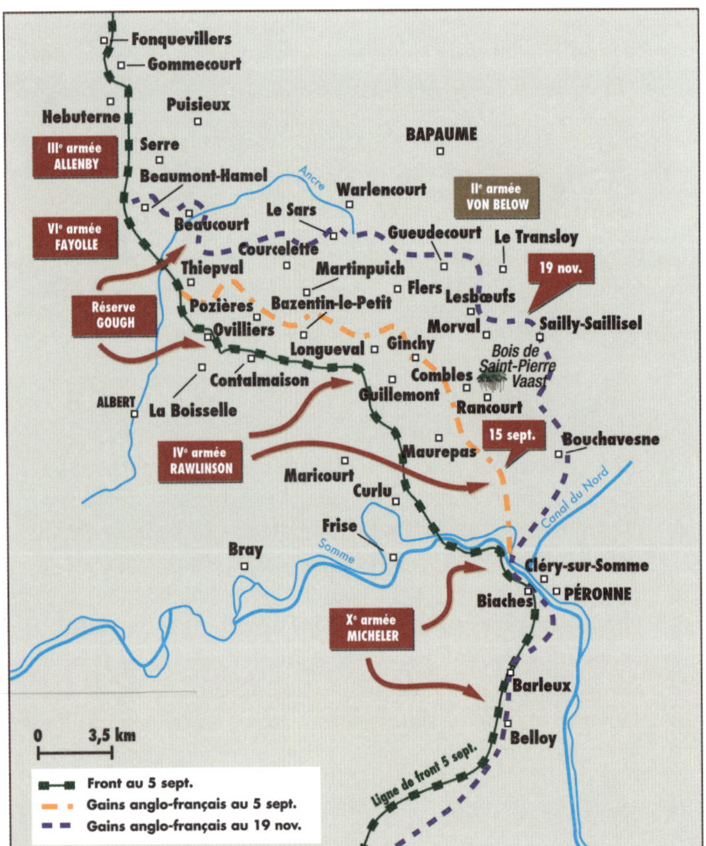

TÉMOIGNAGE

« Dernière lettre de la Somme

J'ai bien reçu votre lettre qui m'a fait plaisir de recevoir de vos bonnes nouvelles ainsi que le billet de 55. Chers parents, je vous avais dit qu'on allait attaquer le 4 septembre, tout s'est très bien passé, nous avons pris les 3 premières lignes, un village et des ouvrages fortifiés. [...] Les prisonniers qu'on a faits avaient l'air très contents de leurs aventures. Ils n'étaient même pas fiers, ils nous donnaient tout ce qu'ils avaient, des boîtes de cigares et cigarettes. [...] Chers parents recevez de votre fils dévoué de bons baisers affectueux ainsi qu'à Lucienne. Bonjours aux amis.

Courrier du 10 septembre 1916 d'un fantassin du 25e RI, disparu sur la Somme »

LE MONSTRE D'ACIER

Le char Mark I anglais fait sa première apparition lors de la bataille de Somme, dans le secteur de Flers. Son emploi sera dispersé en divers points du front. Par ailleurs, sommairement instruits dans la conduite de ces engins, les équipages n'ont aucune notion de leur coopération avec l'infanterie. Néanmoins, le Mark I sème un vent de panique dans les rangs des Allemands qui se rendent en masse en criant : « Ce n'est plus la guerre, c'est une boucherie ! » Le Mark I permet quelques succès locaux, comme à Flers, donc, et aussi à Thiepval. Ce monstre de métal de 28 t, long de 9,75 m et large de 4,30 m, est doté d'un blindage de 6 à 12 mm, de deux canons de 6 livres et de dix mitrailleuses Hotchkiss. Emportant huit hommes d'équipage, il se déplace à 6 km/h. Churchill, ardent promoteur de cette nouvelle arme, jugea toutefois son emploi prématuré sur la Somme. Elle fut, selon lui, « imprudemment révélée à l'ennemi afin d'obtenir une miniature de succès local ». ■

qui sont lancées : le 4 septembre pour la Xe armée, le 12 pour la VIe et le 15 pour les Britanniques.

Trois attaques en septembre

La première attaque réalise quelques progrès, mais ne parvient pas au résultat escompté. En revanche, la deuxième se révèle beaucoup plus payante, comme en témoigne la prise de Bouchavesnes le 12 septembre. La troisième attaque, solidement appuyée par Fayolle, voit l'emploi des premiers chars qui, provoquant un mouvement de panique chez l'adversaire, facilite la prise de Martinpuich (15 septembre) et de Flers (16 septembre). De nombreux Allemands sont faits prisonniers. Toutefois, l'effet de surprise dû à l'engagement des chars reste sans lendemain en raison des imperfections mécaniques des engins et du simple rôle d'accompagnement qui leur est attribué. Au cours des jours suivants, les Franco-Britanniques réussissent à progresser de 2 à 3 km et s'emparent de Combles (26 septembre) et de Thiepval (27 septembre). Malgré les pluies diluviennes qui tombent à la fin du mois de septembre et qui rendent toute nouvelle avancée extrêmement difficile, les combats se poursuivent jusqu'au 18 octobre. Les Britanniques parviennent à prendre Le Sars (7 octobre) et contrôlent la ligne Gueudecourt-Morval. De leur côté, les Français se sont rendus maîtres de Sailly-Saillisel (18 octobre) et des abords du bois de Saint-Pierre-Vaast. Comme à Verdun, la bataille de la Somme symbolise toute l'horreur de la guerre des tranchées (suite 5 novembre). ●

Contre-offensive à Verdun

La reconquête française de Douaumont et de Vaux, c'est un véritable ouragan de feu qui s'abat sur les Allemands le 24 octobre. En neuf jours, les soldats de Pétain et de Nivelle parviennent à réoccuper la plupart des positions perdues depuis le début de la bataille de Verdun le 21 février.

Pour rejeter l'adversaire au-delà des forts de Douaumont et de Vaux, le général Mangin dispose de huit divisions, de 654 pièces d'artillerie, dont vingt de calibre allant du 270 au 400 mm. Le 400 est destiné à frapper le fort de Douaumont. Précédée par un tir d'artillerie déclenché le 20 octobre, l'attaque part le 24 octobre dans un brouillard épais. Les Allemands, avec sept divisions en secteur, n'ont que 22 bataillons en ligne. Si l'avantage numérique est bien français, la puissance de feu ennemie apparaît immédiatement redoutable. Pourtant, la ruée des Français semble invincible. Les fantassins progressent suivant l'horaire fixé, à la vitesse de 100 mètres en quatre minutes. Le barrage roulant interdit aux Allemands de sortir de leurs abris. La 28e division atteint le fort de Douaumont, évacué à peu près complètement sous l'action des gros calibres. Elle y pénètre et capture les derniers occupants. Au soir du 24 octobre, le bois de Nawé, le ravin de la Couleuvre, la ferme de Thiaumont, le village et le fort de Douaumont, le bois de la Caillette, et autres lieux sont aux mains des Français.

630 000
Nombre de coups tirés par l'artillerie française entre le 19 et le 25 octobre.

Le moral des troupes faiblit

Si les communiqués français remontent le moral de l'arrière, à Verdun même la plupart des soldats ne perçoivent pas l'ampleur de la victoire. Hormis ceux qui ont participé directement à la reprise des forts, le sentiment est à l'hébétement. Pour celui qui est resté dans son trou d'obus souillé d'excréments, nul succès ne lui a fait pressentir le fléchissement de l'adversaire. Ses souffrances restent indicibles. Les terribles tourments qu'il a subis à Verdun lui laissent un goût saumâtre d'où vont naître les mutineries du printemps 1917. Sur une pancarte plantée à la sortie du Faubourg Pavé, on peut lire ces mots qui annoncent l'orage à venir : « Chemin de l'abattoir ». ■

TÉMOIGNAGE

« Prémices de révolte

Comme nous allons et venons dans la grande rue du village, il nous faut brusquement nous garer pour laisser passer des autos militaires. Dans l'une d'elles, on reconnaît M. Poincaré et le général Nivelle. Quelques acclamations éclatent, mais on entend aussi le cri : "Embusqués !" Il y a même des pierres lancées contre les voitures. Je revois toujours M. Poincaré, coiffé de sa casquette de marine, se pencher à la portière pour regarder.

Souvenir d'un sergent infirmier, 5 novembre 1916 »

LES ARMES DE VERDUN

En France, les services de l'artillerie adoptent un prototype de fusil-mitrailleur proposé à l'essai en 1910. Le 22 novembre 1915, la fabrication commence, et le 8 décembre, les premières armes sont livrées aux armées. À partir de mars 1916, elles arrivent sur le front, chaque compagnie devant en recevoir huit exemplaires. Fabriquées en masse grâce à des techniques révolutionnaires (tôles d'acier, rivets, soudures), elles sont assemblées par une société de cycles. Le fusil-mitrailleur Chauchat CSRG ouvre la voie aux productions de masse des armes automatiques de la Seconde Guerre mondiale. Entre 1915 et 1918, 225 000 fusils ont été fabriqués et 82 000 cédés à des troupes alliées. ■

UNE PIÈCE D'ARTILLERIE DE 400. Pétain dispose de deux pièces de ce type, réellement monumentales : l'une est pointée sur le fort de Douaumont, l'autre sur le fort de Vaux. Combinés avec des canons de 75 et de 155 mm, les obusiers de 400 mm ont fait la différence à Verdun.

La reprise du fort de Vaux

En tous ces secteurs, la rapidité de l'attaque des hommes de Mangin a été foudroyante. Mais les Allemands résistent au fort de Vaux. Le 28 octobre, Nivelle décide de reprendre l'attaque non sans prescrire la relève des hommes qui se sont emparés de Douaumont. Le 2 novembre, la préparation d'artillerie, commencée la veille, s'intensifie. Vers 17 heures, un message radio allemand intercepté apprend aux Français que l'ennemi a reçu l'ordre d'évacuer le fort. Il est aussitôt réoccupé par deux patrouilles françaises. À Berlin, c'est la consternation. La défaite allemande est certaine. Ludendorff, adjoint de Hindenburg depuis le 28 août, en témoigne sans ambiguïté : « Verdun devenait comme une plaie béante qui rongeait nos forces et il eût été plus rationnel de retirer nos positions en deçà de la zone des entonnoirs » (voir 15 décembre). ●

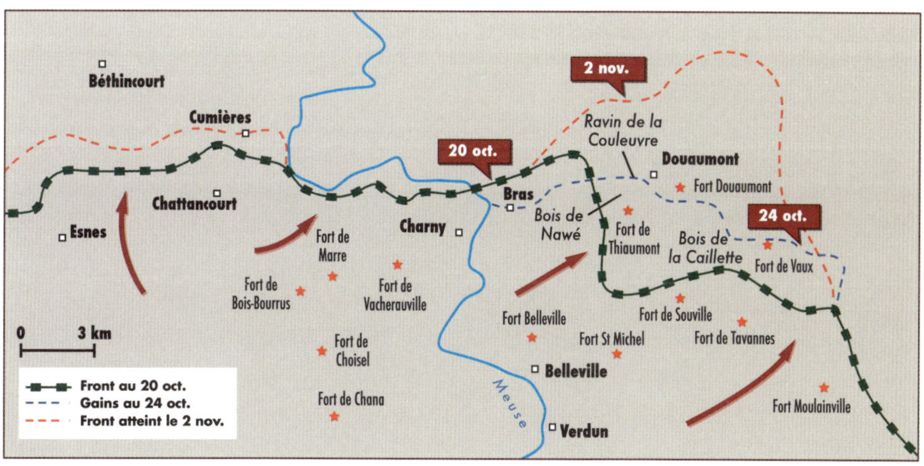

LA SPIRALE DES DÉFAITES ARRÊTÉE À VERDUN. Pour la première fois depuis la bataille de la Marne, les troupes françaises au prix d'importants sacrifices entrevoient l'espoir de la victoire.

Dernière offensive sur la Somme

Les combats d'août et de septembre n'ont offert que des succès localisés qui se révèlent insuffisants pour forcer le front. De plus, le Britannique Haig est de moins en moins enclin à engager ses forces dans des attaques d'ensemble. Son gouvernement estime en effet que les résultats obtenus sont loin de justifier les pertes.

L'épuisement des hommes et la dégradation des conditions météorologiques – les soldats s'enlisent littéralement dans la boue – marquent la fin de la grande bataille sur la Somme. Par ailleurs, la consommation en munitions a largement dépassé la capacité de production des usines. Un dernier effort est toutefois consenti par les Anglais qui, les 13 et 14 novembre, progressent encore de 3 km sur l'Ancre où ils prennent Beaumont-Hamel. Quant aux Français, une ultime attaque leur permet de s'emparer d'Ablaincourt, à l'extrémité sud du théâtre des opérations. En dépit de la conquête d'environ 200 km² et de vingt-cinq villages, l'offensive voulue et conduite par Foch n'a que peu modifié le tracé du front. Et encore, les gains de terrain ont été réalisés à un coût exorbitant. En effet, les pertes alliées sont énormes : 450 000 soldats français et britanniques sont tombés sur le front de la Somme. Avec quelque 300 000 tués, les Allemands auront également payé un très lourd tribut. Dans les rangs du haut commandement allemand, qui a vu fondre quarante de ses meilleures divisions, le doute s'installe.

Le rôle de l'aviation sur la Somme

Au moment où se déclenche l'offensive, la IIe armée allemande dispose de 5 escadrilles de reconnaissance, de 4 escadrilles d'artillerie, d'une escadrille de réserve générale et de 16 chasseurs, soit une centaine d'appareils, contre plus de 300 avions alliés nettement supérieurs à leurs adversaires. En août, von Below obtient que deux escadrilles soient transférées du front de Berlin à celui de la Somme. En septembre, le gros des moyens aériens allemands (220 avions, dont les nouveaux chasseurs « Albatros » qui remplacent les « Fokker ») est engagé dans la bataille sans toutefois parvenir jamais à équilibrer la supériorité de l'aviation franco-britannique. L'importance de l'aviation semble avoir fait son chemin plus rapidement chez les Alliés que chez les Allemands. Ainsi, en juin 1916, un millier d'avions français et 400 appareils anglais, aux ordres du général Hugh Montague Trenchard, sont en ligne sur le front occidental. ■

AVIONS VOISIN SUR LA SOMME. C'est à la fin de l'été 1916 que sont créés les trois premiers groupements de combat aérien français (GC 11, 12 et 13).

GEORGES GUYNEMER, LA LÉGENDE VOLANTE

Depuis le début de la guerre, Guynemer s'est imposé comme un « as » de l'aviation militaire. Le 28 juillet 1916, il totalise déjà 350 heures de vol et onze victoires. Il fait figure de héros chez les fantassins. En août, sur la Somme, son Spad VII capote. Il est inutilisable. Aussitôt, les soldats découpent la toile des ailes de l'appareil, qu'ils gardent en guise de souvenir. Au cours de sa carrière, Guynemer, qui compte 54 victoires homologuées, aura été abattu sept fois. Il fut affecté durant tout le conflit à l'Escadrille N.3, dite « escadrille des Cigognes », l'unité de chasse la plus victorieuse des ailes françaises. Ses avions étaient le plus souvent peints en jaune et baptisés « Vieux Charles ». Sa dernière sortie eut lieu le 11 septembre 1917, au-dessus de la Belgique, dans le ciel d'Ypres. ■

L'échec du plan de guerre allemand à l'ouest

En effet, même si le front a tenu, l'armée allemande a été contrainte d'engager toutes ses réserves, démunissant ainsi à la fois le front oriental et celui de la Meuse (Verdun). Certes la méthode préconisée par Foch – la bataille d'usure adossée à une supériorité en matériel et en effectifs– n'a pas eu raison de la solidité des positions fortifiées de l'adversaire, mais elle aura toutefois réussi à consacrer la reprise par les Alliés de l'initiative des opérations sur le front occidental. À l'aune de ce renversement, il apparaît que la bataille de la Somme marque l'échec définitif à l'ouest du plan de guerre allemand de 1916. Le relâchement de l'étreinte allemande sur Verdun consécutif au déroulement de la bataille de la Somme en septembre puis en novembre permettra aux Français de passer à la contre-offensive à Verdun d'abord le 24 octobre, puis le 15 décembre. Pour leur part, les Britanniques, qui, dans un premier temps, sont montés au front dans des formations lourdes et peu mobiles offrant des cibles faciles à l'artillerie et aux mitrailleuses allemandes, ne tarderont pas à mettre à profit l'expérience de la Somme. C'est sur ce champ de bataille qu'ils auront acquis les qualités manœuvrières qui leur permettront, en 1917 et en 1918, de jouer un rôle décisif dans la victoire des Alliés. ●

FANTASSINS BRITANNIQUES MONTANT À L'ASSAUT. Les soldats qui partaient à l'assaut redoutaient la présence des fils de fer barbelés. Lorsque ceux-ci n'étaient pas préalablement détruits par le tir de l'artillerie, les soldats devaient les couper à l'aide de lourdes pinces, souvent sous le feu ennemi.

Mort de l'empereur François-Joseph Ier

Au début du mois de novembre, l'empereur d'Autriche-Hongrie François-Joseph tombe malade. Le 20 novembre, on découvre un point de congestion. Le lendemain, il rend l'âme. En montant sur le trône, Son petit-neveu Charles Ier – 29 ans – est déterminé à sonder les Alliés pour mettre fin à la guerre.

TÉMOIGNAGE

« En finir avec les horreurs du conflit

Je ferai tout ce qui sera en mon pouvoir pour bannir dans le plus bref délai les horreurs et les sacrifices de la guerre et rendre à mon peuple les bénédictions regrettées de la paix.

Extrait du Manifeste impérial de Charles Ier »

En cette fin d'année 1916, l'Allemagne n'a pas atteint les objectifs que s'était donnés Falkenhayn : provoquer l'effondrement de l'Angleterre en fixant, puis en anéantissant les armées françaises à Verdun. Les tentatives faites pour obtenir une paix séparée avec la Russie ont également échoué. Guillaume II, qui sait François-Joseph diminué par l'âge et la fatigue, a déjà tenté de sonder son successeur, l'archiduc Charles. Les deux hommes se sont rencontrés le 8 octobre à Pless, et le Kaiser a accueilli favorablement un projet de proposition de paix établi par Stephan Burián von Rajecz, ministre autrichien des Affaires étrangères, et Bethmann-Hollweg, le chancelier allemand. Aussi, à peine devenu empereur, Charles Ier décide de sonder les Alliés pour envisager à quelles conditions le rétablissement de la paix serait possible. Il charge son beau-frère, le prince Sixte de Bourbon-Parme, de faire savoir au Français William Martin, chargé de liaison entre Raymond Poincaré et le GQG, qu'il désire une entrevue pour tenter de rapprocher l'Autriche et la France. Tout au long de l'année 1917, des contacts seront pris avec Paris, mais les négociations échoueront. Sans doute Charles Ier songeait-il à une paix séparée, là où les Alliés ne voulaient entendre parler que d'une paix générale. Celle-ci était hors d'atteinte car il apparut que jamais l'Allemagne, confiante dans la victoire de ses armées, ne négocierait. ●

CHARLES Ier, L'IMPÉRATRICE ZITA ET LEURS ENFANTS.
Sincèrement désireux de mettre fin à la boucherie, le nouvel empereur Charles Ier ne ménagera pas ses efforts pour négocier la paix avec les Alliés. Mais en vain.

APPEL À SOUTENIR LES SOLDATS MUTILÉS. Bien que Guillaume II ait semblé favorable à d'éventuelles négociations de paix en octobre 1916, les militaires allemands, sûrs d'emporter la décision par les armes, ne voulaient pas en entendre parler.

Les Allemands entrent dans Bucarest

Depuis la défaite subie à Turtucaia face aux troupes germano-bulgares, la situation de la Roumanie n'a cessé de se dégrader. Son armée, qui se nourrit des souvenirs glorieux des guerres de 1877 et de 1913, subit de plein fouet le choc de la guerre de libération moderne, à laquelle elle n'est pas préparée.

UNE BATTERIE ROUMAINE DANS LA PLAINE MOLDAVE EN DÉCEMBRE 1916. Malgré leur détermination, les Roumains n'ont pas les moyens matériels de s'opposer à la puissance de feu des troupes germano-bulgares.

Au début d'octobre, le général roumain Averescu a lancé une contre-offensive, au sud du Danube, qui s'est soldée par un échec, ce qui a permis aux Germano-Bulgares de prendre Constantsa. Le grand quartier général russe se décide alors à réagir en envoyant en Dobroudja le général Vladimir Sakharov, un des adjoints de Broussilov. Ce dernier s'emploie à rétablir la discipline et réussit à stabiliser le front aux alentours du 8 novembre. De son côté, Falkenhayn a lui aussi frappé un grand coup, à Sibiu, entre le 26 et le 29 septembre. Après avoir forcé les Roumains à évacuer la ville, il les poursuit jusqu'aux Carpates, où ils se retranchent. Les combats prennent alors un tour plus âpre, dans les montagnes enneigées qui forment une frontière s'étirant sur 800 kilomètres. Falkenhayn envisage d'abord de passer au sud de Brasov, pour atteindre Bucarest au plus court. Il se montre donc fort mécontent des tentatives, d'ailleurs infructueuses, effectuées par l'archiduc Charles au nord, en Moldavie entre le 11 et le 27 octobre. Finalement, les Allemands empruntent la route la plus longue. Le défilé du Jiu, qui en commande l'accès, est le théâtre de violents combats le 23 et le 26 octobre. Mais les troupes de Falkenhayn ne réussissent pas à passer. Ce n'est pourtant que partie remise.

La bataille pour Bucarest

Tandis que les Austro-Allemands progressent aussi dans la vallée de l'Olt, le général Otto Viktor Kühne reprend l'offensive le 11 novembre et s'empare, quatre jours plus tard, de Târgu-Jiu, enfonçant les portes des Carpates. Le 21 novembre, c'est au tour de Craiova de tomber. Le secours russe devient indispensable, mais les généraux du tsar répugnent à s'investir dans un combat qui ne semble pas être le leur. Nicolas II doit intervenir personnellement pour qu'une offensive soit déclenchée en Moldavie à la fin de novembre. Il est bien tard à ce moment puisque l'on se bat déjà en plein cœur de la Valachie. Toutefois, les Roumains accrochent encore l'adversaire et parviennent, le 1er décembre, à rejeter les cavaliers du général von der Goltz sur le Danube. De son côté, la 217e division du général Gallwitz, encerclée, ne doit son salut qu'à l'arrivée des Bavarois

Le repli des Roumains et la politique de la terre brûlée

LA RETRAITE DES SOLDATS DU GÉNÉRAL AVERESCU.
Au cours des combats de 1916, environ 50 000 soldats roumains ont été tués, 110 000 faits prisonniers et 80 000 blessés.

Bien que Bucarest soit tombé, les Roumains restent déterminés à poursuivre le combat. Si la prise de la capitale redore le blason de Falkenhayn, les débris de l'armée roumaine opèrent une retraite sur le Sereth, non loin de la frontière ukrainienne. Ils sont mollement poursuivis par la cavalerie allemande. En se retirant, les Roumains détruisent systématiquement les installations pétrolières de Ploesti-Campina et de Targovista avec l'aide d'équipes franco-britanniques. Par un froid épouvantable, le repli se poursuit tout le mois de décembre à travers la plaine moldave. Le 21 décembre, la Dobroudja est abandonnée à son tour par Sakharov, hormis le delta du Danube. La ligne de défense russo-roumaine s'organise enfin sur le Sereth. Quant à l'État, il se reconstitue en Moldavie, avec pour capitale Iasi. Comme le roi des Belges Albert Ier en 1914, Ferdinand Ier refuse une évacuation complète de l'armée nationale en territoire allié – russe en l'occurrence – malgré l'insistance des généraux du tsar. ■

et des cavaliers de Egon von Schmettow, lesquels forment l'avant-garde de Falkenhayn. Les Roumains, qui ont combattu avec acharnement, sont à bout de souffle.

Déconfiture roumaine

Le 2 décembre, après avoir fait leur jonction, les deux armées allemandes passent à l'offensive sur les quelque 150 kilomètres du front de l'Argès, entre les Carpates et la plaine du Danube, qui tombe aussitôt. Au cours de l'après-midi du 2 décembre, la 40e division russe parvient dans le secteur. Mais, pour des raisons inexpliquées, elle reste l'arme au pied malgré les exhortations de deux officiers français de la mission Berthelot. Le 3 décembre, le front roumain est définitivement rompu. L'ennemi se rue dans la brèche. Désireux d'éviter à Bucarest les désastres d'un assaut, Falkenhayn accepte que la ville soit évacuée sans combat par l'armée roumaine. Ses troupes n'investissent la capitale qu'au terme d'une suspension d'armes de trois jours. ●

240 000
Pertes roumaines depuis l'entrée en guerre.

LE GÉNÉRAL ALEXANDRU AVERESCU

Lorsque la Première Guerre mondiale éclate, le général Averescu jouit d'un immense prestige. Il s'est illustré dans la guerre russo-turque de 1877-1878 qui s'est soldée par l'indépendance de la Roumanie. Nommé chef d'état-major, il lui revient de planifier la campagne de la seconde guerre balkanique. À cette occasion, sa renommée grandit encore avec la victoire obtenue contre les Bulgares et l'annexion de la Dobroudja du Sud qui en résulte. L'entrée en guerre de la Roumanie dans le camp de l'Entente le voit prendre le commandement de la IIe armée, puis celui de la IIIe armée. Mais son étoile pâlit brusquement lors de la capture par les Germano-Bulgares de la citadelle de Turtucaia, le 2 septembre. On le retrouve à la manœuvre, sans succès cette fois encore, lors de la contre-offensive, au sud du Danube, contre la IIIe armée bulgare. ■

Pétain et Nivelle ont gagné à Verdun

Afin d'élargir les positions autour de Douaumont, Mangin reprend l'attaque à Verdun le 15 décembre. L'offensive se concentre au nord d'Hardaumont, appuyée par une artillerie qui fait preuve de sa grande efficacité. En trois jours, le secteur de Verdun redevient français.

336 000
Pertes françaises à Verdun, contre 330 000 pour les Allemands.

De grandes difficultés se présentent dans la préparation matérielle de l'offensive. C'est la mauvaise saison, le terrain est impraticable, les trous d'obus sont pleins d'eau. Or, pour assurer les mouvements, les déplacements d'artillerie, les ravitaillements, il faut avant tout aménager l'arrière immédiat, c'est-à-dire la zone conquise depuis le 24 octobre. Ces aménagements se déroulent sous le feu ennemi. De leur côté, les Allemands se préparent à résister et, pour ce faire, exécutent, eux aussi, de multiples travaux de défense. Ils disposent dans la zone attaquée de neuf divisions, dont cinq en première ligne, quatre en deuxième. Mais ces divisions arrivent pour la plupart de la Somme où elles ont durement combattu. Elles sont exténuées et auraient préféré être affectées à un secteur calme. L'attaque française se développe sur un front de 10 kilomètres et est conduite par huit divisions articulées en deux échelons successifs. Elles peuvent compter sur l'appui de 760 pièces d'artillerie, dont 350 lourdes. Le barrage roulant qui précède l'assaut a été parfaitement minuté et, surtout, adapté à la topographie des lieux. Du 16 au 18 décembre, les

LA CONSTRUCTION DES TRANCHÉES NÉCESSITA LA MISE AU POINT DE NOUVELLES MACHINES.
Ainsi, ce dérouleur de rouleaux de fils barbelés. Des millions de kilomètres de fils barbelés ont été fabriqués et utilisés durant le conflit.

Français se rendent maîtres de tous leurs objectifs. Avec des pertes minimes, l'opération se solde par la capture de 11 000 prisonniers et de 113 canons. « Pour la première fois, note le Kronprinz, j'eus conscience de ce que c'était que de perdre une bataille. Il me fallut quelque temps pour reprendre mon sang-froid et pour retrouver une foi solide. »

SOLDATS DU 2e RÉGIMENT DE MARCHE DE ZOUAVES. Ces hommes, qui ont été de tous les combats depuis la déclaration de guerre, se distinguent une fois de plus à Verdun sous la conduite du lieutenant-colonel Bonnery.

Doute à Berlin, confiance à Paris

Si les pertes sont sensiblement égales, elles pèsent plus lourdement pour les Allemands. À leur grande surprise, Berlin se rend compte que ses propres soldats se transforment également en chair à canon. Falkenhayn a d'ailleurs perdu son poste de commandant en chef des armées impériales. Le GQG allemand se trouve, une fois de plus, contraint d'abandonner son nouveau plan de guerre. En Allemagne, on commence aussi à perdre confiance dans la supériorité de ses armes. En revanche, la France a remporté, sur son sol, une victoire que célèbre l'arrière. Elle y acquiert une foi nouvelle dans la valeur de ses soldats et un immense prestige aux yeux de ses alliés. Une victoire éclatante donc, qui invita le président Poincaré à remettre, le 16 septembre, devant les représentants de l'Entente, la croix de la Légion d'honneur à la ville de Verdun. ●

TÉMOIGNAGE

« Les zouaves à Verdun

Les zouaves ont tout culbuté, mais ces vainqueurs ont été eux-mêmes vaincus par le froid. Ils s'en reviennent, sur une file interminable, par petits paquets, deux par deux. Ils ont enlevé le dessus de leurs souliers, ne gardant que les semelles maintenues avec des étoffes ; la plupart vont pieds nus, les pieds enroulés dans leur cache-nez, leur chéchia, leur mouchoir. Ils avancent, hésitant, titubant, s'appuyant sur leur fusil comme sur une béquille, se soutenant l'un l'autre, se traînant à quatre pattes, comme de pauvres bêtes, et de cette longue file de silhouettes clopinantes, aux capotes de boue raidies par le gel, aux physionomies noires et sales tendues par la douleur, pas une plainte ne s'élève, pas un murmure ne monte.

Récit d'un capitaine du 283e RAI de la prise de la ferme des Chambrettes par le 4e zouaves »

La reprise d'Hardaumont

Le 15 décembre, la 133e division d'infanterie se porte d'un seul bond aux abords d'Hardaumont sous la conduite de son chef, le général Germain Passaga. Ce dernier a préparé son attaque avec soin. Il entend déboucher dans « la pénombre du matin », derrière un barrage roulant et d'une formidable puissance. Le général a le souci de ses hommes : « S'agirait-il d'un seul fantassin à sauver, il n'y a pas d'économies de munitions à faire. » Sur la tête des hommes de la 133e DI glisse l'avalanche incessante des obus allemands. Comme les lignes adverses devant Hardaumont sont très rapprochées, le risque est grand d'être touché également par des obus français. Mais les Allemands sont épuisés et, en liaison directe avec la 133e DI, la 22e progresse et parvient à reprendre l'ouvrage d'Hardaumont. ■

Joffre est remplacé par Nivelle

La bataille de Verdun avait déjà coûté, le 29 août 1916, à l'Allemand Falkenhayn son poste de commandement en chef des armées impériales. À la fin de l'année 1916, le généralissime français Joffre ne « survit » pas non plus à l'enlisement de la guerre.

LE GÉNÉRAL ROBERT NIVELLE. En prenant ses fonctions de commandant en chef de l'armée, il promet une victoire rapide à la Commission de l'armée de la Chambre.

Déjà en juin 1916, des comités secrets chargés d'étudier à la Chambre des députés la bataille de Verdun, puis d'autres réunis en juillet, au Sénat, avaient critiqué « l'imprévoyance et la passivité » du haut commandement. Joffre y fut sauvé, provisoirement, par Briand, alors que Paul Doumer, membre de la Commission de l'armée au Sénat, réclamait sa tête. Mais, à l'automne, la perte de confiance dans le haut commandement gagne l'opinion. Malgré Verdun, malgré la Somme, aucune perspective de victoire ne se dessine. Briand comprend que pour sauver son gouvernement, il lui faut sacrifier Joffre. Celui-ci est accusé d'avoir gêné l'envoi de renforts en Orient et porte donc une lourde responsabilité dans la défaite des Roumains. Pour Briand, Joffre doit être chargé de la « direction générale de la guerre », mais sans exercer directement le commandement des armées du Nord-Est. Quant à l'armée d'Orient, elle doit dépendre du seul ministre de la Guerre. Désavoué, Joffre se résigne à donner, sur les conseils de son ami Maurice Sarraut, directeur de *La Dépêche du Midi*, sa démission. En compensation, Joffre est fait maréchal de France. Lyautey, nouveau ministre de la Guerre, confie au général Nivelle, dont Poincaré apprécie les qualités stratégiques qu'il a montrées à Verdun, le haut commandement. ●

TÉMOIGNAGE

« Joffre est réfractaire à tout contrôle

Je ne me laisserai pas tirer dans les pattes. Soit ! Ces messieurs [les parlementaires chargés d'enquêter sur le front] iront où ils voudront, mais flanqués d'officiers de mon état-major. Je ne puis admettre qu'ils aillent se fournir d'arguments contre mon commandement auprès de certains de mes subordonnés.

Déclaration de Joffre en juin 1916 »

DES ARTISTES EXPERTS EN CAMOUFLAGE

Tout au long de la guerre, l'armée française sollicite des peintres pour travailler à la « section de camouflage », un service créé en février 1915 et chargé, notamment, de peindre des trompe-l'œil. Ils utilisent leurs dons d'artistes pour protéger la vie des soldats en confectionnant des leurres destinés à tromper l'ennemi. On modèle des ruines dissimulatrices en carton-pâte, on travestit des bornes kilométriques en observatoires, on maquille des chars dans des tonalités locales afin que l'ennemi les confonde avec la végétation. Parmi les artistes les plus célèbres ayant participé à cette mission, on trouve Jean-Louis Forain, Charles Camoin, Charles Dunoyer de Segonzac, Jacques Villon et Odilon Redon. ■

APPEL À LA SOUSCRIPTION DU DEUXIÈME EMPRUNT DE LA DÉFENSE NATIONALE. Une des nombreuses affiches appelant les Français à soutenir l'effort de guerre en 1916. Celle-ci a été réalisée par l'illustrateur pour enfants Alcide Robaudi (1850-1928).

Enlisement et malaise sur tous les fronts

Après deux ans et demi de guerre, les terribles épreuves, les sacrifices physiques et psychologiques, chaque jour de plus en plus importants, conduisent les peuples à s'interroger sur le sens d'un effort dont nul ne se risque à prévoir le terme.

L'élan patriotique qui animait les combattants en août 1914 a fait place à une sorte de soumission fataliste. L'arrière donne des signes de fatigue morale. Dans l'opinion publique, deux sentiments dominent. Pour les uns, ce sont les méthodes des dirigeants politiques dans la conduite militaire ou diplomatique de la guerre qui posent problème. Il appartient, selon eux, de prendre des initiatives plus vigoureuses. En France, le renvoi de Joffre montre que le pouvoir a pris la mesure de cette impatience. Pour les autres, il s'agit d'exprimer un doute sur la nécessité de cet immense effort. Ainsi, en Allemagne, les partis de droite, appuyés par le GQG, reprochent au chancelier Bethmann-Hollweg sa «faiblesse». En France, la chambre des députés, réunie en comités secrets, critique la politique extérieure et les méthodes de l'action militaire. En Grande-Bretagne, le 6 décembre 1916, Asquith est remplacé par Lloyd George à la tête du gouvernement. En Russie, les

UN ASSAUT BAÏONNETTE AU FUSIL.
En réalité, les combats à la baïonnette furent plutôt rares.

ROSALIE : LA BAÏONNETTE

La baïonnette, que les journaux surnomment «Rosalie», un terme que n'emploient pas les soldats, alimente tous les fantasmes à l'arrière. On y fait mention de combats héroïques au corps à corps dans les tranchées. Même si le règlement d'infanterie de 1913 préconise l'assaut à la baïonnette, il s'agit d'une vue de l'esprit qui ne cadre pas avec la réalité des combats. De fait, l'encombrement du fusil augmenté de la longueur de la baïonnette atteint 1,80 m, soit plus que la taille moyenne du fantassin. Dans l'étroit goulot des tranchées, le fusil équipé de son arme blanche est plus une gêne qu'un atout. D'ailleurs, les hommes chargés du «nettoyage» des tranchées lui préfèrent de loin la grenade, mais aussi le pistolet, le revolver, voire le couteau de boucherie, distribués aux unités d'assaut. ■

critiques prennent un tour plus inquiétant. En novembre, la Douma attaque l'apathie du pouvoir et dénonce les «puissances occultes» qui tournent autour de Nicolas II. Le 29 décembre, le conseiller occulte de la famille impériale, Grigori Raspoutine, à la fois guérisseur et mystique, est assassiné.

Une paix encore improbable

À la fin de l'année, alors que l'union nationale montre, dans tous les pays, d'inquiétantes lézardes, les gouvernements commencent à évoquer la paix. L'initiative en revient aux puissances centrales, qui, le 12 décembre, par l'entremise du chancelier allemand Bethmann-Hollweg, proposent à leurs adversaires d'ouvrir des négociations. C'est un geste destiné à améliorer la position de l'Allemagne à l'égard des neutres, notamment des États-Unis. Le 20 décembre, le président américain Woodrow Wilson demande aux belligérants de faire connaître leurs conditions de paix. En réalité, aucun des gouvernements belligérants n'envisage encore l'éventualité immédiate de la paix. L'Allemagne, qui estime avoir accumulé les victoires, ne veut pas un retour au *statu quo ante*. Quant aux pays de l'Entente, ils n'admettent pas l'idée d'une «paix blanche». Concernant les buts de guerre, la France, outre le retour de l'Alsace-Lorraine, entend que les puissances centrales évacuent la Belgique, la Serbie, la Pologne, la Lituanie, la France du Nord-Est et qu'elles accordent d'importantes indemnités pour les dommages subis. Enfin, Londres et Paris souhaitent obtenir le démembrement des grands empires, d'un côté l'Autriche-Hongrie et, de l'autre, l'Empire ottoman. Quant à l'Allemagne, elle exige la restitution de ses colonies qui lui ont été confisquées en Afrique et en Océanie, et revendique tous les territoires de la Russie blanche plus particulièrement. Elle veut également obtenir une modification de la frontière franco-allemande. Des deux côtés, on affirme ainsi des programmes annexionnistes : les buts de guerre respectifs restent donc parfaitement inconciliables. ●

AFFICHE BRITANNIQUE POUR LA CONSCRIPTION. «Qui est absent? Est-ce vous?» proclame cette affiche. À la fin de l'année, les Anglais ont un million et demi d'hommes sous les drapeaux, une conséquence de l'instauration de la conscription, le 24 janvier 1916.

Une situation territoriale décevante pour toutes les parties

À la fin de l'année 1916, l'ensemble des belligérants peut dresser partout le bilan de ses échecs. Italiens et Autrichiens piétinent dans les Alpes. Les réserves engagées par les Allemands dans les Balkans n'ont fait que dégarnir le front russe sans profit. Les succès du général russe Broussilov à l'est n'ont pas permis d'obtenir une victoire décisive. Les Allemands ont été tenus en échec devant Verdun. De cette défaite à l'ouest, Hindenburg tire l'enseignement que l'armée allemande doit se reconstituer afin de reprendre l'offensive dans des conditions plus rationnelles. De son côté, Joffre n'a paru nullement affecté par l'issue de la bataille de la Somme : il en tire la grande satisfaction de voir les Anglais de plus en plus impliqués dans la guerre. Ainsi, le service militaire devenu obligatoire outre-Manche garantit que les effectifs britanniques iront croissant. Il reste que, en dépit des moyens engagés, l'offensive sur la Somme a échoué. Faute de réserves suffisantes, les Français, après avoir enlevé les premières lignes allemandes, n'ont pu progresser. Quant aux Anglais, en raison de la faiblesse de leur artillerie, ils n'ont pas réussi à «mordre» sur les défenses de l'ennemi. Finalement, la carte de la guerre fin 1916 est à l'image de la bataille de la Somme : partout on progresse et on recule sans aucun gain significatif. La guerre d'usure épuise autant un camp que l'autre. ■

1917

Des peuples épuisés

En 1916, aucune opération militaire n'a permis d'emporter la décision. Pas plus que Verdun n'a « saigné » les Français, les offensives sur la Somme n'ont pu décourager les Allemands. Sur le plan militaire, 1917 n'apporte aucun bouleversement notable. Au début de l'année, l'échec de l'offensive alliée en France entraîne une grave crise morale et politique dans l'armée (les mutineries) et le pays. La relance de la guerre sous-marine va entraîner les États-Unis dans le conflit. L'espoir renaît chez les Alliés qui peuvent envisager la reprise des grandes offensives. En revanche, cela signifie pour les Empires centraux la fin irrémédiable de toute idée de vaincre

LA GUERRE DEVIENT MONDIALE

la France et la Grande-Bretagne. Et même si la prise de pouvoir en Russie par l'opposition au tsar, puis par les bolcheviques de Lénine permet aux Allemands d'en finir avec le front de l'Est et de concentrer tous ses moyens à l'ouest, Berlin sait n'avoir plus les moyens de dicter la paix. Pourtant, sous la pression d'une partie de l'opinion publique et des militaires, Guillaume II est condamné à poursuivre la guerre.

L'Allemagne relance la guerre sous-marine

En prenant la décision de déclencher la guerre sous-marine à outrance, Berlin s'apprête à voir basculer les États-Unis, gouvernement et opinion publique confondus, en faveur de l'intervention armée dans le conflit.

C'est à Pless, au GQG du général Hindenburg, que l'empereur allemand Guillaume II prend, le 9 janvier, la décision de lancer, dès le 1er février, la guerre sous-marine à outrance, suivant en cela le programme développé par l'amiral Holtzendorff dans son rapport du 22 décembre au nom de l'Amirauté. La décision est notifiée aux États-Unis le 31 janvier, c'est-à-dire la veille de son exécution. Cette note précise les zones concernées. Il s'agit de celles entourant les côtes françaises et britanniques, pratiquement toute la Méditerranée et l'océan Atlantique, du nord au sud, dans lesquelles tous les navires marchands seront torpillés sans avertissement.

368 000
En tonneaux, volume des bâtiments alliés coulés par les sous-marins allemands en janvier 1917.

Berlin, inconscient de la puissance américaine

Dans la même note, le chancelier Bethmann-Hollweg informe Washington que « peut-être, les paquebots américains, en se soumettant à certaines règles » pourront être épargnés. Quoi qu'il en soit, le risque de l'intervention américaine, qui ne fait aucun doute, est délibérément accepté. Berlin ne peut ignorer que jamais

LE SOUS-MARIN, NOUVEL AIGLE DES MERS

Dès 1915, le sous-marin allemand acquiert le rang d'arme stratégique. Depuis, la flotte n'a cessé de croître en quantité et en qualité. La dernière série, commandée au cours de l'été 1916, a été conçue en vue de l'entrée en guerre des États-Unis. Ils sont en effet capables de conduire des opérations jusqu'aux côtes du Nouveau Monde. Dans ce dessein, l'Allemagne a mis en chantier des croiseurs sous-marins de 1 900 t, qui, s'ils naviguent en surface à la vitesse de 7 nœuds, disposent d'un rayon d'action de 15 000 milles. Mais ils n'entreront en service qu'en 1918. En attendant, l'Amirauté compte sur ses sous-marins de croisière dont le rayon d'action est limité à 2 500 milles, mais qui sont capables de lancer chacun 10 torpilles et sont armés d'un canon de 105 mm et d'un autre de 88 mm. ■

UN SOUS-MARIN DE CROISIÈRE. Déplaçant 780 t, il atteint 15,5 nœuds en surface et 9 nœuds en plongée.

Washington n'acceptera de perdre des vies américaines sans réagir, pas plus qu'il ne supportera qu'on porte atteinte à la liberté de commercer; plus largement, il en va du prestige des États-Unis. Néanmoins, Guillaume II s'est rangé à l'avis de l'Amirauté. Pourquoi? À l'évidence, il surestime les forces allemandes. Par ailleurs, selon lui, au rythme de 600 000 tonnes de navires marchands coulés par mois (un chiffre fourni par le service des prévisions de l'Amirauté), la Grande-Bretagne, qui ne détient que trois mois de vivres, sera rapidement au bord de l'asphyxie. Dans ces conditions, Londres n'aura d'autre choix que de signer la paix avant l'intervention des États-Unis. Enfin, le Kaiser sous-estime la capacité de réaction des États-Unis, un pays tout juste bon à «fabriquer des lames de rasoir». En clair, Berlin pense que le temps joue en faveur des Empires centraux. La parole restera donc aux militaires. D'ailleurs, dès l'automne 1916, Bethmann-Hollweg avait sommé Guillaume II de choisir entre l'action diplomatique et la mise en action d'une stratégie offensive fondée sur l'emploi des sous-marins. ●

AFFICHE ALLEMANDE D'APPEL AU FINANCEMENT POPULAIRE DE LA MARINE, 1917. Outre-Rhin, la propagande bat son plein pour défendre la construction de sous-marins destinés à asphyxier l'Angleterre.

LE PRÉSIDENT WILSON. Président en 1912, il est réélu en novembre 1916 à une courte majorité face au républicain Charles Evans Hughes.

L'échec de la médiation américaine

Très impressionné par les ravages opérés depuis août 1914, le président Wilson a proposé à plusieurs reprises la médiation des États-Unis. Le 12 décembre 1916, Washington fait connaître sa note sur les buts de guerre des belligérants. Les Alliés vont répondre le 10 janvier en énumérant leurs conditions de paix, soit notamment la restitution de l'Alsace-Lorraine et la partition de l'Autriche-Hongrie. L'Allemagne a fait savoir, dès le 26 décembre, qu'elle ne souhaitait ni une conférence internationale ni un arbitrage américain, préférant que les aménagements territoriaux fassent l'objet de discussions «en petits comités». Pour Berlin, les buts de guerre sont toujours la Mitteleuropa organisée sous influence allemande et des annexions à l'ouest, dont la Belgique et le bassin minier de Briey, en France (Meurthe-et-Moselle). ■

Les Britanniques s'emparent de Bagdad

Depuis la fin de l'année 1916, la zone du golfe Persique et de la Mésopotamie retient l'attention des stratèges londoniens du Moyen-Orient. La région revêt une importance stratégique du fait de ses réserves de pétrole et de sa proximité avec l'Empire des Indes.

Aussi, Londres a décidé de ne pas ménager ses efforts afin d'entreprendre de véritables opérations. Au début de l'année 1917, le général Stanley Maude dispose de 160 000 hommes, auxquels les Turcs, réduits au 18e corps de Halil Pacha, ne peuvent opposer que 18 000 combattants. L'offensive britannique, qui a débuté le 10 décembre 1916 précédent pour aboutir le 22-23 février à la prise de Kut el-Amara (deuxième bataille de Kut el-Amara), sur le Tigre, s'est ouvert la route de Bagdad. En dépit de sérieuses difficultés logistiques, la poursuite est aussitôt organisée par deux divisions, qui, appuyées par des canonnières remontant le Tigre, refoulent les Turcs. Le 11 mars, les hommes du général Maude font leur entrée dans Bagdad au terme d'une marche de 190 kilomètres. La prise de cette métropole orientale de l'Empire ottoman revêt une importance d'autant plus considérable que le général britannique proclame aussitôt l'intention de l'Angleterre de soutenir les aspirations arabes à l'indépendance et d'établir à Bagdad « un gouvernement national irakien après la guerre ».

L'ENTRÉE DES TROUPES BRITANNIQUES À BAGDAD. Elles sont accueillies avec enthousiasme par la population. Une semaine plus tard, le général Maude émet la « proclamation de Bagdad » : « Nos armées ne viennent pas dans vos villes et sur vos terres en tant que conquérants ou ennemis, mais en tant que libérateurs. »

Bien décidé à consolider ses positions dans la région, le commandement britannique entreprend une série d'opérations le long du Tigre et de l'Euphrate : prise de Kanékin (2 avril, aujourd'hui Khanqin), de Remadi (29 septembre, aujourd'hui Ar-Ramadia) et Tekrit (6 novembre, aujourd'hui Tikrit). En revanche, les opérations en Palestine sont moins heureuses (voir 17 avril).

CITATION

« La dame en blanc et l'unité nationale

Le sourire de l'infirmière aura bien servi la Défense nationale, mais je le dis surtout en pensant aux lendemains de la guerre, il aura bien servi aussi l'unité nationale.

Louis Barthou, ministre des Affaires étrangères »

Berlin et Constantinople resserrent leurs liens

La chute de Bagdad suscite la colère à Constantinople. Dès le mois d'avril, Enver Pacha demande à la Direction suprême allemande de l'aider à reconquérir la ville en mettant sur pied un corps expéditionnaire. Pour sa part, il s'engage à lever 90 000 hommes dont il veut confier le commandement aux Allemands. Cela fait l'affaire de Ludendorff qui y voit une occasion de reprendre en main les forces ottomanes. Le général allemand met Falkenhayn, auréolé par sa victoire en Roumanie, à la disposition des Turcs pour les ramener sur le champ de bataille. Ainsi, une petite brigade de 6 000 hommes – pompeusement baptisée « corps d'Asie » – voit le jour. Parallèlement, un « bureau des opérations » est confié au major Franz von Papen. En juillet, ce dernier installe à Constantinople un détachement précurseur, tandis que Mustapha Kemal organise à Alep une armée destinée à reprendre Bagdad. Mais la menace britannique en Palestine requiert la priorité. L'opération sur Bagdad est donc annulée.

LES « ANGES BLANCS »

Surnommées « anges blancs » ou « dames blanches », les infirmières soignent les blessés. Mais leur rôle va bien au-delà, car ce sont elles qui recueillent les confidences, consolent, mais aussi partagent les derniers instants du mourant. Comme le résume A. Mignon, médecin chef de la IIIe armée : « Aux médecins la blessure, aux infirmières le blessé. » Plus largement, les infirmières symbolisent la Patrie et ne pas donner un peu de son temps pour soulager ceux qui font leur devoir au front est considéré comme une faute à Paris, à Londres, tout comme à Berlin. Une femme du monde qui après la guerre ne pourrait citer ses états de service dans aucun hôpital passerait pour une misérable embusquée.

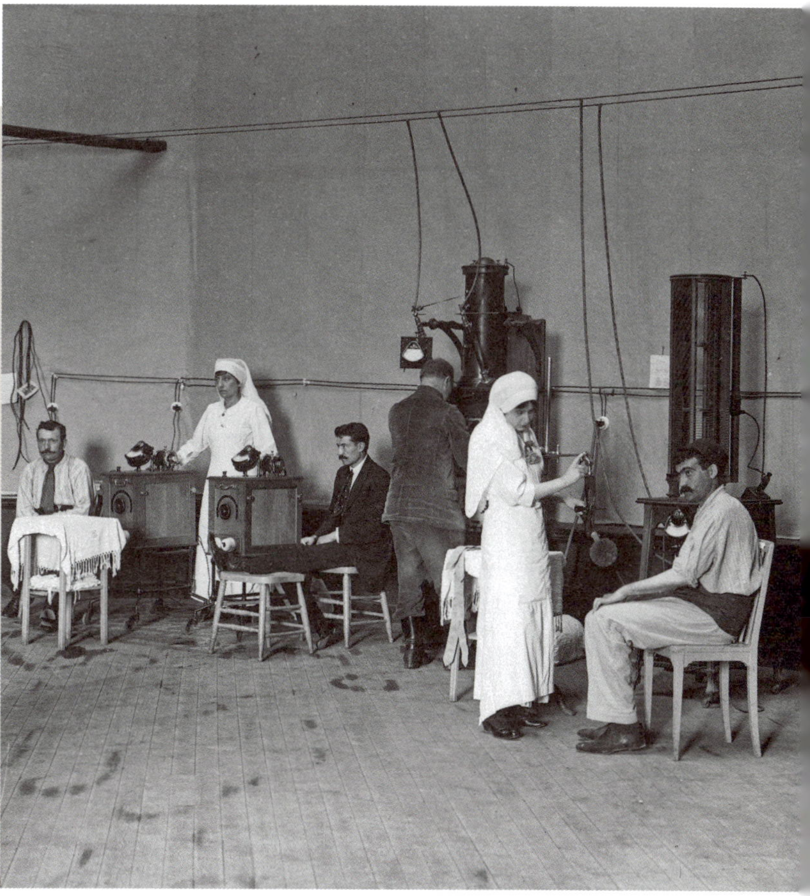

15 MARS 1917

Le tsar de Russie Nicolas II abdique

Dans un pays exsangue, miné par les défaites, le pouvoir de Nicolas II ne tient qu'à un fil. Celui-ci se rompt sous la pression de l'opposition. Seul responsable de la conduite de la guerre, le tsar sera aussi le seul à endosser l'entière responsabilité de la défaite.

Face à la crise qui mine le régime, l'opposition s'organise à la Douma. Fin février, les partis du centre (octobristes) et constitutionnel démocrate (Cadets), puis la droite nationaliste s'unissent. Mais Nicolas II se refuse à associer quiconque à la conduite de la guerre. C'est la décomposition de l'armée, qui ne cesse de reculer sur tout le front de l'Ouest depuis décembre 1915, qui va précipiter les événements. L'arrêt de l'offensive du général Broussilov en 1916, les privations multiples, la pénurie de matériel, les immenses pertes humaines ont pour effet de multiplier les cas de désertion. À l'arrière, il en est de même. Le pays se trouve dans un état de délabrement économique et moral prononcé. On manque de tout, les

SOLDATS RUSSES EN FRANCE, EN AVRIL 1916.
De nombreux soldats russes ont été internés après l'abdication de Nicolas II, dans le camp de La Courtine, dans la Creuse.

usines, asphyxiées par le blocus allemand de la Baltique et de la mer du Nord, ferment tour à tour. Dans les grandes villes, le prix du pain flambe et le mécontentement finit par déclencher une révolte qui tourne en quelques semaines à la révolution politique et sociale. Bientôt, un double pouvoir voit le jour : d'un côté, le gouvernement provisoire issu de la Douma et présidé par le prince Lvov, de l'autre, le soviet de Petrograd, rassemblant ouvriers et soldats révolutionnaires. Dans un premier temps, le tsar Nicolas II propose de se retirer en faveur de son frère Michel, mais celui-ci refuse de monter sur le trône des Romanov. Finalement, le tsar abdique. Dès lors, la poursuite de la guerre devient la grande question politique et le soviet de Petrograd penche pour une paix sans annexion ni réparation. Pour l'Allemagne, qui depuis 1915 rêve de détacher la Russie de la guerre, la chute de Nicolas II est une véritable aubaine; pour les Alliés, elle représente une immense catastrophe. ●

Le soulèvement des soldats russes en France

Les premiers contingents russes envoyés en France ont débarqué à Marseille en avril 1916 avant d'être envoyés au front en première ligne dès septembre. Jusqu'en mars 1917, ils se feront massacrer au même titre que tous les autres contingents alliés. L'abdication de Nicolas II change la donne. Malgré les efforts déployés pour cacher aux soldats ce qui se passe en Russie, certains ont connaissance des revendications des révolutionnaires. Ils entendent s'organiser en comités et prendre eux-mêmes toutes les décisions. Leur exemple pouvant être désastreux pour l'ensemble des troupes, l'état-major allié décide de les isoler le plus rapidement possible. Dès la fin juin, les plus radicaux sont rassemblés au camp de La Courtine, dans la Creuse, bien loin du front et des grandes villes. ■

En Europe, la fin d'un hiver très rigoureux

Cet hiver 1916-1917 est le plus rigoureux depuis le début de la guerre. La Seine est restée gelée plusieurs jours, un événement rare, mais aussi ses affluents qui traversent les zones de combat; la Marne charrie également des glaçons. Dans les tranchées, on n'avait jamais été autant frigorifié. La température a baissé en moyenne de 2 à 4°C par rapport aux moyennes mensuelles habituelles. Avec le froid, à l'arrière la population déjà affaiblie par les restrictions et les privations connaît des jours difficiles. On compte environ 5 000 décès supplémentaires par mois dans la capitale par rapport à l'année précédente, quand la saison froide avait été particulièrement clémente. Cet hiver rigoureux a touché toute l'Europe où nombre de régions ont connu –15 °C et –20 °C, surtout entre les 10 et 20 février. ■

TRACT

« L'exemple des ouvriers russes

Devant cette situation, le Comité pour la reprise des relations internationales adresse au prolétariat de Russie l'expression de sa sympathie la plus chaleureuse. Comme par le passé, il reste inébranlablement attaché à la paix générale sans annexion et sans indemnité qui peut seule préserver la révolution russe et le socialisme du désastre. [...] Travaillons pour la Paix, pour la Révolution sociale! Que partout, dans les usines, dans les faubourgs et dans les campagnes, retentisse le cri : À bas la guerre! À bas le capitalisme! Vive la Révolution universelle!

Tract du Comité pour la reprise des relations internationales, février-mars 1917 »

LE NOUVEAU DRAPEAU RUSSE AVEC FAUCILLE ET MARTEAU. Il symbolise l'union des paysans et des ouvriers. Certains avancent que l'artiste suprématiste El Lissitzky a contribué à cet emblème.

Le libéral Ribot remplace Briand

En décembre 1916, le président du Conseil Aristide Briand avait sacrifié Joffre pour sauver son ministère. Trois mois plus tard, à l'issue d'un quatrième comité secret de la Chambre des députés, il doit céder la présidence du Conseil au libéral Alexandre Ribot.

Au moment où se tient, du 25 au 27 janvier, une procédure prévue par la loi constitutionnelle de 1875, le quatrième comité secret de la Chambre, un profond malaise semble avoir saisi la classe politique et l'opinion publique. La guerre n'en finit pas. Les hommes continuent de mourir sans résultat, ni percée, ni usure. L'éloquence de Briand, son habileté manœuvrière ne suffisent plus. La France a besoin d'être gouvernée. Les débats du comité secret portant sur la politique française en Grèce et à Salonique déchaînent les passions. Abel Ferry résume bien le sentiment général : «L'erreur initiale de M. le président du Conseil est de n'avoir pas compris qu'une expédition comme celle de Salonique devait avoir une base territoriale. Voilà pourquoi nous ne voulons pas accorder notre confiance au gouvernement.» Briand reste, mais sa position est d'une extrême fragilité. Le cinquième comité secret relatif à l'état de l'aviation française, tenu le 14 mars, va sceller son sort. Interrogé à ce sujet, le ministre de la Guerre, Lyautey, protégé de Briand, répond d'une manière jugée insultante par les députés. Le 17 mars, acculé de toutes parts, Briand remet sa démission. Dans un premier temps, Poincaré songe à appeler Paul Deschanel. Ce dernier, jugeant les «habits» trop grands pour lui, décline l'offre. Finalement, sur la proposition d'Antonin Dubost, président du Sénat, on fait appel à Alexandre Ribot, «un très honnête homme qui vit loin des affaires suspectes et des intrigues» (dixit A. Dubost). Le nouveau président du Conseil prend également le portefeuille des Affaires étrangères, tandis que Lyautey est remplacé à la Guerre par Paul Painlevé.

LES MOTS DES TRANCHÉES

Creusées pour se protéger du feu de l'adversaire, les tranchées sont devenues, depuis 1915, le lieu de vie de millions d'hommes. La guerre enrichit le vocabulaire du temps de paix. Ainsi, le «boyau» est cet étroit passage qui relie les tranchées de combat entre elles et permet l'acheminement de la nourriture ou le déplacement des hommes. La «cagna» désigne un abri camouflé dans lequel se reposent les soldats. L'«échafaud» est cette échelle de bois qui permet aux hommes de sortir de la tranchée pour partir à l'assaut. Le «gourbi» est un abri plus que rudimentaire. La «sape» consiste à creuser des galeries souterraines sous les tranchées ennemies, à y empiler des explosifs et à les faire sauter. La «saucisse» est le surnom donné aux ballons captifs qui assurent la surveillance des lignes ennemies et qui servent à diriger le feu des canons.

AFFICHE À LA GLOIRE DES TROUPES INDIGÈNES, 1917. Depuis le début des hostilités, les colonies sont considérées comme une base de large recrutement. Chaque année, de nouveaux contingents coloniaux sont envoyés sur les différents théâtres d'opérations en Europe et sur les fronts « secondaires », notamment aux Dardanelles et au Moyen-Orient.

Les États-Unis entrent en guerre

Le 4 avril 1917, 82 sénateurs contre 6 votent la guerre ; deux jours plus tard, 373 représentants contre 50 font de même. En ce jour, les États-Unis ont officiellement rejoint le camp des Alliés. Une bonne nouvelle pour ces derniers, une moins bonne pour Berlin.

Depuis la fin de l'année 1916, les autorités navales allemandes sont convaincues que le seul moyen de battre l'Angleterre passe par la mer. L'intensification de la guerre sous-marine à outrance décidée le 9 janvier 1917 pousse le président Wilson à rompre le 1er février les relations diplomatiques avec l'Allemagne. Une décision à laquelle la Grande-Bretagne n'est pas étrangère. En effet, les Anglais sont atterrés par les pertes subies par leur marine marchande, alors que le nombre de sous-marins envoyés par le fonds reste dérisoire. Par ailleurs, aux États-Unis, la colère ne cesse de monter contre les Allemands accusés d'un blocus qui frappe durement l'économie. Pourtant, à cette date, le peuple américain ne croit pas encore à la guerre. Le télégramme Zimmermann va lever les dernières réticences. Cette note, adressée le 16 janvier par Berlin à Mexico, propose au gouvernement mexicain de récupérer de larges territoires dans le sud-ouest des États-Unis s'il accepte de s'allier aux puissances centrales dans le cas où Washington déciderait d'entrer en guerre. Cette note permet au président Wilson de faire pression sur le Congrès. La destruction, le 18 mars, de trois nouveaux navires américains coulés par des sous-marins allemands suscite un vaste mouvement de réprobation dans la société américaine. Enfin, la nouvelle de l'abdication de Nicolas II (15 mars) et de la fin du gouvernement autocratique du tsar confirme que le camp de la démocratie est bien celui de l'Entente. « L'homme qui a maintenu les États-Unis hors de la guerre » s'adresse au Congrès le 2 avril pour plaider en faveur de l'intervention. Il est follement acclamé. Les États-Unis sont en guerre (voir 26 juin). ●

Clemenceau devient wilsonien

La décision du président Wilson suscite en France un accueil favorable. Clemenceau en prend acte, à sa manière si singulière, dans *L'Homme enchaîné* du 3 février, soit deux jours après la rupture des relations diplomatiques entre Washington et Berlin : « Au moment où il était en train de refaire l'Europe dans le moule de son pacifisme, sans tenir compte des siècles d'histoire, M. Wilson, au beau milieu de sa prédication d'idéalisme, a reçu de nos Boches un violent coup de poing entre les deux yeux. » Aussitôt, Paris envoie Joffre à Washington pour y rencontrer, le 6 mai, le président américain. Il est décidé, entre autres, que la France aidera à l'instruction d'officiers d'état-major et de troupes. Invité devant le Sénat américain, Joffre est encouragé à prononcer un ou deux mots en anglais. Il déclare alors « *I don't speak english* », quelques mots salués par un tonnerre d'applaudissements. ■

APPEL À L'ENRÔLEMENT DANS LA MARINE. «La marine a besoin de toi ! Ne lis pas l'histoire américaine. Fais-la !» En 1917, la marine des États-Unis compte 14 *dreadnoughts*. Ses effectifs vont passer de 2 500 à 26 000 officiers et de 58 000 à 420 000 hommes.

Les Britanniques à l'assaut en Artois

Le dégagement d'Arras et la bataille en Artois ont pour objectif de faire diversion afin de faciliter la future offensive du général Nivelle en Champagne. Elle ne sera qu'un demi-succès : la ville d'Arras et la crête de Vimy sont certes dégagées, mais cette offensive n'apporte rien sur le plan stratégique.

Reims sous les bombes

Le 6 avril, l'agglomération de Reims connaît son plus violent bombardement depuis le début de la guerre : 20 000 obus s'abattent sur la ville, dont un grand nombre s'acharnent sur la cathédrale. Celle-ci avait déjà été la cible du feu ennemi en septembre 1914, en 1915 et en 1916. Mais, depuis 1915, une protection systématique de la façade à l'aide de sacs de terre a permis de limiter quelque peu les dommages. En 1917, la ville se trouve aux trois quarts détruite, mais la vie continue, notamment grâce à l'énergie de son archevêque, le cardinal Louis-Joseph Luçon, et au dévouement de son maire, le Dr Jean-Baptiste Langlet. Celui-ci a notamment installé les écoles dans les caves de champagne. Néanmoins, eu égard à la violence des bombardements, une grande partie de la population a dû être évacuée sur Épernay. ■

Lorsque le général Nivelle est arrivé le 16 décembre 1916 au GQG de Chantilly, il trouve les plans que son prédécesseur, Joffre, avait dressés en 1917. Aussitôt, il décide de procéder à de profonds changements. Il prévoit alors une opération principale entre Soissons et Reims – ce sera la fameuse offensive du Chemin des Dames – et une opération secondaire en Artois. Les milieux gouvernementaux se montrent sceptiques. Paul Painlevé, ministre de la Guerre depuis le 19 mars, n'est pas le moins dubitatif. Mais, le 3 avril, lors d'une réunion du Comité de guerre, Nivelle affirme sa certitude en la victoire. Trois jours plus tard, une réunion a lieu à Compiègne où s'est transporté le GQG. Poincaré, Ribot (président du Conseil), Painlevé, Albert Thomas (ministre de l'Armement) et plusieurs généraux, dont Pétain, Castelnau, Franchet d'Espèrey et Micheler, ne cachent pas leur manque d'enthousiasme à l'endroit des plans de Nivelle. Celui-ci brandit sa démission, puis la retire à la demande de Poincaré. Nivelle est libre de mener les opérations qu'il a prévues, mais son autorité est bien entamée.

Vimy enlevé par les Canadiens

C'est le lundi de Pâques, le 9 avril, que se joue en Artois le premier acte de ce qui sera appelé « la tragédie du printemps de 1917 ». Appuyés par un impressionnant tir d'artillerie, les hommes du général britannique Douglas Haig se lancent à l'attaque, sur un front de 24 kilomètres. En dépit de conditions météorologiques épouvantables – la neige se mêle à la pluie –, le corps canadien de la Ire armée Horne et les quatre corps de la IVe armée Allenby progressent au nord et au sud d'Arras. Les quatre divisions canadiennes parviennent à s'emparer de Givenchy, de la cote 132, de Bailleul, de Monchy-le-Preux et, surtout, de la crête de Vimy, où les Français ont été mis en échec en 1916. En revanche, plus au sud, l'avancée des troupes d'Allenby se révèle moins convaincante. En effet, le commandement allemand est parvenu à empêcher leur percée en jetant adroitement dans la bataille ses troupes de réserve. Plus à l'est, la IIIe armée française se heurte à des positions puissamment organisées. Sa progression est si faible que, le 14 avril, Franchet d'Espèrey et Georges Louis Humbert s'accordent pour en rester là. Toutefois, le dégagement d'Arras représente un des résultats les plus appréciés de l'attaque britannique. En effet, depuis trente et un mois, la ville se trouvait pratiquement sur la ligne de feu, et seules 292 maisons sur 4 520 étaient encore indemnes au moment de l'offensive britannique. ●

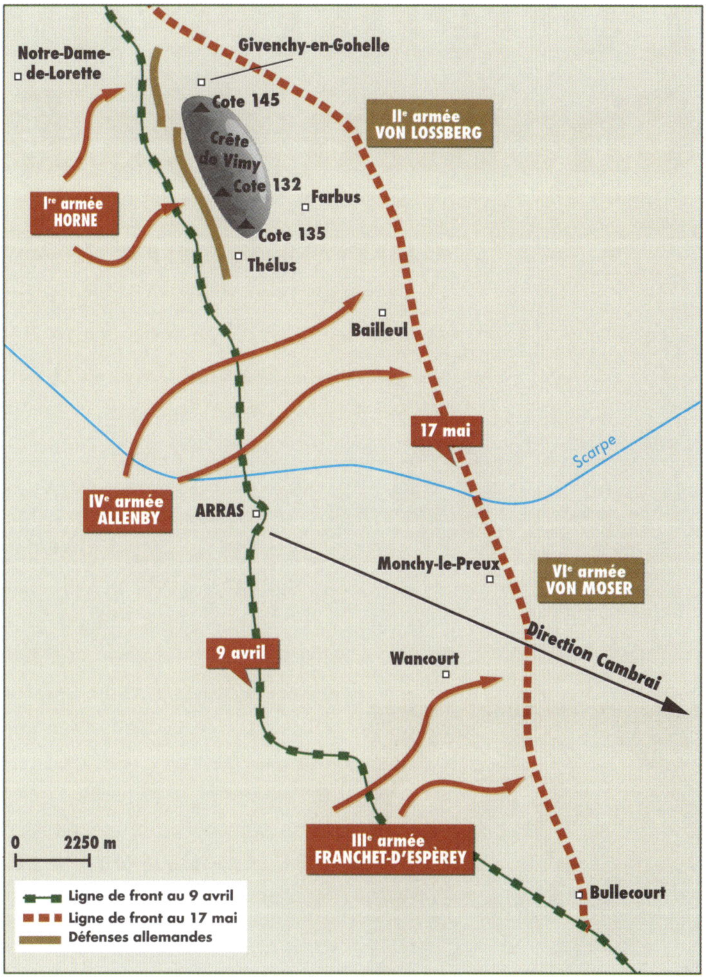

DEMI-SUCCÈS ANGLO-FRANÇAIS EN ARTOIS. Les armées britanniques et françaises font reculer les forces allemandes. Les unités canadiennes s'illustrent à Vimy.

LE PÈRE PINARD OU LE VIN DES POILUS

La production viticole – voire la surproduction – fait le bonheur des poilus et la fortune populaire du mot « pinard », formé au XVIIe siècle à partir du nom de cépage « pinot ». En effet, le soldat retrouve en lui son « patelin », sa « petite maison » ou encore la « douce promise ». Le « pinard », dont on fait grande consommation dans les tranchées (sa qualité est le plus souvent douteuse), a reçu la mission très officielle de « soutenir le moral ». À cet égard, il participe d'une symbolique identitaire nationale exacerbée par les duretés des combats. Guillaume Apollinaire l'a célébré à sa façon dans son recueil de poèmes *Calligrammes* : « J'ai comme toi pour me réconforter / Le quart de pinard / Qui met tant de différence entre nous et les boches. » ■

16 AVRIL-9 MAI 1917

L'offensive du Chemin des Dames

Voulue par le général Nivelle, contre l'avis de la plupart des généraux et malgré les réticences du gouvernement, l'offensive lancée le 16 avril restera comme l'un des plus sanglants échecs de l'armée française dans la Grande Guerre.

Pour réaliser sa grande offensive éclair, le généralissime a rassemblé entre l'Aisne et la Vesle plus d'un million d'hommes. Selon Nivelle, une fois sortis des tranchées, les combattants devront progresser «en quatre bonds», à raison de 100 m en quatre minutes. Mais c'est compter sans la trentaine de kilos de l'équipement, le relief naturellement tourmenté et les difficultés d'un terrain bouleversé par les bombardements préalables.

LES BLEUETS DE FRANCE

Ce terme de « Bleuets » désigne les soldats de la classe 15 (nés en 1895) fraîchement arrivés sur le champ de bataille du Chemin des Dames, en raison de l'uniforme bleu horizon dont ils sont vêtus. Les bleuets, de même que les coquelicots, continuent de pousser dans la terre retournée par les milliers d'obus qui labourent quotidiennement les champs de bataille. Cette appellation perdure pendant toute la guerre parce que l'uniforme neuf aux teintes encore fraîches qui équipe le nouvel arrivant contraste avec la couleur de boue des uniformes des vétérans. La popularité des « Bleuets » est telle que cette image est utilisée par la propagande au travers de cartes postales, affiches, chansons et poèmes. ■

Par ailleurs, deux faits nouveaux, dont les Alliés ignorent l'existence, sont intervenus. Le 15 février, les Allemands sont entrés en possession du plan général de l'attaque trouvé sur un officier tué devant Maisons-en-Champagne; le 4 avril, un autre coup de main, cette fois à Sapigneul, leur fournit des renseignements encore plus précieux sur les objectifs des deux corps de premier échelon de la Ve armée.

Le départ de l'attaque

Précédée par une préparation d'artillerie de deux jours, massive (5 000 pièces) mais très imprécise en raison du mauvais temps, l'attaque est lancée le 16 avril, à 6 heures du matin. Cette préparation d'artillerie a pour conséquence de supprimer tout effet d'une surprise que les actions préliminaires entreprises au début d'avril, sur les faubourgs nord de Soissons et les avancées du plateau de Laffaux, avaient déjà lourdement compromises. Dès l'aube, le général Olivier Mazel lance cinq corps d'armée (CA). L'attaque démarre remarquablement bien, mais se heurte presque aussitôt aux feux de flanc des mitrailleuses allemandes sous abris de béton. À la fin de la journée, rien de décisif ne semble se dessiner. Les chars, que l'on vient d'engager près de Berry-au-Bac, ont été détruits et trois divisions se trouvent hors de combat. À gauche, l'armée Mangin est partie à l'assaut du Chemin des Dames. Sans plus de succès. Son corps de droite, le 2e colonial (CAC), est lui aussi

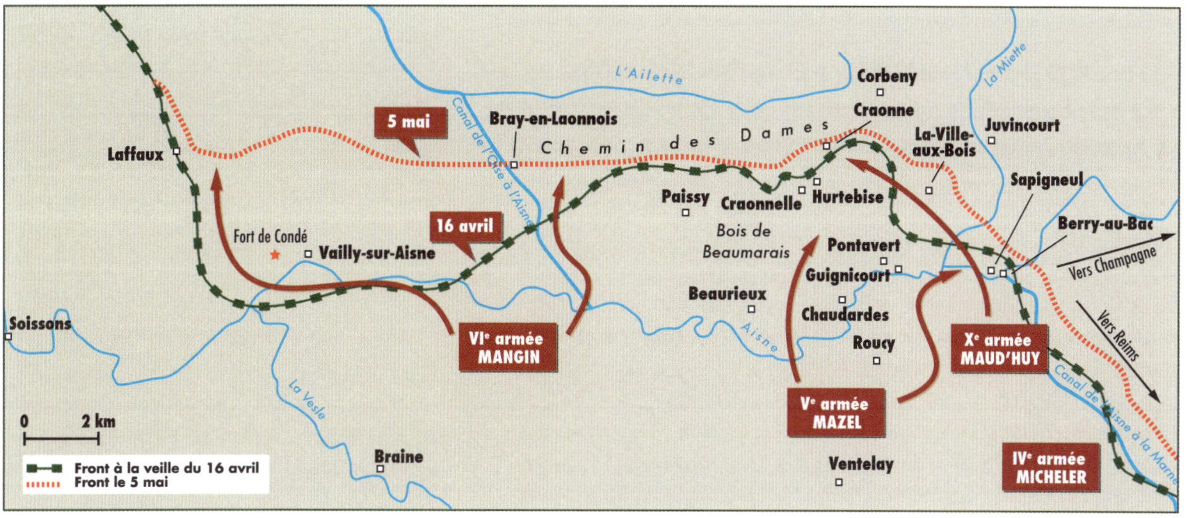

rapidement décimé par les mitrailleuses. Aussi, à 18 heures, le chef de cette unité doit se contenter d'organiser au mieux une bien maigre conquête territoriale. Outre le feu nourri des mitrailleuses allemandes, le mauvais temps – pluie, neige et froid – n'est pas sans conséquences, en particulier dans les bataillons de tirailleurs sénégalais, des troupes en fait recrutées dans toute l'Afrique occidentale française, de Cotonou à Bamako et d'Abidjan à Tombouctou. Le 20e CA est pareillement arrêté et le 1er CAC a éprouvé de lourdes pertes. L'ennemi a partout résisté, son artillerie reste puissante, son aviation très active et il peut envisager d'engager ses réserves dans la bataille. Contrairement donc aux grands espoirs nourris, le soir du 16 avril n'est pas un soir de victoire et la nuit qui suit se révèle particulièrement pénible pour les combattants. Sur les positions conquises, on ne trouve d'autres abris que ceux, à moitié détruits, des Allemands, et le froid, la grêle et les bourrasques de neige ajoutent à la souffrance des soldats. Par ailleurs, l'évacuation des blessés est difficile. Enfin, les munitions manquent, parce que beaucoup d'hommes, partis pour une grande avance, surchargés de plusieurs jours de vivres et de cartouches, se sont débarrassés au cours de la journée du 17 avril d'un poids trop lourd.

L'entêtement de Nivelle

Bien qu'il n'ait atteint aucun des objectifs fixés à sa grande offensive, Nivelle ne renonce toutefois pas et se contente de modifier son plan pour la reprise de l'attaque du 17 avril. Ainsi, la VIe armée de Mangin se limitera à fixer l'ennemi, tandis qu'à Mazel et aux hommes de la Ve armée revient la lourde tâche de pousser vigoureusement en avant pour bloquer l'ennemi. L'idée qui sous-tend le plan de Nivelle est d'élargir la bataille jusqu'en Champagne, où la IVe armée du

LE CHEMIN DES DAMES.
Ce nom est surtout associé à l'offensive française du printemps 1917, mais il y a eu d'autres batailles du Chemin des Dames. Durant quatre ans, des hommes ont combattu sur les flancs ou sur les crêtes du fameux plateau qui domine l'Aisne au sud et l'Ailette au nord.

›››

Les chars français à Berry-au-Bac

Dans la journée du 16 avril, 8 groupes de 16 chars Schneider sont engagés par l'armée Mazel. Ils sont répartis en deux groupements : celui du commandant Louis Chaubès (3 groupes), au nord de Pontavert ; celui du commandant Louis Bossut (5 groupes) dans la région de Berry-au-Bac. Le groupement Bossut, en colonne sur 2 km, s'ébranle à 6 h 30 sur la route de Pontavert à Guignicourt, bombardé par l'artillerie ennemie. Vers 11 h, alors que Bossut vient d'être tué, ses chars abordent la deuxième position allemande, qu'ils franchissent en début d'après-midi, sans réussir à entraîner l'infanterie. Dès lors, sous le feu direct des batteries allemandes, les chars sont, pour la plupart, détruits ; seuls quelques-uns parviennent à regagner leur ligne de départ dans la nuit. Au nord, le groupement Chaubès, débouchant des bois de Beaumarais, est aussitôt bloqué par l'artillerie adverse et doit se replier. L'engagement des premiers blindés français dans la guerre est un échec : 80 chars sont perdus soit les deux tiers des effectifs. ■

Un Zeppelin abattu à Compiègne

Le 17 avril, le Zeppelin L39 est abattu par la DCA française à Compiègne. La presse relate bien sûr l'événement dont l'épilogue réjouit ses lecteurs : « De l'immense brasier aérien des masses noires se détachent et tombent. Ce sont des hommes qui se jettent dans le vide. On les retrouvera accroupis, les jambes rentrées dans le thorax, la colonne vertébrale rompue. L'un d'eux, respirant encore, rendra presque aussitôt le dernier soupir. » Au fil de la guerre, ces engins ont gagné en envergure et en puissance, mais, depuis la fin 1916, la pénurie qui règne en Allemagne a conduit à fabriquer l'enveloppe en tissu de baudruche à la place du caoutchouc; de même, faute d'aluminium, il a fallu multiplier les pièces en bois, fragilisant l'ensemble. L'année 1917 marque d'ailleurs la fin des Zeppelins. La terreur aura un nouveau nom : « Gothas ». ■

››› général Anthoine reçoit l'ordre d'intervenir, à l'est de Reims, dans le secteur de Moronvilliers. L'attaque reprend donc le 17 avril, mais rien ne se passe comme prévu. Les Allemands empêchent le 1er CA de Mazel de s'emparer de Craonne; le 5e CA de la Ve armée obtient peu de progrès en direction de Pontavert. Du côté de l'armée Mangin, la prise du fort de Condé ne peut être exploitée car les 11e et 20e CA se heurtent encore une fois à la redoutable muraille du Chemin des Dames. Pour sa part, la IVe armée, engagée tôt le matin du 17 avril, remporte un succès initial en s'emparant du mont Cornillet et du mont Sans-Nom. Voulant tirer parti de cette situation, Nivelle fixe une orientation nouvelle à la bataille et ordonne au général Micheler de prendre des dispositions afin d'assurer le rétablissement sur l'Aisne (voir page de droite : instructions du jour). D'autre part, le généralissime met trois nouvelles divisions à la disposition du général Pétain, commandant le Groupe d'armées du Centre (GAC), « pour exploiter, le cas échéant, les avances réalisées par la VIe armée ». Mais, à la fin de la journée, la IVe armée voit son mouvement enrayé à son tour sur ses deux ailes par les mitrailleuses ennemies. Les dispositions prises le matin par Nivelle sont déjà sans objet.

La suspension des combats

Le 18 avril, c'est au tour de la Xe armée de passer à l'action en engageant les 9e et 18e CA sur la partie est du Chemin des Dames, entre Craonne et Hurtebise. Mais, en dépit de quelques succès localisés, tous les efforts des hommes des 9e et 18e CA sont battus en brèche par la résistance très bien

LA NORIA HUMAINE.
À bords de charrettes tirées par des chevaux, les hommes par milliers se croisent sur les routes qui mènent au front. Une scène vécue des dizaines de fois par les soldats qui relèvent leur congénères épuisés par les combats.

organisée des Allemands. Sur le Chemin des Dames proprement dit, les combats se poursuivent jusqu'au 20 avril, conduits par Nivelle, sans cesse tiraillé entre Compiègne et Paris, où on le prie à plusieurs reprises de venir s'expliquer sur la conduite des opérations qui, loin s'en faut, ne sont pas en conformité avec les objectifs de son plan. De plus, une nouvelle vague de mauvais temps ajoute aux difficultés des combattants : ceux de Mazel, qui enregistrent quelques succès au nord de Berry-au-Bac, mais échouent devant Sapigneul, comme ceux de Mangin, qui parviennent juste à mordre sur quelques pentes du plateau de Laffaux, dont la quasi-totalité reste aux mains des Allemands. En Champagne, Anthoine, auquel Pétain a renouvelé ses conseils de prudence, emporte le 19 avril Le Têton et Aubérive dans la région de Moronvilliers, puis, le 20 avril, la position du Casque. Mais dans l'ensemble, quatre jours après le début de l'offensive, une évidence s'impose : il est indispensable de souffler. Aussi, le 22 avril, le GQG décide de suspendre provisoirement les combats.

›››

INSTRUCTIONS

« Se rétablir au nord de l'Aisne

1. La bataille engagée hier a nettement montré l'intention qu'a l'ennemi de tenir ferme sur le front de la VIe armée et de rendre, par suite, difficiles et coûteux les progrès de votre groupe d'armées vers le nord ;

2. C'est donc actuellement vers le nord-est que doit s'axer votre effort en partant de la base qui vous est assurée par les progrès de la Ve armée ;

3. Sur le front de la VIe armée, bornez-vous à faire terminer et à consolider la conquête des hauteurs sud de l'Ailette, afin d'assurer définitivement notre rétablissement du nord de l'Aisne.

De Nivelle au général Micheler, le 17 avril »

LE TOURNIQUET

La permission tant attendue n'est pas toujours au rendez-vous. Lorsqu'il n'est pas possible de retrouver sa famille, ses amis, sa femme ou sa fiancée, le soldat épuisé nerveusement par les effroyables conditions qui règnent au front peut espérer bénéficier du « tourniquet ». Derrière ce terme qui évoque un jeu d'enfant, le soldat voit la possibilité de passer quelques jours loin des zones de combats. Il peut alors rechercher tout ce dont il ne dispose pas dans sa tranchée : boire ce qu'il veut, se régaler de bien meilleurs aliments et, peut-être au hasard d'un « billet de logement » (qui permet de loger chez l'habitant), profiter d'une bonne occasion ! ■

UNE PAUSE POUR CES DEUX POILUS.
La lassitude qui se lit dans leur regard témoigne des effroyables conditions qui règnent au front. À défaut d'une permission, on espère bénéficier du « tourniquet ».

L'OFFENSIVE DU CHEMIN DES DAMES

››› Faut-il poursuivre l'offensive ?

Le malaise qui se manifeste dans l'armée et dans le pays devient rapidement dramatique. La déception du combattant est à la mesure de son enthousiasme initial ; il incrimine le haut commandement et, surtout, la préparation de l'artillerie si imparfaite. Un officier blessé déclare : « C'est la Champagne de 1915, décidément on n'a rien appris. »

À Paris, où la tendance est à l'amplification des pertes, certains parlementaires qui, pour la première fois, ont assisté en groupe au déclenchement d'une attaque reviennent dès le premier soir bouleversés, semant autour d'eux la panique. On supplie Painlevé d'arrêter définitivement l'offensive. Mais ce dernier ne s'y résout pas, car ce serait l'aveu flagrant de l'échec. Le 22 avril, un jeune député des Basses-Pyrénées et membre de l'état-major du 18e CA, M. Jean Ybarnegaray, vient trouver le président de la République pour l'avertir qu'on se prépare à recommencer l'opération coûteuse qui n'a qu'à demi réussi le 16 avril. Se présentant comme l'interprète des officiers et des soldats, il exhorte le chef de l'État d'intervenir auprès du commandement pour faire différer l'attaque. Poincaré, persuadé par l'éloquence de ce témoin, et ne pouvant en référer au ministre de la Guerre, sur le front, prend sur lui de faire téléphoner au GQG le message suivant : « Le président de la République a été très ému par des exécutants qui considèrent comme tout à fait prématurée et comme impossible à la date fixée, la reprise des attaques sur Craonne et sur Vauclerc. La préparation d'artillerie serait insuffisante. La dotation en munitions est faible. Il faudrait plusieurs jours de préparation intensive. Sinon, on recommencera ce qui s'est passé à la première attaque. On perdra beaucoup de monde. Il conviendrait d'interroger non seulement le général Denis-Auguste Duchêne, mais le général Auguste Hirschauer. » Un bras de fer s'engage entre Poincaré et Nivelle. Après avoir déclaré qu'aucune date n'était fixée ni aucun ordre donné, et que les généraux responsables avaient, au contraire, toute latitude pour agir seulement au bon moment, Nivelle ajoute : « Le général commandant en chef ne peut qu'exprimer sa douloureuse surprise

187 000
Pertes françaises au Chemin des Dames.

163 000
Pertes allemandes au Chemin des Dames.

TÉMOIGNAGE

« L'enfer de Cornillet

Tant que je serai vivant, je garderai au fond de ma mémoire le souvenir de ce spectacle. Aucune parole ne dira l'aspect effroyable de cataclysme de cette entrée d'abri. [...] En pénétrant dans le trou, on aperçoit, noyés au milieu de la craie, des uniformes grisâtres. Mais aussitôt que l'on pénètre, le regard s'arrête pétrifié et l'on est saisi à la gorge par l'odeur. L'abri [...] a son orifice presque complètement obstrué par les cadavres qui s'y entassent sur 4 ou 5 épaisseurs. Dans la masse grisâtre des uniformes entassés on distingue à côté de la couleur noire des équipements, les taches des faces et des mains des morts asphyxiés par l'oxyde de carbone. Les cadavres sont pêle-mêle, entrelacés, dans des attitudes effrayantes de contorsion. On y sent les souffrances atroces, traduites par les traits crispés, la face gonflée, bouffie avec de l'écume blanchâtre autour des lèvres. [...] Parmi les malheureux que nos obus ont tués là-dedans, il y en a encore qui sont agonisants et poussent un dernier râle, sorte de gargouillement causé par leurs poumons remplis de liquide.

Médecin-major Jacques Forestier, 21 mai 1917 »

que des racontars, nullement autorisés et sans aucun fondement, trouvent créance auprès du président de la République. Il n'est pas possible d'exercer un commandement dans de pareilles conditions. Je demande que les exécutants qui se sont livrés à ces écarts de langage, qui détruisent toute discipline dans l'Armée, soient l'objet d'une sanction exemplaire.»

Une décision politique

Le 25 avril, le ministre de la Guerre, Painlevé, de retour d'un voyage sur le front, convoque Nivelle à l'Élysée, dans le cabinet du président, où se trouvent aussi le président du Conseil, A. Ribot, et l'amiral Lacaze. Le plan du commandant en chef est l'objet de la discussion, et celui-ci fait un exposé des offensives en préparation. L'incompréhension entre Painlevé et Nivelle est totale. Le premier semble disposer de chiffres fantaisistes sur le coût des opérations envisagées au sud de l'Aisne; le second se drape dans sa dignité de soldat offensé. Par ailleurs, au cours des jours suivants, le gouvernement interroge le *field marshall* Douglas Haig, dont l'avis est qu'il faut continuer la bataille sous peine de perdre le fruit des efforts et des sacrifices antérieurs et de donner à l'ennemi le temps de se redresser. Finalement, c'est dans la confusion que la décision de poursuivre l'attaque est prise et fixée au 1er mai. La préparation d'artillerie commence le 28 avril tandis qu'il revient au général Micheler d'arrêter l'heure de l'assaut de l'infanterie. Mais, coup de théâtre, le 29 avril au soir un appel téléphonique du ministère enjoint le GQG de surseoir à l'attaque «puisqu'elle pouvait être retardée sans inconvénient et parce que le gouvernement était insuffisamment éclairé sur les risques et pertes possibles entraînés par l'opération». Au même moment, Pétain est nommé chef d'état-major général de l'armée, ce qui fait de Nivelle son subordonné. C'est ce 29 avril qu'est signalé le premier refus d'obéissance dans un bataillon qui avait attaqué en Champagne. Toutefois, le 4 mai, lors de la conférence franco-britannique de Paris, Lloyd George insiste pour que l'offensive qui sommeille soit relancée. Aussi est-elle très brièvement reprise sur l'ensemble du front. Mais le cœur n'y est plus. La Xe armée échoue à s'emparer du plateau de Californie, tandis que la Ve armée, après avoir réussi à enfoncer la première ligne ennemie tôt dans la matinée, doit reculer. Finalement, le 8 mai, le GAC est dissous. Après Mangin, le général Mazel est relevé de ses fonctions, Micheler est rétrogradé et, le 15 mai, Nivelle est remplacé par Pétain comme généralissime, Joffre lui succédant à l'état-major général. ●

LE PAIN DE GUERRE

Faute de farine, plusieurs boulangeries sont contraintes de fermer. D'autres n'ouvrent que quelques heures. Et encore, il faut s'accoutumer au pain à taux de blutage élevé, à ce pain dit «pain de guerre» ou «pain national». Il se dit que ce pain n'est guère bon pour la santé. Un professeur éminent de l'Académie de médecine en dresse les inconvénients en ces termes: «Peu après l'usage du pain actuel, digestions interminables, pénibles, accompagnées d'éructations violentes et de gaz abondants. Déglutition difficile. Sécheresse de la bouche et du pharynx. Tuméfaction de la langue, dont le volume double. Points douloureux à la partie inférieure du thorax, dans la région abdominale et dans le dos. Amaigrissement subit.» Et dire que certains l'appellent aussi le «pain de la victoire»! ■

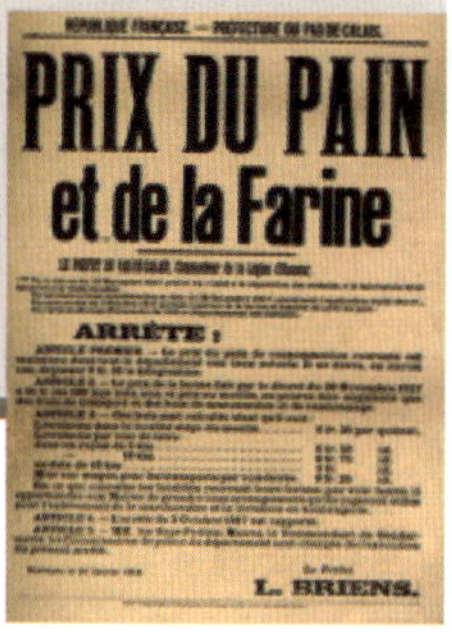

CHARS FRANÇAIS SCHNEIDER AU CHEMIN DES DAMES. Le déploiement des blindés en soutien aux troupes terrestres est impuissant à enrayer l'hécatombe.

Échec britannique au sud de la Palestine

Ayant reçu l'ordre de « libérer » la Palestine, le général Murray tente par deux fois, le 26 mars et le 17 avril, de s'emparer de Gaza par une attaque brusquée. Mais l'opiniâtreté de la défense turque fait échouer les plans de Londres.

Le 16 mars, la petite armée du général Archibald Murray – environ 50 000 hommes – est parvenue à encercler Gaza, porte de la Palestine. Mais l'arrivée de renforts turcs organisés par le major Tiller, commandant allemand de Gaza, et des conditions météorologiques épouvantables conduisent Murray à prendre une mauvaise décision : celle de se retirer. La reprise de l'offensive a lieu le 17 avril. Entre-temps, les Turcs se sont, eux aussi, employés à étayer leurs positions. Aussi, en dépit du soutien de six blindés et de l'emploi de gaz de combat, les Britanniques ne parviennent pas à percer les lignes ennemies. Ce double échec devant Gaza a mis en évidence les qualités de l'armée turque en matière de combats défensifs – les Britanniques y laissent plus de 6 000 hommes – et coûte au général Murray son poste de commandant ; il est remplacé par le général Allenby. La prise de Jérusalem, objectif de l'état-major britannique du Caire, est remise à plus tard (voir 9 décembre).

Le raid du capitaine Lawrence sur Akaba

Afin de délivrer les troupes britanniques de la menace qu'exerce sur le flanc droit de l'armée de Palestine la garnison turque d'Akaba, le capitaine Lawrence prend de lui-même la tête de 2 000 cavaliers arabes. Après un raid de plus de 1 500 kilomètres à travers le désert, il enlève le 5 juillet la citadelle. Cinq jours plus tard, Lawrence est au Caire. Ses chefs, abasourdis par son exploit, lui laissent carte blanche, non sans l'inviter à prendre une part active aux côtés de l'armée d'Égypte que vient de réorganiser Allenby dans le dessein de libérer la Palestine. Mais Lawrence se méfie des militaires et ne veut pas compromettre son grand projet : la libération arabe. ■

DÉPLOIEMENT DES TURCS DEVANT GAZA. Depuis janvier 1917, les troupes ottomanes sont déployées le long d'une ligne qui va de Gaza à Beersheba. Cette position a été organisée par le général allemand Kressenstein.

CITATION

« La guerre selon Lawrence

L'espace est notre allié, puisque l'espace en Arabie est plus puissant que les armées. Nos atouts sont la vitesse, le temps et l'arme psychologique.

Extrait des Sept Piliers de la sagesse »

L'ART DU CAMOUFLAGE A ÉTÉ TRÈS LARGEMENT DÉVELOPPÉ DURANT TOUT LE CONFLIT.
Cette tranchée soutenue par des rondins n'était visible des assaillants qu'au dernier moment lors de l'attaque. Une manière de tromper l'ennemi.

22 AVRIL 1917

Échec prévisible des négociations de paix

Depuis son accession au trône d'Autriche-Hongrie, en novembre 1916, l'empereur Charles Ier a multiplié les contacts avec l'Entente pour favoriser une sortie diplomatique à la guerre. Mais, en avril, la France ferme définitivement la porte aux efforts de paix.

Sincèrement désireux de mettre fin au conflit, Charles Ier a chargé son beau-frère, le prince Sixte de Bourbon-Parme, de sonder les Alliés. Le 12 avril 1917, pour la quatrième fois, le prince rencontre le président de la République, Raymond Poincaré, mais cette fois en présence de Ribot, président du Conseil depuis le 19 mars. Aussitôt, ce dernier soulève la question italienne. Sixte tente de le convaincre de ne pas informer l'Italie des négociations en cours. En vain. Il est donc

En Allemagne, le front intérieur se fissure

Une partie de la population allemande ne supporte plus les conditions de vie imposées par la guerre. Les restrictions sont beaucoup plus importantes qu'en France. La production agricole est médiocre et le pays n'est pas approvisionné par l'étranger comme le sont la France et la Grande-Bretagne. Les queues se multiplient devant les magasins, signe de pénurie. Dans les usines, également, les ouvriers commencent à ne plus supporter les conditions de travail. En avril, un mouvement de grève s'étend dans le pays. Il ne touche pas les grandes zones industrielles de l'ouest (Ruhr) et du sud, mais plutôt les grands ports et les centres industriels disséminés dans le nord et le centre du pays. À la mi-avril, ce sont 300 000 ouvriers qui cessent le travail. Une situation qui inquiète sérieusement les autorités, dont l'état-major. En dépit de la répression, le mouvement se poursuit au cours du printemps. Ce mouvement trouve un soutien chez les sociaux-démocrates les plus critiques de la politique de paix civile, le *Burgfrieden*, en vigueur, l'équivalent de l'Union sacrée. Il donne des espoirs aux militants socialistes qui aspirent à la paix et à la révolution. Pour désamorcer le mouvement, le pouvoir impérial répond en promouvant des instances de cogestion dans les grandes entreprises afin de préserver la paix sociale à travers la représentation syndicale. ■

UNE IMMENSE QUEUE DE MÉNAGÈRES DANS L'ATTENTE DE PAIN.
La population allemande connaît depuis le début de la guerre nombre de restrictions. Devant les boulangeries, les queues se multiplient et il faut parfois patienter une journée pour obtenir quelques centaines de grammes de pain.

convenu de ne transmettre que des données partielles à Rome. Le 20 avril, le prince a un entretien avec le Premier ministre britannique Lloyd George, lequel lui fait part de l'intransigeance des Italiens pour tout ce qui a trait à leurs buts de guerre (Trentin, Dalmatie et les îles de la côte adriatique). Deux jours plus tard, le gouvernement français informe le prince de l'impossibilité où il se trouve de prendre en considération les propositions de l'empereur «sans tenir compte des vues du gouvernement italien». Ce qui signifie que Paris a abandonné tout espoir de voir aboutir la démarche de Charles Ier, le jugeant dans l'impossibilité de faire pression sur Berlin. En effet, le paysage international a considérablement évolué depuis la première tentative de Charles Ier : le tsar Nicolas II a abdiqué, l'Allemagne s'est lancée dans la guerre sous-marine à outrance, provoquant l'entrée en guerre des États-Unis. Dans ces conditions, l'empereur d'Autriche ne peut, au mieux, qu'obtenir une paix séparée, l'Allemagne étant bien décidée à poursuivre le combat. D'ailleurs, le 19 avril, Ludendorff informe le chancelier Bethmann-Hollweg que la révolution russe et la guerre sous-marine permettraient à l'Allemagne de continuer la guerre seule. ●

LA GUERRE À L'ÉCOLE

COUVERTURE DU LIVRET D'UN CHANT PATRIOTIQUE. Comme le montre ce document, les instituteurs sont en première place pour relayer les messages patriotiques.

Depuis le début des hostilités, la guerre est entrée à l'école, faisant l'objet de rédactions, de problèmes de mathématiques et d'exercices de conjugaison. Pour illustrer l'alphabet, la lettre «n» est associée au dessin d'un nègre, le «t» à un tank, le «q» à un quartier-maître. Et l'on doit conjuguer à tous les temps la phrase «Défendre le drapeau jusqu'à la mort». Le décor de la salle de classe, à l'image des manuels scolaires, témoigne de la propagande patriotique. On y chante des comptines à la gloire de la patrie. Et les instituteurs mobilisés envoient à leurs élèves des lettres leur donnant des nouvelles du front. Parallèlement, des classes entières se mobilisent pour adopter un ou plusieurs filleuls auxquels elles envoient des colis. ■

TÉMOIGNAGE

« Que la guerre finisse !

Depuis trois ans que cette terrible guerre est déclarée, nous avons eu le temps d'apprendre ce que c'était la misère. Il serait bon que cette misérable tuerie finisse bientôt et que tout le monde retrouve ses familles et un peu de gaieté, pas comme avant la guerre car presque tout le monde est en deuil.

Rose, une écolière française de 11 ans, en 1917 »

4 MAI-14 JUILLET 1917

Des soldats se mutinent

Dès les premiers jours, l'offensive du Chemin des Dames se révèle catastrophique et dévoreuse d'hommes. Après trois années d'une guerre que l'on avait cru être courte, c'est l'enlisement et l'absence de perspectives. La troupe « grogne » et les premiers cas de mutinerie apparaissent.

Depuis la double crise de décembre 1916, crise politique avec le remaniement du ministère Briand, crise du commandement avec la disgrâce de Joffre, tout semble aller de mal en pis. La guerre n'est plus conduite, les opérations militaires ne sont ni bien conçues ni bien préparées et elles se déroulent dans l'indiscipline générale des grands chefs. Lorsque le général Pétain est élevé au commandement suprême le 15 mai 1917, il trouve l'armée en pleine crise morale. On était parti en campagne pour une guerre courte en août 1914 : à la troisième année de combat, on n'en voit ni le terme ni l'issue. La situation n'échappe pas à Pétain qui, dès décembre 1916, notait : « La réalité s'impose dans toute sa rudesse. On sait l'insuffisance des résultats acquis par les batailles sanglantes de l'année écoulée et on envisage avec angoisse, pour la tâche énorme qui reste à accomplir, les nouvelles attaques générales prévues pour le printemps prochain. Les enthousiasmes se refroidissent, le voile des illusions tombe. »

Les signes avant-coureurs

Dès le 29 décembre 1916, une note avait signalé la recrudescence d'envois aux armées de tracts à tendances antimilitaristes et anarchistes. Le 28 février 1917, le général Nivelle avait adressé un rapport réclamant de la Sûreté générale des mesures sévères : saisie des tracs dans les imprimeries, interdiction de toutes les réunions même corporatives, poursuites

UNE LETTRE APPELANT À LA FIN DE LA GUERRE.
« C'est la paix qu'il nous faut. Grande manifestation. On tue nos femmes et nos enfants à Paris. »
La rumeur d'exactions commises à l'arrière a mobilisé les poilus.

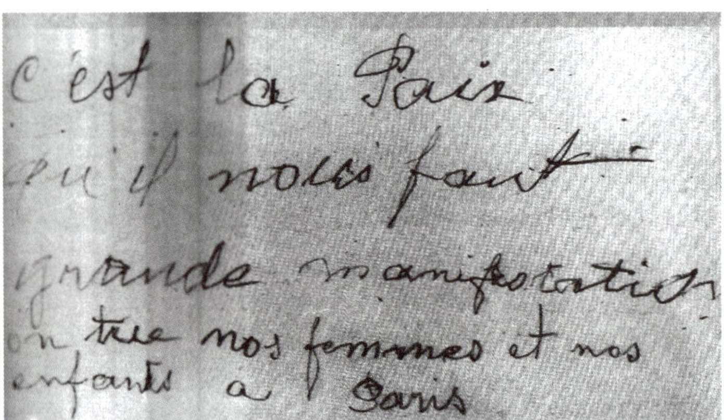
C'est la Paix
qu'il nous faut
grande manifestation
on tue nos femmes et nos
enfants à Paris

TÉMOIGNAGE

« Un contrôle postal dégradant

Pour maintenir la solidité morale des troupes, on n'a rien trouvé de mieux que d'exercer sur la correspondance des héros du front et de leurs familles le plus dégradant contrôle. [...] Je ne vois aucune excuse, aucune raison d'État pouvant justifier les investigations policières dans les lettres que les parents, les femmes, les bébés écrivent à ceux qui font la guerre. J'estime, au contraire, que ce procédé ne peut, tôt ou tard, qu'aboutir à saboter inutilement le moral des troupes.

Un officier témoignant devant le Comité secret, 2 juillet 1917 »

TRACT

« Les couturières parisiennes en grève

L'exemple des couturières est là pour prouver qu'il suffit d'une volonté ferme pour forcer les patrons à mettre les pouces et à se montrer humains. Suivez cet exemple, travailleuses de toutes les corporations! Faites grève! Montrez à vos sœurs, encore au travail, le tort qu'elles se font à elles-mêmes et qu'elles vous causent à vous si elles continuent à travailler au lieu de se joindre au mouvement! [...] Faites Grève! Soutenez la Grève! Et tenez bon! On les aura!

Tract diffusé pour soutenir les couturières en grève, mai 1917 »

COUTURIÈRES PARISIENNES SE RENDANT À LA MANIFESTATION. La grève des couturières parisiennes a commencé le 11 mai et a mobilisé des milliers de petites mains employées à coudre uniformes et tenues militaires.

judiciaires contre les meneurs identifiés. Quelles qu'aient été les conséquences de cette agitation «défaitiste», ses effets n'auraient pas eu l'ampleur qu'ils devaient revêtir si d'autres causes n'avaient pas joué dans ce sens. De fait, les causes du mécontentement et de la lassitude qui s'empare des armées en 1917 sont multiples. La première, c'est d'abord l'irrégularité des permissions et la défectueuse organisation des transports qu'elles nécessitent. Dans beaucoup d'unités, les tours de départ sont laissés au seul bon vouloir des chefs de corps; des erreurs sont commises qui font crier à l'inégalité et à l'injustice. L'inégalité des repos accordés aux divisions relevées et renvoyées à l'arrière n'est pas sans effet. Des unités ont ainsi été maintenues au combat depuis Verdun et la Somme. L'insuffisance et la mauvaise qualité de l'alimentation jouent également un rôle important. Les aliments manquent de variété, les légumes verts font presque toujours défaut. Ils sont mal préparés, peu appétissants aux cantonnements et aux tranchées. Faute de matériel adapté à leur transport, ils arrivent dans le plus triste état «refroidis, ratatinés, salis, parfois même répugnants», comme le signale un rapport commandé par Pétain. À côté des causes matérielles de mécontentement, il y a les causes morales. Depuis la fin de la guerre de mouvement, les troupes se sont enlisées dans une morne besogne de massacre «tantôt dans une boue infecte, sous la neige et la pluie, tantôt dans un désert de craie, d'argile et de sables brûlés par le soleil». La guerre n'est plus qu'une succession d'actions de détail qui coûtent très cher en vies humaines. Le combattant en conclut que le commandement a fait la preuve de son incapacité et qu'il n'y a plus de victoire militaire possible.

Une fracture morale

Tout indique au printemps 1917 qu'une fracture morale s'est instaurée entre la troupe et les cadres supérieurs. La menace du limogeage, que redoutent nombre de généraux, les pousse à tordre la réalité. Beaucoup de chefs ont renoncé à adresser au haut commandement des rapports sincères. Altérant la vérité, ils accablent leurs hommes pour se décharger eux-mêmes, abusent de leur héroïsme pour rechercher des succès de détail hors de proportions avec les risques encourus. Plus grave, cette recherche de l'effet spectaculaire est devenue la règle, ce qui explique

›››

DES SOLDATS SE MUTINENT

LA CHANSON DE CRAONNE

Deux soldats seront poursuivis pour provocation à la désobéissance par des chansons. L'une d'elles, la *Chanson de Craonne*, a laissé un souvenir durable. Elle fut chantée par la plupart des groupes de soldats qui prirent part aux mutineries. Elle donne la mesure de l'ambiance qui régnait dans certaines unités à la fin de l'offensive du général Nivelle :

«Adieu la vie, adieu l'amour/ Adieu toutes les femmes / C'est bien fini, c'est pour toujours / De cette guerre infâme / C'est à Craonne sur le plateau / Qu'on doit laisser sa peau / Car nous sommes tous condamnés / Nous sommes les sacrifiés / Mais c'est fini, car les troufions / Vont se mettre en grève.»

Écrite en 1917, cette chanson a été recueillie par Paul Vaillant-Couturier, qui l'a fait connaître après la guerre. ■

le plan d'opérations pour 1917 aux prétentions stratégiques exorbitantes et dont l'offensive d'avril du Chemin des Dames est le prototype. Dans ce contexte, le découragement et la colère déferlent de la zone des armées, comme en témoignent des milliers de lettres retenues par le contrôle postal. Pour autant, et en dépit de la propension de certains généraux à lui dissimuler la tension qui règne au sein des unités, le gouvernement n'ignore pas que le moral des troupes se délite dangereusement et qu'il convient d'ajuster la justice militaire au regard de la situation. Ainsi, depuis 1916 et les grandes batailles de Verdun et de la Somme, les dispositions de rigueur accordant aux conseils de guerre spéciaux les pouvoirs les plus étendus en vue de sanctions exemplaires ont été rapportées. On a admis les circonstances atténuantes, l'application du sursis, le recours en révision contre la peine capitale en cas d'insoumission. On se souvient que déjà en 1915, à Souhain, dans la Marne, des soldats épuisés avaient refusé d'attaquer, ce qui avait entraîné le peloton d'exécution pour quatre d'entre eux.

ANTENNE MÉDICALE BRITANNIQUE PRÈS D'ARRAS. >>>
Dans l'armée britannique, les mutineries ont été rares. La plus grave s'est produite en septembre 1917 au camp d'Étaples, sur les côtes du Pas-de-Calais.

Les premiers refus

Le front se met à frémir dans les premiers jours de mai, dans cette période trouble où, succédant à l'arrêt de la vaste offensive d'ensemble, le haut commandement est prêt à jouer sa dernière carte sur des opérations assez mal conçues que le ministre de la Guerre freine autant qu'il le peut, mais sans réussir à imposer sa volonté. Le 4 mai, les premiers symptômes éclatent dans le secteur du Chemin de Dames. La 2e division coloniale reçoit l'ordre de reprendre l'attaque du moulin de Laffaux. Immédiatement, l'agitation gronde dans les cantonnements qui se couvrent de petites affiches invitant la troupe à ne pas marcher : «À bas la guerre» et «Mort aux responsables». Au 43e colonial, les hommes déclarent qu'ils ne se battront plus alors que les camarades à l'usine gagnent 15 à 20 francs par jour. Le 16 mai, un bataillon de chasseurs de la 127e division, le 25e, troupe d'élite qui s'était distinguée en dégageant le fort de Souville, suit l'exemple des coloniaux, entraînant à sa suite le 32e régiment d'infanterie (32e RI), lequel s'était brillamment comporté à Verdun. Ces incidents, qui se produisent le jour même de sa prise de commandement, démontrent à Pétain «que la sécurité et l'ossature même de l'armée étaient menacées». Les manifestations violentes vont

se succéder presque sans interruption. Le 19 mai, au sud de l'Aisne, trois compagnies du 26e bataillon de chasseurs mettent crosses en l'air. Le 20 mai, le 128e RI et le 66e RI refusent d'obéir tandis que des actes de révolte individuels se produisent au sein du 90e RI. Le 9e corps, un des meilleurs de l'armée, apparaît sérieusement touché. À l'évidence, là où le commandement croit avoir affaire à une « grogne » localisée, c'est d'un mouvement d'une bien plus grande ampleur qu'il s'agit.

LES MUTINERIES EN CHAMPAGNE. Le mouvement de mutinerie a touché principalement le théâtre d'opération de Champagne.

TÉMOIGNAGE

« Insuffisance de l'artillerie

Ce qu'on peut remarquer dans l'offensive du 16 avril [Chemin des Dames], c'est qu'il n'a pas été tenu un compte suffisant des offensives précédentes, en particulier celle de la Somme, en ce qui concerne l'artillerie. L'offensive de la Somme, qui fut bien menée, avait établi que pour obtenir un résultat donné, il fallait une densité de feu donnée. Cette densité a été trois fois moindre en général.

Léon Accambray, député radical socialiste, le 4 juillet 1917 »

La contamination

Tout laisse à penser que la révolte cherche à s'organiser. Dans le secteur du Tardenois, des mouvements de refus d'obéissance gagnent deux régiments de la 69e division d'infanterie (69e DI). Au 267e RI, on cherche à procéder à l'élection de délégués qui apporteront au commandement les protestations de la troupe contre la continuation des ›››

54
Nombre de divisions, sur une centaine que compte l'armée française, touchées par les mutineries.

DES SOLDATS SE MUTINENT

››› offensives. Un « groupe d'action » se rend au dépôt divisionnaire et se livre à des scènes violentes, contre lesquelles échouent les exhortations au devoir du commandement de l'infanterie divisionnaire, du colonel et des officiers. Au régiment voisin, la situation est encore plus tendue : des groupes de soldats pourchassent les officiers en chantant *L'Internationale* et en leur lançant des pierres. Le 25 mai, à l'autre extrémité du front, dans les Vosges, une section du 54e RI, sergent en tête, refuse de s'embarquer en camion pour remonter en ligne. Le lendemain, la rébellion fait tache d'huile dans le secteur de l'Aisne, où les trois régiments de la 158e DI (224e, 228e et 329e RI), appelés à repartir pour le front, envoient des délégués pour provoquer une mutinerie générale. Le 27 mai, un bataillon du 18e RI, considéré comme le meilleur régiment du 18e corps, qui a brillamment participé à l'attaque de Craonne le 5 mai, au repos depuis vingt jours à Fère-en-Tardenois et qui doit être embarqué entre 23 et 24 h, se déchaîne avec une extrême violence. Un groupe de révoltés parcourt le cantonnement en tirant des coups de fusil. Ils entourent les camions, empêchent l'embarquement de plusieurs sections, insultent et molestent les officiers. Au lever du jour, ils envahissent la gare de Fère et prennent possession d'un train dont ils ne sont délogés que par l'intervention d'un important contingent de gendarmes. Le 28 mai, le désordre s'aggrave, toujours dans le secteur de l'Aisne. Cette fois, six régiments d'infanterie sont en état de rébellion, les 4e, 82e, 313e RI de la 9e division, les 224e et 228e RI de la 158e DI, et, pour la première fois, un régiment de cavalerie, le 25e dragons, se mutine.

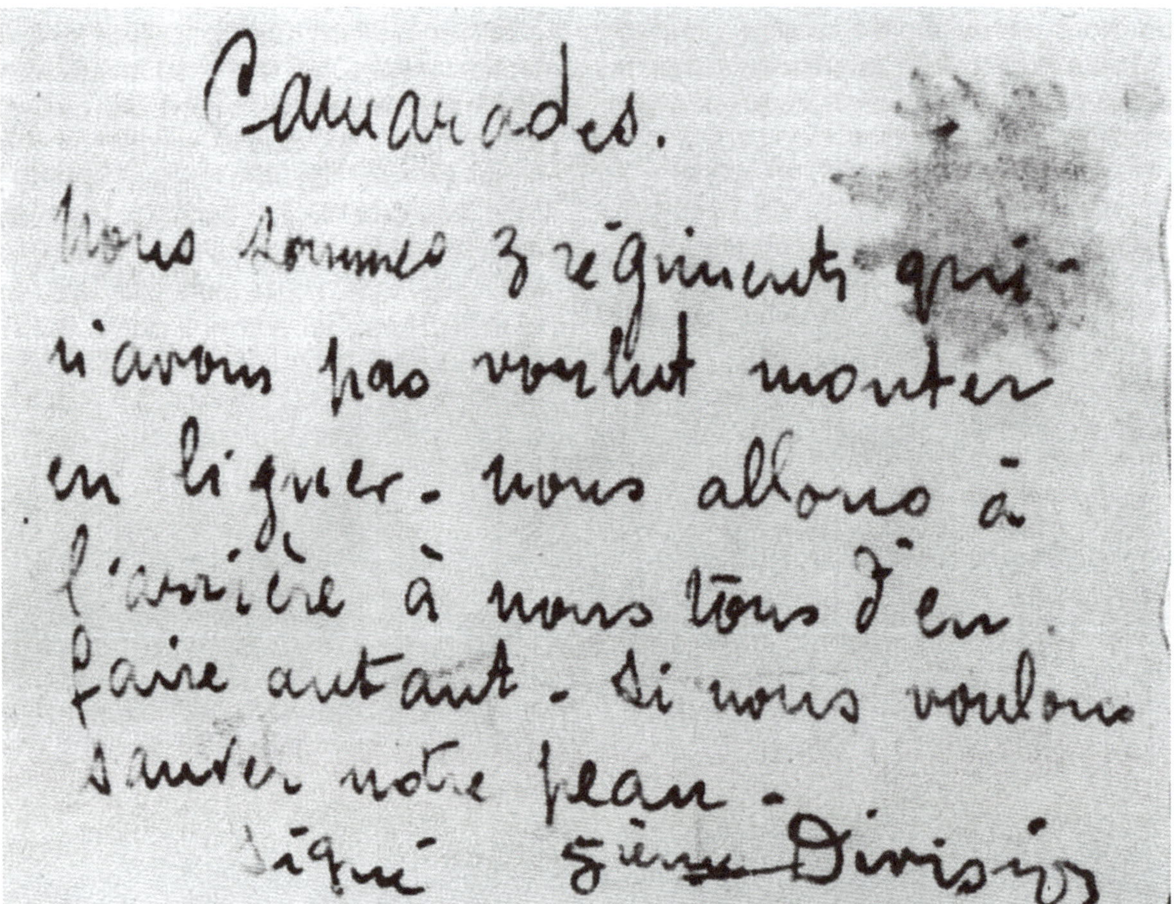
Camarades.
Nous sommes 3 régiments qui
n'avons pas voulut monter
en lignes. Nous allons à
l'arrière à vous tous d'en
faire autant. Si nous voulons
sauver notre peau.
Signé 5ième Division

UNE LETTRE D'UN MUTIN APPELANT SES CAMARADES À LE REJOINDRE.
« Camarades, nous sommes trois régiments qui n'avons pas voulu[t] monter en lignes. Nous allons à l'arrière à vous tous d'en faire autant. Si nous voulons sauver notre peau. Signé 5e division. »

La mutinerie de Cœuvres

Mais c'est dans le secteur de Cœuvres, tenu par le 129e RI de la 5e DI, que les mutineries prennent la plus forte ampleur. Lorsque le 129e s'apprête à embarquer pour la région de Soissons, où il arrive le 28 mai, la tension est à son comble. L'explosion se produit peu après la soupe quand près de deux cents hommes se forment en colonnes sur la route et proclament aux officiers venus à leur rencontre qu'ils «en ont assez», qu'ils veulent «la paix immédiate». Les officiers estiment être parvenus à calmer les esprits. Mais, au matin du 29 mai, les soldats reforment des colonnes. Cette fois, ils sont plus de quatre cents, commencent à débaucher deux autres bataillons et se grossissent de leurs renforts. Visiblement, les hommes du 129e sont guidés par des meneurs habiles. On ne cache plus sa détermination à entraîner d'autres divisions du secteur et on parle de s'emparer de quelques trains afin de gagner Paris pour porter une pétition à la Chambre des députés. Le 30 mai au matin, sur ordre du Grand Quartier Général (GQG), les bataillons mutinés sont embarqués et dirigés non sur le front mais dans la région de Verdun. Le trajet se fait dans une certaine effervescence : des drapeaux rouges sont brandis, *L'Internationale* retentit. D'autres scènes de rébellion violente éclatent, notamment dans le secteur tenu par le 70e bataillon de chasseurs de la 47e division.

COURRIER

« La guerre sur un coup de dés ?

Ne vous croyez pas engagé par aucune des promesses que vous avez fait luire, il y a quelques semaines, aux yeux du gouvernement. [...] Faites face de manière que le sacrifice de vies humaines ne soit pas inutile, en tenant compte de ce fait que la durée nous est désormais assurée par le concours américain. Il ne faut pas lancer l'armée dans une aventure, ni jouer le sort de la guerre sur un coup de dés.

Le ministre de la Guerre Painlevé au général Nivelle, juillet 1917 »

Le 7 juin, c'est l'attaque d'un train en gare de Château-Thierry où des permissionnaires bloquent les freins des trains. La même scène se reproduit le même jour à Esternay. Pendant quinze jours, la circulation des trains de permission est un sujet d'inquiétude. La situation reste grave jusqu'au 19 juin, puis la tension s'apaise rapidement d'elle-même.

›››

Les effets de la révolution de février sur les soldats russes

Lorsque l'annonce de la révolution en cours à Petrograd parvient au printemps dans le secteur du Chemin des Dames, elle provoque rapidement dans les unités russes des désordres si importants que le général Pétain les retire du front pour les envoyer à Mailly, puis au camp de La Courtine, où leur révolte est matée. Les meneurs les plus virulents sont exilés en Algérie. En revanche, avec ceux des Russes qui se montrent insensibles aux sirènes de la révolution et qui sont prêts à poursuivre la guerre comme le leur demande le ministre de la Justice dans le nouveau gouvernement révolutionnaire Alexandre Kerenski, on constitue une «légion russe» comptant quelque 1 700 hommes. C'est d'ailleurs dans cette unité que servira le sergent – et futur maréchal – Rodion Malinovski qui, avec la 1re division marocaine, se distinguera en 1918. ■

DES SOLDATS SE MUTINENT

››› La répression

Dès la fin du mois de juin, le haut commandement peut faire un premier bilan des mutineries : 110 corps ont été touchés, dont 58 se trouvaient le 16 avril dans l'Aisne, en ligne ou en réserve, et six devant les Monts-de-Champagne. Tous les corps mutinés appartenaient à 54 divisions différentes, soit plus de la moitié des divisions qui constituent à ce moment l'armée française. Une des conséquences immédiates des mutineries fut pour Pétain de se résigner à une attitude strictement défensive sur le front. Les chefs militaires sont partagés sur les suites qu'il convient de donner à ces épisodes de mutineries. On hésite entre la rigueur implacable et la fermeté. La majorité des chefs, à l'instar du général Duchêne et du général Franchet d'Espèrey, se montrent favorables au premier choix. Quant à Pétain, après avoir examiné l'ensemble des dossiers, il est convaincu qu'il y a eu des défaillances à tous les degrés de la hiérarchie. Les premiers frappés devaient être les chefs coupables d'une indifférence initiale à l'égard du moral de leur troupe avant les désordres ou de manque de jugement et de fermeté devant la rébellion : deux généraux, deux lieutenants-colonels, quatorze chefs de bataillon, dix-huit lieutenants et sous-lieutenants sont relevés, rétrogradés ou changés d'affectation. Restait le sort des mutinés. Le premier soin de Pétain est d'obtenir du ministère de la Guerre que les accusés soient déférés, directement et sans instruction préalable, devant des conseils de guerre chaque fois que les preuves ont pu être acquises. Le 11 juin, le ministre de la Guerre admet que le généralissime aura pouvoir de statuer sans en référer au chef de l'État dans les cas de

55

Nombre d'exécutions pour mutinerie en juin-juillet 1917.

TÉMOIGNAGE

« La répression selon Pétain ?

Je suis allé au plus pressé par la répression des faits d'indiscipline grave ; je maintiendrai cette répression avec fermeté, mais sans oublier qu'elle s'applique à des soldats qui, depuis trois ans, sont avec nous dans les tranchées et qui sont nos soldats.

Note du général Pétain, le 16 juin 1917 »

LES PIEDS DU POILU

Qu'il s'agisse de patauger dans la boue, dans la neige, ou de crapahuter dans la chaleur ou le froid, le poilu garde, jour et nuit, ses chaussures. Les Français portent des brodequins cloutés plus légers que les bottes allemandes ou russes. Il est vrai que dans une armée où domine l'infanterie, les pieds sont précieux et doivent faire l'objet de soins attentifs. Souvent la famille est mise à contribution pour renouveler les chaussures du poilu. ■

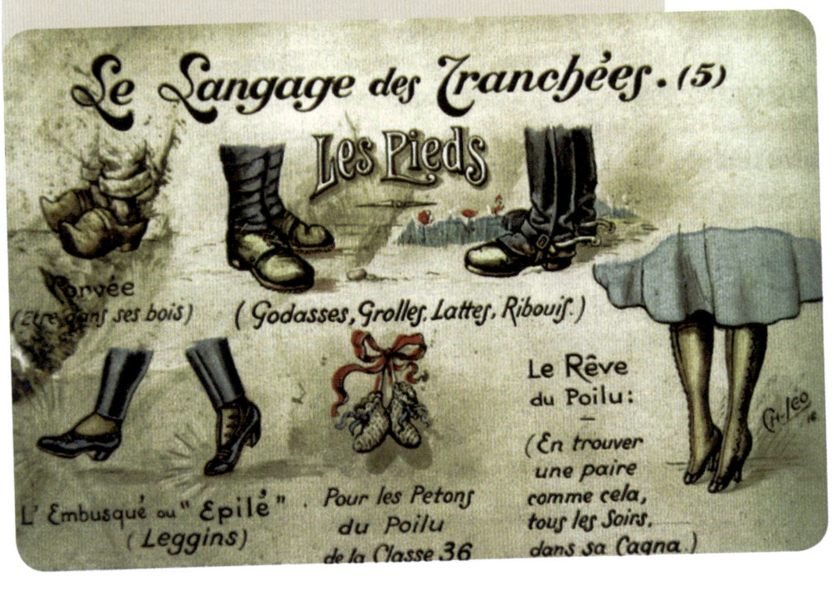

condamnation à mort prononcée pour crime concerté ou collectif de provocation à passer à l'ennemi ou aux rebelles armés, pour abandon de poste, refus d'obéissance, voies de fait pendant le service. Les conseils de guerre vont prononcer 412 condamnations à mort (386 pour rébellion et 26 de droit commun). Par suite du droit de grâce ou de commutation de peine, il sera procédé à 55 exécutions, dont 7 exécutions immédiates par ordre de Pétain et 48 après décision du président de la République. Le 14 juillet 1917, Pétain fait savoir qu'il ne juge plus nécessaires les mesures d'exception et qu'il est possible de revenir à la justice édictée par les décrets antérieurs.

Redresser le moral des troupes

Après la répression, Pétain estime qu'il est urgent de redresser le moral de l'armée. D'abord le régime des permissions. Aussi prescrit-il de rattraper les retards en augmentant le pourcentage normal des permissions. Celles-ci seront strictement réglées à raison de dix jours tous les quatre mois. Les installations des gares avec des cantines sont aménagées pour les longues attentes des permissionnaires. De même, il fait procéder à la réorganisation du système des repos périodiques des camps et des cantonnements. Concernant l'alimentation, les chefs de corps et les commandants de compagnies sont invités à y porter tous leurs soins. Parallèlement, Pétain, qui s'était inquiété des progrès de l'ivresse dans la troupe, prescrit la réquisition des arrivages de vin lorsqu'ils sont disproportionnés au besoin. Les mercantis sont chassés des coopératives et la consommation quotidienne est fixée à 1 litre par homme. Plus largement, Pétain entreprend une visite méthodique des cantonnements sur le front, s'attardant dans ceux qui ont été particulièrement touchés par les mutineries, expliquant ses motifs de confiance, l'arrivée des Américains en renforts croissants, les améliorations des fabrications de guerre. En moins de trois mois, la crise est conjurée.

UNE IMPRIMERIE DE CAMPAGNE. De nombeuses unités ont imprimé leurs propres journaux. Surveillés étroitement par la hiérarchie militaire, ils contribuaient à renforcer les liens au sein des régiments.

La bataille de Messines

Les combats pour Messines s'inscrivent comme des préliminaires à la vaste offensive que les Britanniques entendent conduire dans les Flandres et qui donnera lieu à la fameuse « troisième bataille d'Ypres ».

Il s'agit dans l'esprit des Britanniques de sécuriser la zone d'Ypres en s'emparant de la crête de Messines, à l'extrême sud de la crête des Flandres. L'opération a été planifiée dès l'automne 1916 en enfouissant des mines explosives sous la crête. Une tâche dont s'étaient acquittées les unités demineurs de la IIe armée du général Herbert Plumer. La bataille commence le 22 mai par le bombardement d'une ampleur terrifiante – 3,5 millions d'obus – des positions de la IVe armée allemande du général Sixt von Armin, laquelle est déployée au sud du canal d'Ypres dans le secteur de Comines. Sans interruption, les batteries britanniques font pleuvoir un déluge d'obus jusqu'au 7 juin. Ce jour-là, à 3 h, les mines placées sous les positions allemandes sautent, ouvrant dans les premières lignes ennemies des cratères de plus de 100 mètres de diamètre. Quelque 10 000 Allemands sont ainsi mis hors de combat. C'est le signal du départ pour les hommes des douze divisions de Plumer. Ces derniers s'élancent, couverts par un très efficace barrage d'artillerie, sur un front de 14 kilomètres. Dès la fin de l'après-midi, Messines est dépassée et tous les objectifs sont atteints. Cette progression, brillamment conduite, se solde par la capture de 7 000 prisonniers et de 300 mitrailleuses.

17 000

Pertes britanniques contre 25 000 dans les rangs allemands.

COURRIER

«Un grand cœur et de petites "fotes d'ortografes"

Chair soldat, j'ai reçu votre lettre avec bin du plaisir et je les montrée à mes amies à l'école. Tout le monde à l'école vous connaît maintenant et vous aime bien mais ses moie qui vous aime le mieu. Je suis bien contente de savoire qu'on vous a photografié et j'attends votre photografie pour vous regarder. Mon papa qui est au front osi nous a envoyée la sienne, mais lui c'est en Argone. Il est très bien dessus, il a coupé sa barbe comme avant la guerre. Nous vous enverons un coli demain avec un paté. Au revoir, chair soldat, battez bien fort les boches mais ne vous faites pas blésé surtout. Je vous embrase.

Lettre d'une écolière à un soldat, 1917 »

Contre-offensive allemande locale

Ce même jour, le généralissime britannique Haig rencontre Pétain, lequel vient de quitter le roi des Belges. Un accord a pu être trouvé concernant le rôle de chacun dans la grande bataille qui s'annonce. La Ire armée française du général Anthoine doit s'engager aux ordres de Haig afin de couvrir le flanc gauche de la Ve armée du général Gough, lequel est chargé de l'action principale en direction d'Ypres. Quant aux Belges, ils interviendront quand les Alliés seront parvenus à la lisière nord de la forêt d'Houthulst, au nord-ouest de la crête des

Flandres. Débordés donc, les Allemands n'en réagissent pas moins avec rapidité, avec le souci premier de protéger leurs bases sous-marines. Aussi contre-attaquent-ils sur le secteur côtier de Nieuport et de l'Yser le 10 juillet, contraignant les Anglais à se replier sur Lombaertzyde, dans les Flandres occidentales, au nord de Nieuport. Toutefois, les Allemands ne parviennent pas à pousser au-delà. Solidement établis, les Britanniques peuvent envisager leur prochain objectif : briser les lignes allemandes à Ypres (voir 31 juillet). ●

Flottement dans les rangs alliés

Au moment où les Britanniques s'apprêtent à lancer leur grande offensive dans les Flandres, ils doivent compter avec la grave crise qui secoue l'armée française quelques semaines après la désastreuse affaire du Chemin des Dames. L'attitude des Français préoccupe le gouvernement et le commandement britanniques qui peinent à déceler les intentions de Paris. Lorsque Haig rencontre Nivelle le 30 avril, il s'interroge déjà : «J'ignore qui commande maintenant les armées françaises.» Le début des opérations françaises en Champagne ne devait pas le rassurer, d'autant qu'au même moment, les Britanniques sont confrontés à une recrudescence de la guerre sous-marine allemande. Il est donc hors de question de lancer la grande offensive dans les Flandres sans, d'une part, anéantir les bases de sous-marins allemands de la côte belge, et d'autre part, sans pouvoir s'appuyer sur les Français. Finalement, la situation s'améliore à la mi-mai, après que Haig a pris contact avec Pétain, qui n'est pour l'heure «que» chef d'état-major général. Mais le 18 mai, il le retrouve à Amiens comme généralissime. Pleinement rassuré sur les capacités de combat de l'armée française, Londres peut envisager sa grande affaire dans les Flandres. ■

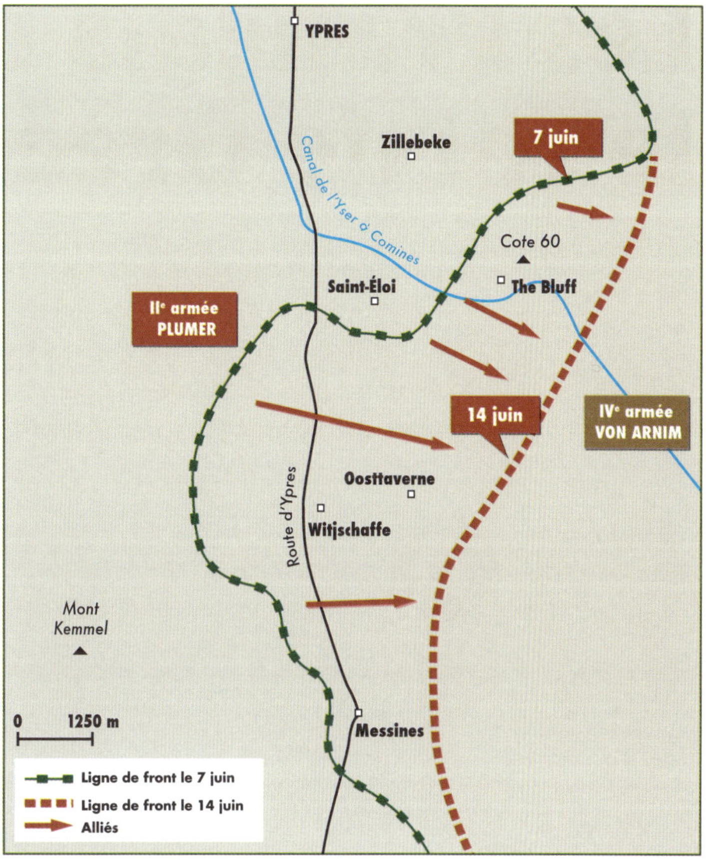

LE SAILLANT DE MESSINES REPRIS PAR LES BRITANNIQUES. Une semaine de combats acharnés pour réduire cette verrue allemande sur le front d'Artois.

SOLDATS ALLEMANDS MORTS PENDANT LA BATAILLE DE MESSINES. L'explosion des mines placées par les Britanniques sous les lignes allemandes fut l'un des éléments clés du succès des troupes du général Haig.

12 JUIN 1917

Les Français déposent le roi de Grèce

L'attitude ambiguë de la Grèce et de son souverain Constantin Ier – elle a proclamé sa neutralité en 1915 – constitue un obstacle de taille aux visées alliées dans les Balkans. Aussi les Franco-Britanniques décident-ils de mettre sur pied un corps expéditionnaire pour contraindre le roi Constantin à renoncer au trône.

Depuis octobre 1915 et le débarquement des troupes françaises à Salonique, la pseudo-neutralité du roi Constantin de Grèce gêne considérablement la stratégie des Alliés dans les Balkans. Sur l'ordre d'un souverain plus sensible aux sirènes de la Quadruplice qu'aux arguments de l'Entente, des mines ont même été mouillées dans la zone du détroit de Corinthe, entravant considérablement les manœuvres des navires alliés. Aussi, lors de la conférence de Saint-Jean-de-Maurienne, le 19 avril 1917, le président du Conseil Ribot, le Premier ministre britannique Lloyd George et le ministre des Affaires étrangères italien Sonnino décident d'en finir avec l'imbroglio grec en déposant le roi. Une tâche confiée à Charles Jonnart, haut-commissaire

LA POSTE AUX ARMÉES

La poste est bien souvent le seul lien qui réunit le soldat du front à l'arrière. On estime à près de quatre millions le nombre de courriers écoulés chaque jour par le Bureau central militaire à Paris. Par la poste, le poilu, dans la tranchée ou au cantonnement, sait encore ce qui se passe dans le monde; par elle, il reçoit les paquets de vêtements qui lui permettront d'affronter les intempéries ou les vivres qui viendront agrémenter son ordinaire; par elle, il rassure les siens, les tient au courant de sa vie, leur raconte les alertes, les combats, les succès, les déboires. En réalité, la censure veille. Dès le 26 janvier 1915, le grand quartier général a institué des visites d'officiers dans les bureaux de la Trésorerie et des Postes pour vérifier que les hommes n'enfreignent pas les interdictions qui leur ont été faites (transmettre des idées pacifistes, dévoiler leurs conditions de vie, préciser leurs positions). Chaque semaine, 180 000 lettres sont ouvertes pour être contrôlées. ■

TÉMOIGNAGE

« Salonique, ville cosmopolite

Salonique ! c'est un Port-Saïd mal tenu, un Casablanca devenu grande ville, où se perçoit aussitôt l'impression de déjà-vu. Un foyer d'intrigues, d'agiotages et d'appétits les plus divers couvre toute la cité. [...] Dans les rues de la ville voisinent les tramways en panne, les arabas et les chars indigènes, entre lesquels s'infiltrent des échantillons de toutes les troupes de l'Entente, des groupes de manifestants qui acclament Venizélos ou pourchassent les loyalistes sous les regards bienveillants des gendarmes crétois, dont les culottes à triple fond étonnent souvent les nouveaux débarqués.

Souvenir d'un colonel de 35e RIC »

Les opérations en Albanie

En février 1917, les Autrichiens ont occupé Pogradec (à 86 km au sud-est de Tirana) sur la rive du lac d'Ohrid, contraignant les Français à consolider leurs positions au nord de Koritsa. Pendant des mois, les combats se poursuivent dans la montagne entre 1 500 et 2 000 mètres où les Français finissent par gagner du terrain. Mais, en septembre, lorsque les spahis marocains de la division Jacquemot s'apprêtent à couper la route de Monastir (aujourd'hui Bitola, en Macédoine) à Durazzo (aujourd'hui Durrës, en Albanie), les Italiens, qui considèrent l'Albanie comme leur chasse gardée, interviennent pour les arrêter. Entre-temps, les Alliés ont lancé une vaste opération pour dégager Monastir. Celle-ci a été menée le 22 avril par les Anglais en direction de la Struma et peu après, le 9 mai, par les Français et les Serbes, sur Monastir et la Cerna. Finalement, compte tenu des pertes et de la résistance de l'ennemi, le général Sarrail décide de cesser toute offensive en Macédoine. ■

LES ARTISANS DE LA CHUTE DE CONSTANTIN DE GRÈCE. De gauche à droite, au premier plan, le général Régnault, le général Sarrail, le vice-amiral Paul-Albert Gueydon, le mandataire Jonnart et le général Paul Braquet.

des trois puissances protectrices de la Grèce, qui s'appuiera sur un corps expéditionnaire formé d'une division française, de 1 000 Russes et de 500 Anglais.

La Grèce déclare la guerre à l'Allemagne

Placé sous les ordres du général Régnault et appuyé par un détachement de Sarrail, le corps expéditionnaire débarque le 11 juin au Pirée et dans l'isthme de Corinthe. Le même jour, Jonnart remet au Premier ministre grec Zaïmis un ultimatum exigeant l'abdication immédiate du roi. En cas de refus, on brandit la menace d'un bombardement en règle d'Athènes par la flotte alliée. Dans la mesure où son armée se trouve habilement bloquée par les Alliés dans le Péloponnèse, Constantin se résigne à abdiquer en faveur de son fils Alexandre avant de se retirer à Messine, puis en Suisse. Quelque temps après, le jeune souverain fait appel à Venizélos. Ce dernier, démis de ses fonctions en octobre 1916, avait créé un second gouvernement à Thessalonique sous la protection des troupes de l'Entente. Le 25 juin, il fait une entrée triomphale dans la capitale, tandis que de son côté, Jonnart empêche toute vengeance contre les partisans du roi déchu. À la grande satisfaction de Paris, la chambre grecque, dissoute en novembre 1915, est rétablie et les ambassadeurs de Grèce à Berlin, Vienne et Sofia sont rappelés. Le 30 juin, la Grèce déclare la guerre à l'Allemagne. Dès le mois d'août, deux classes sont appelées sous les drapeaux et, à la fin de l'année, quelque 200 000 soldats peuvent renforcer les effectifs de l'Entente. ●

Les Américains débarquent en France

Un peu plus de deux mois après la déclaration de guerre à l'Allemagne, la Ire division américaine débarque en France. En quelques mois, la machine de guerre américaine se déploie sur le territoire du pays.

En apprenant l'entrée en guerre des États-Unis, de nombreuses autorités françaises ont pensé qu'il s'agissait d'un geste symbolique et que les Américains se contenteraient de sillonner les mers pour écarter la menace sous-marine allemande. Très vite, chacun comprit que le président Wilson était partisan d'une véritable intervention. Le vote le 18 mai du Selective Service Act instituant la conscription de tous les citoyens âgés de 21 à 30 ans achève de convaincre les plus sceptiques. Dès lors, les événements s'enchaînent. Le 13 juin, accompagnés de 117 soldats, le général John Pershing, commandant en chef du corps expéditionnaire, et le lieutenant Georges S. Patton débarquent à Boulogne-sur-Mer. Mais c'est surtout l'arrivée à Saint-Nazaire, le 26 juin, des 14 750 hommes de la Ire division américaine qui marque les esprits. L'enthousiasme est tel que beaucoup de malheureux poilus croient que ces hommes venus de la lointaine Amérique vont les remplacer dans les tranchées.

Une logistique gigantesque

Il faut donc loger, équiper, instruire les hommes et, aussi, faire transiter des tonnes de munitions, d'armes et de matériel de toutes sortes. À cet effet, les Américains s'attellent à créer en France des ports et des gares. Saint-Nazaire a été choisi comme

ARRIVÉE DES SOLDATS AMÉRICAINS À SAINT-NAZAIRE. Le Selective Service Act permet de porter les effectifs de l'armée de 200 000 hommes en février 1917 à quatre millions de soldats en novembre 1918.

DOCUMENT

« Des cow-boys en France !

Avec leurs uniformes de drap olive, leurs feutres à larges bords, leurs ceintures à pochettes multiples, cette allure de jeunes cow-boys de l'Ouest américain, ils apportaient une note de pittoresque inédit dans nos décors de guerre.

Les Américains vus par l'hebdomadaire L'Illustration, juin 1917 »

première base de débarquement. Le 9 août, une deuxième base américaine est créée à Bassens en Gironde, puis en septembre, des travaux d'aménagement commencent à Pontanézen, près de Brest. Bassens est doté d'un port artificiel susceptible d'assurer le déchargement de vingt navires à la fois. Dans les mois suivants, les Américains entreprennent de relier chacun de leurs ports et de leurs camps par des voies de chemin de fer, qui conduisent jusqu'à Is-sur-Tille, en Côte-d'Or, en passant par Bourges et Tours. La petite ville de Gièvres, en Haute-Loire, accueille un gigantesque complexe comprenant deux gares de triage, avec 145 hectares de stockage, un dépôt pétrolier, une usine frigorifique, un arsenal pour les munitions ainsi qu'un atelier de 200 locomotives. Pour chaque homme qui débarque, une tonne de matériel arrive en France. Pendant ce temps, on règle la question de l'emploi des hommes de Pershing. Le 21 août, le général inspecte avec Pétain la Ire division US. Le 6 septembre, il est à Chaumont, en Haute-Marne, siège de son futur quartier général. Fin octobre, cette division se voit attribuer une zone de déploiement proche de Toul et de Lunéville. Le 31 décembre, les effectifs américains en Europe n'atteignent que 175 000 hommes. Tout est semé pour la future moisson d'été d'une immense armée. Les Alliés pourront-ils tenir jusqu'à cette date? ●

Les prêts américains affluent

La décision de Wilson a débloqué la question cruciale du financement des Alliés. En 1916, une presse très hostile se déchaînait contre les prêts aux Alliés. En novembre, le Federal Reserve Board invite encore les banques à ne plus consentir d'emprunts aux belligérants. Entre 1914 et 1917, la France n'a réussi à emprunter outre-Atlantique que 3,5 milliards de francs à des taux variant entre 7 et 12 %. Dans les vingt mois qui suivent, Paris lève 13 milliards à moins de 5 % et, surtout, peut dès lors traiter directement avec le Trésor américain. Ce dernier lui fournit les fonds nécessaires car le Liberty Bond Act a autorisé le gouvernement à consentir des avances jusqu'à 10 milliards de dollars, un montant qui sera d'ailleurs dépassé. Plus largement, dans le domaine économique, la France disposera grâce aux Américains de nouvelles ressources : céréales, sucre, acier, cuivre, machines, essence, entre autres. Ainsi, l'entrée des États-Unis au côté de l'Entente a pour effet de réanimer alimentairement, militairement et moralement les Alliés au moment où la Russie devient de moins en moins sûre. ■

LA TUBERCULOSE AUX ARMÉES

Loin du front, les conseils de révision et de réforme mettent tout en œuvre pour fournir à la patrie un maximum de soldats. Avec la psychose de l'embusqué, ces conseils se défendent d'être, justement, des repaires de réformés. Aussi se retrouvent enrôlés sous les drapeaux des tuberculeux en nombre croissant. En 1917, on estime que dans plus de 85 % des cas, des hommes frappés par la tuberculose, à divers stades, sont déclarés « aptes pour le service ». Il a même été possible d'établir que les soldats atteints de tuberculose active ont un peu plus de « chances » de se retrouver dans les tranchées (89 %) que les tuberculeux latents (85 %). Une étrange répartition que rien ne permet d'expliquer. De plus, les tuberculeux sont des semeurs de bacilles, aussi bien dans les tranchées que dans les hôpitaux. Les sujets atteints de tuberculose ganglionnaire sont évacués à Biarritz et renvoyés sur le front au bout d'un mois, la durée réglementaire. Quant aux cas les plus graves, ils bénéficient d'une mesure de réforme. Mais celle-ci a été octroyée avec parcimonie puisque, du 2 août 1914 au 31 octobre 1917, seuls 81 500 tuberculeux ont été renvoyés dans leurs foyers pour y mourir. ■

1er-23 JUILLET 1917

La dernière offensive de l'armée russe

Cette dernière bataille menée en Galicie par les Russes du gouvernement provisoire du prince Gueorgui Lvov se solde par un échec complet. Cette défaite ruine les espoirs mis dans l'action du nouveau régime après l'abdication du tsar Nicolas II.

La révolution qui a éclaté en février 1917 à Petrograd – et dont est sorti le gouvernement provisoire – a suscité dans la troupe une vague d'enthousiasme en faveur de la paix immédiate. Mais le gouvernement, soucieux de lever les moyens financiers qui seuls pourraient assurer sa survie, décide de jouer encore la carte des Alliés. C'est pourquoi Kerenski, devenu ministre de la Guerre, choisit de poursuivre le combat et de lancer en Galicie, en direction de Lvov (Lemberg pour les Allemands), une offensive avec des troupes désorganisées et profondément démoralisées. En effet, chacune des unités a élu son propre soviet (conseil) pour gérer ses «affaires» et les officiers se trouvent bien en peine d'exercer la moindre autorité. Quant au commandant en chef, le général Broussilov, il en est réduit à passer des heures à parlementer avec les soviets pour les convaincre d'appliquer ses plans. Quoi qu'il en soit, Kerenski espère qu'une victoire lui permettra de regagner les faveurs du peuple et de

SOLDATS MANIFESTANT À MOSCOU. Ces soldats protestent contre les ordres de Kerenski d'envoyer d'autres troupes sur le front.

La mission du général Niessel

Le général Henri Niessel, qui prend en août 1917 la tête de la mission militaire française en Russie, comprend aussitôt que l'alliance avec la Russie a vécu. Il constate partout la présence de «soviets de tout genre, composés de soldats dont les membres, touchant de cinq à dix roubles par jour pour tenir de vagues palabres, trouvent l'institution superbe». Il pointe la paresse des hommes, l'impuissance du commandement, les refus d'obéissance collectifs, les actes de pillage et la multiplication des violences à l'égard de la population. Pourtant, jusqu'aux derniers jours d'octobre, la France n'abandonne pas l'idée de participer à la reconstruction d'une force militaire russe capable de s'opposer aux Allemands. Mais en une journée, le 7 novembre, les bolcheviks s'emparent du pouvoir. Lucide, Niessel notera : «La Révolution était loin d'avoir développé le patriotisme dans les masses comme certains milieux alliés se l'étaient assez sottement imaginé.» ■

TROUPES RUSSES EN GALICIE, JUILLET 1917. Sur les dix millions de soldats mobilisés, l'état-major russe recensait en octobre trois millions d'absences irrégulières.

restaurer le moral des troupes, renforçant ainsi le gouvernement provisoire. À ses yeux, cette offensive doit démontrer l'efficacité de «l'armée la plus démocratique du monde», comme on la qualifie à l'époque.

La dernière attaque russe

Le 1er juillet, lorsqu'est lancée l'attaque, les troupes autrichiennes sont presque aussi épuisées que les unités du général Lavr Kornilov. Ce dernier remporte quelques succès locaux, permettant à Kerenski de multiplier les bulletins de victoire. Mais très vite l'offensive s'enlise, les soldats russes refusant de combattre. Le 18 juillet, profitant du délitement de l'adversaire, les Austro-Allemands passent à la contre-attaque et, ne rencontrant que très peu de résistance, poussent à travers la Galicie et l'Ukraine. Le 23 juillet, les Russes ont reculé de 240 kilomètres. Cette catastrophe militaire a pour effet immédiat d'affaiblir le gouvernement provisoire – le prince Lvov cède la place à Kerenski. Désormais, aucun général russe n'est en mesure de compter sur ses soldats pour exécuter les ordres. Quant aux Allemands, ils sont près d'obtenir enfin cette paix séparée à laquelle ils travaillent depuis 1915 (voir 15 décembre).

LE CINÉMA FRANÇAIS NE CONNAÎT PAS DE CRISE

En 1916, une seule firme, les Cinématographes Harry, met en circulation 44 grands films. Et pour le premier trimestre 1917, elle annonce une vingtaine de longs métrages. Pour le seul mois de mars, en pleine crise de commandement, on décompte 44 films français, 41 films américains, 13 italiens, 5 anglais. Chez Gaumont, Louis Feuillade réalise un grand film tous les quinze jours. De la quantité donc! Mais, question qualité technique, il en est autrement. L'image est terne et sombre car les réquisitions militaires accaparent les matières premières qui entrent dans la composition des pellicules. Qu'importe! La vogue du cinéma lui permet de se jouer de l'extinction précoce des feux – qui réduit pourtant le nombre et la durée des séances –, de la suppression des enseignes lumineuses et de la médiocrité des salles. ■

AFFICHE DE *MATER DOLOROSA*. Ce film d'Abel Gance sorti en mars 1917 sur les écrans parisiens déplaça un large public.

22 JUILLET-19 AOÛT 1917

L'ultime sursaut des Roumains

Au cours de l'été, les Roumains, bénéficiant du soutien actif de la France, livrent à Marasti et Marasesti leurs dernières batailles contre les Allemands dans les Carpates.

À l'été 1917, la Roumanie jette ses dernières forces contre les troupes allemandes qui occupent la plus grande partie du pays. Mais l'armée impériale, à court d'effectifs, doit faire face de plus en plus seule sur tous les théâtres d'opérations. L'ultime offensive de Kerenski, lancée le 1er juillet en Galicie, l'a obligée à prélever des troupes en France. À peine après avoir battu les Russes, la direction suprême allemande doit essuyer l'offensive d'une armée roumaine qu'elle pensait pourtant hors d'état de combattre. Depuis le printemps, les forces militaires du roi Ferdinand ont été entièrement reconstituées par les Français. Le général Henri Berthelot, chef de la mission militaire française en Roumanie, a obtenu un renforcement significatif de son contingent qui est porté à 1150 hommes. Via Arkhangelsk, au nord de la Sibérie, la France a pu envoyer une centaine d'avions, plus de 500 canons, des milliers de fusils et d'uniformes.

L'armistice de Foczani

La vaillance des troupes roumaines à Marasti et Marasesti ne sauve pas la Roumanie. En effet, la décomposition de l'armée russe et la concentration des forces allemandes sur le Sereth ne laissent aucun espoir au roi Ferdinand. Dès le 3 décembre, le général russe Cherbatchev avertit le roi Ferdinand qu'il a été chargé d'ouvrir des pourparlers avec le général Mackensen. Abandonnée par les Russes, la Roumanie n'a plus d'autre issue que de se résoudre à un armistice : celui-ci est conclu le 9 décembre à Foczani entre le général roumain Lupescu, son homologue russe Cherbatchev et le commandement allemand représenté par le général von Morgen. Toutefois, le roi a obtenu que la mission du général Berthelot regagne librement la France. ■

Les Roumains infligent deux défaites aux Austro-Hongrois

Au début de l'été, dans les Carpates, les deux armées des généraux Critescu et Averescu, soit 17 divisions, font face aux groupes d'armées austro-hongrois et allemands de l'archiduc Joseph-Ferdinand et de Mackensen. Les Roumains comptent sur l'appui de la IVe armée russe. Le 22 juillet, ils déclenchent une violente attaque qui les porte à quelque vingt kilomètres en avant. Mais le général roumain Alexandru Averescu doit interrompre sa progression après que les Russes l'ont abandonné. Mackensen saisit aussitôt l'occasion pour contre-attaquer en faisant donner le 6 août la XIVe armée à Marasesti, sur le Sereth (6-19 août). On s'y affronte pendant quinze jours dans une bataille acharnée à laquelle participent plusieurs officiers français de la mission Berthelot. Le 19 août, la détermination héroïque des Roumains finit par l'emporter provisoirement. ●

AFFICHE POUR «VENDRE» LE TROISIÈME EMPRUNT DE LA DÉFENSE NATIONALE. Lancé en octobre 1917, il rapporte un peu plus que le précédent (10,2 milliards de francs).

3e EMPRUNT
DE LA DÉFENSE NATIONALE
CRÉDIT LYONNAIS
Souscrivez

La protection des pupilles de la nation

Parmi les victimes de la guerre, les orphelins constituent une catégorie à part. Pour eux, les parlementaires instituent le statut de « pupilles de la nation ». La proposition de loi avait été déposée le 22 avril 1915 par Léon Bourgeois, sénateur de la Marne : il fallut donc plus de deux ans pour que ce statut soit instauré.

UNE MÈRE ET SES FILS EN DEUIL.
Affiche invitant à une souscription publique au bénéfice des orphelins de guerre. En 1917, l'aide privée est relayée par la reconnaissance de la nation et de la loi.

Le 27 juillet, la loi « instituant les pupilles de la nation » est adoptée à l'unanimité par la Chambre des députés. Il appartient à un tribunal civil de décider, en fonction de ce qu'a subi son père, si l'enfant est digne d'être considéré comme pupille de la nation. À la mention « mort pour la France » inscrite sur l'acte de décès du père, correspond, sur celui de l'acte de naissance de l'enfant, la mention « adopté par la nation ». Recevoir le titre de pupille ouvre le droit à un secours de l'État, qui peut être de nature morale ou matérielle. Dans la foulée, toute une administration voit le jour afin de mettre en place ce statut : l'Office des pupilles de la nation. La loi de 1917 vise à assurer aux enfants le développement physique et intellectuel le plus proche de celui qu'il aurait connu si son père n'avait pas été tué au combat.

La nation chargée de remplir la tâche parentale

Elle se propose d'éduquer les bénéficiaires et non de les assister. Les enfants de moins de treize ans peuvent recevoir une subvention d'entretien, que complètent des aides pour la scolarité ou l'apprentissage, voire un pécule en vue de l'établissement. La loi considère que l'on est pupille au sens plein du terme jusqu'à l'âge de vingt et un ans. Bien qu'il soit difficile d'établir le nombre d'enfants, les estimations l'évaluent à un million; la plupart d'entre eux sont nés entre 1900 et 1914 et sont orphelins seulement de père. Ne bénéficiant pratiquement d'aucun emploi réservé, ils subiront plus tard la dureté de la crise des années 1930. Ces « enfants sacrés, sel de la nation et entraîneurs de leur génération », selon les mots de l'écrivain nationaliste Maurice Barrès, témoignent de l'insuffisance de l'aide reçue.

UN INSIGNE POUR LES RÉFORMÉS

Tout homme d'aspect valide n'ayant pas l'air d'un permissionnaire est suspecté d'être un embusqué. Il existe pourtant des hommes qui sont réformés soit pour cause de blessures non apparentes soit pour cause de maladie. Aussi, pour mettre à l'abri de toute suspicion ceux qui ont payé leur dette à la patrie a été créé l'insigne des réformés. Il s'agit d'un simple ruban jaune, traversé en son milieu par une bande rouge et rayé, de chaque côté, de deux bandes bleues et blanches dans le sens vertical. Il est donc attribué aux réformés pour cause de maladie. Les blessés portent le même ruban, mais agrémenté en son centre d'une petite étoile rouge. Tous les réformés de guerre, quelle que soit leur situation militaire, ont droit au port de cet insigne qui, selon le législateur, « commande le respect ». Les Britanniques se sont donné un insigne similaire pour « distinguer » les soldats qui ont quitté le service actif en raison de leur âge ou ont été réformés à la suite d'une blessure ou d'une maladie. ■

JOURNÉE NATIONALE DES ORPHELINS – Guerre 1914-15-16 –

Petits Français et petites Françaises, pour les enfants dont les papas ne sont plus, donnez ce que vous pouvez, donnez un peu de votre joie, donnez un peu de votre bien-être et beaucoup de votre âme ! Les Orphelins de la guerre sont vos petits frères et vos petites soeurs –

Ne les oubliez pas –

Les dons et Souscriptions doivent être adressés au Siège Social du Comité : 33 Rue Bonaparte. VI Paris

La troisième bataille d'Ypres

Ypres, théâtre de violents combats en novembre 1914 et en avril 1915, se retrouve en 1917 au cœur de la grande offensive que lancent les Alliés dans les Flandres. Une attaque qui prend la forme d'une suite de coups de boutoir, huit fois interrompus par un temps exécrable.

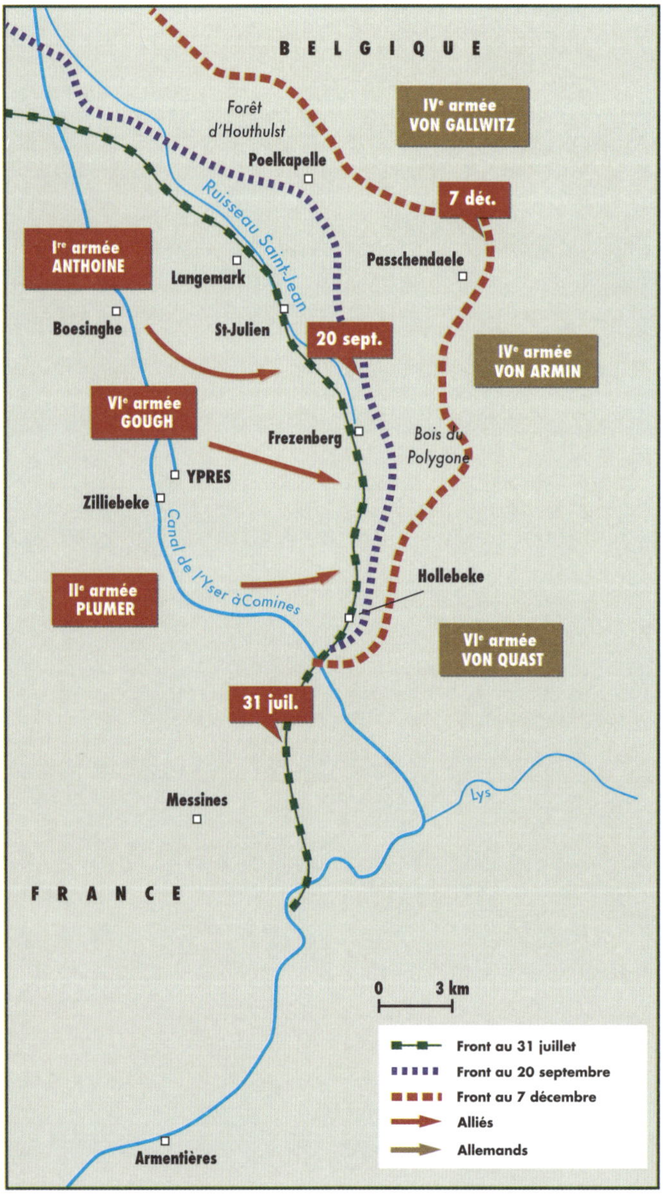

Au lendemain du succès des Britanniques à Messines, le 7 juin, le général britannique Douglas Haig décide de confier la responsabilité de l'assaut principal au général Hubert Gough. Mais entre la fin de la bataille de Messines et le début des hostilités à Ypres, il s'est passé plus d'un mois que les Allemands ont mis à profit pour organiser leurs défenses au centre de la crête des Flandres. Ces derniers appliquent méthodiquement le concept de « défense élastique » qui voit les lignes avant faiblement protégées, tandis que le gros des troupes se tient à l'arrière, prêt à contre-attaquer. De plus, ils disposent d'abris fortifiés en béton qui forment une série de bastions imbriqués sur les lignes avant et résistants aux bombardements préliminaires. Selon le général Sixt von Armin, la prise de ses bastions doit coûter de nombreuses vies à l'ennemi. C'est sur un terrain chèrement défendu que les Alliés se lancent à l'assaut le 31 juillet après un pilonnage formidable des lignes adverses (plus de 100 000 tonnes d'obus) et le soutien de l'aviation chargée de démasquer les positions de l'artillerie allemande.

La prise de Passchendaele

La IVe armée allemande, instruite par le précédent de Messines (le minage de ses positions), décide de replier ses lignes sur 3 kilomètres à l'est de Boesinghe. Aussitôt, la Ve armée Gough et la Ire armée française du général Anthoine en profitent pour

La mort de Guynemer

Après 600 combats aériens et 53 victoires homologuées, le plus célèbre des aviateurs français de la Grande Guerre trouve la mort le 11 septembre au-dessus de Poelcapelle. Auparavant, il avait été abattu sept fois. De l'avis de tous, Guynemer fut moins un tacticien qu'un virtuose du risque. Peu soucieux de se protéger des attaques de son adversaire, il n'aura fait que forcer son destin aux commandes de son appareil qu'il nomme lui-même une « mitrailleuse volante ». Connu dans toute la France pour son formidable courage, celui dont la devise était « faire face » sera installé au Panthéon dès le 19 octobre. Quant à l'aviateur qui l'a abattu, le lieutenant allemand Kurt Wissemann, il tombera sous les balles du sous-lieutenant René Fonck, un autre as de l'aviation française. ■

franchir le canal de l'Yser. Les quatre corps de Gough prennent pied, après une lutte acharnée, sur la ligne qui va de Frezenberg à Zillebeke. Mais, battu par une pluie diluvienne, le champ de bataille se transforme en un immense bourbier. Bien que les opérations dans le secteur d'Ypres s'en trouvent interrompues, Haig, qui n'entend pas laisser souffler l'ennemi, entreprend une diversion en Artois. Le 15 août, les Canadiens de l'armée Byng s'emparent, près de Lens, d'un observatoire allemand et parviennent ainsi dans les faubourgs de la ville minière. Le 16 août, la bataille reprend au nord du saillant d'Ypres et les Anglais se portent à Langemark tandis que les Français du général Anthoine occupent la zone comprise entre l'Yser et le ruisseau de Saint-Jean. Le 20 septembre, les hommes de la IIe armée du général Plumer s'emparent de Hollebeke. Quinze jours plus tard, les Alliés progressent encore, mais beaucoup moins rapidement qu'aux premiers jours car ils viennent buter sur des positions jugées capitales par les Allemands. Ce qui ne dissuade en rien Haig de poursuivre. Le 9 octobre, avec le soutien des Français, sous une pluie battante, il enlève le village de Poelkapelle et les troupes alliées bordent la forêt d'Houthulst. À l'issue de combats qui voient les hommes progresser avec de l'eau jusqu'aux genoux, les Canadiens entrent le 7 novembre dans Passchendaele. La prise de la ville marque la fin de la grande offensive des Flandres. ●

DOCUMENT

« Entré dans la légende

Mort au champ d'honneur le 11 septembre 1917. Héros légendaire, tombé en plein ciel de gloire, après trois ans de lutte ardente. Restera le plus pur symbole des qualités de la race : ténacité indomptable, énergie farouche, courage sublime. Animé de la foi la plus inébranlable dans la victoire, il lègue au soldat français un souvenir impérissable qui exaltera l'esprit de sacrifice et provoquera les plus nobles émulations.

Hommage du général Anthoine à Guynemer, septembre 1917 »

La loi Mourier traque l'embusqué

Votée le 10 août 1917, la loi proposée par le député Louis Mourier veut contraindre les hommes jeunes n'ayant encore jamais été envoyés au feu à servir dans des unités combattantes. La pénurie d'effectifs et le syndrome de l'embusqué sont à l'origine de la loi Mourier.

À l'été 1917, l'armée française manque de soldats. La question des embusqués, qui a déjà fait l'objet de la loi Dalbiez du 17 août 1915, s'invite régulièrement à la Chambre. Le député radical-socialiste du Gard Louis Mourier se distingue en multipliant les interpellations pour obtenir une révision de tous les sursis d'appel. Révisions et contre-révisions se multiplient pour dénicher les embusqués. Le député est en effet convaincu que ces procédures de retour à l'arrière offrent trop de sinécures aux embusqués. Au cours de la séance du 8 mars, il propose ainsi une loi relative à la relève des jeunes classes du service automobile, avant d'initier la deuxième loi contre les embusqués. Les débats ont lieu de mars à août dans le contexte des mutineries du Chemin des Dames. Finalement, il se dégage une majorité pour prendre en compte les jeunes mobilisés – classes 1903 à 1917 – et les officiers afin de les verser dans de véritables unités combattantes. Votée le 10 août, la loi Mourier prévoit donc le reversement dans ces dernières des détachés dans les usines de guerre des classes 1903 (34 ans en 1917) et plus jeunes, sauf pour ceux dont l'utilité professionnelle est attestée. En effet, la loi prend en compte l'avènement d'une guerre moderne, industrielle, logistique qui nécessite d'indispensables effectifs d'hommes compétents et en bonne santé à l'arrière. Elle s'applique aussi aux gendarmes départementaux qui n'étaient pas encore titulaires à la mobilisation. Quelque 370 000 hommes seront rappelés de décembre 1917 à novembre 1918. La loi Mourier complète donc la loi Dalbiez assurant « si les [soldats] récupérés sont aptes à faire campagne dans les unités combattantes ou non ». ●

COURRIER

« Un cas d'embusqué

Dans le même mois, j'aurai, comme secrétaire de mairie, à inscrire sur nos registres, la mort de mon fils au front et le mariage d'un embusqué de vingt-huit ans.

Lettre d'un instituteur lue à la Chambre le 3 août 1917 »

L'arrestation d'Almereyda

Le 6 août, Eugène Vigo, dit Miguel Almereyda, un des rédacteurs du *Bonnet Rouge*, est arrêté par la police pour intelligence avec l'ennemi. Journal d'extrême gauche défendant une ligne antimilitariste et internationaliste, le *Bonnet Rouge* « organe de la défense républicaine » est régulièrement la cible de l'*Action française* et de Léon Daudet. À l'origine de l'arrestation d'Almereyda, une enquête sur l'origine des fonds versés au journal après que l'on a découvert des transferts financiers allemands : un chèque de 150 000 francs du banquier Max, de Mannheim. Almereyda mourra en prison le 20 août dans des circonstances confuses. ■

ON CROIT À LA VICTOIRE !
Faisant fi des revers du printemps 1917, les affiches optimistes de ce type laissent croire que la victoire, pour peu qu'on unisse ses efforts, est à portée de main.

Victoire du général Guillaumat à Verdun

Tout en consacrant d'abord l'essentiel de son attention à la remise en condition de ses forces, le général Pétain n'entend pas les laisser l'arme au pied. C'est pourquoi, fidèle à son principe de limiter les objectifs à atteindre, il décide de lancer à Verdun une offensive localisée.

Les derniers combats de décembre 1916 avaient permis d'avancer la ligne française sur la rive droite de la Meuse en dégageant complètement Douaumont et en lui donnant les points d'appui de la Côte du Poivre, des Chambrettes et du massif d'Hardaumont. Toutefois, quelques observatoires avaient été laissés à l'ennemi qui lui procurent encore des vues sur les arrières des unités françaises. Par ailleurs, au cours des mois de juin et de juillet, les Allemands ont multiplié les coups de main, notamment sur le front du Mort-Homme et de Cumières. L'objectif de Pétain est d'asseoir solidement les positions françaises au nord de Verdun, de part et d'autre de la Meuse. À cet effet, la IIe armée du général Adolphe Guillaumat doit s'emparer des observatoires encore aux mains de l'ennemi et obliger les Allemands à éloigner leur artillerie. Sentant venir l'attaque, ces derniers multiplient les coups de main sur tout le front, afin d'obtenir des prisonniers et de se renseigner. L'importance des préparatifs de Guillaumat n'est pas sans accroître leur inquiétude. D'ailleurs, dès les premiers jours d'août, les services de renseignements français constatent que les Allemands ont accru la densité de leurs troupes, transporté leurs réserves à pied d'œuvre et renforcé leur artillerie.

HOMMAGE

« Un bel hommage

La défense de Verdun restera un sujet d'étonnement et d'orgueil jusqu'à ce que la terre se refroidisse.

Le Premier ministre britannique Lloyd George »

UNE TRANCHÉE À VERDUN, 1917.
Un combattant français se tient au milieu d'ossements appartenant aux hommes qui sont morts dans le secteur en 1916.

Un succès tactique incontestable

Afin de faire face à ces renforts, Guillaumat dispose de 610 canons, pour un front d'attaque de 4 kilomètres, soit 1 canon par 7 mètres de front et 6 tonnes de munitions par mètre; en outre, 19 gros canons longs de calibres s'étageant de 155 à 320 mm,

LES PIGEONS AUX ARMÉES

Dans les tranchées, l'installation de la télégraphie sans fil n'est pas toujours facile, aussi fait-on appel aux pigeons pour porter les messages et les instructions. En général, un motocycliste vient prendre les pigeons dans un panier fixé sur son dos pour les emporter aux lignes avancées et aux postes de commandement, d'où ils reviendront bientôt, porteurs de dépêches, réclamant ici des renforts ou rassurant là l'arrière sur la situation et les besoins du front. Eu égard au rôle qu'il joue, le pigeon voyageur est devenu une affaire militaire. Dès lors, tout entraînement de pigeon est interdit aux particuliers. Seules les sociétés ou fédérations peuvent recevoir des autorisations auprès du général commandant la région, une demande qui est transmise au ministère de la Guerre. Et il faut encore obtenir des autorisations de transport et de convoyage des paniers. En effet, rien ne ressemble tant à un pigeon français qu'un pigeon allemand ! ■

POSTE COLOMBOPHILE. L'emploi des pigeons voyageurs connut un essor très important. Ci-dessus, une estafette prend en charge dans son panier un pigeon pour le mener au front.

2 mortiers de 370 et 2 obusiers de 400 ont été acheminés pour défoncer les tunnels du Mort-Homme. De plus, afin de contrôler les effets de son artillerie, le général Charles Corvisart, commandant du 16e corps, dispose de deux escadrilles de près de 100 avions et ballons. Ces moyens vont d'ailleurs être renforcés, le 19 août, de 56 avions et 5 ballons. Après dix jours d'une puissante préparation d'artillerie, l'attaque proprement dite part le 20 août d'Avocourt à Beaumont. Elle est conduite par la IIe armée Guillaumat : les 13e et 16e corps d'armée sur la rive gauche de la Meuse, et les 15e et 32e CA prenant à partie la rive droite. L'offensive française débouche sur les positions de la Ve armée allemande du général von Gallwitz. Cinq jours plus tard, la cote 304, les côtes de l'Oie et du Talou, Samogneux sont reconquis. En parvenant aux lisières de Beaumont, les Français ont rétabli à peu près le front du 21 février 1916. Surtout, la prise des observatoires obtenue sur la rive gauche place désormais l'adversaire en situation défavorable pour toute action nouvelle dans la région. Le « butin » s'élève au total à 1 200 prisonniers allemands, une cinquantaine de mitrailleuses, une douzaine de Minenwerfer. Les pertes du corps d'armée atteignent 86 officiers et 3 050 hommes hors de combat. La plupart des prisonniers allemands devaient déclarer avoir été surpris avant d'avoir pu se mettre en état de défense. ●

La pénurie des effectifs en 1917

Lorsqu'il prend le commandement des armées françaises, Pétain se trouve confronté à une baisse inquiétante des effectifs disponibles. Au cours de l'année, plus de 400 000 hommes des classes 1890 et 1891 ont été placés en sursis ou démobilisés. Dans les dépôts, il ne reste plus que 180 000 jeunes gens de la classe 1891. Afin de combler ce déficit, on a réduit des deux tiers le service des gardes-voies de communication et celui des places. La loi Mourier du 10 août 1917 prescrit que tous les mobilisés des classes 1903 à 1917 doivent être versés dans des unités combattantes, sauf à y avoir déjà servi durant un an. Quoi qu'il en soit, Pétain peine à compléter ses effectifs car de nombreuses exceptions demeurent. Ainsi, en décembre, les mobilisés civils agricoles sont encore 274 000, ceux des usines plus de 500 000. Peu après son arrivée à la tête du gouvernement (voir 14 novembre), Clemenceau met en place un Commissariat aux effectifs chargé de traquer les embusqués. Mais à la fin de l'année, Pétain doit supprimer 12 divisions. Plus que jamais, « on » compte sur les Américains. ■

L'armée russe évacue Riga et les pays Baltes

Sous la direction de l'habile général Oskar von Hutier, les Allemands parviennent à s'emparer de Riga, mollement défendu par des troupes russes fatiguées et démoralisées. Il s'agit du dernier épisode militaire russe avant la prise du pouvoir par le parti bolchevique.

SOLDATS ALLEMANDS DANS LE SECTEUR DE RIGA.
Pour la prise de Riga, le général von Hutier recevra des mains de Guillaume II la croix Pour le mérite, la récompense allemande la plus élevée en temps de guerre.

Au lendemain de l'ultime offensive Kerenski (1er juillet 1917), l'armée russe, dont le moral est déjà sérieusement entamé, ne peut guère opposer de résistance. Pourtant, son chef, le général Kornilov, avertit solennellement ses troupes que si la discipline venait à fléchir, rien ne pourrait sauver Riga, en Lettonie (alors russe), et, dans la foulée, empêcher les Allemands de marcher sur Petrograd. Par ailleurs, Kornilov sait avec précision quand et où l'ennemi doit attaquer. Il dispose donc de quelques atouts. D'ailleurs, lorsque les Allemands franchissent le fleuve Dvina près de la ville d'Uxhull, s'approchant de Riga, il se trouve des unités russes pour montrer un courage exemplaire. Mais ce n'est pas là, loin s'en faut, l'attitude dominante. En effet, le plus gros des unités se débandent au point que les Allemands du général Oskar von Hutier ont parfois l'impression de ne rencontrer aucune opposition sérieuse. Il suffit alors de quelques heures de bombardement pour que Riga change de main et que la Lettonie tombe tout entière entre celles des Allemands. L'annonce de la

victoire, largement diffusée à Berlin, entretient le sentiment que le Reich peut encore gagner la guerre. À Petrograd, les communiqués vont aussi bon train. La propagande bolchevique accuse le gouvernement provisoire d'avoir organisé la chute de Riga et affirme qu'il est prêt à accueillir l'ennemi à bras ouverts à Petrograd pour mettre à bas la révolution. Aussitôt, Kornilov marche sur Petrograd dans le dessein de restaurer l'ordre, mais il est arrêté par le gouvernement provisoire. Celui-ci, en armant la milice bolchevique, vient de placer son sort entre les mains de ses ennemis politiques, lesquels s'empareront du pouvoir au cours du mois de novembre. ●

TÉMOIGNAGE

«Un itinéraire critique

Nous nous battons pour le triomphe du droit et de la civilisation !... Telle est la phrase que depuis trois ans les journaux nous ressassent chaque jour. De bien grands mots : droit, civilisation pour une chose aussi creuse que la guerre actuelle. C'est nous, gens civilisés, raffinés, qui au début de la guerre nous flattions d'avoir des obus à la "Turpinite"*, obus aux effets foudroyants qui tuaient tout à leur portée, par des gaz, plus loin, c'est nous, gens civilisés, qui sommes allés déposséder les Marocains, les Indo-chinois, etc. etc., par le fer et le sang. [...] Hélas ! pauvre France, jamais personne ne croit que nous allons avoir la victoire ; je t'assure que nous sommes dans une situation bien grave, mais que veux-tu, au petit bonheur la chance et tant qu'il y aura de la vie il y aura de l'espoir, car moi, je préférais vivre sous quel que soit le régime après la guerre que d'être français. [...] J'étais grand patriote, mais avec une bande de cochons que nous avons à nous gouverner on devient tout à fait anarchiste car si on avait été bien dirigé [sic] et gouvernés [sic] depuis le début, il y aurait longtemps que les boches seraient battus et que nous serions chez nous [...].

* Le caporal évoque en fait la mélinite, un produit explosif brisant à base d'acide picrique mis au point en 1885 par le chimiste Eugène Turpin.

Lettre de Cederc, caporal, 67e RI, à son père, le 12 septembre 1917 »

UN CAMION-BAZAR DANS LA SOMME.
Il témoigne des efforts des autorités militaires pour lutter contre les mercantis.

LES MERCANTIS

La présence des marchands de denrées alimentaires et de vin sur le front ne cesse de préoccuper les autorités militaires. En effet, dès les premiers mois de 1915, des mercantis plus soucieux de leurs bénéfices que du bien-être des soldats se sont installés dans les zones de repos des armées, vendant à des prix prohibitifs des marchandises à la qualité plus que douteuse. Pour lutter contre ce fléau, les autorités militaires ont imposé des « camions-bazars » sur lesquels elles peuvent exercer un contrôle. Mais malgré les efforts faits pour généraliser l'usage de ces camions-bazars, leur nombre insuffisant ne permet pas de lutter efficacement contre les mercantis qui continuent de vendre à des prix prohibitifs leurs produits aux poilus jusqu'à la fin de la guerre. ■

Berlin étudie l'appel du pape Benoît XV

Les propositions de paix du pape Benoît XV font débat à Berlin. Le cabinet, sous la présidence du Kaiser, examine la suite qu'il convient de donner à la lettre du nonce apostolique en Bavière, Eugenio Pacelli, en faveur de la paix. Dans les autres capitales, l'initiative du pape fait également l'objet de vives discussions.

HOMMAGE À LA FAYETTE. Écoliers déposant des fleurs au cimetière de Picpus sur la tombe de La Fayette, le 4 juillet 1917, jour de la célébration de l'Independence Day.

Face aux souffrances et aux pertes humaines, le Vatican a pris l'initiative de proposer sa médiation aux belligérants pour trouver une issue diplomatique à la guerre. Dans sa note envoyée aux chefs d'État dès le 1er août et rendue publique le 17 août, Benoît XV évoque le «principe de la liberté des mers», la «renonciation complète et réciproque aux indemnités de guerre» et «la pleine indépendance de la Belgique à l'égard de n'importe quelle puissance». Le souverain pontife reprend un thème déjà abordé lors des conférences pour la paix de La Haye, à savoir le désarmement des deux parties, et plus généralement demande que soit généralisé le respect des «aspirations des peuples». L'Autriche fait savoir immédiatement son intérêt. De son côté, l'Allemagne ne décourage pas le Vatican, mais Ludendorff et l'amiral Holtzendorff s'opposent à l'abandon total de la Belgique. De plus, ces derniers persuadent Guillaume II que la Grande-Bretagne, épuisée par la guerre sous-marine, serait mûre

Paris rend hommage à La Fayette

Le 6 septembre, jour anniversaire de la naissance de La Fayette, le drapeau américain est hissé au sommet de l'Hôtel de Ville de Paris. Il s'agit d'une réplique de celui qui a été arboré, également un 6 septembre, à l'Independence Hall de Philadelphie. Cet emblème, envoyé en France par le maire de cette ville, a été confectionné dans la maison historique où fut brodé le premier étendard de la Bannière étoilée. Six jeunes Françaises et sept petites Américaines ont mis en commun leurs efforts pour le réaliser. Une bande blanche, tout en haut du drapeau, porte les noms de Washington et de La Fayette. ■

SERMON

« Des catholiques pour la guerre

Très Saint Père, nous ne pouvons, pour l'instant, retenir vos appels de paix [...]. Nous ne pouvons croire à une paix de conciliation [...]. Nous sommes des fils qui disent parfois : non, non ! comme le rebelle apparent de l'Évangile.

Le père Sertillanges, église de la Madeleine, 11 décembre 1917 »

LE PAPE BENOÎT XV. Le cardinal Giacomo Della Chiesa a 60 ans quand la guerre débute. Son appel du 1er août 1917 ne fait pas l'unanimité chez les catholiques français.

pour une paix séparée. Aussi, le secrétaire d'État aux Affaires étrangères, Richard von Kühlmann, se contente d'une réponse dilatoire, non sans tenter d'entrer en relations directes avec les Anglais; lesquels s'empressent, par l'intermédiaire des Espagnols, d'avertir immédiatement leurs alliés.

Les belligérants ne sont pas prêts à faire la paix entre eux

Bien que l'appel de Benoît XV soit d'une haute élévation spirituelle – il évoque le précepte divin de la paix –, il ne peut rencontrer l'assentiment des intéressés, tous mus par des buts de guerre fondamentalement inconciliables. D'ailleurs, les dirigeants américains font savoir qu'ils n'ont aucune confiance « dans les dirigeants actuels de l'Allemagne ». Londres fait de la Belgique la pierre angulaire de toute négociation. Cette extrême méfiance qui accueille l'initiative du Vatican est partagée par une partie de l'opinon catholique française (voir le sermon ci-dessus). N'entretenant pas de relations diplomatiques avec le Vatican, la France choisit de ne pas répondre officiellement à la lettre papale. Sans doute quelque peu favorables aux Empires centraux, les efforts du pape Benoît XV – que seuls les socialistes, paradoxalement, applaudissent chaleureusement – se terminent par un échec.

Le défaitisme, voilà l'autre ennemi

L'année 1917 voit apparaître un nouveau mot pour qualifier l'ennemi intérieur. Les mutineries, des grèves sporadiques ont lézardé l'esprit d'union sacrée de la nation et de ses soldats derrière ses dirigeants. La défiance s'est installée dans le pays. Les premières arrestations des voix discordantes, celles qui appellent à la fin des combats, ont lieu à partir de l'été. Le pacifisme militant de certains, les socialistes et les anarchistes en premier lieu, est dénoncé sous le terme générique de « défaitisme » et de « trahison ». Bien que diverses, toutes les opinions qui ne s'inscrivent pas dans le soutien à l'effort de guerre et au gouvernement sont assimilées dans un grand tout, qui fait apparaître une théorie du complot antinational. Cette atmosphère qui deviendra plus prégnante au cours des deux dernières années de la guerre est illustrée par ces propos du principal intellectuel anarchiste de l'époque, Sébastien Faure, adressés à Raymond Péricat, l'un des futurs fondateurs du premier parti communiste en France : « Il est fortement question de grouper toutes les affaires de "défaitisme" et de trahison en une seule affaire qui engloberait tous les inculpés comme "agents de l'ennemi" [...] Alarmistes, Défaitistes et autres Pacifistes n'en feraient qu'une seule. »

Défaite des Italiens à Caporetto

La bataille qui débute le 24 octobre 1917 à Caporetto et qui s'achève à la fin du mois par la débâcle des troupes italiennes sous la double pression des armées allemandes et austro-hongroises restera dans l'histoire militaire de l'Italie comme une humiliation sans précédent.

À la fin de l'été 1917, la situation militaire est en train de changer. L'Allemagne, qui n'a pas apprécié les tentatives de l'empereur Charles Ier d'Autriche de se rapprocher de la France, juge le moment opportun de prêter son concours aux forces austro-hongroises pour qu'elles s'imposent à l'ouest après avoir été débarrassées à l'est de la menace russe. Le répit obtenu sur le front de la Russie en proie à la fièvre révolutionnaire lui permet désormais de détourner de précieuses divisions en direction de la frontière austro-italienne. L'Autriche procède de même en rassemblant également le meilleur de ses troupes sur l'Isonzo. Vienne et Berlin décident de lancer une offensive conjointe capable de faire plier définitivement l'Italie. De son côté, Rome refuse de renoncer à ce qu'elle a obtenu dans le cadre du traité de Londres : le sud du Tyrol jusqu'au Brenner, l'Istrie et Trieste, la Dalmatie et l'Albanie. Les possibilités d'une paix séparée n'étant pas d'actualité, la parole reste donc aux militaires.

Le plan des empires centraux

Le plan des opérations, que préparent conjointement les états-majors allemand et

BENITO MUSSOLINI EN 1917.
D'abord opposé à l'intervention de l'Italie dans le conflit, il change d'avis en 1914 et crée son journal, *Il Popolo d'Italia*, aux positions nationalistes.

La péninsule déboussolée

Au cours de l'été 1917, pour la onzième fois depuis 1915, l'Isonzo est le théâtre de nouveaux affrontements entre Italiens et troupes austro-hongroises. Et pour la onzième fois, il n'en est rien sorti. En Italie, le moral de la population ne cesse de se dégrader. Quant aux parlementaires, ils apparaissent de plus en plus neutralistes. Il est vrai que seule une faible minorité a applaudi l'entrée en guerre du pays. Le manque d'autorité et d'envergure du gouvernement du septuagénaire Boselli n'est pas de nature à redresser la situation. Par ailleurs, l'hiver 1916-1917, sans charbon ni blé, a alimenté un défaitisme ambiant. Les ouvriers des usines de guerre acceptent de moins en moins les restrictions dues au conflit, et les grèves se multiplient, de même que les désertions. C'est dans ce climat qu'un caporal de réserve des *bersaglieri*, Benito Mussolini, commence à inquiéter le commandement. ■

austro-hongrois, est mis au point au début du mois de septembre 1917. Vienne et Berlin estiment qu'il est possible d'enfoncer les lignes italiennes sur l'Isonzo en conduisant une offensive rapide en direction d'Udine, laquelle aurait pour effet d'obliger l'adversaire à opérer une retraite générale. Le général allemand Ludendorff décide de concentrer ses troupes dans la région de Tolmino, une vallée encaissée entre des parois rocheuses hautes de 1 200 à 1 800 m et contrôlée par l'artillerie italienne, dont les pièces se trouvent déployées dans les nombreuses cavernes qui émaillent les escarpements du Stolrücken. Un plan audacieux car il choisit de porter le gros de son effort dans un des secteurs du front les plus accidentés alors que toutes les offensives précédentes se sont soldées par des échecs. En septembre, Ludendorff envoie l'ancien commandant du corps alpin allemand, von Delmensingen, reconnaître le front de l'Isonzo. Parallèlement, sept divisions allemandes, avec le corps alpin, sont rassemblées en hâte pour former, avec huit autres divisions autrichiennes, la XIVe armée allemande aux ordres du général von Below. Les troupes de Below sont réparties en quatre groupements : Krauss, Stein, Berrer, Scotti. À leur gauche et à leur droite, les armées autrichiennes de Krobatin et de Boroevic sont chargées des opérations de diversion.

AFFICHE APPELANT À LA MOBILISATION.
«Le canon est aussi saint que la charrue. L'un fait naître et grandir la civilisation dans le creux des sillons et l'autre dans les rangs des barbares.»

Le contre-plan italien

Du côté italien, où les préparatifs en cours n'ont pas échappé à l'état-major, on s'apprête à recevoir le choc. Prévenu au cours de la première quinzaine du mois d'octobre par des déserteurs tchèques, le général Cadorna compte essentiellement sur la puissance de feu de l'artillerie pour arrêter l'ennemi. Ce faisant, il renonce à toute idée de manœuvre, ce qui provoque des frictions avec le général Capello, commandant de la IIe armée. Ce dernier estime en effet que l'effort principal des Allemands se portera dans la région de Tolmino, où la médiocrité des tranchées ne cesse de l'inquiéter. Mais Cadorna s'en tient à son plan, négligeant ainsi le mauvais état, pourtant patent, des liaisons entre l'infanterie et l'artillerie.

Le choc et la déroute

Prévue pour le 22 octobre, l'attaque est repoussée au 24 octobre en raison du temps exécrable. Après six heures de bombardement, dont quatre par obus à gaz, l'infanterie allemande se rue avec ses lance-flammes sur les points d'appui italiens établis dans les vallées. En négligeant les sommets et les flancs, qui, débordés et encerclés, sont abandonnés à des troupes de deuxième échelon, elle conquiert d'emblée les organisations de l'arrière et les positions d'artillerie de

›››

DÉFAITE DES ITALIENS À CAPORETTO

››› l'ennemi. Aveuglés par les obus asphyxiants et rapidement coupés de leurs soutiens, les Italiens renoncent à se défendre. À 15 h, Caporetto est dépassé par la 12e division du groupe Stein, qui se trouve dans la soirée à 28 km à l'intérieur des lignes italiennes. La brèche est dès lors irréparable. Le dispositif italien se disloque totalement et l'enroulement cher à Ludendorff s'exécute dès le lendemain, semant la panique au sein des unités italiennes. Le commandement tente de ramener en arrière les unités qui se trouvent ainsi débordées. Mais rien ne se passe conformément au «manuel».

UN OFFICIER ALLEMAND INSPECTE UNE PIÈCE D'ARTILLERIE NAVALE ITALIENNE À CAPORETTO. Dans leur retraite, les Italiens abandonnent à l'ennemi quelque 3 200 canons, 300 000 fusils et 3 000 mitrailleuses.

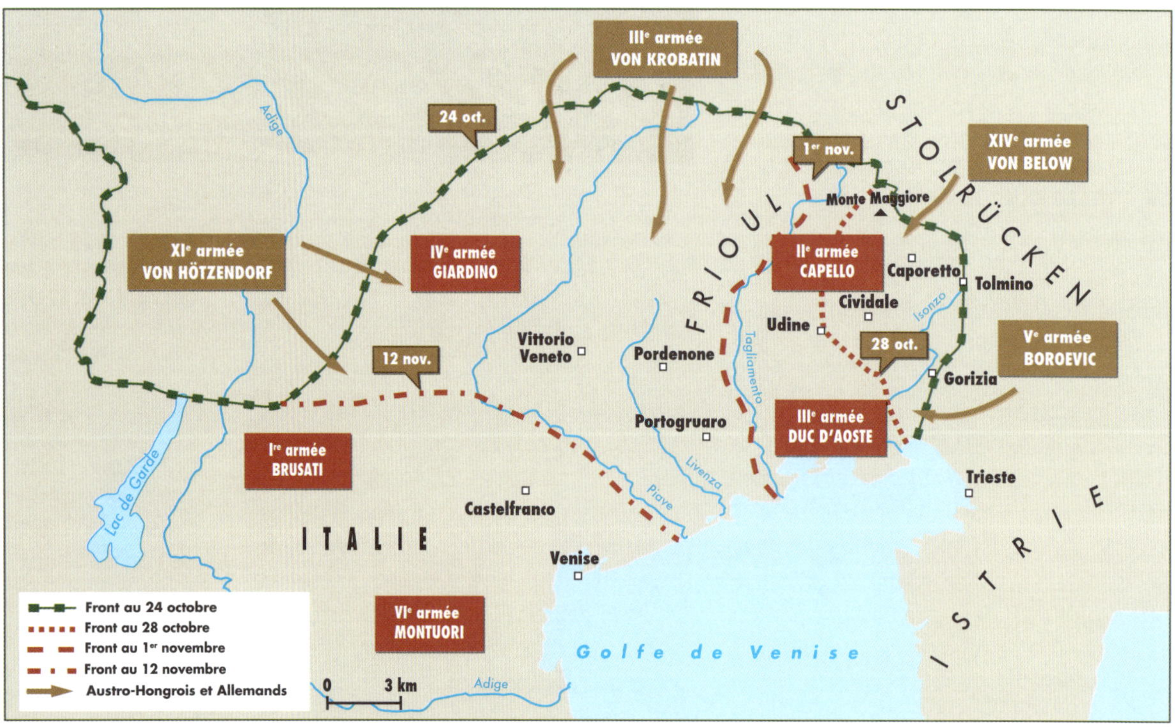

LE DRAME DE CAPORETTO. La défaite de Caporetto se transforme en catastrophe pour l'armée italienne. Les hommes de Cadorna cèdent et doivent se replier sur le Piave.

Désertions et scènes de panique

Des divisions complètes, avec leur artillerie et tout leur train d'équipement, tombent aux mains de l'ennemi. Très vite, il apparaît que les soldats échappent au contrôle de leurs officiers. Des témoins feront état de scènes inédites qui voient des hommes jeter leurs armes, certains au cri de «Vive l'Autriche!». La Justice aux armées essaie de réagir, fusillant les officiers fuyards, sans parvenir à enrayer la déroute. Le sentiment d'écrasement est tel que beaucoup pensent que la guerre est finie... et perdue. Les abandons de postes se multiplient et les déserteurs se ruent par milliers vers la plaine du Pô. Quatre jours après le début de l'offensive austro-allemande, la IIe armée a cessé d'exister. Aussitôt, Capello est relevé de son commandement au profit du général Montuori. Cadorna s'obstine toutefois à fixer comme ligne de défense la ligne d'arrêt qu'il a choisie sans se rendre compte que tous les points forts ont déjà sauté au nord. Les 26 et 27 octobre, alors que les Austro-Allemands débouchent sur la plaine en direction d'Udine, la IIIe armée du duc d'Aoste se replie sur le Tagliamento en crue dont les berges sont encombrées par une marée de fuyards. C'est le chaos. Le Frioul est envahi, Cividale est pris. Udine, où Cadorna a installé son quartier général, tombe le 28 octobre. Bien maigre consolation, le général von Berrer est tué au moment où il franchit les portes de la ville. Le général Cadorna évoquera la déroute en ces termes : «Ça n'a pas été une bataille, cela a été une grève militaire. L'armée a été vaincue non par l'ennemi extérieur, mais par l'ennemi intérieur.» En établissant un nouveau front sur le Piave, la guerre prend pour la première fois depuis l'entrée en guerre de l'Italie un sens patriotique et défensif aux yeux du peuple italien. Il faudra attendre octobre 1918 pour que ce nouvel élan trouve à s'incarner victorieusement sur le terrain.

325 000
Nombre d'Italiens faits prisonniers.

110 000
Pertes italiennes.

TÉMOIGNAGE

« Humiliation !

Ne vous croyez pas engagé, maintenant il n'y a plus qu'un chaotique flot d'hommes, de voitures, de canons, le long des routes inondées de boue qui conduisent aux ponts du Tagliamento. Avec les régiments qui se retirent en ordre, silencieux, lourds d'amertume et d'humiliation, font un triste contraste les bandes en déroute qui ont perdu toute discipline et qui chantent la paix en criant à la trahison. À la vision lamentable de l'armée qui s'effondre s'ajoute le spectacle poignant des populations qui fuient devant l'envahisseur [...]. La plaine du Frioul rougeoie d'incendies, retentit du tonnerre des mines : les ponts, les dépôts, les magasins, les poudrières, tout est livré aux flammes.

Un témoin de la débâcle de Caporetto »

I DEPUTATI AL PAESE

Italiani,

Dure vicende di guerra hanno permesso al nemico di calpestare l'estremo lembo del suolo d'Italia.

Rappresentanti della Nazione, mandiamo il nostro primo saluto alle popolazioni Venete, mirabili nel loro storico patriottismo, sublimi nel sopportare le immeritate sventure.

Esce dai loro cuori un solo grido: Salvate la Patria! Scacciate lo straniero dalla nostra terra profanata!

Questo grido di angoscia fidente, che ha trovato già ecò nell'animo dei nostri leali e potenti Alleati, sia guida e legge a noi, Esercito, Parlamento, Governo. Ogni cittadino che non rinneghi la Madre adempia il dovere che gli è imposto dall'ora solenne; consideri i danni degli abbattimenti e delle discordie. Nè le sostanze, nè le vite sarebbero sicure nella Patria soggetta, come la triste storia di questa guerra insegna.

Risponda al nostro appello fraterno la solidarietà di tutti gli Italiani: risponda il popolo dei campi e delle officine. Le sue legittime ascensioni troverebbero nella sconfitta e nella servitù fatali impedimenti.

Sopito ogni dissenso, riprendiamo con rinnovata fede le tradizioni dei nostri padri; rievochiamo i giorni gloriosi del risorgimento nazionale, quando, per compiere l'unità della Patria, Vittorio Emanuele Re e Garibaldi, Capitano del popolo, si unirono nella volontà e nell'azione, e tutti gli onesti convincimenti si confusero in un solo palpito, in un solo pensiero.

L'Italia non può essere vinta; essa deve continuare nel mondo la sua missione di civiltà.

PROCLAMATION SOLENNELLE DES DÉPUTÉS ITALIENS. Après Caporetto, les députés italiens appellent à l'unité de la nation, et, devant l'avancée austro-hongroise, qui a «profané» le sol de la patrie, ils assurent en conclusion que «l'Italie ne peut être vaincue; et qu'elle doit poursuivre dans le monde sa mission civilisatrice».

Poincaré appelle Clemenceau

«La guerre, rien que la guerre». En nommant Clemenceau à la tête du gouvernement, le président Poincaré réussit à redonner espoir à un pays qui n'a plus le sentiment d'être gouverné et ne voit donc pas la fin de la guerre, encore moins la victoire.

Tout au long de l'année 1917, l'opinion publique oscille entre lassitude et colère à l'égard de la classe politique et plus particulièrement du gouvernement. L'échec de l'offensive prônée par le général Nivelle dans la désastreuse offensive du Chemin des Dames a marqué les esprits et il apparaît au président Poincaré qu'il est temps de renouveler le Conseil. Selon lui, les membres du gouvernement sont usés. Ribot (président du Conseil) s'abîme dans un silence un peu sénile, Viviani (Justice) est enclin à la neurasthénie, Painlevé (Guerre) se comporte «plus en Girondin qu'en Montagnard». Mais qui choisir pour diriger le nouvel exécutif?

CLEMENCEAU SUR LE FRONT. De lui-même, il dira : «Il y a en moi un mélange d'anarchiste et de conservateur dans des proportions qui restent à déterminer.»

Clemenceau plutôt que Caillaux

Poincaré, qui bénéficie toujours d'une renommée teintée de respect, veut appeler un homme d'autorité. L'ancien président du Conseil et ministre des Finances Joseph Caillaux ne cache pas ses ambitions, mais le président le soupçonne de pencher vers un neutralisme diffus. Après avoir beaucoup consulté les hommes politiques, son

TÉMOIGNAGE

« En accord avec l'opinion publique

Clemenceau me paraît, en ce moment, désigné par l'opinion publique, parce qu'il veut aller jusqu'au bout de la guerre et dans les affaires judiciaires, et que je n'ai pas le droit, dans ces conditions, de l'écarter à cause de son attitude envers moi.

Poincaré, note du 18 octobre 1917 »

choix se porte sur Georges Clemenceau. Personne n'ignore que l'homme est un patriote fervent animé d'un désir absolu de la victoire. En nommant Clemenceau, Poincaré fait montre de sa force d'âme, de son abnégation. En effet, depuis trois ans, dans son organe de presse, *L'Homme enchaîné*, Clemenceau n'a cessé de l'attaquer presque quotidiennement.

Un large soutien populaire

Aussitôt à la tête du gouvernement, Clemenceau affirme sa volonté de n'être dépendant de personne : il prend ses distances avec l'Élysée, les partis et le Parlement. Se présentant devant ce dernier le 20 novembre, il affirme : « La guerre, rien que la guerre. » Il ajoute lors d'une autre intervention : « Le pays connaîtra qu'il est défendu. Nos armées ne seront pas prises entre deux feux. Ni trahison, ni demi-trahison [...]. La justice passe. » En effet, au désir d'étouffement de ses prédécesseurs, il oppose la volonté politique de briser dans l'œuf toute velléité de paix de compromis. Pour mener sa politique, il constitue un solide cabinet ministériel à deux niveaux : un petit cabinet civil dirigé par Georges Mandel, chargé de la censure; un imposant cabinet militaire, dirigé par le général Mordacq. Sur quatorze ministres, on compte neuf radicaux-socialistes et, sur neuf sous-secrétaires d'État, six sont de son bord. Enfin, il garde pour lui le ministère de la Guerre. Le nouveau gouvernement est aussitôt bien accueilli par l'opinion publique. Un accueil auquel fait écho la presse. Bien qu'il ait fait la part belle à la gauche, Clemenceau est soutenu par la droite. *L'Écho de Paris, Le Figaro, Le Gaulois* « roulent » pour lui. *L'Action française,* d'abord réticente, finit par se rallier. *Le Petit Parisien* lui est entièrement acquis. Même *Le Matin,* pourtant proche d'Aristide Briand, se montre favorable. Il suffit de quelques jours pour que l'arrivée de Clemenceau ait un effet saisissant que les contemporains ont perçu immédiatement, d'abord les civils, puis, peu à peu, les militaires. Tout d'un coup, les Français se sentent commandés. ●

La méthode Pétain à la Malmaison

Le général Pétain s'est attelé à une tâche ardue : mobiliser les énergies après l'affaire du Chemin des Dames et montrer aux Anglais que l'armée française n'a rien perdu de sa valeur combative. C'est en ce sens qu'il lance, le 24 octobre, une offensive au fort de la Malmaison, qui domine la ville de Laon. Menée sur 18 kilomètres de front par la VIe armée, celle-là même qui a été durement éprouvée en mai, elle donne des résultats significatifs qui illustrent la « méthode Pétain » : le souci des hommes, l'emploi en grand nombre d'avions et de chars, une intense préparation d'artillerie et, surtout, l'arrêt des opérations une fois le résultat atteint. L'angle nord-ouest du Chemin des Dames est reconquis, autour de la Malmaison – soit un gain de quelques dizaines de kilomètres carrés. Les Allemands perdent 50 000 hommes, dont 15 000 prisonniers, 200 canons et 720 mitrailleuses, alors que les pertes françaises font état de 2 241 tués. Les soldats connaissent de nouveau l'ivresse de la victoire. Mais il s'agit là d'une offensive localisée et Pétain sait mieux que quiconque qu'il ne pourra vaincre avec un « instrument » qui ne peut plus accroître ses effectifs. ■

LA CARTE DU PAIN

Entrée en vigueur sur le territoire français en octobre 1917, la carte du pain, ou carnet, est valable pour une famille. Elle permet d'obtenir chez un même boulanger 500 grammes par jour pour les adultes, 300 pour les enfants au-dessous de six ans, 30 pour les enfants de moins de trois ans. Une portion de 200 grammes est accordée sur demande motivée et peut être encore augmentée de 200 grammes pour toute personne exerçant une profession active. La consommation d'un jour ne peut être reportée sur un autre jour. Dans les hôtels et les restaurants, le pain doit être compté à part et n'être servi que par tranche au prix de 5 centimes chacune. ■

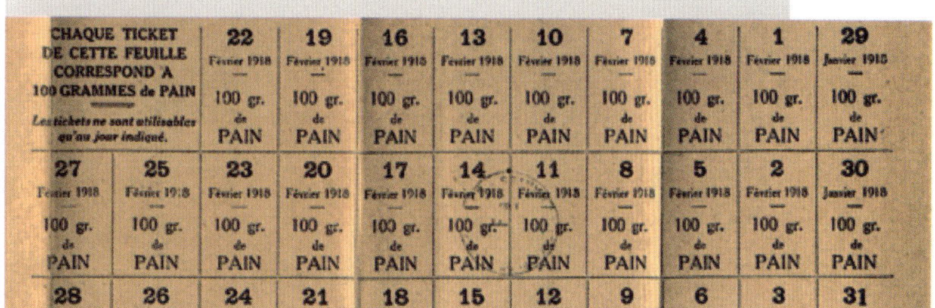

La bataille de Cambrai

Engagement massif de blindés, la bataille de Messines trouve un prolongement inattendu en Artois où les Britanniques engagent une nouvelle bataille de chars qui, à défaut de gains territoriaux, interdit aux Allemands toute offensive d'envergure sur le front français.

Malgré le sacrifice des troupes britanniques, la bataille d'Ypres, qui s'est achevée le 6 novembre, ne peut entraîner aucune décision stratégique. Aussi, Douglas Haig va mettre à profit la concentration des troupes allemandes dans les Flandres pour lancer une opération en Artois. C'est sur Cambrai qu'il entend donner la IIIe armée. Son choix se porte sur la cité drapière car il n'ignore pas que les Allemands, confiants dans la robustesse de la position Siegfried – où ils se sont repliés en mars –, ne disposent dans ce secteur que d'effectifs réduits. Haig estime pouvoir compter sur un délai de 48 heures avant que l'adversaire ne puisse rameuter des renforts. L'attaque étant adossée à l'effet de surprise, aucune préparation d'artillerie n'est prévue. C'est à une masse de blindés – 378 « Mark IV » – lancée sur un front de 12 kilomètres qu'est assignée la rupture. Une fois celle-ci obtenue, la voie doit être ouverte à six divisions d'infanterie et à trois divisions de cavalerie de la IIIe armée Byng (Canadiens).

CAMBRAI N'EST PAS LIBÉRÉ.
Après avoir avancé jusqu'à proximité de Cambrai, les Anglais doivent reculer.

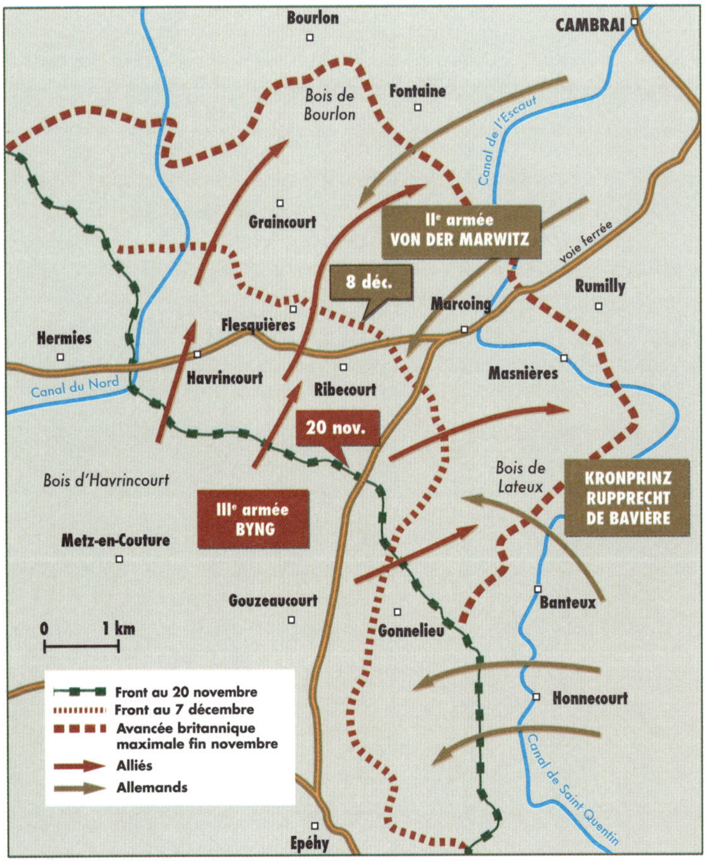

Une offensive pour rien ?

Le 20 novembre, à 6 h 20, le Royal Tank, appuyé par un barrage d'artillerie, se met en mouvement et aborde les retranchements en béton de la première position allemande protégée par un réseau très dense de barbelés. Toutefois, rien ne peut entraver la poussée des chars qui délogent les défenseurs de la IIe armée allemande aux ordres du général von der Marwitz. On progresse ainsi jusqu'à la nuit au prix de seize chars perdus. Les fantassins s'emparent du pont sur l'Escaut et, à 20 h, une percée de 7 kilomètres sur 12 est opérée. Le lendemain, les Britanniques réussissent à s'emparer de quelques villages, mais l'ennemi contre-attaque et les équipages de chars, épuisés, ne peuvent pousser plus avant. Dans la nuit du 21 au 22 novembre, les renforts allemands tant redoutés se présentent sous la forme de trois divisions. Les Britanniques

UNE TRANCHÉE BRITANNIQUE EN ARTOIS.
Ces soldats du Royal Inniskilling Fusiliers, un régiment composé d'Irlandais, attendent de monter au front, appuyés par les chars du Royal Tank.

réussissent néanmoins à les stopper et une bataille d'usure s'engage, se prolongeant jusqu'au 27 novembre. Trois jours plus tard, von der Marwitz lance deux divisions dans une contre-offensive en règle menée par des sections d'assaut. Ces groupes mettent en œuvre des tactiques d'infiltration afin de déceler et d'exploiter les points faibles des lignes britanniques. Les hommes du général Haig sont rapidement débordés par l'attaque allemande brillamment organisée et doivent se replier en désordre. Le 8 décembre, à la fin de la bataille, les Britanniques ont perdu la plupart des positions conquises. À la veille de Noël, le bilan de la campagne britannique sur le front français, à l'exception d'Ypres totalement dégagé, apparaît assez maigre. Il reste que Ludendorff, contraint d'accumuler ses réserves dans les Flandres, a été obligé de renoncer à toute offensive d'envergure sur le front français, alors très fragile. Pétain met à profit ce répit pour réorganiser ses forces tandis que la « diversion » de Cambrai permet aux Américains du général Pershing de prendre contact avec les états-majors alliés et d'installer leurs bases et leurs premiers camps d'instruction. ●

44 000
Pertes britanniques contre 45 000 dans les rangs allemands.

L'explosion des maladies vénériennes

À la faveur de la guerre, les maladies vénériennes provoquent à Paris et dans tout le pays de sévères ravages. Des prostituées, expulsées de Belgique par les Allemands, ont fui en France. Des militaires, même mariés, cohabitent avec des maîtresses près des lieux de repos et de cantonnement. En 1917, la diffusion des maladies vénériennes, notamment la syphilis, a pris un tour inquiétant. Villes, campagnes, zones des armées sont infectées. La troupe est touchée, mais aussi – et davantage – la population civile. En 1917, plus de 60 000 soldats sont malades de syphilis ou de blennorragie (plus de 200 000 depuis le début de la guerre). L'affaire est prise au sérieux et, du GQG, le major général Janin adresse aux généraux et aux médecins une circulaire sur les « dangers qui menacent la paix des foyers, l'avenir des familles et la vigueur de la race ». Pour combattre ce fléau, des centres mixtes de « dermato-vénérologie » voient le jour dans chacune des dix-neuf régions militaires. ■

Jérusalem aux mains des Britanniques

Avec la perte de la Ville sainte de Jérusalem, c'est la défaite des Turcs en Palestine qui est consommée. Cette victoire améliore considérablement le moral des Alliés après la défaite italienne à Caporetto et la chute du tsar Nicolas II.

L'attaque en direction de Jérusalem, qui intervient après la prise de Beersheba le 31 octobre, débute aux premiers jours de novembre. Précédée par une violente préparation d'artillerie s'appuyant sur plus de 200 pièces, cette offensive bénéficie du soutien d'une importante force aérienne et de l'appui des canons d'une escadre franco-anglaise. Les raids des avions sèment la panique dans les rangs adverses alors que le général Edmund Allenby conduit ses troupes vers Jérusalem en traversant les collines de Judée. Le 17 novembre, Jaffa est conquis. Dès le 3 décembre, les Turcs se retrouvent dans une impasse. Cinq jours plus tard, les hommes d'Allenby, progressant sous le couvert du brouillard et de la pluie – la boue compliquant particulièrement les conditions de transport –, se portent à l'ouest de Jérusalem. Malgré un terrain rocailleux et la fatigue des troupes, les Britanniques pénètrent dans la ville le 9 décembre. Comme les unités du général Allenby ont reçu l'ordre de respecter

Une institutrice pacifiste condamnée, Hélène Brion

Le 17 novembre 1917, une institutrice de 35 ans, Hélène Brion, est arrêtée après qu'en juillet, lors d'une perquisition à son domicile, ont été trouvés des tracts pacifistes, des brochures et des papillons à apposer sur les murs. Elle devient vite le symbole de la revendication pacifiste. Secrétaire adjointe du Syndicat des instituteurs, elle occupe à partir d'août 1914 la fonction de secrétaire générale. Un an après le début de la guerre, elle délaisse l'idée de « guerre juste », et embrasse la cause pacifiste. Elle se fait propagandiste en apposant des petits papillons sur les murs : « Assez d'hommes tués ! » « La paix » ou encore « Les femmes veulent leur droit et la paix ». En 1916, elle adhère aux idées défendues à Zimmerwald et par le Comité pour la reprise des relations internationales (CRRI). En novembre, elle est accusée d'avoir transgressé la loi du 5 août 1914 interdisant la publication ou la circulation de propagande sur la voie publique. À l'issue de son procès devant le conseil de guerre, en mars 1918, elle sera condamnée à trois ans de prison avec sursis. Elle a bénéficié du soutien des féministes et des socialistes et son procès est l'occasion de la défense du pacifisme et du féminisme. ■

ÉDITIONS DE "L'AVENIR SOCIAL"

Épône (S.-&-O.)

LES FEMMES DANS LA MÊLÉE

HÉLÈNE BRION

INSTITUTRICE

Secrétaire de la Fédération des syndicats d'Institutrices et d'Instituteurs de France et des Colonies ; — Secrétaire de l'Orphelinat Ouvrier « L'Avenir Social » d'Épône ; — Membre du Comité Confédéral de la C.G.T. ; — du Parti Socialiste unifié ; — du Comité d'Action et de plusieurs Sociétés Féministes.

Hélène BRION est une des activités féminines les plus agissantes de notre temps. Syndicaliste convaincue elle est l'une des plus vivantes figures du Prolétariat qui pense et lutte pour sa libération. Féministe ardente, c'est la cause de l'humble prolétarienne qui l'intéresse par dessus tout. C'est un cœur généreux qui souffre avec toutes les souffrances humaines, et que révoltent toutes les laideurs morales. Nature d'apôtre, elle a mis sa vie au service de ses idées.

Hélène BRION a été arrêtée le samedi 17 novembre, sous l'inculpation de propagande pacifiste.

Son arrestation est un défi porté à la Liberté d'Opinion, l'une des libertés les plus essentiellement françaises. Elle ne manquera pas d'affecter tous ceux qui pensent que la France se doit à elle-même de conserver et de maintenir dans son intégralité une Liberté chèrement conquise par nos pères.

Novembre 1917.

le caractère sacré de la Ville sainte, ce dernier est entré à pied. Au côté du général anglais, on peut reconnaître la silhouette du jeune Lawrence qui, pour l'occasion, a troqué ses vêtements arabes contre une impeccable tenue de major britannique. Deux semaines plus tard, les Turcs tenteront en vain de reprendre Jérusalem. ●

ENTRÉE DES TROUPES BRITANNIQUES À JAFFA. Après la prise de Beersheba, les troupes du général Allenby s'emparent de Jaffa le 17 novembre, ultime étape avant l'assaut final contre Jérusalem.

La déclaration de lord Arthur Balfour

Le 2 novembre, afin d'appuyer son action sur la Palestine, le cabinet de Londres, qui entend jouer la carte sioniste autant que la carte arabe, publie une déclaration destinée à avoir une notoriété qui dépasse les ans. Celle-ci affirme sa volonté de créer après la guerre «un foyer national juif» en Palestine. Le pouvoir britannique s'engage à employer «tous ses efforts pour faciliter la réalisation de cet objectif, étant clairement entendu que rien ne sera fait qui puisse porter atteinte aux droits civils et religieux des collectivités non juives existant en Palestine». Cette lettre ouverte n'a pour les Britanniques d'autre intérêt que de rassurer les juifs américains, plus enclins à soutenir les puissances centrales qu'une alliance où figurait la Russie au passé récent lourdement antisémite. ■

15 DÉCEMBRE 1917

Armistice germano-russe à Brest-Litovsk

Après la prise du pouvoir par le parti bolchevik en octobre, le gouvernement allemand espère que le nouveau maître de la Russie, Lénine, qu'il a autorisé, le 25 mars, à passer à travers l'Allemagne pour rejoindre son pays, appliquera son mot d'ordre : la paix immédiate.

Très vite, Berlin envisage deux cas de figure : soit l'Allemagne est incapable de gagner la guerre en 1917 et il faut s'entendre avec les modérés de Petrograd – dans ce cas, il importe de limiter les buts de guerre et de les rendre acceptables à un gouvernement dont, par ailleurs, la longévité n'apparaît pas certaine; soit, comme l'affirment les militaires, l'Allemagne est capable de continuer la guerre jusqu'à l'automne et, dans ce cas, il est nécessaire de favoriser les éléments les plus extrémistes et « créer en Russie le chaos le plus formidable » susceptible d'abolir le fondement même de la puissance russe. Finalement, le texte qui est proposé à Petrograd porte la marque des militaires. Ses dispositions principales prévoient un armistice provisoire de trois à quatre semaines, ainsi qu'un soutien financier de Berlin à la reconstruction de la Russie. De plus, le projet mentionne l'autonomie de la Pologne sous contrôle allemand et des « rectifications de frontière » en Lituanie et en Courlande. C'est avec un

SCÈNES DE FRATERNISATION ENTRE SOLDATS ET OUVRIERS EN MARS 1917. Les dépôts de la garde, composés de vieux réservistes, et des sous-officiers fraternisent avec les ouvriers derrière une pancarte réclamant «Liberté, égalité et fraternité».

LES DÉLÉGATIONS QUI ONT PARTICIPÉ AUX NÉGOCIATIONS DE L'ARMISTICE. On reconnaît notamment Kamenev (1), beau-frère de Trotski, Joffé, président de la délégation russe (2), von Merey, ambassadeur d'Autriche-Hongrie (9), le général Hoffmann, chef d'état-major de la délégation allemande (11).

tel programme en tête que, au début de décembre, à Brest-Litovsk, les négociateurs des Empires centraux reçoivent, au quartier général du haut commandement de l'Est, les représentants de celui qui est désormais détenteur du pouvoir à Petrograd, Lénine (arrivé en Russie le 16 avril). Le 15 décembre, l'atmosphère est tout d'abord cordiale – on dîne ensemble, on porte d'interminables toasts –, mais les Russes doivent vite déchanter : contrairement à ce qu'ils souhaitent, les troupes allemandes resteront à Riga et se maintiendront dans les îles de Dagö et d'Oesel, qu'elles ont occupées en octobre à l'issue de l'opération Albion et qui commandent l'entrée du golfe de Finlande, au bout duquel se trouve Petrograd. Les négociations de paix s'annoncent difficiles (voir 3 mars 1918). ●

COURRIER

« Fêter Noël au front

Le jour de Noël, les Allemands nous ont fait signe et nous ont fait savoir qu'ils voulaient nous parler. C'est moi qui me suis rendu à trois ou quatre mètres de leur tranchée d'où ils étaient sortis pour leur parler [...]. C'était le jour de Noël, jour de fête, et ils demandaient qu'on ne tire aucun coup de fusil pendant le jour et la nuit. Ils étaient fatigués de faire la guerre, disaient-ils, étaient mariés comme moi (ils avaient vu ma bague), n'en voulaient pas aux Français. Ils me passèrent un paquet de cigares, une boîte de cigarettes bouts dorés, je leur glissai *Le Petit Parisien* en échange d'un journal allemand et je rentrai dans la tranchée française où je fus vite dévalisé de mon tabac. Le lendemain, ils purent s'apercevoir que ce n'était plus Noël, l'artillerie leur envoya quelques obus bien sentis en plein dans leur tranchée.

Lettre d'un instituteur à sa famille, 28 décembre »

Les Français et la révolution russe

Au lendemain de l'abdication de Nicolas II, le 15 mars 1917, l'opinion française apparaît plutôt favorable à un changement qu'elle considère comme bénéfique. Certes, il existe alors des sympathies pour le tsar, mais elles ne devaient pas tenir bien longtemps devant ce qui était une redoutable illusion : enfin, la Russie devenait une république libérale. De nombreux hommes politiques et bien des journalistes pensaient que le moral de l'armée russe s'en trouverait stimulé. Clemenceau, Alexandre Ribot, successeur de Briand à la présidence du Conseil, Albert Thomas, socialiste et ministre de l'Armement, sont optimistes. En revanche, le président de la République, Raymond Poincaré, se montre beaucoup plus sceptique : « La Russie oublie de plus en plus la guerre pour ne songer qu'à la révolution. » L'armistice de Brest-Litovsk vient de lui donner raison. ■

Des Alliés renforcés et des Allemands soulagés

Hormis les chocs militaires, les deux grands événements de 1917 ont été l'arrivée des Américains au côté de l'Entente et la dislocation de la Russie. Les Alliés misent sur les premiers pour triompher ; l'Allemagne espère ne plus se battre que sur un seul front, à l'ouest.

En Russie, le gouvernement, dès lors qu'il a signé l'armistice à Brest-Litovsk, sait qu'il a acquis une des revendications essentielles des masses ouvrières et paysannes. Depuis la révolution d'octobre, il n'envisage en aucun cas la reprise des hostilités et s'engage sur la voie de la démobilisation. Le commandement allemand, auquel tout cela n'a pas échappé, a prouvé qu'il était en mesure de réaliser la « rupture ». Mais, pour autant, il n'a pas obtenu la « décision ». Pour vaincre, il lui manque, selon son aveu, environ 200 000 hommes. Et surtout, se pose la question du temps. Il a lui-même confessé que compte tenu de l'arrivée des forces américaines, il devait vaincre rapidement. Quoi qu'il en soit, les autorités militaires, Ludendorff en tête, n'ont cessé d'affirmer au Kaiser que l'Allemagne serait en mesure de « dicter la paix ». Cette conviction tranche avec l'attitude de certains milieux militaires les plus élevés. Dans ces cercles, on pense – et parfois on se risque à le dire – qu'il n'est plus possible d'obtenir la victoire et qu'il y a urgence à négocier. Le secrétaire d'État aux Affaires étrangères, Richard von Kühlmann, s'en fait l'écho. Pour sa part, il entend essayer d'engager une négociation avec la Grande-Bretagne, sur la base du *statu quo ante* à l'ouest, c'est-à-dire en renonçant à obtenir des garanties en Belgique. Afin de préparer l'opinion publique à une paix de compromis avec Londres, il déclare au Reichstag : « On ne peut guère compter qu'une solution absolue soit arrachée par des décisions militaires seules, sans négociations diplomatiques. » Une déclaration qui soulève de violentes protestations de Ludendorff et d'Hindenburg, qui s'étonnent de voir un ministre douter de la victoire. Kühlmann doit démissionner. D'ailleurs, en octobre 1917, toutes les démarches de paix cessent. Ce qui a pour effet de revitaliser la solidarité austro-allemande. De plus, l'empereur

480 000
Estimation des pertes françaises entre avril et décembre 1917 sur le front ouest.

LA TRANSMISSION PAR LE SOL

Au front, les rares lignes téléphoniques et les postes de TSF, plus rares encore, entre les différents échelons de commandement étaient extrêmement vulnérables (coupures par bombardement, par exemple). Pour y parer, la « transmission par le sol » ou TPS apparut en 1917. Exploitant la conductibilité électrique du sol, la portée de ce système était d'environ 3 km. L'émetteur injecte dans le sol, entre deux piquets métalliques distants d'une centaine de mètres, un « courant vibré » commandé par le manipulateur de signaux Morse. La réception s'effectue entre deux autres piquets métalliques fichés dans le sol, distants d'une centaine de mètres. Extrêmement faible, le signal capté entre ces piquets doit être amplifié avant d'être transmis au casque d'écoute. ■

MOBILISATION DE LA MAIN D'ŒUVRE FÉMININE. En France, mais aussi chez tous les belligérants, les femmes sont mobilisées en faveur de l'effort de guerre.

Charles Ier fait montre d'une confiance retrouvée depuis la révolution russe.

Dans les pays de l'Entente

En France et en Grande-Bretagne, deux pays où les revers militaires ont suscité dans l'opinion un court fléchissement, la crise morale a été surmontée grâce à la fermeté des gouvernements. Ainsi, Lloyd George n'a pas suivi l'opposition quand elle a demandé la constitution d'une commission d'enquête. Pour le Premier ministre britannique, il est hors de question que la Chambre des communes s'engage dans des «controverses paralysantes». Clemenceau a montré la même fermeté lorsqu'une partie de la Chambre des députés a réclamé des sanctions contre les généraux responsables des échecs répétés en Champagne et en Flandres. Pour le «Tigre», il n'était même pas envisageable de leur demander des «explications». Finalement, à Londres l'opposition n'aura obtenu qu'un tiers des voix; à Paris, elle n'en aura même pas atteint le quart. En Italie, après le désastre de Caporetto, en novembre, l'armée a réussi à se rétablir sur le Piave aidée par des troupes françaises et anglaises. Certes, elle a évité le pire, mais elle se trouve hors d'état de prendre part à des opérations offensives. Tout indique d'ailleurs que, en cas de défaite des Empires centraux, elle sera le parent pauvre de la victoire. Celle-ci reste pourtant largement subordonnée à l'engagement des États-Unis. En déclarant la guerre à l'Allemagne, l'Amérique a rompu l'équilibre des forces. Mais elle ne pourra pas faire sentir le poids de sa puissance avant le printemps 1918. La question qui se pose à l'Entente est d'une cruelle simplicité : comment tenir jusqu'à ce que la défection de la Russie soit compensée par l'apport des Américains ?

818 000
Estimation des pertes allemandes entre avril et décembre 1917 sur le front ouest.

749 000
Estimation des pertes britanniques entre avril et décembre 1917 sur le front ouest.

1918

L'inéluctable armistice

Lorsqu'il succède à Falkenhayn, Ludendorff a pour unique objectif d'obtenir l'avantage décisif en France. Il lui faut toutefois prendre de vitesse les Alliés avant l'engagement des troupes américaines, qui ont commencé à débarquer en juin 1917. Il en découle également la nécessité de contraindre au plus vite les Russes à donner un caractère définitif à l'armistice de Brest-Litovsk, c'est-à-dire à signer un traité de paix. Toutefois, le *« Nach Paris »* (« À Paris ! ») de 1918 ne soulèvera pas dans la population outre-Rhin le même enthousiasme que celui de 1914. Dominés sur le plan matériel et également sur le plan numérique,

LA VICTOIRE DES ALLIÉS

les Allemands se heurtent à la contre-offensive de Foch en Champagne et en Picardie. Dès lors, l'issue de la guerre ne fait plus de doute : les Alliés parviennent même à ouvrir un nouveau front en Sibérie, fixant ainsi les unités allemandes encore présentes en Russie. De leur côté, les Britanniques écrasent les Ottomans en Palestine. À partir de la fin septembre, la Quadruplice se brise : Bulgares, puis Turcs et Autrichiens capitulent. Le 11 novembre, l'Allemagne signe l'armistice.

Les quatorze points du président Wilson

Après avoir choisi de rejoindre le camp de l'Entente, le président des États-Unis, Woodrow Wilson, propose de bâtir une paix universelle afin de dépasser les sentiments de revanche et de vengeance.

L'armistice russo-allemand de Brest-Litovsk, conclu en décembre 1917, a ouvert les yeux des Alliés sur les conséquences de la révolution en cours à Petrograd. En lançant le 22 décembre un appel à la réconciliation de tous les peuples, Lénine a créé une situation dont les États-Unis s'empressent de suivre l'exemple. D'ailleurs, le président Wilson n'est pas pris de court. En effet, dès septembre 1917, il a confié à une commission d'experts, dirigée par le colonel House, le soin d'étudier les données d'un règlement de paix. Ce rapport va servir de base au message que le président américain adresse au Congrès le 8 janvier 1918. Après avoir habilement loué les Russes « pour leur largeur de vues et leur sens de la solidarité universelle », il se propose « afin de les aider à atteindre leur idéal de liberté et de paix » de porter à la connaissance de ses alliés comme de ses adversaires les conditions d'un règlement durable de la paix universelle.

Un « mémo » pragmatique

Ce « mémo » en quatorze points est empreint d'un pragmatisme tout wilsonien puisqu'il fait référence à l'indépendance de la Belgique, à la restitution de l'Alsace-Lorraine et à la reconstitution d'un État polonais. En revanche, les revendications italiennes et le statut des minorités de l'Autriche-Hongrie et de la Turquie font l'objet de formules allusives. Toutefois,

AFFICHE ANNONÇANT DES REPRÉSAILLES ALLEMANDES
Depuis le début de la guerre, les Allemands placardent ce type d'affiche dans les villes qu'ils occupent. Cet avis concerne Valenciennes en octobre 1917.

Les réquisitions allemandes s'alourdissent à Lille

Le 1er janvier 1918, le GQG allemand impose à Lille un nouveau tribut de 92 millions de francs. Il est ainsi précisé que la ville doit se procurer les fonds « à l'aide des prêts de la Commission américaine de secours, des banques, des caisses d'épargne et des habitants ». Parallèlement est institué le principe de la responsabilité collective : « La ville est solidairement débitrice avec toutes communes du territoire de l'armée. » La liste des réquisitions ne cesse de s'alourdir, allant jusqu'à comprendre les ustensiles de ménage. Enfin, plusieurs monuments sont démontés, notamment la statue de Jeanne d'Arc, de D'Achille Testelin, du maire François André, pour prendre le chemin de l'Allemagne et y être fondus en tant que « métaux rares ». ■

Drawn by B. H. SANDERS
"Father, I cannot tell a lie. I did it with my fourteen swats."

CARICATURE AMÉRICAINE DU PROGRAMME WILSONIEN
Ce dessin fait référence à l'imagerie populaire montrant George Washington taillant un cerisier. Ici Wilson abat l'autocratie. «Père, je ne peux pas mentir. J'ai fait cela avec mes quatorze points.»

Wilson laisse la porte ouverte à d'éventuels échanges de vues au sujet du règlement des questions balkaniques dans la mesure où la Bulgarie n'a pas rompu ses relations diplomatiques avec Washington.

Un programme «choc»

Certes, en envisageant une «Société des nations» exempte de conventions secrètes et de barrières économiques, Wilson fait sans doute montre d'un idéalisme de nature à faire sourire les hommes d'État européens. Quoi qu'il en soit, les quatorze points vont servir de programme commun de paix des Alliés et, surtout, ils montrent tout le poids des États-Unis dans la conduite politique de la guerre et la préparation de la paix alors même que leur présence militaire n'apparaît rien moins que symbolique : en janvier, une seule division américaine peut être considérée comme opérationnelle. Les Français ne s'y trompent pas puisque, le 11 janvier, ce programme, soumis au Parlement, est adopté par 377 voix contre 113. Malgré une entrée en guerre tardive des États-Unis, avec des buts de guerre différents de leurs alliés, Wilson cherche donc à mettre un terme à ce suicide de l'Europe. Il en conclut qu'il faut substituer un nouvel ordre international capable d'éviter les guerres au système européen d'équilibre des forces. Ce dernier en effet, vieux de trois siècles, associe aux rivalités dynastiques et territoriales les frustrations nationales, par le biais de négociations et de traités secrets. On peut mesurer le chemin accompli par le président américain qui, dès le 4 août 1914, déclarait «cette guerre n'est pas la nôtre» et avait été réélu en novembre 1916 pour un second mandat sur le thème : «Il nous a préservés de la guerre.»

DOCUMENT

« Résumé des quatorze points

1. Nécessité d'une diplomatie ouverte, plus de traités secrets.
2. Liberté totale des mers en temps de paix comme en temps de guerre.
3. Suppression des barrières économiques, égalité en matière commerciale.
4. Réduction des armements.
5. Règlement des questions coloniales tenant compte des intérêts des populations.
6. Évacuation de la Russie par l'Allemagne.
7. Restauration de l'indépendance de la Belgique.
8. Restitution de l'Alsace-Lorraine à la France.
9. Détermination des frontières de l'Italie en fonction des «nationalités».
10. Faculté pour les peuples d'Autriche-Hongrie de développer leur autonomie.
11. Évacuation de la Roumanie, de la Serbie, du Monténégro.
12. Limitation de la souveraineté ottomane aux régions peuplées de Turcs.
13. Restauration d'une Pologne avec accès à la mer.
14. Association de toutes les nations pour procurer à tous les États des "garanties d'indépendance politique et d'intégrité territoriale".

Woodrow Wilson, 8 janvier 1918 »

Premier raid aérien de Gothas sur Paris

La terreur vient du ciel, les Parisiens, qui n'ont subi depuis juillet 1917 aucune attaque aérienne, reçoivent dans la nuit du 30 au 31 janvier la «visite» de bombardiers allemands d'un type nouveau, désignés sous le nom de «Gothas».

Début janvier, les avions allemands lancent des tracts au-dessus des tranchées françaises : puisque la France refuse la paix, Paris, comme Londres, sera désormais la cible de formidables bombardements. Le 30 janvier, la menace est mise à exécution. Trente appareils portant chacun dix bombes de 10, 50 ou 100 kg sont lâchés sur la capitale. Onze atteignent Paris, malgré les tirs nourris des canons de 75 et la chasse de nuit, et jettent 93 bombes entre 23 h et 0 h 30; 167 bombes touchent la banlieue. L'effet est terrible. En une demi-heure, ces appareils font 259 victimes, dont 61 tués. À Paris, ce sont les rues Réaumur, Saint-Sauveur et l'avenue de la Grande-Armée qui essuient les dommages les plus importants. Plus loin, à Aubervilliers, les magasins généraux illuminent sinistrement la banlieue nord. Auparavant, les avions sont amenés par wagons entiers dans le département de l'Aisne. C'est en effet là, dans les grandes plaines qui entourent Clermont-les-Fermes, que se trouve l'état-major du bombardement stratégique allemand, non loin de Montigny-les-Fermes et de La Ville-aux-Bois.

UNE BOMBE DE 100 KG. Cet engin est le plus puissant qu'emportent les Gothas.

Plus de 700 victimes

Ces bombardements inaugurent une série meurtrière, prenant la capitale pour cible, notamment à partir du mois de mars. Ainsi, le ministère de la Guerre est touché dans la nuit du 11 au 12 mars, une nuit tragique puisque l'on déplore alors 103 morts. Pourtant, la DCA n'est pas inactive : cette seule nuit-là, elle a tiré 10 000 obus. Le 16 septembre intervient le trente-troisième raid. À cette date, les Gothas ont fait en tout 787 victimes. À bien des égards, l'époque des Gothas laisse une empreinte très vivante dans les annales de la ville. En effet, pour la première fois, les habitants de la capitale ont pris très au sérieux cette menace venant du ciel. Des caves ont été sommairement aménagées pour y trouver refuge dès que l'alerte est donnée. De plus, une fois que les appareils ont regagné leurs bases, on a pris l'habitude de se rendre sur les sites bombardés pour prendre la mesure des dégâts occasionnés, lesquels sont toujours spectaculaires. Mais, la «routine» aidant, beaucoup renoncent à gagner la sécurité des abris. ●

LES BLESSÉS ET INVALIDES RETROUVENT LEURS OCCUPATIONS D'HIER.

Quand ils le peuvent et ne sont pas définitivement inaptes au travail, des invalides retrouvent un travail, moyennant une adaptation des machines comme ci-dessus.

Foch devient président du Comité exécutif

Veillées d'armes sur le front de l'Ouest : alors que les Allemands veulent forcer la décision avant l'arrivée des Américains en provoquant la rupture du front occidental, les Alliés tentent de coordonner au mieux leurs efforts pour faire face à cette menace.

En début de l'année 1918, les Alliés ne peuvent compter que sur eux-mêmes, une seule division américaine étant alors en ligne. Comme tout indique l'imminence d'une attaque allemande, il convient de coordonner les efforts, de régler la question des prérogatives des généraux et, plus largement, le problème de l'unité de commandement. Déjà, en novembre 1917, Painlevé, président du Conseil d'un éphémère gouvernement (12 septembre-17 novembre 1917), et ses homologues Lloyd George (Grande-Bretagne) et Orlando (Italie) s'étaient entendus pour créer un «Conseil suprême de guerre» censé prendre en compte les différents aspects militaires de la conduite de la guerre. Cette entreprise devait se compliquer au moment de désigner les généraux : le 31 janvier 1918, lorsque s'ouvre le Conseil suprême de Versailles, les plans alliés sont encore incertains. Dans l'immédiat, Henry Wilson, chef d'état-major britannique, fait adopter la création d'une «réserve

UNE TRANCHÉE EN 1918. À elles seules, les tranchées symbolisent le cauchemar des combattants de la Grande Guerre.

POILUS ET OFFICIERS : MÊME COMBAT !

Depuis la fin de 1915, l'armée a fait très largement appel aux officiers de réserve pour combler les vides opérés par les combats dévastateurs de la bataille des frontières et de la Marne. Ces réservistes viennent de tous les horizons, puisqu'on trouve notamment des étudiants, des instituteurs, des petits fonctionnaires, des agriculteurs, des employés, des commerçants. Tous sont très proches des poilus. D'ailleurs, les soldats n'auraient pas tenu quatre ans dans les tranchées si leurs cadres n'avaient pas partagé les mêmes souffrances qu'eux. Le taux de mortalité des officiers est nettement supérieur à celui des soldats : 22 % contre 15,8 %. Rien n'est donc plus éloigné de la vérité que ces constructions idéologiques qui ont voulu faire de l'officier l'ennemi de ses hommes dans une espèce de guerre de classes. ■

TÉMOIGNAGE

« Un bel hommage anglais à Foch

Les Anglais n'oublient pas le rôle joué par le général Foch dans les circonstances difficiles traversées par leurs armées dans les Flandres. Pour l'Italie, il a agi de même dès qu'elle a couru un danger. Nous savons que si l'Italie ou les Flandres souffrent, ce sera pour le général Foch comme si la France souffrait.

Foch vu par Lloyd George, Versailles, 1er février 1918 »

générale interalliée». Son emploi est confié à des représentants militaires constitués en «Comité exécutif». Lloyd George accepte volontiers de placer le général Foch à sa tête, et, le 3 février, ce dernier réunit pour la première fois son comité. Aussitôt, face aux réticences de Pétain et du maréchal Haig (commandant en chef de la BEF), se pose la question de la constitution de la réserve interalliée : les deux généralissimes nourrissent une même méfiance à l'égard des «stratèges en chambre» qui, loin du front selon eux, ignorent le réel.

Des stratégies différentes

Aussi, le 22 février, Pétain et Haig décident-ils d'organiser ensemble leur soutien mutuel. Sentant venir l'attaque allemande, dont ils ignorent toutefois l'objectif, ils arrêtent le dispositif suivant : les six divisions de la IIe armée Humbert sont rassemblées dans le secteur de Clermont, où elles doivent se tenir prêtes à soutenir les Anglais; de son côté, Haig constitue une force de six divisions pour éventuellement renforcer les Français. Aux premiers jours de mars, on y voit un peu plus clair sur les intentions allemandes. En effet, l'adversaire vient de transférer son GQG de Bad-Kreuznach (Rhénanie-Palatinat) à Spa (Belgique), tandis qu'un poste de commandement s'installe encore plus près du front à Avesnes (Pas-de-Calais). Pourtant, le Conseil suprême réuni à Londres le 15 mars conclut, malgré les protestations de Foch, à l'impossibilité de donner suite au projet de réserve générale. Le Premier ministre britannique rêve d'abord d'exploiter à fond les succès en Palestine pour accélérer la décomposition de l'Empire ottoman. Un atermoiement lourd de conséquences alors que, comme le note le général Weygand, une semaine plus tard «la voix du canon rappelait chacun aux réalités du champ de bataille».

Veillée d'armes en Allemagne

Le 2 janvier 1918, à l'issue du conseil de la Couronne, Ludendorff a pris sa décision : il est urgent de fixer les dispositions permettant d'obtenir la rupture à l'ouest avant l'arrivée des Américains, tout en prenant en compte les délais inhérents au transport de nouvelles troupes en France. C'est pourquoi il réclame du gouvernement qu'il accélère au maximum les négociations de paix avec la Russie. Le Kaiser et la chancellerie partagent cette analyse car les représentants de l'industrie lourde ne cessent de réaffirmer leurs prétentions sur le bassin de Longwy-Briey et sur la Belgique. L'unanimité règne donc outre-Rhin, comme l'écrit le chancelier impérial Georg von Hertling (chef du gouvernement depuis le 1er novembre 1917) à Hindenburg : «Par votre victoire, nous serons en mesure, pour négocier la paix avec les puissances occidentales, de poser les conditions qu'exigent notre sécurité, nos intérêts économiques et notre situation internationale après guerre.»

USINE KRUPP À ESSEN. Krupp est le principal fournisseur du Reich en canons lourds.

À l'est, la paix est signée à Brest-Litovsk

Depuis l'armistice du 15 décembre 1917, les Allemands veulent conclure au plus vite un traité de paix avec les Russes afin de concentrer leurs efforts sur le front occidental avant que les divisions américaines soient opérationnelles.

Les négociations de paix se sont ouvertes le 22 décembre à Brest-Litovsk (auj. en Belarus). La délégation allemande est dirigée par Richard von Kühlmann, ministre des Affaires étrangères, assisté par le général Max Hoffman, représentant de la Direction suprême de la guerre. À leurs côtés siègent Czernin, au nom de l'empereur d'Autriche Charles, le ministre bulgare Popoff et le secrétaire turc aux Affaires étrangères, Nesimi Bey. Les délégués russes sont Joffé, Kamenev – beau-frère de Trotski – et le professeur Pokrovski. Réaffirmant le programme de paix adressé le 8 novembre par Lénine à «tous les belligérants», ils invitent l'Entente à envoyer des délégués à Brest-Litovsk. Durant quelques jours, on feint même d'attendre leur venue. Mais Hoffmann, bien décidé à presser le mouvement, explique à Joffé que les peuples de Pologne, de Lituanie et de Courlande ayant manifesté leur intention de se séparer de la Russie, c'est avec leurs délégués et non avec les Russes que sera décidé leur avenir. Les pourparlers reprennent le 8 janvier. Comprenant que la partie sera dure, Lénine a confié à Trotski, commissaire du peuple aux Affaires étrangères, la direction des négociations, Joffé ne jouant plus qu'un rôle secondaire.

LA DÉLÉGATION UKRAINIENNE À BREST-LITOVSK. Habilement, l'Allemagne réussit à enfoncer un coin entre les Ukrainiens et les Russes. Ce document date du 9 février, jour où Berlin et Kiev concluent une paix séparée.

Mais en arrivant, Trotski a la surprise de découvrir que sa délégation n'est plus seule à parler au nom de la Russie. Depuis quelques jours sont arrivés les délégués de la Rada ukrainienne de Kiev. Pendant dix jours, la conférence «flotte». D'un côté, les Ukrainiens entament les négociations concrètes qu'attendent les Allemands et réclament en particulier l'attribution à leur pays de la région polonaise de Cholm – que Berlin est d'autant plus prêt à leur accorder qu'elle est présentement autrichienne. De l'autre, Trotski déchaîne son éloquence en d'interminables discours de propagande, mettant notamment en cause la valeur des représentations nationales installées par les Allemands dans les territoires qu'ils occupent. Le 18 janvier, les pourparlers sont une fois de plus interrompus et Trotski repart pour Petrograd.

«Ni guerre ni paix»

Les Russes ont le sentiment d'avoir été appâtés pour être mieux dupés. Tous, y compris Lénine, se sont nourris un certain temps d'illusions sur les perspectives de révolution

TÉMOIGNAGE

« Déjà les doutes de l'empereur d'Autriche

L'une des clés de voûte de la politique extérieure des Hohenzollern [...] est la mise de l'Autriche sous la pleine dépendance de l'Allemagne, à la bavaroise [...]. Notre armée, en 1914, a seule assumé la charge de la lutte contre le colosse russe et, après la défaite de 1916 [...], l'inadmissible stupidité de notre commandement a entraîné la revendication du commandement suprême par l'empereur Guillaume [...]. Une victoire éclatante de l'Allemagne serait notre ruine. L'Allemagne a toujours derrière la tête l'idée que, si cela allait mal, elle disposerait encore de l'Autriche comme moyen de compensation. Une paix à l'amiable, sur la base du statu quo, serait la meilleure [...]. S'effondrer avec l'Allemagne par point d'honneur serait un suicide.

Lettre de l'empereur Charles au comte Czernin, 15 mai 1917 »

LE CAS ÉPINEUX DES ALSACIENS-LORRAINS

Bien que le retour de l'Alsace-Lorraine représente un des buts de guerre de la France, les habitants de cette province perdue en 1871 sont regardés avec méfiance à Paris. Pourtant, des dizaines de milliers d'optants de 1872 (les Alsaciens-Lorrains qui ont choisi la nationalité française et ont donc quitté leur province) servent dans l'armée française. C'est notamment le cas des généraux d'Armau de Pouydraguin, Édouard Hirschauer, Émile Taufflieb et Louis Ernest de Maud'huy. Quant aux Alsaciens-Lorrains présents sur le territoire national mais non naturalisés, ils sont internés comme des Allemands. D'ailleurs, le docteur Schweitzer passera la guerre au dépôt de Saint-Rémy-de-Provence, puis à Notre-Dame de Garaison, dans les Hautes-Pyrénées. ■

COUVERTURE DE L'*ILLUSTRIRTE-ZEITUNG*, 15 MARS 1918.
Cette Alsacienne ne semble guère apprécier d'être sujette d'une province encore allemande. En France, l'Alsace-Lorraine se prête à une allégorie autrement souriante (en haut).

mondiale et de mutinerie des armées allemandes. Cette fois, ils comprennent qu'il faut choisir et deux thèses s'affrontent. Trotski et Boukharine sont pour la résistance à tout prix et pour l'honneur du prolétariat international qu'il ne faut pas trahir. De son côté, Lénine, qui mesure la fragilité de « sa » révolution, entend d'abord la consolider et juge qu'il faut accepter n'importe quelle issue capable d'offrir un répit. Pour autant, le 21 janvier, sa thèse ne récolte que 10 voix au Comité central, dont celle de Staline, contre 46 au parti de la résistance. Finalement, une solution médiane est adoptée : « Ni guerre ni paix », c'est-à-dire pas de reprise des hostilités, mais pas de signature qui consacrerait les abandons. Une action est décidée contre les « traîtres » de Kiev qui, le 22 janvier, avaient proclamé leur rupture totale avec Petrograd, et une Rada bolchevique est installée à Kharkov. Au même moment, Czernin est retourné à Vienne où, comme à Berlin, se déroule une grève massive. L'Autriche n'a plus que deux mois de céréales en stock et l'empereur, en dépit de l'abandon de Cholm, lui renouvelle sa décision de signer à tout prix : « L'Empire ne veut plus faire la guerre pour des conquêtes allemandes. »

›››

L'Allemagne reprend les hostilités

Cette fois-ci, la patience des Allemands est à bout. Pressé de récupérer pour le front de l'Ouest ses divisions qui sont encore au nombre de cinquante et une sur le front oriental, Ludendorff convainc l'empereur Guillaume II, au conseil de Hambourg le 13 février, d'en finir avec une action de force. En effet, le commandement suprême de la guerre allemand considère que les Russes ont, par la voix de Trotski, rompu l'armistice du 15 décembre. Aussi prescrit-il pour le 18 février le mouvement de deux groupes d'armées du front est : celui d'Eichhorn dans les pays baltiques et en Russie blanche, celui de Lisingen en Volhynie et en Ukraine. L'opération, à laquelle sont associés la légion polonaise et les Autrichiens, sera présentée comme une mesure de police destinée à protéger les populations de l'anarchie bolchevique et à réinstaller le gouvernement ukrainien, qui vient de signer la paix. L'avance des divisions allemandes ne rencontre aucune résistance. Dvinsk et Lutsk sont occupés le 18 février 1918, Pskov le 25 février. Le 28 du mois, le Dniepr est atteint dans la région de Mazyr, tandis que les Autrichiens arrivent à Chotin et Proskurov. Le 1er mars, les Allemands entrent à Polotsk, à Bobruisk, à Gomel, à Moguilev et à Kiev. Le 2 mars, ils sont à Narva, à quelque 130 km de Petrograd quand, le lendemain, Hoffmann donne l'ordre d'arrêter la progression en Russie et de se contenter de poursuivre la « libération » de l'Ukraine.

Isolé, Lénine cède

Face à la pression austro-allemande, la panique s'empare de Petrograd et la guerre civile se rallume dans le pays où, un peu partout, sévit la famine. Trotski en est conduit à demander aux Français d'étudier un plan d'organisation d'une nouvelle armée russe. Le projet d'assistance, d'ailleurs présenté sans grand enthousiasme par le général Niessel, chef de la mission française, se heurte très vite à la réticence des gouvernements alliés, préoccupés avant tout par l'offensive imminente de Ludendorff sur le front français. D'autre part, en dépit des recommandations des ambassadeurs alliés, demandant de ménager les bolcheviques pour sauver la Russie d'une mainmise allemande, Clemenceau a refusé de reconnaître le nouveau régime, comme d'envoyer le moindre observateur à Brest-Litovsk. Dans ces conditions, Lénine se trouve contraint de s'exécuter dans la crainte que les Empires centraux refusent désormais de traiter avec lui. Dès le 20 février, Lénine avertit Berlin par radio de ses dispositions nouvelles. Dans la nuit du 23 au 24 février, il obtient du Comité

RUSSES ET ALLEMANDS EN GARE DE BREST-LITOVSK. On reconnaît au centre, avec la toque noire, le délégué de Petrograd, Adolf Abramovitz Joffé.

central, puis du Congrès des soviets – par 116 « oui », 85 « non » et 26 abstentions et sous la menace de sa démission – de répondre favorablement à l'ultimatum allemand qui, le 21 février, a accompagné l'avance des troupes de Ludendorff. Le 26 février, cette fois sous la conduite de Sokolnikov et de Tchitcherine, les Russes se rendent une dernière fois à Brest-Litovsk, où ils ne trouvent ni Czernin ni Kühlmann, partis pour Bucarest régler le sort de la Roumanie.

Un traité léonin pour les Russes

Le 3 mars, le traité est enfin signé. Ses clauses sont terribles pour la Russie, qui doit reconnaître l'indépendance de ses anciennes « provinces » de Pologne, de Finlande, de Courlande, de Lituanie, d'Estonie et d'Ukraine. La Turquie reçoit les districts caucasiens de Kars, de Batoum et d'Ardahan. L'ancien Empire des tsars perd ainsi plus de 60 millions d'habitants, un quart de son territoire et plus de la moitié de son potentiel industriel. Petrograd devra payer une indemnité de 300 millions de roubles-or et reconnaît aux troupes allemandes le droit d'occuper « provisoirement » la Russie blanche comme gage d'exécution du traité.

DOCUMENT

« La révolution, espoir de Lénine

Les grèves de masse en Autriche et en Allemagne, puis la formation de soviets des députés ouvriers à Berlin et à Vienne, enfin le début d'engagements armés et de conflits de rue à Berlin les 18-20 janvier, tout cela nous oblige à reconnaître comme un fait acquis que la révolution a commencé en Allemagne. Il résulte de ce fait que nous pouvons encore pendant une certaine période retarder et faire traîner les pourparlers de paix.

Lénine, 21 janvier 1918 »

La donne politico-stratégique après la paix deBrest-Litovsk

À Vienne, la signature du traité de Brest-Litovsk suscite des sentiments partagés entre le soulagement de la « paix pour le pain » et l'humiliation d'avoir dû payer ce pain de l'abandon de Cholm à l'Ukraine. En revanche, aussitôt ratifiée par le Reichstag, la paix est accueillie triomphalement à Berlin. Il est vrai qu'elle délivre l'Allemagne d'une situation critique dont elle sort singulièrement soulagée. Non seulement le front oriental est éteint et l'armée russe en pleine désagrégation, mais encore la révolution de Lénine offre la plus grande chance que l'État russe ne se reconstitue pas avant longtemps. Du point de vue des Alliés, la signature du traité de Brest-Litovsk a achevé de dissoudre le peu de relations qui subsiste entre l'Entente et la Russie bolchevique. De fait, à Paris, Clemenceau, pour qui le bolchevique se double maintenant d'un traître, se dépense sans compter pour convaincre les Alliés d'appuyer les généraux « blancs » qui, un peu partout, s'opposent au régime révolutionnaire. ■

Offensive allemande en Picardie

Mettant à profit l'effondrement du front russe consacré par le traité de Brest-Litovsk du 3 mars, Ludendorff a rappelé de l'Est une importante partie de ses troupes. Il choisit d'obtenir une décision sur le front de l'Ouest en Picardie avant l'entrée en scène des Américains.

À la mi-novembre 1917, Ludendorff avait réuni à Mons ses principaux collaborateurs. Après s'être accordés sur le peu de résultats à attendre des opérations en cours sur la partie du front comprise entre Verdun et la Suisse, les membres de l'état-major étudient les diverses possibilités que présentent les 500 kilomètres de front entre la Lorraine et la mer. Plusieurs scénarios sont évoqués, jusqu'à ce que Ludendorff tranche la discussion en prescrivant l'étude d'une offensive dans la région de Saint-Quentin. Il s'agissait d'enrouler le flanc droit des Anglais et de les rejeter à la mer. On peut voir dans cette manœuvre un hommage à la doctrine de Schlieffen que Ludendorff considère comme son maître. Après s'être rendu sur le front pour recueillir l'opinion de ses commandants d'armée, Ludendorff prend sa décision définitive le 21 janvier. Il fixe la date de l'attaque baptisée «Michel» aux environs du 20 mars. Ludendorff fait aussitôt procéder au rassemblement de 49 divisions qui se préparent loin en arrière du front d'Arras à La Fère. Plutôt que de fixer des objectifs et des étapes dans la progression, le général choisit de privilégier l'infiltration de groupements d'assaut de toutes armes : fusiliers, mitrailleurs, lance-flammes, pièces de mortiers et canons d'accompagnement, ce qui doit permettre de pousser le feu le plus en avant possible. Ludendorff entend également lancer ces groupes vers des objectifs lointains qu'ils doivent atteindre rapidement sans tenir compte de leurs flancs ni de leurs arrières. D'autres unités se chargeront de réduire derrière eux les résistances dépassées; quant aux réserves, il est prévu de ne les engager que dans les secteurs où la progression se poursuivra. Pour autant, Ludendorff ne néglige pas l'artillerie, renouvelée – un canon tous les 10 mètres – et particulièrement puissante.

LUDENDORFF, PLANIFICATEUR DES OPÉRATIONS ALLEMANDES EN 1918.
Au début de l'année 1918, Ludendorff exerce un ascendant total sur tous les décideurs allemands, militaires et politiques.

TÉMOIGNAGE

« La bravoure des Anglais

D'un seul coup, vers 10 heures, le brouillard se lève. Aussitôt, le feu ennemi submerge le cimetière. Le combat dure plusieurs heures, qui nous semblent un siècle, mais les Allemands s'infiltrent sur nos flancs [...]. Certains ont dit que les Anglais s'étaient repliés sans ordre et sans combattre. Pour ma part, je les ai vus au combat pendant quatre jours, admirables de sang-froid, défendant avec nous les passages du canal et de l'Oise.

Notes d'un officier du 1er bataillon du 113e RI, Oise, mars 1918 »

On attend d'elle la destruction initiale de l'adversaire. Ensuite l'artillerie légère pourra entrer en scène, franchissant les tranchées en compagnie des bataillons d'assaut. Là encore, la combinaison «surprise-vitesse» doit beaucoup aux conceptions de Schlieffen. Le 10 mars, Hindenburg signe l'ordre d'opération : «Par ordre de Sa Majesté, l'attaque "Michel" aura lieu le 21 mars.» Le 13 mars, les unités d'attaque sont rassemblées à 90 km du front, sur la ligne Tournai-Valenciennes-Avesnes-Rethel. En quatre nuits, du 16 au 20 mars, elles gagnent les secteurs d'attaque qui leur sont dévolus.

Sous un déluge de feu

Le 21 mars, à 4 h 40, sur 70 km de front, 6 200 pièces d'artillerie ouvrent le feu. À 9 h, par un épais brouillard, l'infanterie allemande, en petites colonnes, s'apprête à donner l'assaut sur leurs positions de départ tandis que les sapeurs montent les passerelles sur les tranchées de première ligne afin de permettre à l'artillerie d'accompagnement de passer. À 9 h 40, l'ensemble s'élance, soutenu par le barrage roulant entretenu par l'artillerie et les mortiers. Conduites par leurs chefs de corps à cheval, les divisions de deuxième échelon rejoignent la première ligne en colonnes de bataillons suivies par les convois de munitions, les trains de combat, les équipes de téléphonistes et les ballons captifs. À 11 h, alors que la brume commence à se dissiper, l'aviation entre dans la bataille : 49 escadrilles d'observation, 27 de combat, 35 de chasse et 11 de bombardement, soit près de 1 000 avions viennent appuyer l'offensive par leurs bombes et le tir de leurs mitrailleuses. Dès la soirée, Ludendorff peut dresser un premier bilan de la bataille. Si, contrairement à ses prévisions, l'armée britannique de Byng a offert une résistance acharnée, au sud, les forces de Gough ont été submergées par les coups de boutoir de Marwitz et, surtout, par l'attaque de Hutier, dont les troupes ont pénétré de quelque 5 km dans les lignes anglaises. Entre le 22 et le 25 mars, les Allemands continuent leur progression, ce qui les conduit à franchir la Somme, entre Ham et Péronne, qui, à l'instar de Bapaume, sont rapidement dépassés. Le 23 mars, pour ajouter à la confusion, Paris reçoit les premiers obus de la Grosse Bertha.

L'ÉGLISE SAINT-GERVAIS À PARIS.
L'église est touchée par un obus lors de l'office du vendredi saint, le 29 mars.

›››

PARIS SOUS LE FEU DE « BERTHA »

À 15 h, le 23 mars, un communiqué fait état de plusieurs obus de 240 mm qui, depuis 8 h, ont atteint tous les quarts d'heure la capitale et la banlieue. On recensera une dizaine de morts et une quinzaine de blessés. Cette pièce baptisée «Grosse Bertha» par les Français, du nom de la fille de l'industriel allemand Krupp, et Pariser Kanonen par les Allemands, est un canon de 240 mm. Pesant 750 t, l'engin peut envoyer des obus à une vitesse de 2 000 m/s sur des objectifs distants de 128 km. Compte tenu de l'importance de la charge, le tube de 34 m doit être changé tous les 65 coups car il se dilate progressivement. Il faut également adapter le calibre des obus successifs qui va de 210 mm pour l'obus n° 1 à 235 mm pour le n° 65. Entre le 23 mars et le 9 août, les Bertha auront tiré environ 350 coups : 180 sur Paris et 140 environ sur la banlieue. ■

OFFENSIVE ALLEMANDE EN PICARDIE

SOLDATS BRITANNIQUES EN PICARDIE. En dépit de l'effet de surprise, les hommes de Haig défendront le terrain pied à pied.

››› La vive réaction des Alliés

Estimant n'avoir rencontré qu'une relative opposition, Ludendorff considère la situation tactique avec un certain optimisme. Il est vrai que ses armées menacent Amiens, tout en ayant également réussi à s'approcher à 65 km de Paris. Aussi décide-t-il de jouer le tout pour le tout, ce qui revient à multiplier les objectifs au lieu de concentrer ses efforts sur un seul axe. Le 26 mars, Ludendorff ordonne à Marwitz de marcher vers l'ouest afin de séparer définitivement les Alliés, tandis que Below, progressant vers le nord-ouest, pourra anéantir les Anglais et que Hutier, en convergeant vers le sud-ouest, se lancera à l'attaque des Français. Le 27 mars, Hutier s'empare de Lassigny et de Montdidier, alors que Marwitz fait son entrée à Albert. Mais en face de Marwitz, l'infanterie française de Debeney, sans attendre le soutien de son artillerie, s'accroche bataillon par bataillon à mesure de son arrivée par camions ou par voie ferrée. Le 28 mars, l'action de Debeney a réussi à combler la brèche. Au nord de la Scarpe, Below échoue alors que Hutier néglige l'espace large de 10 km qui s'est ouvert entre Humbert et Debeney. Les Alliés bénéficient alors d'un ralentissement de la progression adverse. En effet, les Allemands, qui découvrent dans les villages abandonnés les vivres et l'alcool dont ils étaient privés depuis longtemps, ne résistent pas à la tentation et s'attardent quelque peu. Pour autant, les unités de Marwitz font toujours peser une grave menace sur Amiens, progressant par l'est et par le sud. Le 28 mars, la IIe armée avance encore entre les vallées de la Somme et de l'Avre. Mais les divisions de la Ire armée de Debeney développent des contre-offensives autour de Montdidier.

LA « SANTÉ » DES CHAUSSURES DES POILUS

L'administration militaire a dû installer des équipes de spécialistes dans les cantonnements de repos, à proximité du front, car les « godillots » les plus solides ont besoin de réparations. Là, des cordonniers territoriaux remettent des clous, des pièces ou des semelles aux brodequins de leurs frères d'armes. Quand les chaussures sont plus usées, on les dirige à l'arrière, dans un centre d'équipement où on les reçoit pêle-mêle par wagons entiers. Elles sont nettoyées, graissées et classées par pointure. Si elles en valent la peine, on les répare afin de les renvoyer dans les dépôts pour être réutilisées ; sinon, on les met définitivement au rebut. ■

À Paris, l'exode reprend

Le plan de Foch, servi il est vrai par les choix de Ludendorff, commence à porter ses fruits et, le 29 mars, le général Fayolle, commandant en chef du groupe d'armées de réserve, peut noter : « Cette journée est la dernière d'une semaine d'angoisse. » À Paris, l'exode, déjà commencé à l'annonce de la percée allemande à Saint-Quentin, s'accentue à mesure que les obus tombent sur la capitale. Foch, tout en veillant à la consolidation du front fermement tenu entre la Somme et l'Oise par 30 divisions françaises, laisse à Haig toutes ses forces pour lui permettre de se réorganiser. Ludendorff, qui, face au renforcement du dispositif de l'ennemi, commence à douter de ses choix, lance une nouvelle offensive qu'il confie à la IIe armée.

Foch, nommé commandant en chef des armées alliées

Le 3 avril, à Beauvais, les autorités politiques françaises, américaines et britanniques confient à Foch « la direction stratégique des opérations militaires sur le front occidental ». Il est toutefois précisé que « chaque commandant en chef qui exerce dans sa plénitude la conduite tactique de son armée aura le droit d'en appeler à son gouvernement si, dans son opinion, son armée se trouve mise en danger par les instructions du général Foch ». Le 16 avril, Clemenceau informe Foch qu'il a obtenu pour lui le titre de « général en chef des armées alliées en France ». Ses pouvoirs seront étendus au théâtre italien à partir du 2 mai 1918 à l'issue de la conférence d'Abbeville. Dès le 29 mars, Pershing, commandant en chef des forces américaines, a déclaré à Clemenceau : « La France est en danger, je viens avec toutes mes troupes me mettre à votre disposition. » ■

L'échec de Hindenburg

Marwitz lance toutes ses divisions en direction de Moreuil, un point vulnérable de la liaison franco-britannique. Cette attaque a le dessein de se porter à la hauteur de la XVIIIe armée (Hutier) qui, grâce à la prise de Montdidier, a pu pousser vers Cantigny. La coordination des efforts entre les unités françaises et britanniques permet à Foch de déclarer que tout danger immédiat est écarté. Après deux jours d'une brève accalmie, le 3 avril, la IIe armée allemande reprend l'initiative grâce à une attaque qui lui permet de progresser de 35 km entre la Somme et Montdidier. Le centre de la IVe armée du général Rawlinson est bousculé sur Villers-Bretonneux, tandis que la Ire armée de Debeney doit reculer sur Moreuil. Mais tout indique que la puissance offensive allemande est en train de s'émousser. Ainsi, le 4 avril, une série de contre-attaques alliées a pour effet de rétablir la situation. Après de vaines poussées vers Amiens, Ludendorff renonce à poursuivre son action en Picardie : ses divisions sont désormais immobilisées sur un front qui va d'Arras à l'Oise. Le 5 avril, Hindenburg note : « Amiens demeure aux mains de l'ennemi, la grande bataille de France est perdue. » Si Hindenburg se résout à mettre un terme à la bataille de Picardie, c'est dans l'idée de lancer une nouvelle offensive, cette fois dans les Flandres (voir 9 avril). ●

LES 5 OFFENSIVES ALLEMANDES DU PRINTEMPS 1918.

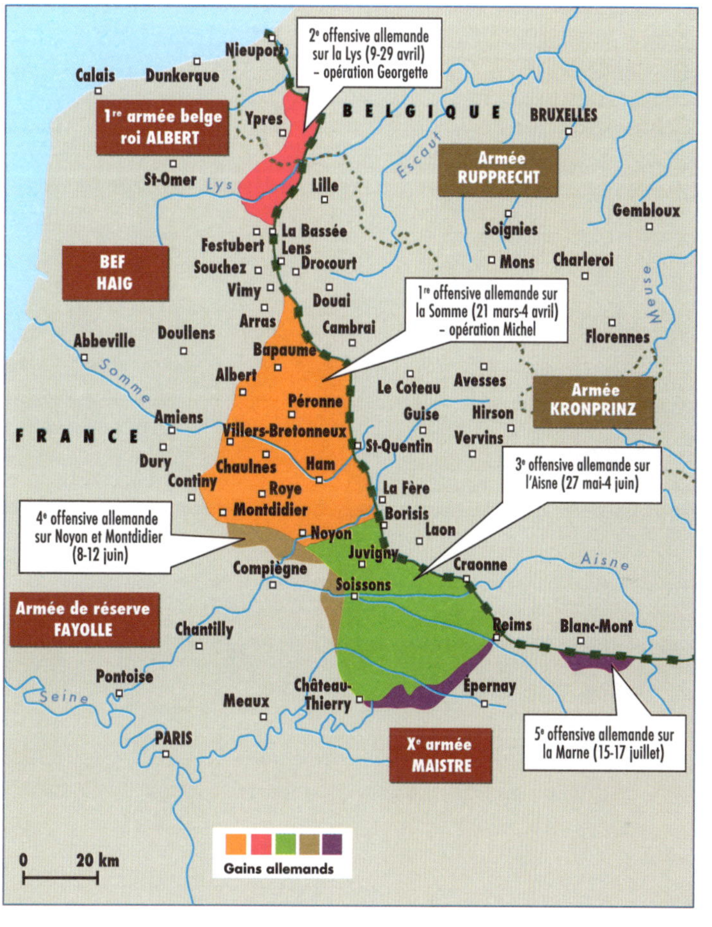

Opération « Georgette »

Après avoir échoué dans leur tentative de rompre le front entre les armées françaises et britanniques en Picardie, Ludendorff vise les Flandres, pour affaiblir les communications entre la France et l'Angleterre.

La direction suprême de la guerre allemande est fermement décidée à lancer un deuxième coup de boutoir en venant à bout des Anglais par le nord. Cette opération baptisée « Georgette » se présente *a priori* sous un jour favorable. Au nord de La Bassée, dans la plaine de la Lys (ouest de Lille), le secteur est tenu par deux divisions portugaises et, au-delà, par des unités belges dont Ludendorff est sûr de venir facilement à bout. Le seul obstacle de taille est constitué par les monts des Flandres qu'il s'agit d'enlever pour faire tomber la fameuse position d'Ypres. À partir du 5 avril, toutes les pièces d'artillerie lourde sont transférées par voie ferrée autour de Lille. Fixée au 9 avril, l'opération se donne pour principal objectif la prise de Dunkerque et de Calais. L'attaque part entre Armentières et La Bassée, menée par la VIe armée von Quast. Au centre, l'effet de surprise joue à plein et les unités portugaises se retrouvent très vite totalement débordées. Pis, elles entraînent dans leur repli cinq divisions de la Ire armée britannique du général Horne. Au soir du 9 avril, les Allemands ont progressé de quelque 10 kilomètres, fait environ 6 000 prisonniers et dépassé dans certains secteurs la Lys. Mais la pluie se mêle de la partie et, bientôt, quelques blindés allemands s'enlisent irrémédiablement. Pour autant, l'action s'élargit le lendemain en direction du nord. Le 11 avril, les Allemands s'emparent d'Armentières et

SOLDATS BRITANNIQUES AVEUGLÉS PAR LES GAZ.
Ce cliché pris le 10 avril 1918 dans le secteur d'Estaires, à une vingtaine de kilomètres à l'ouest de Lille, témoigne de l'emploi massif d'obus toxiques par les Allemands sur la Lys, comme en mars en Picardie.

de Merville (12 km au nord de Béthune). Le 12 avril, Guillaume II se déplace pour assister au spectacle de la déroute anglaise. La situation des Alliés est critique. Aussi Haig sollicite-t-il le soutien des Français.

Succès allemand au mont Kemmel

Mais Foch persuade son homologue britannique d'engager d'abord ses réserves. Du 12 au 15 avril, les Britanniques doivent contenir seuls l'attaque allemande. La pression ennemie est si forte à l'est d'Ypres que les hommes de la IIe armée Plumer doivent abandonner tout le terrain conquis en 1917 dans ce secteur et se replier jusqu'à la ceinture extérieure d'Ypres. L'évacuation par les Anglais de la zone orientale d'Ypres permet à la IVe armée allemande du général von Armin de concentrer ses efforts sur le centre du champ de bataille dont le pivot est le mont Kemmel, à une quinzaine de kilomètres au nord-ouest de Lille. Cette fois, Foch renforce l'Anglais Plumer de deux divisions françaises et constitue un détachement d'armée fort de cinq divisions d'infanterie et de trois divisions de cavalerie. Celles-ci prennent immédiatement en charge la défense du mont Kemmel, verrou sur la route de Dunkerque et de Calais. Le 25 avril, appuyées par un violent bombardement d'obus à gaz et 150 avions de combat, six divisions allemandes se lancent à l'assaut au sud-ouest d'Ypres. En dépit de la résistance des Alliés, le mont Kemmel tombe aux mains des Allemands. Toutefois, ces derniers sont bloqués par les Alliés et ne peuvent exploiter la brèche en direction du nord. Les combats reprennent dans ce secteur le 29 avril, mais, exténués, les hommes de von Armin finissent par céder du terrain et, le 1er mai, sur ordre de la direction suprême, l'offensive s'arrête. Pour les Allemands, l'opération est loin d'être un fiasco puisqu'elle les place à 16 km d'Amiens et à 80 km de Paris. Chez les Alliés, qui ont pourtant cédé du terrain et perdu la voie ferrée Paris-Amiens-Calais, on se félicite de la bonne coordination des efforts. Mieux, la confiance est retrouvée. ●

LES ALLIÉS LATINS DE L'ENTENTE

Dès le début de la guerre, un corps de volontaires dit « Garibaldiens » prend part à la guerre au côté de l'armée française. Le peintre Modigliani se voit refuser de servir dans leurs rangs pour insuffisance physique. Le Portugal, à qui l'Allemagne a déclaré la guerre le 9 mars 1916 parce qu'il avait saisi ses navires, constitue le Corpo Expedicionário Português (CEP) dont les soldats vont combattre sur le front britannique, notamment dans les Flandres au cours du printemps 1918. En dépit de leur courage, rien ne les aura préparés à cette guerre menée dans des conditions climatiques épouvantables. Enfin, à la fin du conflit, Cuba enverra en France une escadrille de chasse et le Brésil quelques médecins aux armées. ■

SOLDATS PORTUGAIS DU CEP.
Sous le commandement du colonel Gomes da Costa, les 30 000 hommes du CEP sont arrivés en France le 2 février 1917.

Et les Américains ?

Ne disposant en avril que de 300 000 hommes et de seulement quatre divisions constituées sur le sol français, les Américains ne sont pas encore intervenus. Toutefois, en dépit de son désir de conduire une offensive purement américaine en Lorraine, l'état-major du général Pershing a accepté de plaider auprès du président Wilson la demande alliée de donner la priorité aux transports de fantassins et de mitrailleurs américains destinés à combattre au sein de grandes unités alliées. Anglais et Français en ont en effet un besoin plus qu'urgent. La fameuse phrase de Pétain prononcée en 1917 – « J'attends les chars et les Américains » – est plus que jamais d'actualité. Mais l'accélération du transport des troupes américaines dépend de l'activité, pour le moins encore intense, des sous-marins allemands en mer du Nord. ■

ARRIVÉE EN FRANCE DU GÉNÉRAL PERSHING, LE 13 JUIN 1917.
Le commandant en chef des forces américaines acceptera très vite d'intégrer ses hommes dans le cadre des grandes unités alliées.

Raid britannique sur Zeebrugge

Les opérations du printemps 1918 en Picardie et dans les Flandres ont souligné l'urgence de voir les Américains entrer dans la bataille. Il faut toutefois garantir le transport des troupes du général Pershing.

APPEL À L'ACHAT DE BONS DU 2e EMPRUNT POUR LA LIBERTÉ.
Sur cet appel du gouvernement américain précédé d'une citation du président Wilson « Le temps est venu de vaincre ou de périr. – Pour nous, il n'y avait qu'une décision, nous l'avons prise », on peut aussi lire : « Achetez un bon du second emprunt pour la liberté et aidez à gagner la guerre. »

L'accélération du transport des troupes américaines, que les Alliés attendent avec impatience, dépend non seulement de leur programme d'instruction, mais aussi, et surtout, de l'activité des sous-marins allemands en mer du Nord. Ceux-ci continuent, dans les premiers mois de 1918, d'infliger de lourdes pertes au trafic de l'Entente. À cette époque, leur flottille des Flandres, forte de 18 sous-marins et de 25 destroyers mouillant en rade de Zeebrugge, représente une menace permanente sur les communications franco-anglaises. Aussi l'amiral Rosslyn Wemyss, premier lord de la mer depuis décembre 1917, décide-t-il de lancer un coup de main sur cette base. Il confie à l'amiral Roger Keyes la délicate mission de rendre inutilisable le canal de Bruges, reliant Zeebrugge au large. Les Britanniques envisagent de le bloquer en coulant à son entrée trois vieux croiseurs remplis de béton. Afin de couvrir leur approche, un autre croiseur, le HMS *Vindictive*, et des navires de soutien doivent débarquer des soldats pour prendre à partie les batteries installées sur le môle. Un plan audacieux sur le papier qui, comme c'est souvent le cas, ne résistera pas à la réalité.

Un raid pour rien ?

Dans la nuit du 22 au 23 avril, cible des batteries allemandes, le *Vindictive* accoste au mauvais endroit. Quant aux croiseurs censés obstruer le canal, eux aussi sont visés par les canons ennemis. Très vite, il apparaît que le salut réside dans la fuite. Dès le 23 avril, les troupes britanniques, à peine débarquées, abandonnent la partie et les Allemands rouvrent le port quelques jours plus tard. Un raid simultané organisé contre Ostende ne donne pas de meilleurs résultats. Quoi qu'il en soit, l'affaire de Zeebrugge coïncide avec la diminution des pertes causées par les sous-marins allemands, tandis qu'augmente sans cesse le nombre des troupes alliées débarquées dans les ports de la Manche et de l'Atlantique, Brest, Saint-Nazaire, Le Havre et Bordeaux : 246 000 en mai, 276 000 en juin, 307 000 en juillet. Mais, avant que le résultat ne se fasse sentir, Foch va, une fois de plus, devoir contenir les assauts de Ludendorff (voir 27 mai). ●

LE HMS *VINDICTIVE*

Le *Vindictive* devant porter l'assaut sur le môle de Zeebrugge, une attention toute particulière fut accordée au croiseur en charge du débarquement des troupes. En raison de la hauteur du parapet à prendre d'assaut (environ 9 mètres), quelques aménagements s'imposaient. Par ailleurs, eu égard à la nature de l'opération, il n'était pas envisageable de recourir à son artillerie normale. On décida donc de renforcer sa hune blindée, dotée de pièces rapides, tandis que le pont fut équipé de 14 passerelles. Au total il embarquait un arsenal composé de trois Howitzer, 16 mortiers, 10 lance-grenades et des lance-grappins, ces derniers pour s'agripper au môle pendant que les Royal Marines l'escaladeraient avec les passerelles, les cordes et les échelles. Enfin, le *Daffodil*, un ferry de Douvres, devait plaquer le croiseur contre le môle pour plus de sûreté. ■

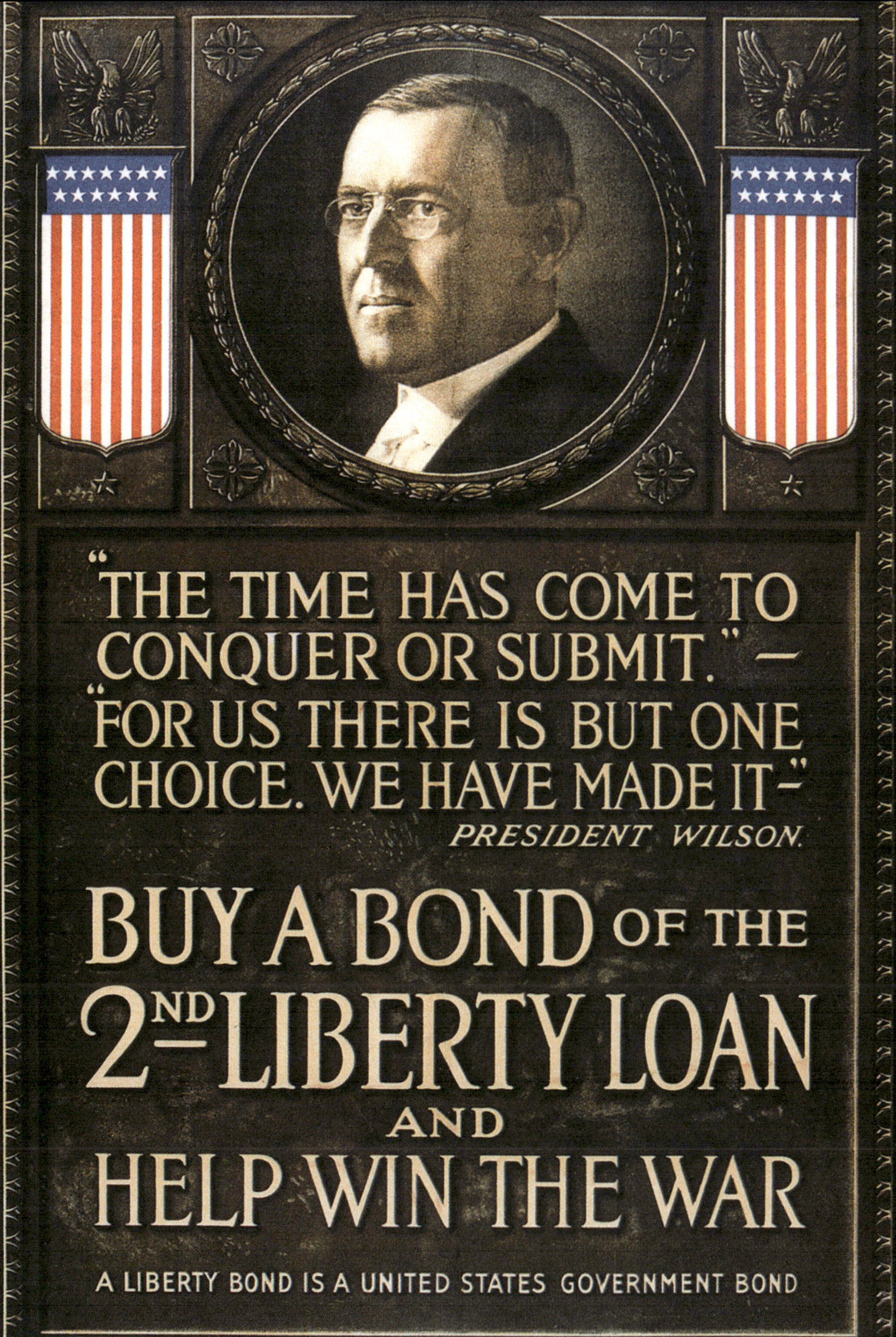
"THE TIME HAS COME TO CONQUER OR SUBMIT." —
"FOR US THERE IS BUT ONE CHOICE. WE HAVE MADE IT—"
PRESIDENT WILSON.
BUY A BOND OF THE
2ND LIBERTY LOAN
AND
HELP WIN THE WAR
A LIBERTY BOND IS A UNITED STATES GOVERNMENT BOND

Les Allemands foncent vers la Marne

Bien qu'il n'ait pas obtenu les résultats escomptés en Picardie, en mars, et dans les Flandres, en avril, Ludendorff ne renonce pas. Il lui faut obtenir la victoire décisive par l'anéantissement de l'armée anglaise.

C'est sur le front du Chemin des Dames que Ludendorff choisit de mener les opérations. Le secteur, considéré comme une zone de repos par les Alliés, est tenu par huit divisions fatiguées, dont trois britanniques près de Craonne. Quatre autres se tiennent en deuxième ligne et trois en réserve. L'ensemble constitue la VIe armée du général Duchêne. Puisqu'il n'est pas venu à bout des Anglais en Picardie et dans les Flandres, essentiellement en raison du soutien massif que leur ont apporté les Français, le généralissime allemand a l'idée d'attirer dans cette région le gros des forces de Foch, de les détruire avant de se retourner au nord contre les Britanniques. Il revient au Kronprinz impérial d'assurer la nouvelle opération. Pendant trois semaines, environ 1 800 trains prennent en charge, à l'insu du commandement allié, le transport de forces considérables à destination du Chemin des Dames.

La Marne menacée

L'offensive part à 1 h du matin sous la forme d'un bombardement à obus toxiques exécuté par 4 000 pièces sur les batteries françaises de Reims et de Vauxaillon. Ce barrage roulant ouvre la voie à l'infanterie allemande qui se met en mouvement à 3 h 40. En dépit de l'alerte donnée le 26 mai par deux prisonniers allemands, la surprise stratégique est totale. De plus, elle se double d'une mauvaise conduite de la défense du côté des divisions françaises qui, en dépit de l'action efficace menée aux premières heures du jour par l'aviation du général Duval, peinent à coordonner correctement leurs efforts. Très vite, les Allemands franchissent le canal de l'Ailette et l'Aisne, les ponts étant intacts. Des unités entières tombent aux mains de l'adversaire. Dès le soir, les Allemands abordent la Vesle qu'ils dépassent de 20 kilomètres, ne s'arrêtant que sur les plateaux méridionaux de cette rivière. Le 28 mai, eu égard à la progression fulgurante de ses troupes, la Direction suprême décide de poursuivre vers le sud-ouest et vers la Marne, l'idée étant de couper la voie ferrée Paris-Nancy. De son côté, Pétain, prenant la mesure de la gravité de la situation, obtient de disposer

Les métallos français se mettent en grève

Le 13 mai, à l'initiative des délégués de Renault, un vaste mouvement de grève fait tache d'huile et se propage aux 100 000 métallos des usines de guerre. Il s'agit d'un geste pacifiste qui se manifeste à travers l'opposition au renvoi au front des jeunes classes mobilisées en usine. Les métallos introduisent ainsi leurs formes de lutte comme l'occupation de l'usine – fréquente en 1918 –, rénovant l'action syndicale. Le contexte explique l'ampleur du mouvement. En quelques mois, la mobilisation industrielle a mis en place un système d'usines de guerre où il s'agit de produire massivement les armes à des rythmes de production inconnus jusqu'alors. C'est en effet de la Grande Guerre que datent les forteresses ouvrières, la toute première étant Renault Billancourt avec ses 20 000 ouvriers. ■

HOMMAGE

« Le Bois de Belleau change de nom !

En raison de la brillante conduite de la 4e brigade des marines de la 2e division d'infanterie des États-Unis qui a enlevé de haute lutte Bouresches et le point d'appui du Bois de Belleau défendu avec acharnement par un adversaire nombreux, le général commandant la VIe armée décide que dans toutes les pièces officielles, le Bois de Belleau portera désormais le nom de Bois de la Brigade des Marines.

***Général Degoutte, 30 juin 1918* »**

de la Ve armée Micheler qui va renforcer la droite du front tenu par Duchêne. Mais, le 28 mai, Soissons est pris et les défenses extérieures de Reims menacent de s'effondrer. Aussi, le généralissime français ordonne de s'accrocher coûte que coûte sur les plateaux du Soissonnais. Le 30 mai, les Allemands abordent la Marne entre Dormans et Château-Thierry. Aussitôt, Foch met à la disposition de Pétain la Xe armée Maistre, rappelée de Picardie. Il faut absolument stopper l'hémorragie. Un premier coup d'arrêt est porté du côté de Soissons et de Reims tandis que l'aviation française pilonne toutes les concentrations ennemies. Le 1er juin, la Xe armée défend pied à pied la forêt de Villers-Cotterêts, mais, dans la soirée, les Allemands parviennent à s'emparer de Château-Thierry, en dépit de la défense des coloniaux. Cependant les assaillants, littéralement exténués, ne réussissent pas à franchir la Marne et, le 4 juin, Ludendorff met un terme, provisoire, à son offensive dans l'Aisne. La suite va se jouer dans l'Oise. Il n'en demeure pas moins que la deuxième bataille du Chemin des Dames représente un très grave revers pour les Français (voir 9 juin). ●

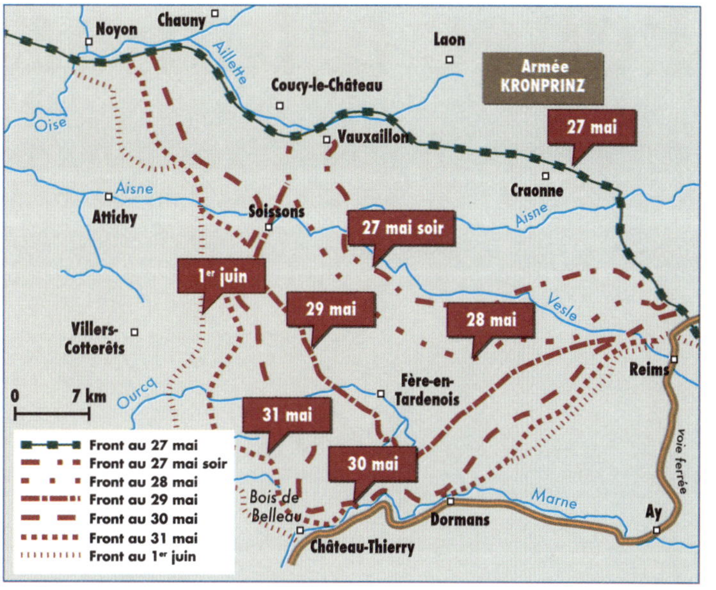

OFFENSIVE ALLEMANDE EN CHAMPAGNE.
En six journées de combats, les troupes allemandes atteignent la Marne. Quatre ans après, une nouvelle bataille décisive se profile sur les rives de la rivière.

FUSIL-MITRAILLEUR EN PREMIÈRE LIGNE.
La faiblesse du dispositif dans le secteur du Chemin des Dames est habilement exploitée par Ludendorff qui, aux premiers jours de juin, menace la Marne.

Échec allemand au Matz

Les Allemands attaquent dans l'Oise. Bien qu'il ait arrêté son offensive sur le Chemin des Dames le 4 juin, Ludendorff entend pousser son relatif avantage en engageant une nouvelle offensive sur l'Oise afin de porter le coup décisif et de s'ouvrir un chemin vers Paris.

En attaquant dans l'Aisne le 27 mai, Ludendorff pensait pouvoir progresser de 20 kilomètres. Les armées impériales ayant poussé sur 50 kilomètres, le généralissime allemand regarde vers Paris, situé désormais à 70 kilomètres de ses positions. Il lui faut donc réunir les deux poches de Montdidier et de Château-Thierry – tenues par les Alliés – en concentrant ses efforts sur Compiègne. Le 9 juin 1918 à 0 h 50, l'artillerie de la XVIIIe armée pilonne les positions françaises établies dans la région du Matz, située entre Montdidier et Noyon, et qui est défendue par la IIIe armée du général Humbert. Déjà affaiblies par les offensives de mars et d'avril, les forces françaises situées devant Compiègne reçoivent des obus chimiques et doivent affronter les colonnes allemandes infiltrées à la faveur de la confusion des bombardements et du brouillard artificiel répandu. Peu à peu, les points forts du front français s'effondrent.

À l'ouest de la ville de Lassigny, la colline du Plémont est conquise après de terribles combats. En direction de Ressons-sur-Matz, les chars allemands A7V enfoncent les lignes tenues par le 295e régiment d'infanterie. Le 10 juin, avec l'aide de petits groupes furtifs et bien armés, les troupes allemandes s'emparent des localités de Mery-la-Bataille et de Maretz-sur-Matz, menaçant sérieusement le dispositif français. Commandant du groupement d'armées centre, le général Fayolle désigne le général Mangin pour lancer sa contre-offensive dès le 11 juin. Avec l'aide des chars Schneider et Saint-Chamond, les 129e, 52e, 165e et 48e divisions d'infanterie progressent en direction de Méry-la-Bataille et Belloy, où elles subissent de lourdes pertes. Rapidement détruits, les chars français ne peuvent fournir à l'infanterie le soutien nécessaire pour progresser. Entre le 9 et le 12 juin 1918, la IIIe armée perd 40 000 hommes, blessés, tués et disparus. Mais Mangin parvient à sauver Compiègne. La route de Paris demeure sous le contrôle français. Le débordement allemand escompté par le maréchal Ludendorff au moment de l'élaboration de son plan a été tenu en échec. ●

LE CHAR RENAULT FT

Engagé pour la première fois le 31 mai 1918 dans le secteur du Chemin des Dames, plus particulièrement dans la forêt de Villers-Cotterêts, ce blindé conduit par deux hommes est le premier engin doté d'une tourelle mobile. Celle-ci est équipée soit d'une mitrailleuse Hotchkiss Mle 1914 soit d'un canon de 37 mm, ces deux armes étant servies par le chef de char. Fin 1918, la France aura fabriqué 3 177 chars Renault, dont 400 ont été détruits au combat. Du point de vue tactique, ces chars sont employés dans l'accompagnement de l'infanterie et placés sous la protection de l'artillerie et de l'aviation. Pesant 6 t, doté d'un blindage de 6 à 22 mm, filant à 7 km/h avec une autonomie de 35 km, c'est le meilleur blindé de la Grande Guerre. ■

Les Autrichiens battus sur le Piave

Les ouvertures de paix menées en 1917 par l'empereur d'Autriche Charles Ier ayant jeté un froid entre Vienne et Berlin, celui-ci accepte de resserrer l'alliance et ordonne une offensive sur le front italien.

L'attaque, précédée par un ordre du jour sans appel du général Conrad – «Soldats, brisez tout devant vous» –, débute le 13 juin par une manœuvre de diversion suivie, le 15 juin, par une double action débordante, entre la Brenta et le Piave en direction de Bassano. Les succès locaux des Autrichiens sont vite bloqués par des contre-attaques franco-anglaises (trois divisions britanniques et deux françaises) sur le plateau et par des offensives italiennes sur le mont Grappa. Le 16 juin, le choc principal a lieu sur le Piave. Les attaques de la VIe armée de l'archiduc Joseph-Ferdinand sont arrêtées au pied de la crête de Montello. À cet instant, les Autrichiens ont bien établi quelques têtes de pont, mais elles sont prises sous le feu roulant de l'artillerie italienne.

Le lendemain, le temps se détériorant, le fleuve en crue emporte les passages. Les quelques succès au crédit de la Ve armée autrichienne du général Wurm ne suffisent pas à emporter la décision car, le 19 juin, les Italiens contre-attaquent. Trois jours plus tard, Charles doit se rendre à l'évidence : la victoire promise à Guillaume II se dérobe. Pis, les Autrichiens sont rejetés sur le Piave, dont la rive droite est totalement nettoyée. En revanche, côté italien, on exulte. Le roi Victor-Emmanuel se félicite de la résistance de ses troupes et du «rejet de l'ennemi au-delà du fleuve sacré». L'échec de Charles redonne confiance à l'Italie tout entière. Pour le général Armando Diaz, chef de l'état-major italien, il ne fait aucun doute que l'armée autrichienne est sur le point de se désagréger, un délitement accéléré par l'épidémie de grippe espagnole. Bien que Foch l'encourage à poursuivre, Diaz décide d'attendre l'hiver pour porter un coup décisif aux Autrichiens. ●

150 000
Total des pertes autrichiennes sur le Piave.

LA LEGGENDA DEL PIAVE

La Leggenda del Piave (La légende du Piave) est une chanson écrite en juillet 1918 par un auteur-compositeur italien, E. A. Mario. Également connue sous le nom de *Canzone del Piave*, elle célèbre la revanche des troupes italiennes après le désastre cuisant de Caporetto en 1917. Elle a aussitôt un effet extraordinaire sur le moral des troupes italiennes, ainsi que sur celui de la population civile. D'un ton enlevé et enthousiaste, elle contribua à redonner espoir aux Italiens dans la victoire. Un ministre n'hésita pas à dire que « *La Leggenda del Piave* a fait pour la cause nationale beaucoup plus qu'un général, et a redonné du courage à des soldats démoralisés par la défaite de Caporetto ».
Son auteur renoncera à percevoir ses droits, préférant en faire don au Front patriotique pour soutenir l'effort de guerre. ■

Champagne : ultime assaut allemand

Au lendemain des offensives dans l'Aisne, du 27 mai au 12 juin, Ludendorff juge qu'il n'a pas suffisamment réduit les réserves françaises. Aussi, avant de relancer sa grande offensive contre les Anglais dans les Flandres, il décide d'attaquer une nouvelle fois dans le secteur de Reims.

Si Ludendorff doit faire face à une crise des effectifs – il a perdu près de 400 000 hommes lors de l'offensive du Chemin des Dames et sa prolongation sur le Matz –, du côté de l'Entente, la confiance est de retour. Foch sait pouvoir désormais compter avec les six divisions américaines intégrées dans le groupe d'armées Maistre. Mieux, l'apport des États-Unis va grossissant. Depuis le 12 juillet, des renseignements font état de l'attaque imminente des Allemands.

Des nappes de gaz

Deux jours plus tard, des prisonniers confirment qu'elle aura lieu dans la nuit même. L'effet de surprise sur lequel comptait Ludendorff ne jouera donc pas. Entre 4 h 35 et 5 h 30, l'infanterie ennemie passe à l'action même si une tempête de vent refoule sur les assaillants des nappes de gaz. À la fin de l'après-midi du 15 juillet, les Allemands tiennent une tête de pont au sud de la Marne. Mais les bombardements de l'artillerie et de l'aviation françaises rendent leur position intenable. Le 16 juillet, les armées Degoutte et Berthelot mettent un coup d'arrêt à leur progression. De son côté, Pétain engage la IXe armée du général de Mitry, lequel parvient à bloquer

LE GÉNÉRAL PERSHING PASSE SES TROUPES EN REVUE, JUIN 1918. Pendant des mois, le général américain Pershing dut débattre avec les Français et les Britanniques afin de résoudre de simples problèmes de dépôts d'approvisionnement, de cantonnements ou de lignes téléphoniques avant que les premières troupes américaines commencent à arriver en France. Elles sont désormais prêtes au combat.

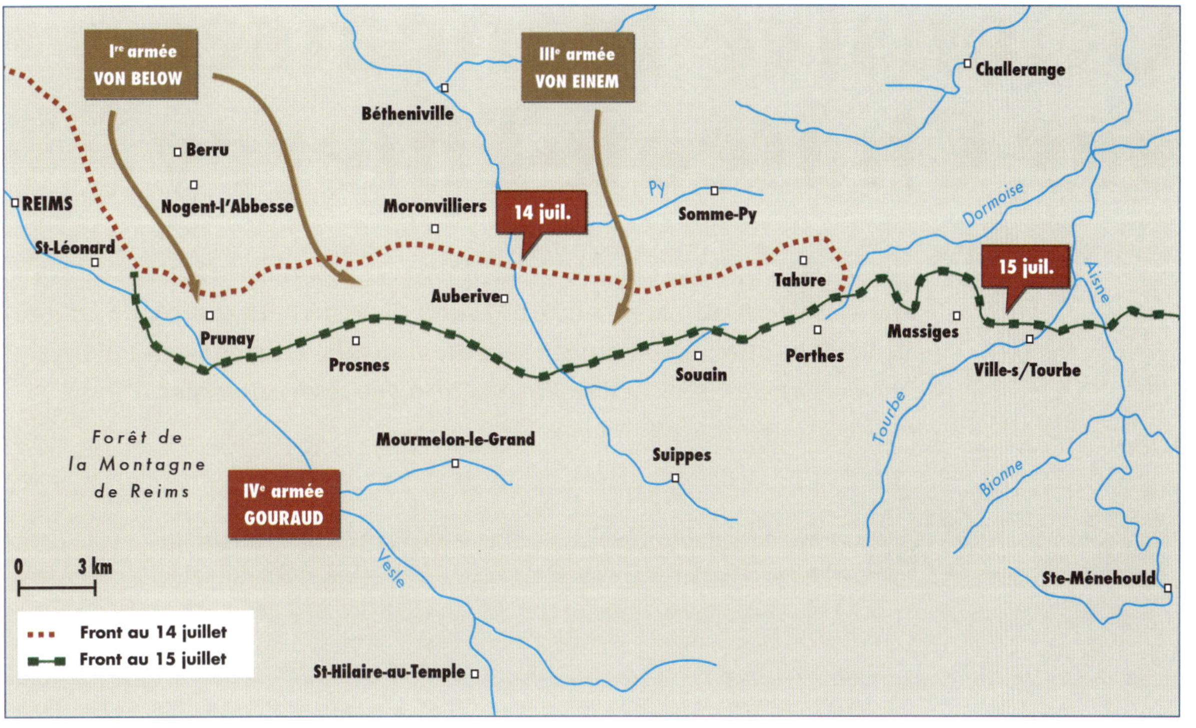

les Allemands sur la Marne. Ces derniers occupent quelques positions. Ce ne sont en réalité que de simples avant-postes, abandonnés par leurs défenseurs conformément à la doctrine du combat défensif mise au point par Pétain. Et lorsque les Allemands poursuivent leur progression, ils se heurtent à une solide résistance française adossée sur une deuxième ligne. Là, ils doivent faire face à de violents tirs d'artillerie et au feu roulant des mitrailleuses. Des combats acharnés sont encore livrés, particulièrement du côté de Perthes, une position reconquise dès le milieu de l'après-midi par le 1ᵉʳ bataillon de chasseurs à pied. L'adversaire semble alors à bout de force, comme le confirment les reconnaissances aériennes de la IVᵉ armée. À l'évidence, la bataille est perdue. Cela n'échappe pas à Ludendorff qui, le soir du 16 juillet, ordonne d'arrêter l'offensive. Le généralissime allemand se rend aussitôt à son quartier général pour y préparer sa grande attaque dans les Flandres. À peine est-il sur place qu'on lui signale que les Français viennent de déclencher une formidable contre-offensive sur la poche de Château-Thierry. Désormais, l'initiative appartient à Foch. Ce dernier ne la lâchera plus. ●

DOCUMENT

« Pragmatisme

La guerre, positive dans sa nature, n'admet que des solutions positives : pas d'effet sans cause ; si vous voulez l'effet, développez la cause [...].
À la guerre, le fait a le pas sur l'idée, l'action sur la parole, l'exécution sur la théorie [...]. On fait ce qu'on peut pour appliquer ce qu'on sait sur le champ de bataille.

Foch, Conduite de la guerre, *1904* »

DERNIER ASSAUT ALLEMAND EN CHAMPAGNE. La 4ᵉ armée française plie mais ne rompt pas. Les armées allemandes manquaient de réserves pour mener des offensives d'envergure.

Offensive française sur Château-Thierry

Lors de la deuxième bataille de la Marne, la première offensive de Foch a pour objectif de porter un coup d'arrêt à la menace qui plane encore sur Paris et, surtout, à empêcher toute nouvelle entreprise allemande de façon à conserver la libre disposition des réserves alliées.

L'échec de la dernière offensive allemande en Champagne a conforté Foch dans sa grande idée : asséner le coup décisif qui viendra à son heure. En attendant, il entend dégager le saillant de Château-Thierry. C'est la raison pour laquelle il a refusé le 14 juillet à Pétain, menacé en Champagne, tout renfort. De même, il l'a persuadé de maintenir la date du 18 juillet pour déclencher la grande offensive de l'aile droite du groupe d'armées Fayolle sur la poche de Château-Thierry. Le plus grand secret a entouré les préparatifs d'une opération planifiée depuis le mois de juin. Dans la nuit du 17 au 18 juillet, le dispositif est en position d'attaque.

Progression française

À 4h45, le front s'allume alors que la Xe armée Mangin (dont trois divisions américaines), sans préparation d'artillerie, entre en scène. De son côté, le 21e corps de la VIe armée, commandé par le général de division Degoutte, entreprend un pilonnage systématique de la ligne principale des Allemands. La surprise joue à plein pour les Alliés. L'infanterie, appuyée dans sa progression par deux groupes de chars d'assaut Saint-Chamond (l'un de douze, l'autre de neuf), pousse en direction de Dammard, Villers-Hélon et Vierzy. Le soir, Foch peut dresser un premier bilan : les Français ont progressé de dix kilomètres

ÉPAVES DE VÉHICULES ALLEMANDS EN FORÊT DE VILLERS-COTTERÊTS.
Le secteur de Villers-Cotterêts est dévolu au 30e corps d'armée de la Xe armée du général Mangin. Ce dernier y a poussé son artillerie «pour être, comme il le dit, en mesure d'agir toujours en avant de l'infanterie».

sur un front large de cinquante kilomètres. L'avance se confirme le lendemain, puis le surlendemain. Le 21 juillet, les Allemands sont chassés de Château-Thierry par le général Degoutte. Deux jours plus tard, la poche se trouve déjà réduite de moitié. Les Allemands tiennent encore quelques positions, juste le temps d'évacuer le matériel accumulé dans la vallée de la Vesle. Il en va de même entre l'Ourcq et l'Aisne. Malgré un éphémère rétablissement, les Allemands abandonnent là aussi la partie le 25 juillet. Plus au sud, les Alliés atteignent Fère-en-Tardenois et Ville-en-Tardenois. Dans la nuit du 27 au 28 juillet, toute menace allemande sur la Marne a disparu. Le 2 août, les chasseurs de la 11e division d'infanterie atteignent les faubourgs de Soissons. Il suffit alors de deux jours pour que les hommes de Mangin, de Degoutte et de Berthelot bordent l'Aisne, puis la Vesle, de Braine à Reims. Au début du mois d'août, les divisions allemandes sont partout sur la défensive. Leur consigne se résume dès lors à un seul mot : « Tenir ! »

Foch, maréchal de France

Le 6 août, Clemenceau se rend à Bombon, en Seine-et-Marne, pour y retrouver Foch : « Voilà, lui dit-il en arrivant, un document très important que je tiens à vous lire moi-même : le général de division Ferdinand Foch est nommé maréchal de France. » Selon le décret, cette promotion n'est pas simplement « une récompense pour les services passés, mais consacrera dans l'avenir l'autorité du grand homme de guerre appelé à conduire les armées de l'Entente à la victoire définitive ».

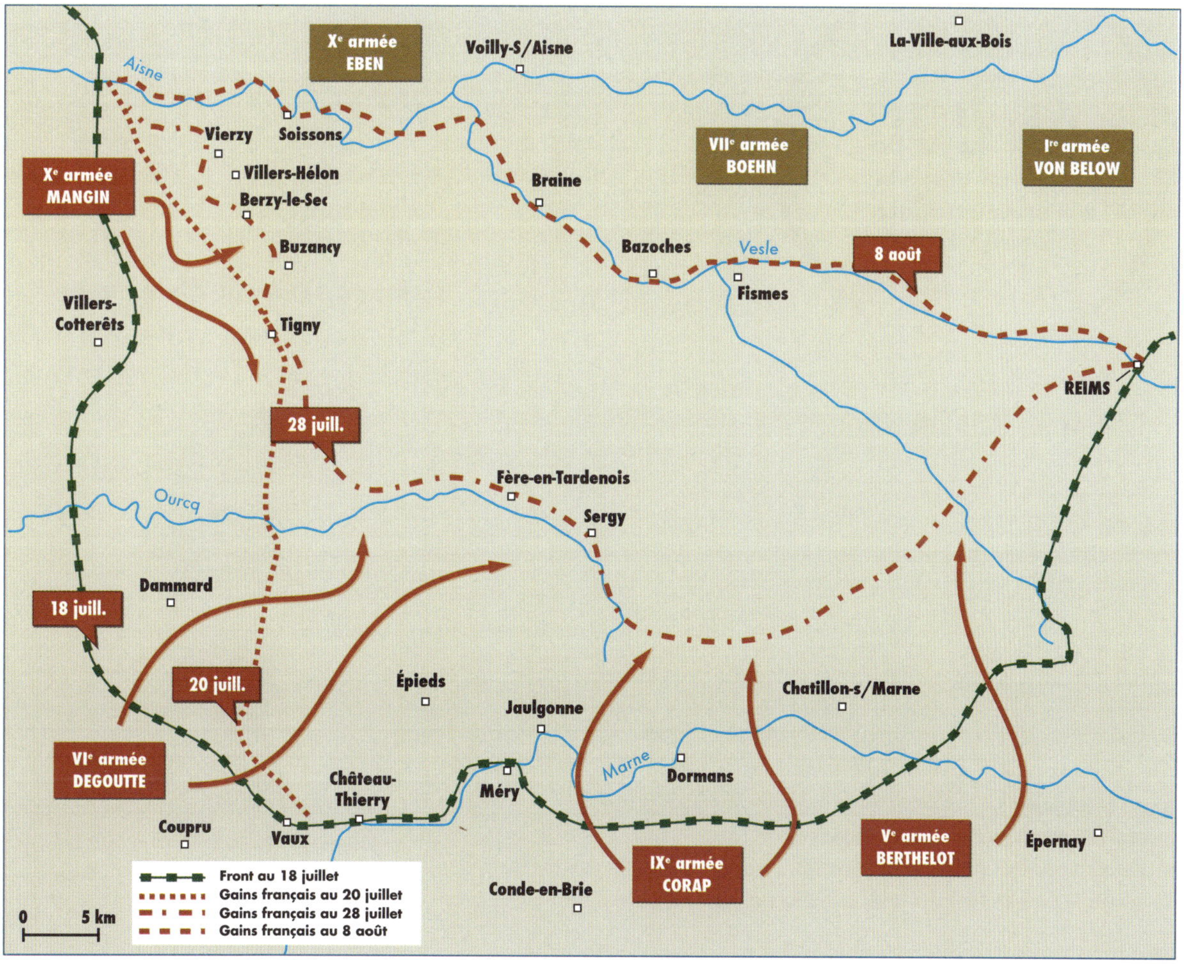

LE SAILLANT DE CHÂTEAU-THIERRY REPRIS. Les quatre armées françaises contraignent les Allemands à la retraite.

Offensive britannique sur Montdidier

De même que l'offensive du 18 juillet sur Château-Thierry, l'attaque dans le secteur d'Amiens est destinée à dégager la voie à la grande offensive que Foch entend mener dès la fin de l'été.

Sans même attendre les résultats de l'offensive du 18 juillet, Foch a convoqué, le 24 juillet, Haig, Pershing et Pétain pour leur exposer le plan d'ensemble qu'il veut vite mettre en œuvre. Dans l'immédiat, une action franco-anglaise doit réduire la poche de Montdidier, qu'il confie à la IVe armée britannique du général Rawlinson et à la Ire armée française de Debeney, placées sous la direction de Haig. L'objectif est de rejeter au-delà de la ligne Péronne-Nesle les armées allemandes du groupe Boehn (divisions du général Marwitz et du général Hutier). Foch est résolument optimiste car la balance des forces penche de plus en plus en sa faveur, comme en témoignent les signes de lassitude de l'adversaire. L'attaque de Rawlinson, menée par 12 divisions, appuyée par 400 avions et forte de 450 chars, démarre le 8 août à 4 h 30 sans préparation d'artillerie. Une fois de plus, l'ennemi est pris totalement par surprise. En effet, Canadiens et Anzac « tombent » littéralement sur un adversaire désemparé dans les rangs duquel les chars sèment la panique. Au bout de quelques heures, 7 divisions allemandes retraitent en désordre.

46 000
Estimation des pertes allemandes, contre 22 000 chez les Alliés.

Le jour de deuil de l'Allemagne

Parallèlement, après une préparation d'artillerie aussi violente que brève (45 minutes), la gauche de Debeney, ses 90 chars Renault et ses 600 avions, se jette dans la bataille, bouscule les Allemands et poursuit sa route sur Mézières au prix de pertes minimes. Le 10 août, la IIIe armée Humbert entre à son tour en action, dépasse tous ses objectifs, fait son entrée dans la soirée à Ribécourt alors que Debeney parvient à dégager Montdidier. Du 11 au 18 août, les forces alliées continuent de progresser, mais les divisions Marwitz et Hutier réussissent à se rétablir en arrière du front. Foch se rend à l'évidence : il va falloir chercher d'autres terrains pour son action. Toutefois, l'impact de cette bataille se mesure aux dégâts psychologiques qu'elle inflige à l'ennemi. Des divisions allemandes ont battu en retraite sans

L'EAU POTABLE

Dès le début de la guerre, le ravitaillement en eau potable pose d'énormes problèmes. En effet, dans la plupart des villages, il n'y a que quelques puits à la disposition des habitants. Ce qui apparaît bien insuffisant. Aussi, l'idée de stériliser l'eau nécessaire à la troupe s'impose aux autorités militaires. Plusieurs procédés voient le jour, tels l'ébullition, l'emploi de l'ozone, l'addition de produits chimiques, dont le sulfate d'alumine, et, enfin, les rayons ultraviolets. C'est cette dernière technique qui retient l'attention des autorités sanitaires et militaires. Mais, eu égard aux difficultés de doter le front de chariots de stérilisation conçus selon le procédé de Billon-Daguerre, l'approvisionnement en eau potable restera jusqu'à la fin du conflit un casse-tête pour les armées françaises. ■

TÉMOIGNAGE

« Montdidier en ruine

Enfin, Montdidier. Spectacle terrifiant. Les arbres, les maisons sont hachés, noircis, brûlés. La Caisse d'Épargne n'offre qu'une façade déchiquetée. L'église Saint-Sépulcre gît à peu de chose près par terre. De ma maison, il ne reste que l'emplacement. [...] J'ai de la peine à retrouver ce qui fut la maison de mon fils Adolphe. Et partout c'est la même chose. La maison de Baloche : un pan de mur ; celle de M. Robert : un tas informe de briques [...].

Le maire de Montdidier, 12 août 1918 »

AUSTRALIENS DANS LE SECTEUR DE MONTDIDIER, AOÛT 1918.
Des soldats australiens prennent la pose avec une équipe de char d'assaut britannique en août 1918.

opposer leur résistance habituelle. Dans ses *Mémoires*, Ludendorff écrira : « Le 8 août est le jour de deuil de l'armée allemande. Dans l'histoire de cette guerre, je ne vécus pas d'heures plus pénibles. » Après avoir présenté sa démission – refusée par l'empereur Guillaume II –, Ludendorff sollicite la réunion d'un conseil de la Couronne à Spa. Celle-ci, qui se tient le 14 août en présence de l'empereur d'Autriche, se contente de constater « qu'il n'y a plus aucun espoir de briser par des actions militaires la volonté de l'Entente ». On se sépare sur un constat amer : on ne peut guère attendre davantage des opérations militaires qu'une paralysie des Alliés par « une défense stratégique ». De son côté, Foch fait le même constat, mais avec des conclusions opposées. Il sait tenir les bonnes cartes et le soutien de Londres et de Washington lui est acquis.

PRISONNIERS ALLEMANDS, SECTEUR D'AMIENS, AOÛT 1918.
Environ 50 000 soldats allemands tombent aux mains des Franco-Britanniques lors de la bataille de Montdidier.

Le moral des Allemands se fissure

Depuis le printemps 1918, les signes de lassitude dans les rangs allemands se multiplient. Cela a commencé dans les camps d'instruction de Belgique avec la désertion de nombreux Alsaciens-Lorrains et de prisonniers allemands libérés par les Russes. En juin, des officiers de la 14e division d'infanterie se font porter malades en grand nombre. La déconfiture de l'offensive du 18 juillet sur Château-Thierry laisse également des traces. Il se murmure de plus en plus que la victoire promise se dérobe inéluctablement. Enfin, le 8 août, des troupes montant en ligne sont insultées par celles qui se replient aux cris de « prolongeurs de guerre » tandis que les refus d'obéissance se multiplient dans l'armée Hutier. Ludendorff est à la torture, qui écrit en août : « La conduite de la guerre prend désormais le caractère d'un jeu de hasard indigne du destin du peuple allemand » et en conséquence « il faut terminer la guerre ».

Offensive américaine à Saint-Mihiel

Au lendemain de l'attaque sur Montdidier du 8 août, Foch entend interdire tout répit à son adversaire. Aussi décide-t-il d'étendre encore la bataille pour faire sauter le verrou de Mézières.

Avant d'engager la totalité de ses forces de la Meuse à la mer du Nord, Foch lance trois nouvelles offensives qui, entre le 20 et le 26 août, bousculent les Allemands de Soissons à Arras. Les lignes ennemies reculent de 30 à 50 kilomètres. Forts de ces succès, les Alliés sont prêts à passer, selon les mots de Foch, à «l'offensive d'importance». Dans sa directive du 3 septembre, le généralissime français précise ses intentions : il veut étendre jusqu'à la Meuse et la mer du Nord la bataille en cours sur un front de 200 kilomètres, entre Reims et Arras. L'objectif principal est Mézières dont la conquête doit interdire à Ludendorff toute manœuvre de ses réserves. Le premier acte de cette formidable entreprise est confié aux forces américaines du général Pershing. Pour la première fois, ces dernières, jusqu'alors disséminées dans les armées alliées, opèrent pour leur propre compte en s'attaquant au secteur de Saint-Mihiel.

4 153
Pertes américaines, contre plus de 17 000 dans les rangs allemands.

LA MAIN-D'ŒUVRE ÉTRANGÈRE

Tous les pays belligérants partagent un même souci : assurer sans interruption le ravitaillement du front en armes, en matériels de toutes sortes et en nourriture. Pour pallier le manque de bras, la France fait d'abord appel à ses colonies, notamment à l'Algérie. Mais bientôt cette «réserve» ne suffit pas. Aussi l'État organise-t-il des campagnes de recrutement dans les pays étrangers, neutres ou alliés. Espagnols, Portugais, Grecs ou encore Chinois travaillent dans les usines d'armement ou participent aux travaux des champs. Certains sont même envoyés au plus près du front pour creuser des tranchées et édifier des fortifications. Dans cet appel aux «coloniaux», l'Angleterre a pris une longueur d'avance : plus de 200 000 travailleurs indiens viennent au secours de leur métropole pendant le conflit. ■

PIÈCE D'ARTILLERIE AMÉRICAINE À SAINT-MIHIEL
Cette «victoire», la toute première de l'armée américaine, va galvaniser les troupes. Mais les Allemands étaient en repli. Ce ne sera pas le cas lors de la bataille suivante, en Argonne, bataille à laquelle participeront 500 000 Américains.

DOCUMENT

« En finir bientôt !

Il faut finir la guerre victorieusement en 1919, sinon elle végétera en 1920 et expirera dans l'impuissance.

Foch à Clemenceau, le 20 août »

Repli allemand

En effet, la poche de Saint-Mihiel, tenue depuis septembre 1914 par les Allemands, fait peser une menace sur la ligne de chemin de fer Paris-Nancy. Elle doit donc impérativement être conquise pour permettre à Foch de mener à bien son « offensive d'importance ». L'attaque part le 12 septembre, à l'aube, après une préparation d'artillerie de 4 heures. L'action principale est menée par les 1er, 4e et 5e corps américains, tandis qu'une action secondaire repose sur le 2e corps colonial français. Au total, 216 000 Américains – et 200 000 en réserve – ainsi que 48 000 Français prennent part à la bataille. Dans le ciel, quelque 1 500 avions de l'Entente apportent un appui précieux aux troupes au sol. L'attaque trouve les Allemands en plein mouvement de repli. En effet, Ludendorff, à court d'hommes et informé de l'offensive en cours, a décidé de se retirer du saillant pour s'établir sur une ligne moins étendue et plus facile à défendre. C'est donc au moment de ce repli que les Américains fondent sur l'adversaire, profitant du retrait en cours de l'artillerie allemande. Pershing, surpris par la relative facilité de la première attaque de ses hommes, ordonne aussitôt à ses commandants de faire accélérer la progression. Trois jours plus tard, le saillant de Saint-Mihiel est aux mains des Américains, ainsi que 16 000 prisonniers et 400 canons. Pershing peut alors envoyer ses hommes vers l'ouest pour qu'ils prennent toute leur part à la poursuite de la grande offensive des Alliés (voir 26 septembre). ●

LES SAMMIES DE PERSHING

Les mœurs des soldats venus du Nouveau Monde ne sont pas sans étonner les poilus et les « Tommies ». Les « Sammies » utilisent des gamelles en aluminium et consomment des boîtes de conserve. Ils fument des cigarettes blondes (tandis que les poilus préfèrent le tabac brun), jouent au base-ball, et la musique (dont les premiers airs de jazz) rythme leurs journées. Autre particularité, l'hygiène est chez eux une obsession. Ils prennent plusieurs douches par jour — quand c'est possible — et sinon recherchent fréquemment des points d'eau pour se laver. Mais ces soldats n'ont pas toujours une bonne réputation. Il leur arrive d'avoir un penchant avéré pour la « gazoline », autrement dit l'eau-de-vie de mirabelle ! On trouve aussi parmi eux quelques coureurs de jupons. Enfin, ils conduisent leurs voitures à tombeau ouvert sur des routes justes bonnes pour des charrettes, ce qui ne va pas sans causer des accidents.

UN SOLDAT AMÉRICAIN EN SEPTEMBRE 1918. Souriant malgré sa blessure, ce jeune homme affiche une fraîcheur due à son arrivée récente sur le champ de bataille.

L'aviation à Saint-Mihiel

Afin de s'assurer que l'opération contre Saint-Mihiel ait les meilleures chances de réussir, les Alliés ont choisi de déployer des moyens aériens particulièrement imposants destinés à soutenir la trentaine d'escadrilles que compte l'aviation américaine. Ainsi, les Français déploient les 600 avions de leur 1re division aérienne. Pour leur part, les Anglais alignent une centaine de bombardiers. Italiens, Portugais et Belges ne sont pas en reste, représentés chacun par une escadrille. Au total, la force interalliée compte 700 chasseurs, 326 avions d'observation, 323 bombardiers de jour et 95 de nuit. En dépit des mauvaises conditions météorologiques, les reconnaissances lointaines sont menées à plus de 60 kilomètres en arrière des lignes. Le 19 septembre, Frank Luke, le plus célèbre des pilotes américains, trouve la mort. En huit jours, il avait remporté 14 victoires, dont 5 en huit minutes. ■

15 SEPTEMBRE 1918

Percée française dans les Balkans

Depuis que les Grecs ont rejoint le camp de l'Entente, la Bulgarie doute d'avoir fait le bon choix en se rangeant aux côtés des Empires centraux. La réorganisation de l'armée serbe, un temps repliée à Salonique, et de nouveau présente dans les Balkans, permet aux Français de lancer une grande offensive contre les Bulgares.

Le renforcement des unités grecques permet à l'état-major français d'envisager une grande offensive sur le front d'Orient, dans l'actuelle Serbie. Pour la première fois, les Alliés disposent d'une nette supériorité sur leurs adversaires. À l'exception de quelques unités allemandes et austro-hongroises, il s'agit principalement de 400 000 soldats bulgares au moral plus que défaillant. À Sofia, compte tenu des revers de Ludendorff sur le front occidental, on commence en effet à douter sérieusement des chances de l'allié allemand de remporter la victoire. Le 14 septembre, à 8 h, 650 pièces d'artillerie commencent à pilonner les positions bulgares. Le lendemain, à 5 h 30, la 122e et la 17e division d'infanterie coloniale ainsi qu'une division serbe passent à l'attaque. Bien que les Bulgares opposent une vive résistance, ils ne peuvent empêcher Français et Serbes de s'emparer des positions essentielles du Sokol (1 825 m), du Dobropoljé (1 875 m), du Kravitza (1 771 m) et du Vetrenik (1 740 m). Au cours de la nuit du 15 au 16 septembre, les Serbes enlèvent le mont Koziak, dont la chute interdit aux Bulgares tout espoir de résister. Le 18 septembre, le front bulgare se trouve enfoncé sur 25 kilomètres. De son côté, le général Franchet d'Espèrey, commandant en chef des armées alliées à Salonique depuis juin, lance les divisions serbes dans le dispositif ennemi. Elles parviennent à déborder les unités allemandes qui renoncent à se rétablir. Le 29 septembre, les Serbes atteignent la frontière bulgare. Devant cette déferlante appuyée par l'aviation alliée, le Premier ministre bulgare Alexandre Malinov démissionne et l'armée capitule. L'armistice est signé à Salonique le même jour.

LE POILU FRANÇAIS D'ORIENT

La Légion est représentée par un bataillon, l'Afrique du Nord par ses zouaves, ses tirailleurs, ses chasseurs d'Afrique et ses spahis marocains; l'Afrique noire a envoyé des bataillons sénégalais. Enfin, des Malgaches côtoient des Indochinois. Dans cet ensemble cosmopolite, chacun dispose de trois coiffures : le casque d'acier, le casque colonial et, en fonction des armes, le calot, le béret ou la chéchia. Suivant la saison, le poilu d'Orient est vêtu d'une tenue de drap ou de toile. En été, une moustiquaire complète le barda. En ce qui concerne l'alimentation, on ne connaît guère que l'alternance du « singe » et du riz, le tout arrosé d'un vin grec résiné dont les anciens d'Orient garderont l'amer souvenir. ■

UNE CARICATURE DU POILU D'ORIENT. Ce dessin a été offert au général Franchet d'Espèrey qui l'a annoté de sa main.

Victoires britanniques en Palestine

Disposant depuis le mois de juillet d'environ 45 000 hommes et de 500 canons en Palestine, les soldats britanniques du général Edmund Allenby sont bien décidés à en chasser les troupes ottomanes.

Depuis le début de l'année, les Allemands s'emploient à rétablir leurs forces et celles des Turcs pour reconstituer un front en Palestine. Celui-ci est en effet menacé depuis que les Britanniques ont conquis Gaza (17 avril 1917) et Jérusalem (9 décembre 1917). Ce front, d'une centaine de kilomètres, est tenu par les VIIe et VIIIe armées ottomanes entre la mer et le Jourdain. Une autre armée, la IVe, est déployée en renfort entre le Jourdain et la voie ferrée de Damas au Hedjaz. Jusqu'au début de l'été, les forces turques commandées par le général allemand Liman von Sanders font échec au prix de lourdes pertes à toutes les opérations secondaires britanniques du général Edmund Allenby. Ce dernier décide de lancer une vaste offensive en septembre. Le moment est bien choisi. Les opérations secondaires ont épuisé l'adversaire, permettant ainsi au Britannique de rassembler d'imposants moyens. Par ailleurs, tout indique que l'armée turque est très affaiblie. Ses troupes sont mal nourries, mal vêtues, mal ravitaillées. Enfin, désertions et mutineries se multiplient. Allenby dispose de 35 000 hommes, de 9 000 cavaliers, de 383 pièces d'artillerie et du soutien massif de l'aviation; une force conséquente qu'il oppose aux 8 000 Turcs, qui ne disposent que de 130 canons. Le 19 septembre, à 4 h 30, après une courte et violente préparation d'artillerie, l'attaque débouche enfin. Elle submerge littéralement les positions turques de la VIIe armée. Son commandant, Mustapha Kemal, est chassé de Naplouse. Les Turcs sont mis en déroute avec l'entrée en action de l'aviation britannique. L'armée d'Allenby, qui au soir du 19 septembre a déjà progressé de 30 kilomètres, pénètre dans Damas le 1er octobre. La défaite des Turcs est totale et bientôt les grandes villes de la région tombent une à une : Beyrouth est aux mains des Français le 7 octobre, Homs est dépassé le 16 octobre et Alep est investi par les Britanniques le 25 octobre. Le 30, la Turquie capitule à Moudros.

L'armistice de Moudros

L'avancée fulgurante des Britanniques, épaulés par les forces arabes de Fayçal, a créé un choc à Constantinople. Le 7 octobre, Enver Pacha cède la place à un nouveau grand vizir, Izzet Pacha. Celui-ci, déterminé à signer la paix le plus rapidement possible, convoque le général anglais Townsend, fait prisonnier à Kut el-Amara en 1916. Il lui demande de négocier avec Londres la conclusion immédiate d'un armistice et la protection de l'Angleterre. Le 20 octobre, Townsend prend la mer à Smyrne et rejoint Moudros. Le 26 octobre, les représentants turcs sont reçus à bord du cuirassé *Agamemnon* où l'armistice est signé le 30 octobre. La Turquie doit rompre avec les Empires centraux, démobiliser ses armées. Les Alliés occupent les forts de Constantinople, les Dardanelles, le Bosphore, Batoum et Bakou ainsi que les tunnels du Taurus.

ENVER PACHA, À GAUCHE, ET DJEMAL PACHA. Enver Pacha, ministre de la Guerre et chef d'état-major, est avec Djemal Pacha, ministre de la Marine, gouverneur militaire de Syrie, et Talaat Pacha, l'un des membres du triumvirat jeune-turc à la tête du pays de 1913 à 1918.

Assauts en Champagne et en Argonne

La victoire du 12 septembre des Américains à Saint-Mihiel n'était, aux yeux de Foch, qu'une opération périphérique par rapport à la grande offensive qui doit bousculer les Allemands et dont le premier acte se joue en Champagne et en Argonne.

Dans l'esprit du désormais maréchal Foch – depuis le 6 août –, la grande offensive dont il a présenté le plan le 3 septembre se confond avec la bataille pour Mézières. L'attaque qui met en jeu les 27 divisions de la IVe armée Gouraud et les 16 divisions de Pershing se déploie le 26 septembre au matin sur un front de quelque 70 kilomètres entre la Meuse et la Suippe. La première position tombe facilement, mais les Allemands se ressaisissent rapidement et c'est au prix de lourdes pertes que les Américains parviennent, le 27 septembre, à s'emparer de l'observatoire de Montfaucon, entre l'Argonne et la Meuse. Les Français de Gouraud rencontrent les mêmes difficultés. Après avoir enlevé Navarin et Tahure, Le Mesnil et la Main de Massiges, ils abordent Somme-Py après une éprouvante progression de 6 kilomètres. Le 30 septembre, leur action est épaulée par la Ve armée du général Berthelot sur les rives du canal de l'Aisne à la Vesle. Mais à ce moment, les troupes américaines se trouvent totalement bloquées : leurs formations compactes sont fauchées par le tir de mitrailleuses pourtant tenues par des Allemands en petit nombre et épuisés. À l'arrière, la situation est confuse. En effet, l'état-major de Pershing ne réussit pas à alimenter en hommes et en matériel une telle bataille ; pis, dans l'Argonne, les embouteillages sont devenus inextricables. À l'évidence, les Américains, pourtant gonflés par leur succès à Saint-Mihiel, ne parviennent pas à progresser. Sans doute pensent-ils n'avoir plus rien à apprendre, eux qui ont

À L'INTÉRIEUR D'UN SAINT-CHAMOND

Il s'agit du plus imposant des blindés de la Grande Guerre. Il mesure en effet 7,90 m de long, 2,67 m de large et 2,34 m de haut. L'équipage se compose de 9 hommes, tous vêtus d'une veste de cuir et armés d'un poignard et d'un pistolet. Le chef du char est toujours un officier : c'est lui qui pilote l'engin. À l'avant, prennent place les deux servants du canon de 75 mm, lequel dispose d'une réserve de 106 obus. Quatre autres soldats sont en charge des quatre postes de mitrailleurs. À ces hommes s'ajoutent un sous-officier et un mécanicien, lequel est chargé du moteur Panhard de 90 ch. Le réservoir emporte 250 litres d'essence, ce qui confère au Saint-Chamond une autonomie de 10 heures. ■

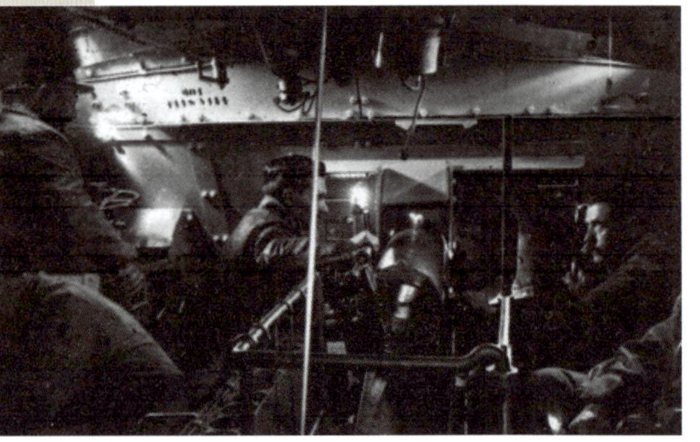

AU CŒUR D'UN BLINDÉ SAINT-CHAMOND. On peut voir l'un des deux servants du canon de 75 mm et, à gauche, l'officier en charge du pilotage.

déclaré à Weygand, peu avant l'attaque : « Pendant que vous vous battiez, nous réfléchissions et nous savons maintenant ce qu'il faut faire. »

Des résultats encourageants

Pour Foch, il est clair que l'allié américain est en train de manquer sa « première » sur la Meuse. Aussi, le généralissime français décide, pour l'appuyer, de lui envoyer un groupement franco-américain aux ordres du général Hirschauer, commandant de la IIe armée française. Le 4 octobre, l'offensive repart. Pershing, qui en a la charge, étend sa zone d'action jusqu'à la rive droite de la Meuse alors tenue par le 17e corps français du général Claudel. Il faudra encore une semaine de combats acharnés pour que les Franco-Américains parviennent, le 12 octobre, au contact de la position allemande, de Rethel à Brieulles-sur-Meuse. Les résultats de la bataille sont prometteurs malgré les difficultés rencontrées par les Américains. Manquant d'expérience au combat, les hommes de Pershing ont dû ralentir leur progression et réorganiser leur ligne d'attaque. Malgré cela, les troupes du général Pershing ont contribué à amorcer le reflux de l'armée allemande vers Sedan, accélérant la libération du territoire. Du côté allemand, le bilan est accablant. Les Ire, IIIe et Ve armées, qui ont dû engager toutes leurs réserves, sont à peu près hors d'état de continuer la lutte. Devant Gouraud, sur 13 divisions allemandes, trois ont été détruites : les 42e et 103e et la division de réserve bavaroise, qui ont laissé entre les mains des Alliés les trois quarts de leurs effectifs. Trois autres sont inutilisables parce que décimées et devront être dissoutes. Enfin, sept ont éprouvé des pertes considérables, mais luttent encore, avec des effectifs très réduits, sans qu'il soit possible de les renforcer. ●

TÉMOIGNAGE

« Un terrain favorable aux Allemands

C'est le terrain le plus propice à la défensive que j'aie jamais vu ou dont j'aie entendu parler ; la nature l'a particulièrement bien pourvu en positions favorables aux feux croisés et aux tirs de flanquement, sans parler des possibilités de camouflage.

Lieutenant-colonel Hugh A. Drum, chef d'état-major de la Ire armée américaine »

SOLDATS AMÉRICAINS EN ARGONNE. Les Alliés pointeront souvent l'incroyable optimisme dont font preuve les Américains et leur insouciance devant le feu, la plupart d'entre eux n'ayant jamais fait la guerre.

MITRAILLEURS DE LA Ve ARMÉE ALLEMANDE EN ARGONNE. Au début du mois d'octobre, la Ve armée du général von der Marwitz est très diminuée.

Les Britanniques forcent la ligne Siegfried

Au moment où les divisions de Pershing et de Gouraud lancent leurs offensives au sud des défenses allemandes, le centre du dispositif ennemi est attaqué par le groupe d'armées britannique du maréchal Haig. Il s'agit d'enfoncer la fameuse ligne Siegfried, obstacle majeur de la défense allemande.

Afin de dégager son flanc nord, Haig lance le 27 septembre la Ire armée Horne et la IIe armée Byng en direction de Cambrai. Ludendorff oppose aux Franco-Britanniques une masse à peu près égale de 30 divisions, mais dont le moral est en baisse sensible et composées en partie de recrues de la classe 1920. L'attaque des Britanniques progresse de 7 kilomètres en deux jours. Face à Cambrai, les verrous de Marquion et Marcoing sautent, laissant les troupes du général Byng arriver aux portes de la ville. Durant les trois jours qui suivent, les combats se poursuivent le long du canal de Saint-Quentin. Les troupes allemandes exténuées par les combats cèdent du terrain.

Les chars sont décisifs

Le 29 septembre, la IVe armée Rawlinson entre en scène pour faire porter son effort au centre du dispositif des XVIIIe et IIe armées allemandes, c'est-à-dire au cœur de la ligne Siegfried. L'offensive de Rawlinson, appuyée par 275 chars lourds, est accompagnée plus au sud par la Ire armée française Debeney. Celle-ci doit déborder Saint-Quentin. C'est chose faite et, le 2 octobre, la ville est libérée par le 15e corps de l'armée Debeney. Le même jour, les fantassins de la Ve armée britannique du général Birdwood investissent Armentières. Subissant de toutes parts la pression des forces alliées, les Allemands sont obligés de se retirer de Lens, laquelle est libérée le 3 octobre par la Ire armée britannique Horne. Celle-ci progresse aussitôt en direction de Douai. Les Britanniques parviennent dans ses faubourgs le 12 octobre mais doivent marquer le pas le 17 octobre car les Allemands ont provoqué des inondations non sans avoir évacué auparavant la population. Depuis le début du mois de septembre, la ville est systématiquement pillée par des « compagnies de butin » chargées d'envoyer en Allemagne tous les « objets nécessaires aux besoins de la guerre ».

LA LIGNE SIEGFRIED

C'est pendant la dernière partie de la bataille de la Somme (juillet-novembre 1916) que l'état-major allemand prend la décision d'édifier une ligne de défense très en arrière du front existant. Il s'agit d'un système constitué de zones fortifiées reliées entre elles par des cordons défensifs, qui doit s'étendre de la mer du Nord à Verdun. La ligne Hindenburg est formée de cinq zones opérationnelles, dont les noms sont tirés de la mythologie germanique : soit, du nord au sud, les lignes Wotan, Siegfried, Alberich, Brunhilde et Kriemhilde. La plus puissante est la ligne Siegfried. Déployée de Lens à Reims, sur 160 km, elle a été réalisée grâce au recours à plus de 500 000 ouvriers, des civils allemands et des prisonniers de guerre russes. Elle est constituée de tranchées larges de 4 km et profondes de 5 m, ainsi que d'abris souterrains. En outre, trois kilomètres environ devant la ligne principale, a été disposée une ligne d'avant-postes, plus légèrement défendue, destinée à ralentir les troupes assaillantes. ■

Une brèche entre Cambrai et Saint-Quentin

Au centre de la ligne Siegfried, entre Cambrai et Saint-Quentin, de violents combats continuent d'opposer les Alliés et les derniers défenseurs allemands. Il faut encore huit jours de progression pour que les troupes de Byng, de Rawlinson et de Debeney parviennent à bout de la résistance acharnée de l'ennemi. Mais rien ne semble pouvoir s'opposer à la volonté des Alliés : Cambrai et Le Cateau sont dépassés les 9 et 10 octobre. Trois jours plus tard, Debeney atteint La Fère. Toutefois, les Franco-Britanniques doivent marquer un temps d'arrêt car ils se heurtent maintenant aux lignes de défense de la deuxième position allemande. Les Alliés mettent à profit cette pause pour organiser les communications à travers toute la zone conquise. Dans le camp adverse, la consternation règne. Alors que Ludendorff pensait pouvoir tenir ses positions défensives plusieurs mois, elles ont été forcées en une semaine et 36 000 prisonniers et 380 canons y sont restés. Une large brèche de 55 kilomètres de long s'est formée de Cambrai à Saint-Quentin : le centre des armées allemandes n'est plus couvert. ●

DOCUMENT

« Épuisement allemand

C'est à peine si les soi-disant jours de repos sont suffisants pour reconstituer nos unités détruites ou disloquées, pour leur envoyer des renforts, pour verser les effectifs des divisions dissoutes dans d'autres unités. Officiers et hommes de troupe tombent d'épuisement. Certaines scènes de défection et de découragement ne peuvent amoindrir en moi la grandeur de ces combats héroïques.

Hindenburg, 5 octobre 1918 »

La libération de Cambrai

Cambrai, qui est occupé depuis le 26 août 1914, a connu toutes les rigueurs de l'administration allemande. Son maire, M. Ramette, a été déporté en Allemagne, où il a trouvé la mort. Le 3 septembre, alors que la bataille se rapproche, les Allemands ont organisé l'évacuation des habitants vers la Belgique. Le 9 octobre, les Canadiens entrent dans la ville par la porte de Paris et maîtrisent l'incendie allumé par les Allemands avant leur départ. Dans leurs malheurs, les Cambrésiens ont été soutenus par Mgr Chollet, leur archevêque, qui s'est élevé contre les sévices infligés à la population. ■

PRISONNIERS ALLEMANDS. Ces soldats allemands portent un camarade blessé à un poste de secours américain, escortés par un « Sammy ».

Attaques alliées des Flandres à la Meuse

Parallèlement aux opérations menées avec succès en Champagne et contre la ligne Siegfried, Foch a choisi de « jouer » conjointement dans les Flandres le troisième acte de l'offensive dont il attend l'effondrement militaire de l'Allemagne. C'est chose faite le 4 novembre.

C'est le 9 septembre à Cassel que Foch a fixé au 28 du mois le déclenchement de l'opération destinée à reconquérir la région au nord de la Lys si disputée depuis quatre ans. Aussi a-t-il constitué le 19 septembre le groupe des armées alliées de Flandres (GAF). Celui-ci comprend l'armée belge (12 divisions), la IIe armée Plumer (8 divisions), deux corps d'armée français (3 divisions). Le commandement général est confié au roi Albert assisté du général Degoutte en tant que chef d'état-major. Du côté allemand, l'armée de von Armin ne compte que 8 divisions de valeur médiocre : elle attend l'assaut derrière des positions défensives bien moins solides que la ligne Siegfried. Les Alliés se sont accordés pour offrir aux Belges l'honneur du premier effort : à eux donc de réaliser la rupture.

270 000
Pertes françaises entre le 1er août et le 1er octobre.

SOLDATS ALLIÉS DANS LES FLANDRES. Lors de l'ultime offensive, Foch a sous ses ordres 212 divisions, dont 102 françaises, 60 britanniques, 2 polonaises, 2 portugaises, 12 belges, 1 tchèque, 2 italiennes et 31 américaines.

Les Allemands acculés à la retraite

Le 28 septembre, à 3 h 30, se déclenche la préparation d'artillerie qui, deux heures durant, pilonne les positions ennemies. À 5 h 30, Belges et Anglais partent à l'assaut par une nuit d'automne pluvieuse et glaciale. D'un seul élan, la 7e division belge franchit barbelés, abattis d'arbres et barricades et borde la lisière de la forêt d'Houthulst. De son côté, la 1re division parvient à chasser les Allemands de Woumen tandis que la 10e division s'empare du lac et du château de Blanckaert où les Allemands se font tuer sur place. Les autres divisions belges se lancent à l'assaut des pentes débouchant sur le plateau de Weestrosebeke, abordant ainsi la seconde ligne de défense adverse. Enfin, les 12e et 18e divisions prennent d'assaut la fameuse crête de Passchendaele devant laquelle Britanniques et Canadiens avaient compté en novembre 1917 leurs morts par dizaines de milliers après une vaine bataille

TÉMOIGNAGE

« À l'assaut de Villers-le-Sec

À 5 h 25, le bataillon se met en place sur sa base de départ. L'atmosphère est empuantie par les relents de gaz. L'artillerie allemande demeure, en effet, très active, et plaque régulièrement de terribles barrages panachés d'obus toxiques. À 6 heures, à travers les paquets de brume, les fantassins, masqués et terreux, se mettent en marche. Les chars foncent sur les mitrailleuses ennemies et les premiers postes allemands, surpris et épouvantés, doivent se rendre. À 6 h 45, les fusées rouges françaises montent dans le ciel gris, annonçant la conquête du premier objectif.

Souvenir d'un officier, secteur d'Amiens, 25 octobre 1918 »

L'AUTOCHIR

En chirurgie, des progrès spectaculaires sont réalisés en France avec la création des « autochirs », un raccourci lexical pour désigner des « automobiles chirurgicales ». Celles-ci sont capables de se déplacer avec personnel et matériels ou de transporter des équipes chirurgicales mobiles parfois à moins de 3 kilomètres du front. La première ambulance chirurgicale automobile, qui voit le jour en 1914, était équipée d'une salle d'opération mobile à deux tables avec un matériel de stérilisation et de couchage nécessitant trois camions. Son personnel était composé de 2 chirurgiens et de 25 infirmiers. Elle fut perfectionnée en 1915. ■

UNE AUTOCHIR. **Bien que les sources datent ce modèle de 1914, il est probable qu'il s'agisse là d'un modèle plus tardif.**

de quatre mois (voir p. 232). Cette fois, il a suffi d'une seule journée pour atteindre l'objectif. Au sud de la route d'Ypres à Zonnebeke, Plumer lance ses 2e et 19e corps contre les collines bordant le secteur qui, en avril 1915, avait connu la première attaque aux gaz.

Un océan de boue

Le 29 septembre, les Allemands, débordés de toutes parts, perdent au nord Clerken, Dixmude et Eissen. La IIe armée Plumer achève, en enlevant Messines, le nettoyage de la crête de Wytschaete-Messines et s'empare de Koelenberg. En deux jours de combats, les Allemands viennent d'abandonner 9 000 prisonniers et 200 canons. La météorologie offre un court répit aux Allemands. Sous une pluie battante, les terres argileuses des Flandres se sont transformées en quelques heures en un bourbier où s'enlisent troupes et artillerie. Foch ne peut que constater que son offensive est engluée dans la boue. En effet, dans les jours qui suivent, le mauvais temps redoublant, aucun progrès significatif n'est réalisé. Foch doit donc se résigner à reprendre les opérations sur une base et avec des moyens nouveaux. Pourtant, en face, les conséquences stratégiques de l'offensive du GAF ne tardent pas à se manifester. Dans la nuit du 1er au 2 octobre, le Kronprinz de Bavière se résout à l'indispensable sacrifice : il fait décrocher la IVe armée von Quast sur un front de 35 kilomètres d'Armentières jusqu'au sud de Lens. Aussitôt, la Ve armée (Birdwood) et la Ire armée (Horne) se jettent sur les talons des Allemands. Birdwood et Horne se trouvent dès lors à bonne distance d'assaut du saillant Tourcoing-Lille-Douai qu'ils enserrent de toutes parts.

›››

Foch relance son offensive de la mer à la Meuse

Le 10 octobre, Foch lance une nouvelle directive en fixant à chacun sa zone d'intervention : le groupe d'armées des Flandres et les Britanniques opéreront de la mer à la Sambre; le groupe d'armées Fayolle prend en compte la région entre la Sambre et la Serre; enfin, le secteur de Mézières est dévolu aux Américains. Le 15 octobre, la Lys est atteinte à Courtrai et à Menin. Le 17 octobre, Lille est aux mains des Anglais. Les jours suivants voient les Alliés border Thourout, Ostende, Zeebrugge et Bruges. C'est dans cette cité que le roi Albert fait son entrée le 25 octobre. Gand est à portée du GAF, la ville ayant été évacuée le 24 octobre. En revanche, plus au sud, la situation est plus délicate. En effet, le 17 octobre, les Britanniques de Rawlinson et les Canadiens de Byng se heurtent à la position Hermann, entre Tournai et Le Cateau. Il leur faut encore quelques jours de combats pour s'emparer du Cateau et de Solesmes. Le 24 octobre, ils seront devant Landrecies et Valenciennes. Du côté de Debeney, on progresse en direction de Guise. Dans le sud du dispositif ennemi, les armées Mangin, Guillaumat et Berthelot attaquent vainement en direction de Sissonne, une position défensive que Ludendorff entend défendre à tout prix pour évacuer l'énorme quantité de matériel accumulé sur ses arrières. Dans le secteur américain, entre Argonne et Meuse, les choses n'avancent pas comme le voudrait Foch.

ENTRÉE DU ROI ALBERT ET DE LA REINE ÉLISABETH À GAND.
Le 12 novembre, les Allemands abandonnent la ville après quatre années d'occupation.

Libération de Valenciennes

De plus, Pershing vit de plus en plus mal sa subordination au généralissime français. Aussi ce dernier décide-t-il, pour ménager son ombrageux allié, de constituer un groupe d'armées américain aux ordres de Pershing. Ce groupe comprend la Ire armée américaine et la IIe armée française. Dès lors, Foch peut, dans une dernière directive en date du 19 octobre, fixer les objectifs des quatorze armées placées sous son commandement : Bruxelles revient au roi Albert; Haig et la gauche française (VIe armée du général de Boissoudy) rejetteront l'ennemi dans les Ardennes; au sud, Guillaumat et Gouraud lanceront deux attaques concentriques, l'une entre la Sarre et l'Aisne, l'autre entre l'Argonne et la Meuse. Pour les Allemands, la catastrophe n'est plus qu'une question de jours. Entre le 22 octobre et le 3 novembre, les troupes du roi Albert abordent l'Escaut, en amont de Gand et à Tournai. Valenciennes est libérée par les Alliés le 2 novembre. Le 8 novembre, ils entrent dans Maubeuge, franchissent l'Oise en amont de Guise. Entre-temps, Gouraud, Guillaumat et les Américains atteignent la Meuse dans le secteur de Sedan. Pour leur part, Debeney et

3 novembre, signature de l'armistice italo-autrichien

Depuis sa défaite sur le Piave (voir 13 juin 1918), l'Autriche-Hongrie est en sursis. Alors que le général italien Diaz prépare sa grande offensive, des unités hongroises se mutinent. Cette fois, l'adversaire est très affaibli. Le 24 octobre, les Italiens déclenchent la bataille de Vittorio Veneto qui se solde par la défaite des troupes de l'empereur Charles d'Autriche. Aussitôt la Hongrie proclame son indépendance et la république, bientôt suivie par l'Autriche qui abolit la monarchie et devient elle aussi une république. L'Assemblée de Vienne déclare l'empereur Charles Ier hors la loi. La jeune république signe un armistice avec l'Italie à Padoue le 3 novembre. L'Allemagne a perdu son dernier allié. ■

Rawlinson marchent sur La Capelle, Chimay et Avesnes. L'encerclement des armées allemandes se précise. Aussi, pour l'éviter, la Direction suprême, où le général Groener vient de remplacer Ludendorff, démissionné par le nouveau chancelier Max de Bade le 26 octobre, décide le 4 novembre de replier toutes ses divisions sur la ligne Anvers-Meuse, un secteur qui n'est pratiquement pas aménagé.

La démoralisation allemande

Rien ne peut désormais entraver la marche des Alliés, d'autant que Foch a autorisé la préparation d'une grande offensive en Lorraine avec pour objectifs Metz et Sarrebruck. Alors que le général de Castelnau s'apprête à l'engager, il n'aura pas la joie de rendre à la France la Lorraine annexée. Après un recul de 100 à 200 kilomètres, les Allemands ne sont plus en situation de combattre. Leurs divisions, qui quatre ans auparavant se lançaient à la conquête de l'Europe occidentale, sont exsangues. Depuis des semaines, hommes et officiers, sous-alimentés, n'ont pris aucun repos ni quitté leurs vêtements. La grippe fait des ravages ; l'artillerie a tout juste assez de chevaux pour traîner ses pièces. Lorsque l'un d'eux est abattu, chacun s'y taille une tranche pour assouvir sa faim. La parole est désormais aux diplomates et aux politiques. ●

L'ASSAUT FINAL. Sur plus de 400 km, les soldats anglais, français et alliés repoussent l'armée allemande. Quoique démoralisées et affaiblies, les troupes impériales se replient en bon ordre.

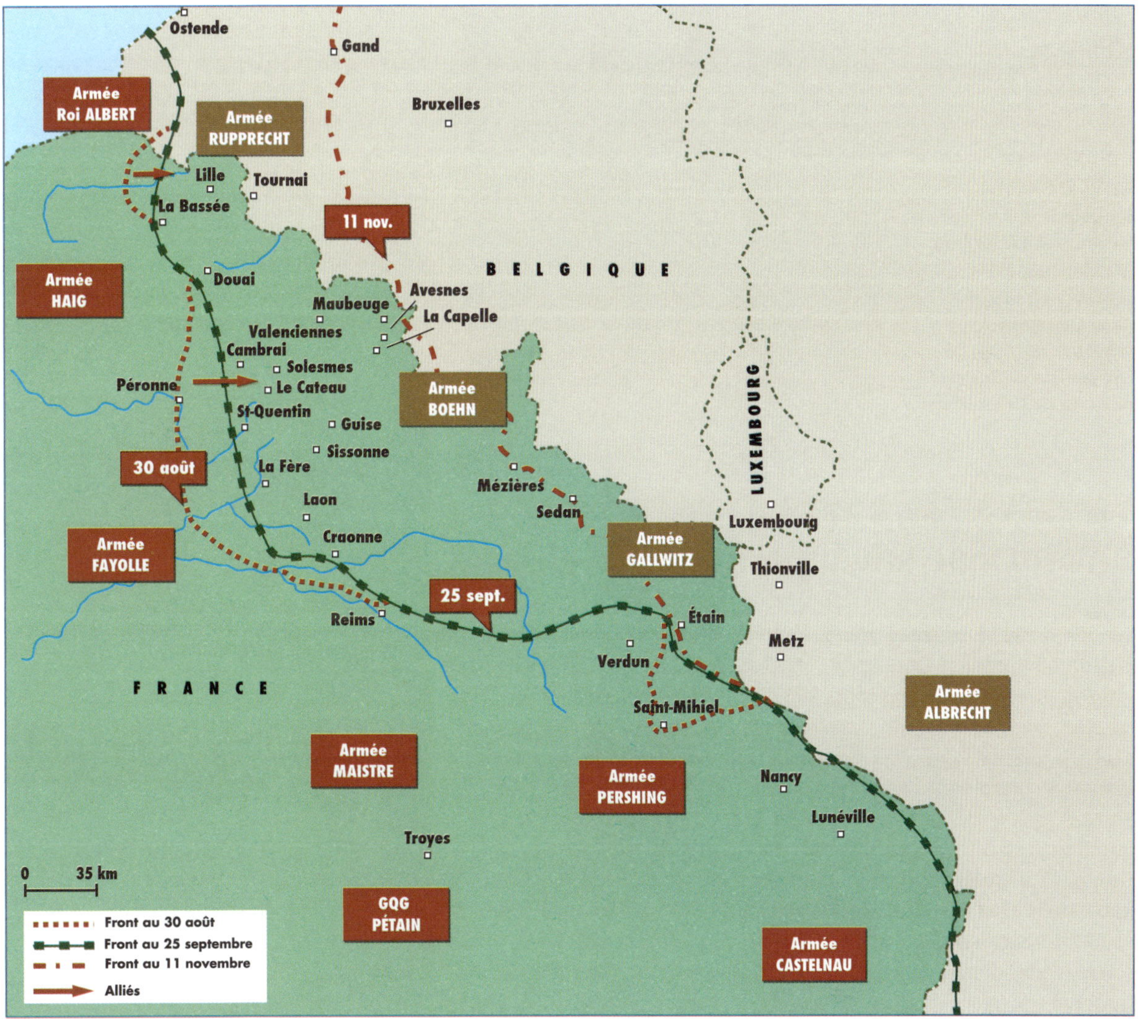

Écroulement politique de l'empire allemand

Fin septembre, alors que la grande offensive alliée embrase la Champagne, l'Argonne et les Flandres, le gouvernement allemand sait désormais que la guerre ne peut plus être gagnée. Le pouvoir, jusqu'alors tenu de main ferme par les militaires, passe aux civils, qui vont devoir supporter la responsabilité de la défaite.

Déjà lors du conseil de la Couronne qui s'était tenu à Spa le 14 août, Hindenburg avait informé le gouvernement que la guerre ne pouvait plus être gagnée. L'empereur Charles Ier d'Autriche s'était également rendu à Spa pour déclarer que son pays était à bout. Dès le 24 septembre, prenant acte du recul des armées du Reich, Hindenburg et Ludendorff, selon leur propre expression, «pèsent le pour et le contre et scrutent leur conscience». Tous deux ont compris que le moment de passer la main était venu. Le 28 septembre, Ludendorff rejoint Hindenburg dans son bureau pour lui faire part de sa décision d'offrir la paix et l'armistice. Les deux hommes tombent d'accord sur les conditions d'armistice : évacuation bien ordonnée des territoires occupés en gardant la possibilité de reprendre les hostilités. La Bulgarie anticipe la décision allemande à Spa le 29 septembre, en signant l'armistice de Salonique. Contre toute attente, Hindenburg informe les «civils» qu'il faut mettre sur pied un ministère de salut national. Au triomphalisme des derniers temps succède un chant funèbre.

LE PRINCE MAX DE BADE. Succédant le 3 octobre au chancelier Hertling, il tente, malgré les rapports accablants de la Direction suprême sur l'état de l'armée, de différer le moment de demander l'armistice.

L'Allemagne fait appel aux États-Unis

Le 4 octobre, le nouveau gouvernement demande au président Wilson de «prendre en main le rétablissement de la paix et d'inviter tous les États belligérants à désigner des plénipotentiaires à l'effet d'engager des négociations». Dans sa requête, le Reich accepte comme base des pourparlers les quatorze points de Wilson. Ce dernier fait savoir qu'il accepte un échange de notes. En réalité, les Allemands tentent de gagner du temps dans l'espoir de se rétablir militairement et donc d'être en meilleure position pour négocier. Wilson ruine cet espoir en précisant «qu'il appartient à la nation allemande de changer le pouvoir qui a fixé son sort jusqu'à présent». Ce qui signifie que la note de Wilson sonne le glas des monarchies absolues, à commencer par celle de Guillaume II. ■

TÉMOIGNAGE

« Le sentiment de solitude d'Hindenburg

La politique exigeait ses victimes. La première d'entre elles fut livrée le 26 octobre. Je quittais ce soir-là, pour rentrer au GQG, la capitale où je m'étais rendu avec mon premier quartier-maître général [Ludendorff]. J'étais seul. Sa Majesté avait accepté la démission du général Ludendorff, mais avait refusé la mienne. Le lendemain, j'entrai seul dans le bureau où nous avions travaillé côte à côte. J'éprouvai alors le sentiment qu'on éprouve au retour des obsèques d'un parent bien-aimé. Mon auguste chef nomma sur ma demande le général Groener aux fonctions de premier quartier-maître général.

Hindenburg, Mémoires »

27 octobre, Ludendorff est écarté

Alors que les positions allemandes cèdent les unes après les autres, Hindenburg et Ludendorff sont convoqués à Berlin. Ce dernier sait que la défaite militaire n'est plus qu'une question de temps. Pourtant, il ne peut s'empêcher d'évoquer l'honneur militaire et la lutte à outrance. On l'écoute poliment, mais l'empereur lui reproche d'être sur le point de lancer un ordre du jour résolument martial, contraire aux orientations du gouvernement. Le 27 octobre, Ludendorff est relevé de ses fonctions à sa demande au profit du général Groener. Les politiques estiment qu'il aura bien trop à faire pour organiser la retraite et donc qu'il ne s'immiscera pas dans les affaires purement gouvernementales. En revanche, Hindenburg n'est pas écarté en raison de son immense prestige au sein de l'armée, mais aussi de la population qui le considère comme une « légende ». ■

LE GÉNÉRAL WILHELM GROENER. Spécialiste des transports au grand état-major, il a été chargé de la production d'armement et de l'emploi de la main-d'œuvre avant de remplacer Ludendorff à la tête du grand quartier général.

Max de Bade, nouveau chancelier

Contraint à la démission, Georg von Hertling, chancelier depuis le 1er novembre 1917, est remplacé le 3 octobre par le prince Max de Bade, choisi avec l'assentiment de Guillaume II. On convient de s'adresser au président américain pour conclure un armistice immédiat et ouvrir à Washington une conférence générale pour une paix à conclure sur la base des « quatorze points de Wilson ». Le nouveau cabinet est chargé d'organiser une « révolution d'en haut » afin de prévenir une « révolution d'en bas ». Ce cabinet de guerre compte une majorité de ministres sociaux-démocrates, dont Philipp Scheidemann, secrétaire d'État sans portefeuille, et d'autres partis, démocrate – le Dr Solf aux Affaires étrangères et le vice-chancelier von Payer – ou catholique du Centre comme Erzberger (sans portefeuille). Les chefs de partis sont convoqués pour entendre le compte rendu de la situation militaire. Le délégué de Ludendorff, von dem Bussche, trace un tableau tragique de la situation : « Chaque jour rapproche l'ennemi de son but et le rendra moins disposé à conclure une paix que nous puissions accepter. Il n'y a plus de temps à perdre. » Un conseil de la Couronne se réunit le même jour, au cours duquel Hindenburg déclare : « L'armée ne peut attendre, pouvant s'écrouler d'un moment à l'autre. » Pourtant, Max de Bade se montre réticent, voyant dans l'armistice « la solution du désespoir ». Guillaume II le ramène à la raison : « Le haut commandement tient l'armistice pour indispensable. Tu n'es pas venu ici pour créer des difficultés au commandement. » Le haut commandement laisse habilement au pouvoir civil la responsabilité du choix. Ainsi s'est installée la légende du coup de poignard dans le dos de l'armée. Le 28 octobre, la Constitution est modifiée. Le chancelier dépend de la confiance du Reichstag et exerce des responsabilités accrues, et le pouvoir de l'empereur est réduit. ●

3 NOVEMBRE 1918

La flotte de la Baltique se mutine à Kiel

Alors que sur le front le général Groener s'emploie à sauver le maximum de matériel et de personnels, dont plusieurs dizaines de milliers de blessés, ce sont les marins de la flotte impériale qui refusent de continuer le combat. La révolution est en marche.

L'initiative prise par l'amiral Scheer, héros de la bataille du Jutland, de rassembler toutes les forces navales pour se jeter sur la flotte britannique dans un ultime baroud d'honneur est accueillie par les matelots comme une provocation. Le 3 novembre, les marins de la IIIe escadre, mal nourris et durement traités, refusent de participer à l'aventure. Travaillés par la propagande révolutionnaire et par l'inaction à laquelle ils sont contraints depuis plusieurs mois, les marins de Kiel arborent le drapeau rouge sur les grands bâtiments. Ils s'emparent des ports tout en déléguant les agitateurs les plus actifs dans les grandes villes, Hanovre, Brunswick, Cologne. Se constituent ainsi des « conseils d'ouvriers et de soldats » à la manière des soviets en Russie. Bientôt, le drapeau rouge est arboré dans la plupart des villes d'Allemagne. À Munich, Kurt Eisner, journaliste et membre du Parti social-démocrate indépendant, proclame la déchéance de la dynastie bavaroise. Un temps, le gouvernement pense envoyer la troupe pour ramener l'ordre, mais il y renonce. Déjà, les mutins tiennent les principaux centres ferroviaires et menacent d'affamer l'armée du front si elle intervient contre la volonté populaire. Entre-temps, le 5 octobre, Wilson a notifié au gouvernement allemand que le maréchal Foch était prêt à recevoir ses représentants et à leur communiquer les conditions d'un armistice. Menacé par la perspective d'une double catastrophe militaire et politico-sociale, le gouvernement forme à la hâte une délégation qui, sous la présidence de Matthias Erzberger, quitte Berlin le 6 novembre pour rejoindre les lignes françaises. Ce jour-là, la révolution est virtuellement maîtresse de Berlin.

MANIFESTATION À BERLIN.
Des ouvriers d'une usine d'armement et des matelots révolutionnaires défilent à Berlin sous des drapeaux rouges.

L'abdication de Guillaume II

Dans la capitale, le maintien de Guillaume II au pouvoir est remis en question. Le secrétaire d'État Scheidemann demande au

DOCUMENT

« L'exultation du président français

Citoyens ! Je suis informé que l'empereur Guillaume II s'est enfui et s'est réfugié en Hollande. La victoire est à nous ! Vive la France ! Vive les Alliés !

Discours de Raymond Poincaré aux habitants de Denain, 9 novembre 1918 »

chancelier Max de Bade l'abdication du Kaiser. Ce dernier s'est réfugié à Spa sous la protection de ses généraux, Hindenburg et Groener, lesquels lui restent liés par leur serment de fidélité. L'empereur s'obstine. Il envisage même de lever quelques régiments pour mater les agitateurs. On lui oppose que tous les dépôts sont déjà aux mains des insurgés. Tandis que l'empereur tergiverse, le 7 novembre, à minuit, Foch reçoit le message du commandement allemand faisant connaître le nom des plénipotentiaires chargés de négocier une suspension d'armes « dans l'intérêt de l'humanité ». Deux jours plus tard, en fin de matinée, quelques heures avant l'offre du poste de chancelier à Ebert et la proclamation de la République, Max de Bade, de sa propre initiative, publie la renonciation du souverain et du Kronprinz à la couronne. Dans la nuit du 9 au 10 novembre, Guillaume II prend le train pour les Pays-Bas. Quant à la délégation allemande, qui a quitté Spa le 7 novembre à midi, elle n'atteint le front français près de La Capelle que dans la soirée. Elle est alors conduite à Tergnier où un train l'attend. Celui-ci s'arrête à 7 h, le 8 novembre, dans la clairière de Rethondes, dans la forêt de Compiègne, à proximité du train du maréchal Foch. C'est dans un wagon français que se soldent plus de quatre ans d'une effroyable hécatombe.

Liesse et attente enfiévrée à Paris

Depuis le 6 novembre, on attend l'armistice avec impatience. Les marchands de drapeaux font des affaires en or. Quatre jours plus tard, on se presse autour des chanteurs ambulants pour reprendre en chœur *L'Enterrement du Kaiser* ou *La Marche de la victoire*. Les employés de la Compagnie du gaz ôtent les verres bleus de la défense passive sous les vivats de la foule. Des caricatures circulent. Sur l'une d'elles, on peut voir le Kronprinz trempé aux côtés de deux officiers en grande discussion : « Qu'est-il arrivé à Son Altesse ? Elle est tombée dans la Marne, elle a mal à l'Aisne et elle est capable d'en perdre le Nord. » À l'église de la Madeleine, nombreux sont les fidèles qui se pressent pour admirer les milliers de bougies allumées dans la nef pour célébrer la victoire. Chacun le sait, le pressent. La fin du cauchemar est arrivée. ■

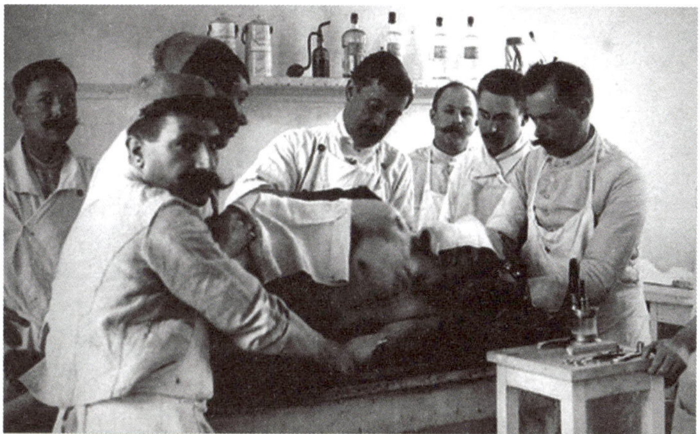

EXTRACTION D'UN PROJECTILE. Grâce aux progrès de la chirurgie, environ 60 000 blessés purent être renvoyés au front en 1918.

LA GANGRÈNE GAZEUSE

Dès le début de la guerre, cette pathologie est reconnue comme la complication la plus redoutable des plaies de guerre en raison d'un taux de mortalité dépassant 50 %. La gangrène gazeuse résulte de la prolifération de micro-organismes qui produisent du gaz et induisent une nécrose extensive des tissus. Dès 1914, l'armée prend des mesures prophylactiques médico-militaires pour lutter contre la maladie, tandis que les médecins tentent de mettre au point une thérapeutique efficace. Ainsi, avec la suture primitive – rapprochement des chairs après enlèvement des tissus mâchés – et un triage de plus en plus sélectif des malades et des blessés, on parvient à accélérer sensiblement la guérison. ■

L'armistice est signé !

Le 11 novembre, entre 5 h 12 et 5 h 20 du matin, l'armistice est signé, avec effet moins de six heures plus tard, à 11 heures, et ce pour une durée de 36 jours qui sera régulièrement renouvelée jusqu'à la signature du traité de paix.

AFFICHE CÉLÉBRANT LA VICTOIRE DE LA FRANCE, 1918.
Le futur « on les aura », seriné même aux plus mauvais temps de la guerre, s'est transformé en un présent qui, il y a encore quelques mois, paraissait bien improbable.

La délégation allemande est arrivée à 7 heures le 8 novembre dans la clairière de Rethondes dans la forêt de Compiègne. Les premiers contacts sont tendus. Son président, Matthias Erzberger, sollicite immédiatement une suspension d'armes. À son sens, la livraison d'armes allemandes aux Alliés lui apparaît d'une extrême rigueur. « Comment allons-nous pouvoir lutter contre le bolchevisme? » s'exclame-t-il. Puis, il s'informe des conditions de paix. Foch lui rétorque que cette dimension n'est pas de son ressort, tout en précisant que les Allemands disposent de 72 heures pour en référer à leur gouvernement. À Paris, les journées du 9 et du 10 novembre se déroulent dans un climat d'inquiétude car personne ne sait ce qui se passe dans la forêt de Compiègne. On se demande même si les plénipotentiaires allemands représentent bien le nouveau pouvoir. Finalement, l'attente se termine dans la soirée du 10 au 11 novembre : à 20 heures quand deux télégrammes chiffrés du gouvernement allemand parviennent à Foch; ils sont suivis d'un autre, à 21 heures, du maréchal Hindenburg. Les deux premiers, qui portent la signature du chancelier, l'informent que « le gouvernement allemand accepte les conditions de l'armistice ». Le troisième souligne la misère de la population. À 5 h 10, les délégués allemands signent. À 5 h 45, Clemenceau est prévenu : il pleure de joie et d'émotion. L'armistice entre en vigueur le même jour à 11 heures, et est annoncé sur le front par des sonneries de « cessez-le-feu ».

1 200 coups de canon à Paris

À Paris, c'est une salve de 1 200 coups de canon antiaérien qui porte la nouvelle, à laquelle font écho, dans toute la France, les cloches des églises. Sur le front, les fusées éclairantes et les chants se répondent. Dans l'après-midi, Clemenceau lit à la Chambre le texte de l'armistice. En Allemagne, la population, dans sa grande majorité, préfère voir la fin du cauchemar : le soulagement l'emporte – pour le moment – sur la tristesse de la défaite. Quant à Pétain, il adresse le dernier communiqué officiel de la guerre le 11 novembre à 21 heures. Il y mentionne notamment l'héroïsme de la France et de ses alliés qui ont « bousculé, battu et jeté hors de France la puissante armée allemande ».

Les principales clauses de l'armistice du 11 novembre (extraits)

Dispositions concernant le front occidental

Cessation des hostilités, sur terre et dans les airs, six heures après la signature de l'armistice. Évacuation immédiate des pays envahis : Belgique, France, Luxembourg, ainsi que de l'Alsace-Lorraine. Abandon par les armées allemandes du matériel de guerre en bon état. Évacuation des pays de la rive gauche du Rhin par les armées allemandes. Les pays de la rive gauche du Rhin seront administrés par les autorités locales, sous le contrôle des troupes d'occupation des Alliés et des États-Unis. Dans tous les territoires évacués par l'ennemi, toute évacuation des habitants sera interdite.

Dispositions relatives aux frontières orientales de l'Allemagne

Toutes les troupes allemandes qui se trouvent actuellement dans les territoires qui faisaient partie avant la guerre de l'Autriche-Hongrie, de la Roumanie, de la Turquie doivent rentrer immédiatement dans les frontières de l'Allemagne telles qu'elles étaient au 1er août 1914.

ON LES A!!!

VIVE LA PAIX!

Air : **La France guerrière.**

1

Assez d'horreurs, de luttes et de guerres,
Assez de sang, de souffrance et de pleurs!
Assez de morts aux lointaines frontières :
Signez la paix, vaincus comme vainqueurs.
L'humanité ne veut plus qu'on s'égorge
Et la raison nous conduit au progrès;
Il faut enfin que le fer que l'on forge
Ne serve plus qu'aux travaux de la paix

REFRAIN

Pourquoi toujours faire couler des larmes
Par des combats, la guerre et ses forfaits?
Peuples, criez, en déposant vos armes :
Vive la Paix! Vive la Paix

2

Trop de vaillants, trop de héros y meurent.
Peuples, cessez la guerre en tous pays!
Trop d'orphelins et trop de veuves pleurent :
Signez la paix, amis comme ennemis
Ah! oui, cessez cet horrible carnage
Qui teint de sang toutes les nations;
Ayez enfin recours à l'arbitrage
Et que partout se taisent les canons!

(Au refrain.)

3

Avec la paix vous reverrez l'aisance,
Avec la paix vous aurez le bonheur;
Pour les trouver, gardez votre vaillance :
Que le progrès soit votre champ d'honneur!
De vos garçons faites toujours des hommes
Et plus jamais de la chair à canon!
Il faut enfin, dans le siècle où nous sommes,
Que nous vivions en paix à l'unisson.

(Au refrain.)

4

Puisque Guillaume, empereur d'Allemagne,
Tombe brisé par nos soldats vainqueurs,
Et puisque aussi la guerre que l'on gagne
A maîtrisé tyrans et dictateurs,
Tout en faisant expier tous leurs crimes,
Tout en faisant payer tous leurs forfaits,
Tout en vengeant leurs nombreuses victimes,
Pour l'avenir, faisons naître la paix.

(Au refrain.)

VALSE DES FANTOMES

Air : **La Valse des Ombres.**

1

Quand sonne minuit,
D'où vient donc ce bruit
Qui chaque nuit nous dérange?
Dans notre sommeil
Et jusqu'au soleil
Nous tient le cœur en éveil?
On dirait d'une âme en peine
L'humble appel lugubre et lent
Ou bien le cri des sirènes :
Les Gothas nous annonçant.

REFRAIN

Non! ce sont les ombres
Des vaincus.
Rois, reines, en si grand nombre
Que l'on ne les compte plus,
Ils réclament leur royaume
A grands cris
Du plus vil des hommes
Les conduit
Le Fantôme.

2

Contre les avions,
Jadis nous avions
Une escadre toujours prête,
Qui les arrêtait
Ou les abattait
Tant pis, pour ceux qu'insistaient.
Sur ceux de la bande noire
Dont les cris sont les plus forts
On pourrait, j'aime à le croire,
Si l'on veut, tirer encor'.

REFRAIN

Non! ce sont les ombres
Des vaincus.
Rois, reines, en si grand nombre
Que l'on ne les compte plus,
Ils ont perdu leur royaume,
Ça suffit,
Seul coupable est l'homme
Dont les suit
Le Fantôme.

3

Il faut qu'à Noël
Tous les ans le ciel,
Quand viendra minuit, s'éclaire.
Chaque étoile en fleurs
Aura les couleurs
D'un de nos drapeaux vainqueurs.
Des vaincus alors, les ombres
N'auront qu'à fuir aussitôt,
Sinon, quelque soit leur nombre,
Nous éteindrons leur falot.

REFRAIN

Alors, la grande Ame
De nos morts
Voyant qu'en traits de flamme
Leur saint nom brille au ciel d'or,
Remplacera par des psaumes
Pleins d'amour
Pour le roi des hommes,
Les cris sourds
Du Fantôme.

La Marseillaise de la Victoire

Air : **La Marseillaise.**

1

Pour célébrer notre victoire,
Debout Français et chapeau bas :
Entonnons un hymne de gloire
En l'honneur de tous nos soldats. *(Bis.)*
A nos Poilus pleins de vaillance
Offrons des lauriers et des fleurs,
Car, sous les plis des Trois Couleurs,
Ils ont su délivrer la France.

REFRAIN

Honneur à nos soldats! Honneur à nos vaillants!
Hourra, bravo, vous dont l'ardeur terrasse les tyrans!

2

Contre les monstres d'Allemagne
Sans crainte vous avez lutté,
Défendant dans cette campagne
La Justice et la Liberté. *(Bis.)*
Vous avez su dans la bataille,
Ainsi que le plus grand des héros,
Briser les infâmes bourreaux
Qui sur vous lançaient leur mitraille.

(Au refrain.)

3

Après ces luttes héroïques,
Après les plus sanglants combats,
Après tant d'exploits magnifiques
La victoire est à nos soldats. *(Bis)*
Nos Alliés par leur vaillance,
Aidant nos Poilus valeureux,
Partout ont su porter comme eux
L'étendard de la Délivrance.

(Au refrain.)

En détruisant la tyrannie,
L'injustice et l'iniquité,
Vous avez sauvé la Patrie
Et le Droit avec l'Equité. *(Bis.)*
Soyez bénis, soldats de France,
Et vous, sublimes Alliés,
Et vous, nos Morts ou Mutilés,
Artisans de la Délivrance.

(Au refrain.)

La musique de toutes ces chansons est en vente chez H. BILLY, éditeur, 8, rue des Carmes, Paris.

resser les commandes à **H. BILLY,** Successeur de L. BAUDOT, 8, rue des Carmes, Paris, avec le montant en timbres ou mandat-poste.

H. BILLY, Éditeur, 8, rue des Carmes, Paris, envoie ses Catalogues à toute personne qui en fait la demande.

1919

Une paix lourde de menaces

En janvier 1919 s'ouvre à Versailles la conférence dont l'objectif est d'organiser le retour à la paix au lendemain de la Grande Guerre, le terrain ayant été préparé, sur le plan militaire, par divers armistices – Moudros (avec l'Empire ottoman), Salonique (avec la Bulgarie), Padoue (avec l'Autriche-Hongrie) et, enfin, Rethondes (avec l'Allemagne). Les négociations qui devaient aboutir au traité de Versailles du 28 juin 1919, mettant fin au conflit entre les Alliés et l'Allemagne,

LA PAIX

et aux traités de Saint-Germain, de Trianon, de Neuilly et de Sèvres – établissant la paix entre les anciens empires centraux et leurs alliés et l'Entente élargie – auront été extrêmement laborieuses eu égard à la complexité des problèmes à résoudre. Considéré comme un diktat par l'Allemagne, le traité de Versailles, à l'élaboration duquel elle n'a pas participé, portait en germe une des causes de la Seconde Guerre mondiale. D'ailleurs, l'encre du traité est encore fraîche que certains observateurs soulignent que la paix est aussi mauvaise qu'il était possible de la concevoir.

Le traité de Versailles

En janvier 1919, c'est-à-dire au moment où s'ouvre à Paris la conférence de la paix chargée de l'élaboration du futur traité, trente nations coalisées contre les Empires centraux sont concernées.

Dès le début des travaux, le 12 janvier 1919, le président américain entend imposer comme cadre du futur traité de paix le programme en 14 points, dont le dernier concerne «la constitution d'une association de nations fondée sur la garantie réciproque de l'indépendance politique et de l'intégralité territoriale de ses membres, petits et grands», soit la future Société des nations (SDN). En dépit des réticences françaises, Wilson entend faire de la SDN le préalable à toute avancée. L'autorité du président américain est telle que Clemenceau accepte le plan wilsonien. Ainsi, le 25 janvier, lors d'une séance plénière, il est décidé que le pacte de la SDN sera incorporé au traité de paix sous forme de préambule. Lorsqu'il quitte Paris le 14 février – des affaires de politique intérieure nécessitent sa présence outre-Atlantique –, Wilson a donc réussi à imposer la SDN. Pour autant, le président américain a mesuré la violence de la haine et l'intensité de la peur dans lesquelles baigne l'Europe. Il a entendu Clemenceau réclamer avec passion la sécurité de la France; les Français ont également évoqué l'occupation permanente de la Ruhr et commencé à aligner des chiffres dressant une créance gigantesque contre l'Allemagne.

Une paix sans les États-Unis?

Les travaux de la conférence entrent dans une nouvelle phase avec le retour de Wilson, le 24 mars. Cette nouvelle session est marquée par l'opposition de Wilson à l'occupation permanente de la rive gauche du Rhin par la France et l'annexion de la Sarre. Wilson ne voit dans la requête française qu'une application de la vieille méthode «consistant à plumer le vaincu». Les discussions s'enlisent jusqu'à ce que le Premier ministre britannique Lloyd George intervienne. Wilson et lui-même sont prêts à signer un traité qui garantirait à la France, au cas d'une agression allemande non provoquée, l'intervention à ses côtés de la Grande-Bretagne et des États-Unis. Rien n'a préparé Clemenceau à une telle offre. Informé de la proposition anglo-américaine, le maréchal Foch proteste qu'un traité ne peut «remplacer un fleuve», en l'occurrence la barrière stratégique du Rhin. Finalement, la France obtient l'assurance d'une intervention anglo-américaine

Les clauses territoriales

L'article 51 prévoit la restitution de l'Alsace-Lorraine à la France. Par les articles 32, 33 et 34, les districts d'Eupen, de Malmedy et de Moresnet sont cédés à la Belgique. Les articles 27 à 87 concernent la cession à la Pologne de la Posnanie et d'une partie de la Prusse-Occidentale avec Torun; un couloir dit de Dantzig doit assurer à la Pologne un accès à la mer; Dantzig est internationalisée sous la gestion de la SDN (art. 100 à 108), tandis que Memel revient à la Pologne (art. 99). Les articles 45 à 50 stipulent que la Sarre sera administrée pendant quinze ans par la SDN jusqu'à l'organisation d'un plébiscite sur un éventuel retour à l'Allemagne; la France reçoit pour cette durée la propriété de ses mines de charbon. L'article 109 arrête le principe d'un plébiscite sur l'appartenance du Schleswig à l'Allemagne ou au Danemark. L'article 94 concerne l'organisation de deux autres plébiscites, en haute Silésie et en Prusse-Orientale. Par l'article 119, l'Allemagne renonce à toutes ses colonies au profit des puissances alliées tandis que l'article 22 prévoit que la SDN ait toute autorité pour en attribuer le mandat à certaines d'entre elles, dont la France, le Royaume-Uni, la Belgique et le Japon. Enfin, en vertu de l'article 331, l'Elbe, l'Oder, le Niémen, le Danube (depuis Ulm) sont internationalisés. ■

dans le cas de figure évoqué ci-dessus. Avec l'Italie, la tension est à son comble lorsque le président américain fait savoir à Orlando qu'il regarde avec beaucoup de circonspection le projet d'annexion de la côte dalmate par les Italiens. Entre les Alliés, la tension se fait chaque jour plus perceptible. Lloyd George met en garde Clemenceau contre une paix trop dure, et spécialement contre le transfert de populations allemandes sous des dominations étrangères. Le président du Conseil français accuse Wilson d'être «un ami de l'Allemagne, de vouloir détruire la France». De son côté, Lloyd George est soumis à la pression de 370 parlementaires britanniques. Élus sur la promesse de «presser le citron allemand jusqu'à faire crier le dernier pépin», ces derniers protestent contre l'intention qui est prêtée au chef du gouvernement britannique de mollir. Le 9 avril, Clemenceau annonce qu'il est décidé à rompre : «Il n'y a décidément rien à faire avec Wilson. Nous établirons le traité avec les Anglais et les Italiens. Les Américains feront ce qu'ils voudront.» Au moment où Clemenceau profère cette menace, une rumeur circule : le président Wilson a donné l'ordre d'envoyer à Brest le *George Washington* pour le ramener aux États-Unis. La conférence semble morte. Finalement, Wilson ne met pas sa menace à exécution. À la phase des oppositions succède le temps des compromis, notamment sur la Sarre et la Rhénanie. De même, on s'accorde sur la question du Schleswig et sur la réunion des petits districts frontaliers d'Eupen, de Malmedy et de Moresnet accordés à la Belgique. Autant de questions mineures comparativement au problème des frontières orientales de l'Allemagne. Ce que ne manque pas de souligner Lloyd George : «J'ai les plus grandes craintes. Nous allons donner à la Pologne deux ›››

Les clauses militaires

L'armée allemande est ramenée à 100 000 hommes qui seront recrutés par des engagements de douze ans. Il est fait interdiction à l'Allemagne de disposer d'armes lourdes, d'une aviation et de sous-marins; parallèlement, la marine ne peut pas excéder 15 000 hommes. La commission des réparations se voit confier le contrôle de la destruction des ouvrages fortifiés. Dans le même ordre d'idée, les fortifications des îles d'Helgoland et de Dune (mer du Nord) seront démantelées sous le contrôle des puissances alliées. ■

LES TROIS VAINQUEURS À LEUR ARRIVÉE À VERSAILLES. Le Français Georges Clemenceau et le Britannique Lloyd George entourent l'Américain Woodrow Wilson.

>>> millions d'Allemands.» Wilson, de son côté, n'est pas moins conscient du caractère exorbitant des revendications polonaises : «J'ai vu M. Paderewski [président du Conseil polonais]. Je lui ai demandé ce qu'il entendait par la Pologne; il m'a montré une carte par laquelle il revendique la moitié de la Terre.» Pour sa part, la France persiste à soutenir les exigences polonaises les plus démesurées. Londres et Washington finissent par plier. On croit toucher au but. Mais le président du Conseil italien, Orlando, exige que les revendications de l'Italie sur l'Adriatique soient satisfaites.

Le coup de poker italien

Wilson essaie de faire admettre un tracé donnant l'Istrie à l'Italie, laissant la Dalmatie au royaume des Serbes, Croates et Slovènes. Le ministre des Affaires étrangères réplique que l'Autriche-Hongrie a offert à l'Italie, pour prix de sa simple neutralité, le tracé proposé par Wilson. Toutes les tentatives de conciliation échouent et Orlando repart pour Rome en avril en déclarant que l'Italie ne signera pas le traité. Quant à Wilson, persuadé que les «peuples sont pour lui», il adresse un appel à la nation italienne. Mais en guise de réponse, c'est une vague de manifestations antiaméricaines qui déferle de la Sicile au Piémont. Wilson, Clemenceau et Lloyd George décident de poursuivre sans Orlando. Rapidement, les Italiens comprennent qu'ils auront plus à perdre en laissant les Américains, les Britanniques et les Français poursuivre en leur absence l'élaboration du traité. Discrètement, Orlando regagne Paris. La conférence est donc au complet lorsqu'elle se réunit le 6 mai en séance plénière au Quai d'Orsay.

La position allemande

Le 7 mai, la conférence au complet se déplace dans le salon du Trianon-Palace. Debout, Clemenceau s'adresse aux Allemands : «Vous avez demandé la paix; vous allez recevoir la paix. Un volume va vous être remis qu'on vous laissera le temps d'étudier et sur lequel vous pourrez présenter vos observations par écrit.» Le chef de la délégation allemande, le comte Brockdorff-Rantzau, répond que l'Allemagne ne pourra souscrire à des conditions qui ne lui paraîtraient pas légitimes. La réponse de Brockdorff-Rantzau est reçue comme une provocation. Clemenceau est cramoisi, Lloyd George casse un crayon, Wilson murmure que les Allemands seront toujours stupides. Quoi qu'il en soit, un délai est accordé aux Allemands pour formuler leurs observations. Entre-temps, les Quatre achèvent la préparation du traité autrichien. La question de l'Adriatique demeure ouverte et le partage de l'Empire ottoman reste en suspens. Le 29 mai, la délégation allemande présente ses contre-propositions. Celles-ci mettent en contradiction les clauses du traité avec les principes wilsoniens. L'article 231 sur la responsabilité de l'Allemagne dans le déclenchement de la guerre est vivement contesté. Les Allemands discutent les clauses territoriales. Lloyd George estime qu'il faut adoucir l'original. À Londres, les milieux politiques et financiers sont de plus en plus hostiles à un traité qui serait trop contraignant pour l'Allemagne. C'est finalement Wilson qui arbitre et donne raison à Clemenceau en considérant que le traité est conforme à la plus pure justice. Le 16 juin, les Alliés envoient un ultimatum aux Allemands. Par 237 voix contre quinze et cinq abstentions, le Reichstag autorise la signature du traité. Celui-ci est signé le 28 juin 1919. La conclusion du traité de

Les clauses financières

L'Allemagne s'engage à verser non une indemnité – point sur lequel Wilson a pesé –, mais des réparations destinées à rembourser les dommages de guerre ainsi qu'à couvrir le montant des pensions constituées par les Alliés au bénéfice des victimes de la guerre. Il appartiendra à la Commission des réparations d'en fixer le montant le 1er mai 1921 au plus tard. Toutefois, à titre transitoire, l'Allemagne est contrainte de verser 20 milliards de marks-or et de restituer à leurs propriétaires l'ensemble des biens saisis dans les zones envahies par les forces armées allemandes au cours du conflit. ■

Versailles ouvre la voie à celle du traité de Saint-Germain le 10 septembre 1919 entre les Alliés et l'Autriche représentée par le chancelier Renner. Le 10 août 1920, le traité de Sèvres est signé entre la Turquie et les Alliés ; toutefois, la Turquie ne ratifiera pas le traité. Quant au traité de Trianon du 4 juin 1920, il règle le sort de la Hongrie. ●

Les clauses de garantie

Afin de garantir la bonne exécution des clauses tant territoriales que militaires et financières, les articles 428-432 disposent que la rive gauche du Rhin, ainsi que trois têtes de pont sur la rive droite seront occupées pendant quinze ans au maximum par les Alliés – cinq ans à Cologne, dix à Coblence, quinze à Mayence; quant à la Rhénanie, elle sera ensuite démilitarisée jusqu'à 50 km à l'est du Rhin. Des garanties politiques sont également prévues. Ainsi, l'Allemagne doit renoncer à tout jamais à la réunion avec l'Autriche (Anschluss). Parallèlement, les nations victorieuses arrêtent le principe de la mise en accusation devant un tribunal international de Guillaume II – lequel s'est réfugié aux Pays-Bas – ainsi que de ses sujets coupables de crimes de guerre. ■

LA NOUVELLE EUROPE.
De 1919 à 1923, le continent européen connaît plusieurs zones de tensions nées des rivalités nationales non réglées par les vainqueurs.

INDEX

C

INDEX

G

H

INDEX

M

N

O

INDEX

INDEX

Cartographie

TABLE DES MATIÈRES

1914 DES OFFENSIVES AUX TRANCHÉES

1915 LE CONFLIT S'ÉTEND AU SUD

TABLE DES MATIÈRES

1916 LA GUERRE D'USURE

1917 LA GUERRE DEVIENT MONDIALE

TABLE DES MATIÈRES

1918 LA VICTOIRE DES ALLIÉS

1919 LA PAIX

MIXTE
Issu de sources responsables
FSC® C003309
FSC www.fsc.org